劳动与社会保障专业核心课程系列教材编审委员会

顾 问
李京文 周茂荣

主 任
邓大松

编委（按姓氏笔画排序）
丁建定 邓大松 向运华 刘昌平

李晓林 张奇林 杨燕绥 杨红燕

林毓铭 赵曼 殷俊 童星 穆怀中

“十二五”普通高等教育本科国家级规划教材

劳动与社会保障专业核心课程系列教材

AODONG YU SHEHUI BAOZHANG ZHUANYE HEXIN KECHENG XILIE JIAOCAI

社会救助与社会福利

SHEHUI JIUZHU YU SHEHUI FULI

张奇林　主　编

吴显华　　副主编
黄晓瑞

人民出版社

责任编辑:陈 登

图书在版编目(CIP)数据

社会救助与社会福利/张奇林 主编 吴显华 黄晓瑞 副主编.
 —北京:人民出版社,2012.6
(劳动与社会保障专业核心课程系列教材)
ISBN 978－7－01－010826－1

Ⅰ.①社… Ⅱ.①张… Ⅲ.①社会救济-高等学校-教材②社会福利-
 高等学校-教材 Ⅳ.①C913.7

中国版本图书馆 CIP 数据核字(2012)第 066444 号

社会救助与社会福利
SHEHUI JIUZHU YU SHEHUI FULI

张奇林 主编 吴显华 黄晓瑞 副主编

人民出版社 出版发行
(100706 北京朝阳门内大街 166 号)

北京新魏印刷厂印刷 新华书店经销

2012 年 6 月第 1 版 2012 年 6 月北京第 1 次印刷
开本:710 毫米×1000 毫米 1/16 印张:29
字数:458 千字

ISBN 978－7－01－010826－1 定价:56.00 元

邮购地址 100706 北京朝阳门内大街 166 号
人民东方图书销售中心 电话 (010)65250042 65289539

总　序

社会保障制度是社会生产力发展到一定阶段的必然产物，是工业革命后社会文明的重要标志，也是近现代社会不可或缺的社会经济制度。自19世纪80年代德国建立社会保险制度以后，欧洲国家纷纷效仿，至第二次世界大战后，其他国家也相继建立了社会保险制度，到20世纪末，已经有170个国家和地区建立了社会保障制度。

1949年新中国成立后，尤其是改革开放以来，中国的劳动和社会保障事业获得了较快发展。为了适应中国改革开放和经济社会的发展，一些高校在已有的经济学、劳动经济学、保险、社会学、人口学和法学等专业的基础上，开始开设社会保障专业方向，并招收此方向本科生和硕士研究生。1998年，教育部在新修订和颁布的普通高等院校专业目录时，在压缩合并原有专业一半以上的同时特别新增设了"劳动与社会保障"专业，并批准8所高校开办劳动与社会保障专业。1997年，国务院学位委员会批设第一个社会保障专业硕士和博士学位授权点。经过十几年的发展，到2009年，全国开设劳动与社会保障本科专业的高校已达143所。

为满足劳动与社会保障专业教学需要，教育部于1999年专设了教研项目《劳动与社会保障专业课程结构，主干课程及其主要教学内容研究》，并组织由武汉大学领衔，其他相关高校参与的课题组。课题组在教育部高等教育司指导下，完成了劳动与社会保障专业本科培养方案的制定，确定了劳动与社会保障本科专业的课程结构、6门主干课程及其主要教学内容。随后，教育部高等教育司将6门主干课程（《社会保障理论》、《社会保险》《社会保障国际比较》、《社会保险基金管理》、《劳动经济学》和《人力资源开发与管理》）确定为面向21世纪高等学校劳动与社会保障专业的主干课程，并组织全国力量编写和出版了供相关高校选用的6本主干课程教材。

2007年，6本教材其中有5本被列为教育部普通高等教育"十一五"国家级规划教材，经过对原教材结构体系的调整和内容的修订与充实，再版后供各高校选用至今。

历经近二十年的发展，我国劳动与社会保障专业学科体系日趋健全，与其他学科交叉、融合，进一步加快了劳动与社会保障学科的发展和完善，在高等教育体系中占据了一席之地，涌现了一批卓有成效的专家学者，发表和出版了相当数量的研究成果，并开始进入公共管理学科的核心领域。各高校在发展劳动与社会保障本科专业的过程中，因地制宜，因材施教，在学科指导思想、教学内容规划、人才培养模式等方面大胆地进行了探索，取得了较大的成绩并逐步形成了本专业的专业特色。

在本科生的教学中，各高校普遍使用既体现国际学科前沿，又反映中国实际发展情况的优秀教材，课程教学注重培养学生正确理解和运用理论知识的能力，坚持用马克思主义的立场、观点和方法来指导观察、分析、解答社会生活中的各种现象、社会关系和现实问题，并力求提出解决这些问题的对策和方法，做到把马克思列宁主义、毛泽东思想、邓小平理论和三个代表重要思想同中国经济社会发展的具体实际相结合，全面贯彻落实科学发展观，力求推进实践基础上的理论创新。

随着现代化经济建设不断发展和小康社会逐步建立，与中国特色社会主义经济、社会、文化建设相适应的劳动与社会保障事业，也面临着新的机遇和挑战。劳动与社会保障专业教育需要在不断增强学生宽厚且扎实的理论基础的同时，强调课程教学的实践性和应用性。使本专业培养的本科生能够成为劳动和社会保障领域的骨干，为中国劳动和社会保障事业的发展做出重大贡献。

根据经济社会发展和劳动与社会保障专业培养人才的规格和要求，经本套教材编审委员会认真研讨，推出《养老保险》、《医疗保险与生育保险》、《失业保险》、《工伤保险》、《社会救助与社会福利》、《社会保险精算》、《社会保险经办管理》和《社会保障法》等8本教材作为教育部"面向21世纪高等学校劳动与社会保障主干课程教材"的重要配套教材。

这套教材编写力求贯彻整体意识、责任意识、服务意识、实践意识和超前意识；其编写的指导思想和出发点仍是：选择的教材所对应的课程能够代表专业课程的重要观点和主要方面；教材内容的选取既坚持面向世界、面向未来，面向现代化，又力求反映本学科专业自身发展的规律和特点。教材既蕴涵丰富的基础理论与基本知识，又嵌入必要的基本技能与人文素质内容，将理论、知识、能力与素质融为一体；在界定和规范各门课程的主要理论与知识点的基础上，编写出兼具理论性、应用性、系统性、先进性和启发性，适合我国高等学校劳动与社会保障专业本科教学需要的高水平、高质量的教材。

　　需要强调的是，劳动与社会保障体系庞大、领域宽广、情况复杂，加上社会不断发展进步，各学科专业的知识点也将随之发生相应的变化，可以预料，我们推出的这套教材，尽管凝聚了编者的心血和多年的知识积淀，但因能力所限，教材中不完善之处在所难免，恳切希望广大同行批评与赐教！

　　这套教材能够及时出版，除了编者们的辛勤劳动和高效力作外，还得益于人民出版社特别是陈登先生的鼎力支持和协助，在此，我代表本套教材编审委员会向他们表示衷心感谢！

邓大松

2012 年 6 月

目　录

第一章 社会救助概述

【学习重点】

1. 社会救助的定义、性质和特点；
2. 社会救助与社会救济的异同，社会救助与公共救助的异同；
3. 社会救助与社会保险的关系，社会救助与社会福利的关系。

第一节 什么是社会救助

一、社会救助的定义

社会救助的英文是 Social Assistance，德文是 Sozialhife，亦可将其译为社会援助或社会帮助等意。关于社会救助的定义，有多种说法，下面我们介绍几种有代表性的定义。

被誉为福利国家蓝图的《贝弗里奇报告》[①] 将传统上一直称为贫民救济的概念改称为社会救助，其基本含义和原则是，因无收入而不能参加社会保险的人，国家应制定公共救助法，来保障他们的基本生活，使其生活水平达到国民最低水平。

---

① 该报告名为《社会保险及相关服务》（Social Insurance and Allied Services），因由经济学家威廉·亨利·贝弗里奇（Beveridgian）（1879—1963 年）主持撰写，所以习惯上将其称为《贝弗里奇报告》。《贝弗里奇报告》提出了普遍性的国民社会保障制度的设想，勾画了战后英国福利国家发展的蓝图。

德国《社会法典》① 第 9 条规定，社会救助是指"不能以自己的能力为其提供生活费用或者在特殊生活状况下不能自助，也不能从其他方面获得足够救济的人，获得与他的特殊需要相适应的人身和经济帮助的资格，以使他有能力自助，能够参与社会生活，使其合乎人道的生活得到保障"。②

英国学者弗里德利希·冯·哈耶克（Friedrich A. Von Hayek）认为，社会救助是保证"每个人都能得到维持其生存的最少量的物质条件"，也就是"维护其健康和工作能力的最少量的食物、住所和衣服"。③

美国学者科尼亚和西波斯（Giovanni A. Cornia 和 Sandor Sipos）根据联合国和联合国儿童基金会的惯例，对与社会福利收入维持计划有关的术语进行了界定，其中包括社会救助计划。他们认为社会救助是政府资助的"根据家计调查结果向合乎一定条件的穷人提供经常的或偶尔的收入资助的公共转移支付（Public Transfers）计划"。④

台湾学者岑士麟在《社会工作辞典》中下的定义是⑤："社会救助亦称公共扶助（Public Aid or Public Assistance），旨在对社会上特定对象，予以经济生活上最低限度之保护，或予以经济收入之安全保障，故被列为社会安全制度中之重要支柱之一"；这里所说的"特定对象"也就是社会救助的对象，"系指基于自然与人为原因不能或失去劳动收益之人，及纵能劳动生活而其收益不足以维生之人，包括无法劳动生产生活无依之老人，失怙失教失养失依之儿童，贫困之心身残障者患病者以及失业者，贫困之受刑人未成年子女与无生产能力家属，贫困失常青少年等"。

另一位台湾学者江亮演在《社会救助的理论与实务》一书中给社会救助下的定义是："社会救助，简单讲，就是对需要救助者，由国家或社会大众给予救助，也就是以社会力量共同救助无生产能力的人士或扶助、援

---

① 1975 年 12 月 11 日颁布，1995 年 12 月 15 日修改。

② 转引自史探径：《社会保障法研究》，法律出版社 2000 年版，第 328 页。

③ 哈耶克：《通往奴役之路》，芝加哥大学出版社 1966 年英文版，第 120 页；转引自史探径主编：《社会保障法研究》，法律出版社 2000 年版，第 327 页。

④ 转引自［美］威廉姆·H. 怀特科、罗纳德·C. 费德里科：《当今世界的社会福利》，解俊杰译，法律出版社 2003 年版，第 33—34 页。

⑤ 转引自江亮演：《社会救助的理论与实务》，台湾桂冠图书股份有限公司 1990 年版，第 4—5 页。

助那些虽有生产能力但却因某种遭遇而一时陷入困境的不幸者。换言之，社会救助乃是因个人或一群人，遭遇不幸事件，而需要国家或社会加以救济和扶助、援助的一种措施和制度，如遭遇天灾地变——水灾、旱灾、火灾、风灾、雹灾、虫灾、震灾等；人祸——战争、匪劫、诈骗、失业等，以及人生过程中所必经之生、老、病、死等事件，自己无法解救，需要他人来救助解决的，便谓之'社会救助'。"①

大陆学者郑功成认为，社会救助可以从其内涵和外延两个方面来理解。社会救助的内涵，是指"国家与社会面向由贫困人口与不幸者组成的社会脆弱群体提供款物接济和扶助的一种生活保障政策，它通常被视为政府的当然责任或义务采取的也是非供款制与无偿救助的方式，目标是帮助社会脆弱群体摆脱生存危机，以维护社会秩序的稳定"。社会救助的外延，"则包括灾害救济、贫困救济和其他针对社会脆弱群体的扶助措施"。②

王思斌认为，社会救助，也叫社会救济，是公民在不能维持其最低限度的生活水平时，由国家和社会按照法定标准向其提供的满足最低生活需要的物质援助的社会保障制度。它包括老人救助、劳残救助、贫民救济等。③

从上述几种定义不难看出，学者们对社会救助这一概念的认识分歧并不大。虽然表述不尽相同，但基本内涵却相差无几。总体上讲，关于社会救助的定义应包含这样几个要素：

1. 社会救助的财源是公费

这句话包含了两层含义：第一，这里所说的公费是指社会救助由国家和社会出资，从此角度讲，社会救助的主体是国家和社会；第二，公费是相对于自费而言的，也就是说，社会救助无须救助对象自掏腰包（事实上，救助对象也没有这个能力），从此意义上讲，社会救助完全是一种福利制度，体现的是社会的福利性。

2. 必须有贫困的事实，才能给予救助

也就是说，贫困的发生是社会救助的前提。同时，社会救助的目的是

---

① 江亮演：《社会救助的理论与实务》，台湾桂冠图书股份有限公司1990年版，第1—3页。
② 郑功成：《社会保障学：理念、制度、实践与思辩》，商务印书馆2000年版，第13—14页。
③ 王思斌主编：《社会工作导论》，北京大学出版社1998年版，第19页。

为了消除贫困，避免贫困所带来的不利影响。因此，贫困和社会救助之间有某种因果关系。贫困救助是社会救助的主要内容。关于贫困的定义、致贫的原因以及贫困线的测算，我们将在后面的章节中予以介绍。

3. 与传统的救贫不同，社会救助是保障公民生存权的表现

生存权是现代社会中公民最基本的人权，对生存权的保障是社会救助赖以存在的人道基础和政治基础。当然，保障公民的生存权并不是社会救助的全部内容。现代的社会救助理念和制度还包含了若干发展的内容，也就是如何恢复或培养救助对象的自立能力，以避免救助对象对社会救助的依赖。关于社会救助与社会救济的区别，也就是社会救助的进步性和现代性，我们将在下面的内容中作一简单介绍。

4. 社会救助是国家义不容辞的责任

出于人道和政治的考虑，国家都有责任把救助的行政机关制度化、组织化和规范化。

基于以上几点，我们可以给社会救助下一定义：社会救助是一种福利措施和制度，在这种制度下，当公民因各种原因而陷入生存困境时，由国家和社会予以援助，以保障公民的基本生活，并使其有能力自助，能够参与社会生活。这里讲的导致社会成员陷入生活困境的各种原因，既包括自然灾害（包括恶劣的自然环境）、突发事件（如战争、交通事故、公共卫生安全等）、生理缺陷（如残障）、生老病死等难以抗拒的客观原因，同时也包括个人能力、个体行为等主观因素，如个人的禀性、道德修养、心理素质、教育背景、社会调适能力等。

二、社会救助与社会救济

一般认为，社会保障制度的发展经历了三个阶段：工业化社会以前以社会救济为主；工业革命以后进入了社会保险时期；二战以后，随着福利国家的出现，现代社会保障制度进入了更高层次的社会福利阶段。在这三个阶段中，社会救济是最古老的社会保障形式，它的历史也最长。因此，社会救济对社会保障的理念和实践的影响是根深蒂固的。尽管社会救助被认为是社会救济在现代社会中的新发展，但其内容和形式相对于传统的社会救济而言并没有实质性的改变，因而在现实生活和实际工作中，社会救济的概念仍被广泛使用，而且在很多时候社会救助和社会救济的概念是可

以互换的。这种现象本身是无可厚非的，而且在某些场合，为了不引起概念上的生疏和歧义，也需要沿用传统的称呼而将两者互换使用。但是，应该强调指出的是，社会救助与社会救济之间确实存有差异，而且这种差异是不应该被忽视的。辨析这两个概念之间的差异，对于指导和完善我们的实际工作有相当的积极意义。如前所述，社会救助是社会救济的一种发展，这种发展主要体现在：

第一，传统的社会救济是一种个人的、主观的、任意的、慈善的、施舍的济贫救急措施，而且不把要求救济当成是人民应有的生存权利；而社会救助是一种制度化的福利措施，这种措施是国家的责任，要求救助则是人民的权利，此种权利是国家所承认的，也是国家有义务保障的国民权利。不过，在实施救助之前，必须先作家计调查（Means-Test），即调查申请救助者本人或其家庭收入及生活状况，以作实施救助的依据。调查内容一般包括收入、财产、劳动力、生计等。

第二，现代的社会救助理念和制度中除承袭了传统社会救济济贫救急的内容外，还包含了若干发展性的内容，也就是说，社会救助更注重培养或恢复救助对象的自立能力，以避免救助对象对社会救助制度的依赖。从此意义上讲，社会救助是一种积极性的救困助危措施，而社会救济是一种消极性的救贫济穷措施。[①]

第三，从我国的社会救助实践来看，社会救助不仅包括我国社会保障体系中的社会救济和社会互助两个方面的内容，而且还应包括其他有效的救助措施。因此，有论者提出，为推动社会力量承担更多的社会保障责任，综合运用各种救助措施，使用社会救助的概念更有力度一些。[②]

社会救助和社会救济的区别详见表1-1。

表1-1　社会救助与社会救济的区别

	社会救助	社会救济
动机	救困助危	行善施舍
观念	社会团结（Social Solidarity）	同情

---

① 江亮演：《社会救助的理论与实务》，台湾桂冠图书股份有限公司1990年版，第1—3页。
② 多吉才让：《中国最低生活保障制度研究与实践》，人民出版社2001年版，前言第3页。

续表 1－1

	社会救助	社会救济
目的	消弭贫穷	积德行善、救苦救难
性质	积极	消极
财源	公费（中央与地方财政以及社会团体）	政府或民间（社会团体或个人）
时间性	长期持续	临时、短暂
办理单位	政府为主	政府与民间（社会团体或个人）
解决方式	普遍地和根本地解决贫困生计问题	应付一时生活之需
工作人员	专业社会工作人员	非专业人员
施救对象	本人及其家属	生活困难被救济者
给付	现金、实物、人力、技术训练	以现金和实物为主
手续	本人申请，并有共同合作之义务	不须申请，不须尽义务
人权的考量	权利、人格尊严、非公开	非权利、非人格尊严、公开
被救愿望的满足	须符合被救助者的愿望	不须符合被救济者的愿望
施救对象的反应	不倚赖	倚赖

资料来源：参见江亮演：《社会救助的理论与实务》，台湾桂冠图书股份有限公司 1990 年版，第 4 页。

三、社会救助与公共救助

公共救助的概念在我国大陆的使用并不广泛，它较多见诸港台和国外的文献中，因此有必要将其同社会救助作一比较。一般认为，两者无太大区别，可以等同起来，但作深入分析的话，会发现它们之间有一些不同之处。我们可以从以下几个方面加以说明①：

1. 范围

公共救助的范围仅限于政府办理的救助事务，而社会救助的范围除了政府所办理的公共救助之外，还包括民间救助或救济，因此社会救助的范围比公共救助的范围大。

2. 主办单位

公共救助仅由政府主办，而社会救助的主办单位除政府外，还包括民间团体。

3. 经费来源

公共救助的经费以政府拨款为主，而社会救助的经费除政府所编的预

---

① 江亮演：《社会救助的理论与实务》，台湾桂冠图书股份有限公司 1990 年版，第 6—7 页。

算及拨款外，还包括民间的社会团体或个人提供的钱物。

4. 救助对象（受领资格）

社会救助对象系指基于自然与人为原因不能劳动或失去劳动收益之人，以及那些能够劳动生活而收益不足以维生之人。公共救助的受领资格纯粹以生活穷困为基准，因此受领资格之决定须经过调查手续。

5. 救助重点

社会救助的重点放在生活扶助、医疗辅助、急难救助、灾害救助、院所收容、职业辅导、教育扶助、住宅服务、冬令救济。公共救助的重点放在院所收容教养、老弱残障及荣誉国民安置、医疗救助、灾害救济、冬令救济（家庭补助）等。

综上所述，社会救助和公共救助的区别体现在，前者的范畴比后者大，救助的项目和重点更多，资格认定更宽松。可以这样说，社会救助和公共救助的关系实际上是一个大概念和一个小概念之间的关系，社会救助的主体内容是公共救助，从这个角度讲，可以将两者等同起来。

第二节　社会救助的性质

一、社会救助在社会保障体系中的地位

社会救助是现代社会保障体系中最基本的项目，同时也是整个社会保障制度的基础。这种基础性体现在两个方面：第一，从起源上看，社会救济是最古老的社会保障形式，是现代社会保障制度的源头。社会救济的历史（也可说是社会保障的历史）可以追溯至远古时期的原始的互助形态，以及传统社会中盛行的慈善救济和国家举办的各种救灾备荒制度。有学者指出，目前在世界各国的社会保障体系中居主导地位的社会保险制度，其萌芽形式和初级形式，也多以社会救济的形式出现。① 第二，从功能上看，尽管社会救助在现代社会保障体系中的主体地位已被取代，但是社会救助作为整个社会保障体系的最后一道防线，仍发挥着至关重要的作用。现代

---

① 邓大松：《社会保险比较论》，中国金融出版社 1992 年版，第 213 页。

社会中并不是所有的人都能获得社会保险的给付，享受相应的福利服务，那些因各种原因没有或不能参加社会保险，或无法享受相应的社会福利的人，当他们遭遇生存困境时，他们的生活问题只能由社会救助予以解决。因此，社会救助既是整个社会保障体系的最后一道防线，同时"因其面向生活在最底层的社会成员而被视为整个社会保障制度的第一道防线"①。社会救助的作用和地位由此可见一斑。有论者指出，"社会保障体系中可以暂时没有社会福利，甚至也可以暂时没有社会保险，但不能没有社会救助，古今中外概莫如此"。因此，建立健全社会保障体系，必须完善社会救助制度。②

社会救助、社会保险和社会福利是现代社会保障体系中的三个重要组成部分。它们之间既有联系，又有区别。解析社会救助与社会保险和社会福利的关系，有助于我们加深认识社会救助的内涵与外延、作用与功能，进而总结出社会救助的价值基础和本质特征。

二、社会救助与社会保险

社会救助和社会保险是两种性质不同的社会保障措施，它们之间的差别主要表现在：

第一，两者产生的历史条件不同，它们的作用和地位随着社会的变迁而改变。社会救济（助）是最早的社会保障形式，它的历史可以追溯至原始社会形态中的社会互助。同时，社会救济（助）也是传统社会中主要的社会保障制度。而社会保险产生于商品经济高度发展、资本主义由自由竞争向垄断过渡的19世纪后期，是工业化社会的产物，距今不过100余年的历史。但是，社会保险一经产生，迅速风靡全球，逐渐取代了社会救济（助）的主导地位，而成为当今社会最主要的社会保障制度。社会救济（助）和社会保险角色与地位的转换并不是偶然的事情。历史的分析告诉我们，任何一种社会保障制度的产生基本上都是出于防范风险的需要，同时也反映了不同的制度防范风险的能力。传统社会过渡到工业化社会以后，社会风险的性质、类别和强度都发生了变化，需要有新的既能防范工

---

① 郑功成：《社会保障学：理念、制度、实践与思辨》，商务印书馆2000年版，第16页。
② 多吉才让：《中国最低生活保障制度研究与实践》，人民出版社2001年版，前言第2页。

业化所带来的系统风险，又能适应工业化社会的组织形式的社会保障制度，来取代传统社会中居主导地位的社会救济（助）制度，社会保险就是在这种背景下应运而生的。下面将要论及的社会救助与社会保险在性质、运行、管理等方面的差别实际上都是由社会变迁这一历史背景决定的。

第二，社会救助和社会保险所体现的权利与义务关系不同。社会救助是一种纯粹的福利措施，它不讲求权利与义务的对等。社会救助强调的是社会成员享受社会救助的权利和国家与社会向陷入生存困境的社会成员提供社会救助的不容推卸的责任和义务。就救助对象和救助主体而言，权利和义务都是单向的，这就是所谓的权利与义务的不对等。这种权利与义务的不对等主要体现在社会成员在接受社会救助之前不需要尽缴费之义务，也就是说，社会救助对象只有受惠的权利，没有缴费的义务，他们所享受的权利与义务之间没有直接联系①。而社会保险的一个基本原则就是强调权利与义务的对等，参加社会保险的劳动者，必须先尽缴纳保险费的义务，然后才能享受领取社会保险待遇的权利，权利与义务关系较密切。权利与义务关系的不同是社会救助和社会保险最本质的区别。

第三，由第二点差异所决定，社会救助和社会保险的社会影响和社会地位是不一样的。在西方社会，特别是在强调个人责任和权利与义务关系的国家，社会救助作为一种福利项目或权利（Entitlement）项目，常为主流社会所诟病和不齿。享受社会救助被认为是一种耻辱。这也从一个侧面说明了，为什么在进入工业化社会以后，在市场经济高度发达的国家，社会救助的主导地位会被社会保险所取代。

第四，社会救助和社会保险的保障对象不同。社会救助的保障对象主要是因各种原因而陷入生存困境的社会成员，其中既有无力谋生的老、弱、病、残，也包括虽有谋生能力但无固定职业和正常收入的人们，或者因某种际遇收入暂时中断或收入减少而不足以维持正常生存状态的人们。社会保险的保障对象主要是依法规定的有固定职业与正常收入的劳动者和其他工作人员，社会保险对丧失工作能力或失去劳动条件与机会等风险事故承担给付保障责任。② 也就是说，社会保险以劳动者为中心，而社会救

---

① 当然，救助对象在管理方面有配合之义务。

② 邓大松：《社会保险比较论》，中国金融出版社1992年版，第223页。

助主要惠及贫困人士。

第五，社会救助与社会保险的资金来源不同。社会救助资金主要来自政府拨款和社会赞助。社会保险基金则依靠个人、企事业单位和政府三方面筹集。

第六，社会救助与社会保险的给付水平不同。出于公正的考虑，社会救助的给付水平应低于社会保险。具体来说，社会救助的给付以维持被救助者的最低生活条件为基准；而社会保险的给付标准一般由保障对象原有的生活水平、尽纳税或缴费义务的大小和国家的财政实力决定，旨在保障被保险人的基本生活需要。因此，社会救助与社会保险应是两个层次不同的社会保障计划。

第七，社会救助与社会保险的资格认定和操作程序不尽相同。就社会救助而言，须首先由当事人提出申请，经有关方面调查、审核和确认后，才能获得救助。而社会保险则不同，大部分保险事故（如年老、残废、死亡、疾病、生育、失业等）发生后，由社会保险经办单位依法按预先约定的条件和标准自动履行保障给付义务。

第八，社会救助与社会保险的社会功能不同。社会救助只有在贫困事实被认定后才能予以救助，是一种缓解贫困的战略。而社会保险是为了避免社会成员因各种原因造成收入中断或收入减少以致陷入生活困境而设计的一种收入维持计划，是一种预防贫困的战略。

三、社会救助与社会福利

作为现代社会保障体系三大支柱之一的社会福利，是指国家和社会为改善社会成员的生活状况、提升其生活质量而采取的各种具有经济福利性的制度和措施。社会救助和社会福利既有区别也有联系。区别在于：

第一，从发展阶段来看，社会救助是社会保障发展的初级阶段；社会福利是社会保障发展的高级阶段。

第二，从功能和地位来看，社会救助保障社会成员最基本的生活，是社会保障体系的最后一道防线，随着社会保障制度的发展，社会救助的重要性会逐步削弱；社会福利旨在改善社会成员的生活状况，提升其生活质量，随着社会经济的发展和福利需求的增加，社会福利会越来越重要。

第三，从保障对象来看，尽管社会救助强调，无论何人，只要符合社会救助的条件，均可通过正常的途径获得国家或社会的援助，但实际享受社会救助的人员只有那些因各种原因陷入困境而无力自救的群体，因此社会救助具有选择性和较强的瞄准机制；而社会福利是面向全民，即一个国家法律和政策范围内的所有国民，均可享受平等的社会福利待遇。

第四，从保障水平和效用评价来看，社会救助提供的是最低生活标准的保障，具有最低保障性，其作用类似"雪中送炭"；而社会福利的保障水平要明显高于社会救助，其作用类似"锦上添花"。

第五，从保障形式来看，社会救助主要满足救助对象最基本的生活需要；社会福利则针对人们不同的福利需求，提供形式多样的福利产品，包括现金、实物、政策扶持和服务保障等，但主要是福利设施和福利服务。

第六，从资金来源来看，社会救助以公共财政为主，辅以社会捐赠；社会福利除此两项外，还有部分收入来自收费。

尽管社会救助和社会福利有以上差别，但在理论上，特别是在实际工作中，两者又有一定的联系。首先，主办的主体基本相同，那就是政府和社会；其次，在保障对象方面，两者有一定的交叉，主要是老年人、残疾人、妇女儿童等弱势群体；再次，在水平方面，尽管社会福利的整体保障水平要高于社会救助，但针对某些特殊人群提供的社会福利却几乎等同于社会救助，如我国民政部门提供的针对老年人、残疾人、孤儿、优抚对象的收入和服务保障，保障标准主要是基本生活；最后，两者都带有福利性，体现的权利义务关系不同于社会保险。因此，在国外习惯将社会救助归于福利计划或福利政策，我国也有一段时间将福利和救济归于一个部门管理，统计数据也统称福利救济费。

四、社会救助与社会工作

社会工作是指社会工作者运用社会工作专业方法帮助社会上处于不利地位的个人、群体和社区，解决困难，预防问题发生，恢复、改善和发展其功能，以适应和进行正常的社会生活的服务活动。简单地讲，社会工作就是一种助人活动。

可见，社会救助和社会工作都是对社会上处于困难境地的人提供的帮助，而且社会救助是社会工作发挥作用的一个领域。但两者又有所不同，主要表现在：第一，社会救助基本上是由国家法律规范的援救措施与制度，而社会工作主要是具体、直接的社会援助的提供；第二，社会救助的内容主要是收入或物质的帮助，而社会工作不仅提供物质的帮助，而且提供精神上的帮助；第三，社会救助的主要目的是保障困难者的基本生活，而社会工作除了救助之外，还有发展受助者能力的任务；第四，社会救助对象仅限于个人及家庭，而社会工作的对象包括个人、家庭和社区；第五，社会救助的基本责任主体是国家与社会，社会工作的责任主体是社会工作与受助人双方，是他们之间的合作。

五、社会救助的性质与特点

1. 权利义务单向性

与其他社会保障子系统相比，社会救助子系统体现的是权利义务单向性特征，即享受社会救助的社会成员只要符合救助的条件就有权利申请得到救助，对受益者而言，其享受的是单纯的权利；而提供社会救助则成了政府与社会的职责和法定义务，当需要社会救助而不能提供或提供救助不足时，社会便会出现严重的问题，这便可以视为政府与社会的失职或未尽到应尽的义务。而社会保险等却强调权利与义务相结合，但又并非是权利与义务对等。但在社会救助的管理方面，受助者有配合的义务。

2. 全民性与选择性

社会救助强调公平，它面向全体社会成员，不像其他社会保障项目有特定的年龄、职业或性别等身份限制，也不存在事先参加的问题，只有客观的救助条件与标准，任何人只要符合申请社会救助的条件，即可以通过正常的途径获得国家或社会的援助，因此社会救助具有全民性特征。但事实上并非所有社会成员都能享受到社会救助，社会救助制度有严格的资格审查程序，以确定最终的救助对象。因此，社会救助又是一项选择性强、目标明确的社会制度。

3. 最低保障性

从现代社会保障体系来看，社会保险、社会福利与军人社会保障制度，它们解决的不仅是社会成员的生存问题，而且也包括了社会成员的生活质量问题；只有社会救助子系统面对的是陷入生存困境并最为迫切的需要国家或社会援助的社会成员，其救助（待遇）水平通常是整个社会保障体系中最低的，仅仅以维持社会成员的最低生活需要为标准。这一特征使社会救助成为整个社会保障制度或社会稳定系统的第一道防线，被称为最低保障制度。

4. 按需分配

社会救助是有别于按劳分配与按资分配的国民收入再分配渠道。一方面，只有生活陷入困境或遇到特殊困境的社会成员才需要社会救助，只有需要社会救助的成员才能获得社会救助；另一方面，国家或社会提供的社会救助包括现金救助、实物救助、服务救助等，一般根据不同社会救助对象的需要来提供，如实物救助就有口粮救济、衣被救济等形态。因此，社会救助具有在确定的标准范围内向救助对象按需分配的特征，从而是对按劳分配与按资分配形式的重要补充。

5. 补救性与发展性

补救性体现在两个方面，一是事后救济，也就是通过各种形式的援助，帮助受助者渡过难关；二是在整个社会保障体系中起兜底作用，也就是说，在其他渠道，如家庭、市场，以及政府的其他制度安排无法维持时，最后由社会救助向困难者提供帮助。发展性则强调，社会救助不应停留在事后救济的水平上，而应向前延伸，着眼于培养受助者自力更生的能力，以消除其对社会救助的依赖。如果说补救性是社会救助的传统属性，那么，发展性是当代社会政策的发展趋势，也是国外社会救助实践的一大特点。

本 章 小 结

社会救助是一种福利措施和制度，在这种制度下，当公民因各种原因而陷入生存困境时，由国家和社会予以援助，以保障公民的基本生活，并使其有能力自助，能够参与社会生活。这里讲的导致社会成员陷入生活困境的各种原因，既包括自然灾害（包括恶劣的自然环境）、突发事件（如战争、交通事故、公共卫生安全等）、生理缺陷（如残障）、生老病死等难以抗拒的客观原因，同时也包括个人能力、个体行为等主观因素，如个人的禀性、道德修养、心理素质、教育背景、社会调适能力等，它具有权利义务单向性、全民性与选择性、最低保障性、按需分配、补救性与发展性五个特点。

社会救助是现代社会保障体系中最基本的项目，同时也是整个社会保障制度的基础，而社会救助、社会保险和社会福利是现代社会保障体系中的三个重要组成部分。它们之间既有联系，又有区别。解析社会救助与社会保险和社会福利的关系，有助于我们加深认识社会救助的内涵与外延、作用与功能，进而总结出社会救助的价值基础和本质特征。

重 点 名 词

社会救助　家计调查　社会福利　社会工作

复习思考题

1. 社会救助的定义、特点各是什么？
2. 社会救助与社会救济的区别和联系有哪些？
3. 如何区分社会救助和公共救助？

4. 请简述社会救助在社会保障体系中的地位。

5. 如何区分社会救助与社会保险？

6. 如何区分社会救助与社会福利？

第二章　贫困与社会救助

【学习重点】

1. 贫困的定义与类型；
2. 贫困的相关理论；
3. 贫困的影响；
4. 社会救助的功能和原则。

贫困与社会救助的关系非常密切，也非常重要。首先，贫困事实是社会救助的前提，缓解和消弭贫困是社会救助的主要目的。从实际工作的角度出发，社会救助对象的识别、救助的实施和救助效果的评估都有赖于对贫困的认识。其次，对贫困的不同看法对应着不同的社会救助政策，最为经典的争论莫过于个人主义和集体主义价值观的争论。尽管两者无所谓对错，争论也不会有结果，但它们对不同国家或一定时期的社会救助政策产生了重要影响。因此，社会救助的发展与贫困理论的发展息息相关。

第一节　贫困理论

自从有了私有制便有了贫富分化。因此，贫困现象的出现以及人类对贫困的认识由来已久。亚里斯多德在论述人类富裕生活时说，必须"首先明确人的功能"，继而追求"参与各种活动的生活"。他认为，"每个人的生活注定应该是一种社会生活"。因此，在他看来，生活贫困指的是一个人没有参与他应该参与的活动的自由。另一位先哲亚当·斯密认为，贫困指的是不具备享有体面生活的能力。他说，就必需品而言，不仅仅是维持生存所必不可少的物品，而是这样一种物品，即一国的风气使一些有身份的人甚至处于社会最底层的人觉得缺少这些物品就会不体面，这种风气曾使得皮鞋成为英国人的生活必需品；一些稍有身份的穷人，无论男女，都觉得不穿皮鞋就无法在公共场合露面。这些思想和论述对后人认识贫困和形成系统的贫困理论有重要的启迪意义。

一、贫困的定义与类型

（一）贫困的一般定义①

贫困的定义是对贫困事实的描述和判断。贫困是一个动态和发展的过程，贫困的定义和内涵也在变化和发展之中。在不同的语境下，贫困的定义也不一样。我们从绝对贫困和相对贫困、狭义贫困与广义贫困等角度对贫困做一界定，以全面把握贫困的内涵。

1. 绝对贫困

绝对贫困也叫生存贫困，是指收入难以维持最低限度生活水准的状况。这一概念最早由英国的朗特里（Seebohm Rowntree）和布思（Charles Booth）提出，他们认为一定数量的货物和服务对个人和家庭的生存和福利是必需的，缺乏获得这些货物和服务的经济资源或经济能力的人和家庭的生活状况，即为贫困。最具代表性的定义是西勃海姆1899年提出的。他认为"如果一个家庭的总收入不足以取得维持仅仅是物质生活所必备的需要，那么该家庭就处于贫困状态"。可见，绝对贫困是一个人类社会学的概念，其基础是"绝对性"，这种绝对性体现在三个方面：

第一，贫困线是刚性的，低于此线，即不能维持生存，更谈不上生活的享受、智能的发展；

第二，绝对贫困有客观的标准，只与维持基本生存的物质需要量相匹配，而与社会经济发展水平和收入水平无关；

第三，绝对贫困在其计算和所指的生活模式上都有最严格意义上的规定。可以列出一个人的生活必需品"清单"。这里的人是"自然人"，而不是"社会人"。

---

① 王生铁：《中国政府消除贫困行动》，湖北科学技术出版社1996年版，第141—144页。

从绝对贫困的定义和特点可以看出，绝对贫困主要存在于发展中国家。在发达国家，由于经济发展水平和收入水平较高，社会保障制度比较健全，处于绝对贫困状态的人很少，即使由于突发性的或其他原因使有的人陷入绝对贫困，也是暂时的绝对贫困。而具有普遍意义的贫困则是相对贫困。

2. 相对贫困

相对贫困是指当一个人或家庭的收入比社会平均收入水平低到一定程度时所维持的那种生活状况，是根据社会成员间收入的差距来定义贫困的，是一个通过收入的比较而得出的概念。相对贫困的基础是"相对性"，它有以下四个特点：

第一，贫困是相对的，是相对于处于相同社会经济环境下的其他社会成员而言的；

第二，贫困是动态的，贫困的标准随着经济的发展、收入水平的变化以及社会环境的变化而不断变化；

第三，贫困的不平等，它描述的是社会成员间的收入差距和分配的不平等；

第四，贫困的主观性，它依赖于一定的价值判断。因此，在确定贫困标准时具有明显的主观偏好。有的国家把收入最低的5%的人口定为贫困人口，有的国家把这一比例提高到10%或20%；有的国家以全国人均纯收入的一定比例作为贫困标准，有的国家则以中等收入水平的一定比例作为贫困标准。

绝对贫困和相对贫困的差别在于，在发达国家被认为是贫困的人或家庭，其收入和支出水准在发展中国家可能达到了中产阶级，甚至是富人的标准，至少不会沦为穷人。

在学术研究和实际工作中我们还会从物质层面和精神层面以及两者的关系来界定贫困，于是便有了狭义贫困和广义贫困的概念。

3. 狭义贫困

狭义贫困指的是物质生活的需求得不到满足所形成的贫困，反映维持生活与生产的最低标准。这种贫困的概念只包括物质生活的贫困，而不包括精神生活的贫困。它有三个基本特征：

第一，贫困是直观的，可以用一定的实物量作为判断标准，主要反映生活水平而不是生活质量；

第二，贫困是绝对与相对的复合概念，既表现为经济需求量的绝对数量，又表现为这种需求量与社会其他成员的比较及其增长变化情况；

第三，贫困可以用一系列经济指标来衡量，不涉及非经济因素。

根据马斯洛的需求层次理论，发展中国家的贫困更多的是狭义贫困，在这些国家，反贫困也是以消除狭义贫困最为迫切。

4. 广义贫困

广义贫困除包括经济意义上的狭义贫困之外，还包括社会、环境、精神文化等方面的贫困，即贫困者享受不到作为一个正常的"社会人"所应该享受的物质生活和精神生活。他们不仅处于收入分配的最低层，而且社会地位低下，无权无力控制自己所处的生活环境，受到社会的歧视和不尊重；他们不仅在经济收入方面被"社会剥夺"，而且在就业、教育、健康、生育、精神、自由等方面的权利也被"社会剥夺"。广义贫困有四个基本特征：

第一，贫困是物质贫困和精神贫困的综合表现，但物质贫困的衡量相对容易，而精神贫困则难以用具体指标来表达；

第二，贫困是一个动态的概念、相对的概念，一方面物质贫困和精神贫困都是与社会中大多数人的生活状况相比较而言的，另一方面贫困的标准随着整个社会生活水平和意识形态的变化而变化；

第三，贫困是继发性的，随着物质贫困的逐渐改善，精神贫困会逐渐显现，消除精神贫困比消除物质贫困的难度更大；

第四，贫困特别是精神贫困具有较大的隐蔽性，不易被社会大多数人发现。

同狭义贫困相比，广义贫困更强调精神层面的贫困。这种精神上的贫困比物质生活的贫困更让人感到痛苦和难受，而且容易被忽视，治理起来难度更大。广义贫困在经济发达的资本主义国家表现最为典型。

（二）中国的贫困含义①

中国是一个发展中的社会主义国家，对于贫困的理解和划分，既不同于资本主义国家，也不同于一般发展中国家，中国的贫困概念有独特的内涵。

_____

①　王生铁：《中国政府消除贫困行动》，湖北科学技术出版社 1996 年版，第 144—146 页。

首先，在社会主义初级阶段，中国的贫困主要是指绝对贫困，即个人或家庭收入不足以"维持生理基本需求"和"必需的家庭预算"。其次，中国的贫困是一个综合的概念，即除了从经济意义上把握贫困外，还应从自然、经济、社会、文化精神等方面全面认识和治理贫困。在社会主义初级阶段，中国以消灭物质生活的贫困为主要目标和重点任务，使贫困人口过上温饱乃至小康的生活。同时，也十分注重消除社会贫困、精神贫苦，在保证人的生存权的基础上，促使人的健康、全面发展。消除贫困既是一项经济任务，也是一项政治任务。

（三）贫困的基本类型

1. 个人贫困、普遍贫困和结构性贫困[①]

个人贫困是指由于个人和家庭的原因，如病残、丧偶、年老、家庭成员过多以及其他各种原因，导致某些个人或家庭持续性地处于某种贫困状态。个人贫困的特点是，强调贫困的原因和结果的微观性和个体性。个人贫困在任何时期和任何一个国家或地区都会存在。如果个人贫困只是在偶然的、小规模的或常规范围内发生时，它不会成为一种社会问题。例如，因疾病、年老、丧偶等常规原因导致的个别或少数家庭的贫困，其影响范围往往有限。但当某些变故导致的贫困比较普遍时，个人贫困也可能成为一种社会问题。例如，在家庭相当稳定的传统社会中，个别的"单身母亲"家庭的贫困，一般只是个人的问题，但在社会结构和文化发生很大变化，导致离婚和家庭破裂的数量急剧增加的情况下，单身母亲家庭的贫困问题就会成为一个突出的社会问题。在现代福利理念中，尽管个人贫困主要是由于个人或家庭原因造成的，但政府有责任为这些贫困的个人和家庭提供帮助，特别是当个人贫困成为一种社会问题时。一般来说，由于个人贫困规模较小，解决起来比较容易。

普遍性贫困是指在一个国家或地区社会经济不发达的情况下，全体或大多数社会成员普遍地处于贫困状态之中。普遍性贫困的特点是，强调贫困原因的宏观性和贫困结果的普遍性。在致贫原因中，既有宏观经济不发达的原因，也与收入分配政策有关。由于经济总量和社会财富不充裕，收入分配较为平均，导致人均收入很低，社会成员大都处于较为贫困的状态

---

① 关信平：《中国城市贫困问题研究》，湖南人民出版社 1999 年版，第 121—123。

中。在普遍性贫困的条件下，尽管人们的生活条件比较艰苦，但由于社会分配相对平均，人们的生活水平差距不大，因而人们对贫困状况的心理承受能力往往较高，社会对贫困的反应程度往往也低于实际的贫困状况。

结构性贫困是指在较高的经济发展水平和人均收入的条件下，由于制度的不平等使一部分社会成员的收入和实际生活水平明显低于社会平均水平而陷入贫困。结构性贫困的特点是，强调贫困原因的宏观性和贫困结果的局部性。这里讲的宏观性原因主要是指经济制度、社会结构和收入分配的不平等。如果说普遍性贫困主要是由于经济供给总量不足引起的，那结构性贫困就主要是由于在经济总量增长的条件下，经济制度和社会结构中的不平等特征导致一部分社会成员难以分享经济增长的成果。或者说，前者是经济不发展的产物，而后者往往是与经济发展相伴随的。改革开放前，我国由于经济不发达，使农村和城市都在一定程度上具有普遍性贫困的特点。改革开放后，随着社会经济的发展，在城市和经济比较发达的农村中，普遍性贫困已越来越少见，结构性贫困却越来越多地出现了。

2. 阶层性贫困和区域性贫困①

在一个国家或地区的范围内，结构性贫困又可分为阶层性贫困和区域性贫困两种类型。阶层性贫困是指在一个国家或区域内存在着明显的社会分化，其中某些阶层处于贫困状态。或者说，贫困的主要原因是由于人们的社会地位所引起。而区域性贫困则是指在经济总体发展的条件下，由于地区发展不平衡，某些区域经济社会发展的相对落后所导致的贫困。在区域性贫困的条件下，整个区域中的全部或大部都可能处于贫困状态。目前我国农村贫困研究主要集中在区域性贫困问题上，但是在城市贫困方面，阶层性贫困的特点比较突出。

二、贫困的产生及其治理

（一）近代经济学关于贫困的理论②

1. 古典政治经济学对贫困的解释

古典政治经济学在贫困问题上的基本观点是：在自由市场经济的条件

---

① 关信平：《中国城市贫困问题研究》，湖南人民出版社 1999 年版，第 123—127 页。
② 关信平：《中国城市贫困问题研究》，湖南人民出版社 1999 年版，第 39—43 页。

下，贫困是个人的选择行为和市场调节的结果。根据亚当·斯密的劳动价值理论，工人赖以维持生活的工资有两种价格，一是"自然价格"，即工人维持自己及其家属生存所必需的生活资料的价值；二是"市场价格"，也就是工人所获得的实际工资。后者围绕前者波动。当劳动力供大于求时，劳动的市场价格降到自然价格之下，部分工人因此而陷入贫困。反过来，贫困会使劳动者的供养能力降低，从而抑制人口的增加，这样会减少劳动力的供给，使劳动的市场价格回升。因此，贫困是自由市场经济条件下劳动力供需关系波动的结果；只有通过市场的调节作用来抑制工人的人口增长，才可以解决贫困问题。按照这种逻辑，政府和社会对穷人的帮助和救济完全是多余的。

2. 马尔萨斯人口学对贫困的解释

马尔萨斯人口学对贫困的解释基本上是在古典政治经济学的框架中进行的，但它更多地强调人口增长因素对贫困的作用。马尔萨斯的人口理论从土地肥力递减规律出发，认为食物的增长落后于人口的增长，因为前者按算术级数增长，后者按几何级数增长。据此，马尔萨斯提出了三个命题，一是"人口增加，必然受生活资料的限制"；二是"生活资料增加，人口必增加"；三是"占优势的人口增加，为贫困及犯罪所抑制，致使现实中人口与生活资料相平衡"。这就是所谓的"抑制原理"、"增殖原理"和"均衡原理"。在他看来，一方面贫困是"人口法则"不可避免的结果，也就是说，在"人口法则"的作用下，穷人生育过快，导致劳动力的供大于求，进而导致失业和贫困；另一方面，贫困也起到抑制人口增长的作用。因此，消除贫困的方法只能是抑制穷人的人口增殖，采用济贫和社会改革的方法不仅无济于事的，反而会造成穷人更多的生育，使其仍然陷在贫困当中。

3. 马克思主义的贫困理论

马克思恩格斯完全不同意古典经济学家和人口学家关于资本主义社会无产阶级贫困化的解释。他们认为，工人阶级的贫困既不是由于社会中财富不足，或工人们懒惰或无能，也不是因为工人阶级的人口出生太多，导致劳动力供大于求，而主要应该归因于生产资料的不平等占有。在资本主义生产方式和生产关系下，没有掌握生产资料的工人在经济过程中处于被剥削的地位，而占有生产资料的资产阶级榨取了无产阶级所创造的剩余价值，因而造成了无产阶级的贫困化。具体来说，由于工人阶级没有掌握生产资料，他们只有通过被雇佣而获得工资。而工资的数量是由资本家决定和控制的，资本家总是要以最低的价格去雇佣工人。因此，尽管工人的劳动创造出了大量的财富，但工人本身却无法同等地分享财富。即使在资本增长、分工扩大和技术提高的情况下，所带来的财富增加也更多地以利润的形式被资本家拿走，而工人不仅工资不会有大的提高，而且还会面临更多的失业危险。因此，马克思说："资本增长得愈迅速，工人阶级的就业手段即生活资料就相对地缩减得愈厉害。"[1] 在这种情况下，"一方面是不可计量的财富和购买者无法对付的产品过剩，另一方面是社会上绝大多数人口无产阶级化，变成雇佣工人，因而无力获得这些过剩的产品。社会分裂为人数不多的过分富有的阶级和人数众多的无产的雇佣工人阶级，这就使得这个社会被自己的富有所窒息，而同时它的极大多数成员却几乎得不到或完全得不到保障去免除极度的贫困。"[2] 因此，要解决资本主义社会中的贫困问题，只有彻底改变资本主义制度。尽管马克思恩格斯的理论是依据 19 世纪的社会经济状况提出来的，与当代资本主义世界的社会发展状况已有很大差异，但它具有强大的生命力。马克思恩格斯的理论为后来的关于贫困的"社会根源"理论倾向奠定了理论基础，而且引导了后来通过建立社会主义制度而消除贫困的社会革命。

（二）现代西方贫困理论

1. 维护贫困的理论[3]

（1）社会分层说

社会分层说是戴维斯·莫尔（Davis Moore）于 1945 年提出来的。其基本观点是，所有社会都被分成许多层次，收入、地位和权力的不平等是一种社会常态。由于社会由众多的各不相同的位置组成，而且社会必须把"一定"的人搁于"一定"位置上，然后激励他们尽可能地完成在这个位置上应该完成的任务。位置和工作不同，所获得的奖励也不一样，这样就必然会产生不平等。因此，社会分层以及由此产生的收入不平等和贫困是

---

[1] 《马克思恩格斯选集》（第 1 卷），人民出版社 1972 年版，第 380 页。
[2] 《马克思恩格斯选集》（第 1 卷），人民出版社 1972 年版，第 348 页。
[3] 周彬彬：《向贫困挑战：国外缓解贫困的理论与实践》，人民出版社 1991 年版，第 72—77 页。

普遍的、必需的和不可避免的，是社会秩序的一部分。如果社会要正常和有效地运转，贫困和不平等就必须存在。社会的职能分层学说旨在说明社会被分为不同层次的必要性，并证明由社会分层所带来的收入不平等以及与此相关的富裕和贫困的天然合理性。但是，贫困和穷人的存在到底对社会起什么作用？回答这个问题的是贫困功能论者。

（2）贫困功能论

贫困功能论的基本观点是，贫困和穷人的存在是因为它发挥着某种有利于或维持该社会运转的功能。换言之，社会的正常运转在一定程度上依赖于一部分社会成员的贫困。美国学者赫伯特·甘斯（Herbert J. Gans）列举了贫困或穷人在美国社会中的十大功能：第一，穷人的存在保证了社会中那些肮脏的、危险的、临时性的、下贱的工作有人去做；第二，穷人的低收入为社会的富裕提供了廉价的劳动力；第三，贫困本身创造了为穷人服务的职业，如社会福利、救济工作者、警察、心理治疗人员、雇佣兵等；第四，穷人是旧货的主要购买者和使用者，从而延长了这些物品的使用寿命，穷人的存在也为那些年龄较大、水平较低、受训不足的医生、律师、教师等提供了就业机会；第五，穷人常被指责为"越轨行为者"，而成为"反面教材"，从而起到维护社会规范体系的作用；第六，老、弱、病、残的穷人常常是人们怜悯的对象，从而满足了人们感情上的需要，也使慈善机构能够获得经费资助；第七，居于社会下层的穷人，成为其他阶层确认其身份的一种尺度，从而起到了稳定其他社会阶层的作用；第八，穷人是某些政党、政治团体的主要选民与支持者；第九，穷人是社会变迁和经济增长付出的代价和牺牲者；第十，穷人通常对选举、政治参与不感兴趣，这使得集权主义领导人在决策时更为方便，可以将他们忽略不计。[①]

显然，贫困功能论把穷人生下来就从事这项工作和穷人生下来就为了从事这项工作混为一谈。而且，一些功能虽为社会所必需，但不一定非让穷人承担不可；有些功能则不一定为社会所必需，没有这些功能，社会也能照常运转，它们的存在仅仅是因为贫困的存在。

---

① Herbert J. Gans, 1979, "Positive Function of Poverty", *American Journal of Sociology*, vol. 78, pp. 275-289.

（3）"三 M"理论

社会分层论和贫困功能论都试图从宏观上论证不平等以及贫困的存在有利于社会这个观点，从而为贫困的存在辩护。但还需要回答的一个问题是，谁该倒霉当这个穷人？

"三 M"理论强调个人与贫困的关系，把贫困归因于个人特征，包括个人的禀赋与天资、个人的经济能量、个人的家庭缺陷，也就是遗传人、经济人和问题人。"三 M"理论是一类理论的总称，它们共同构成了维护贫困的微观理论基础。

首先是遗传人理论，它建立在三个相互联系的观点的基础上，即智力可以被测度；智力在很大程度上决定于生物遗传；智力决定着个人的教育水平、就业、收入和社会地位。

其次是经济人理论，它把贫困原因归结为个人在自由市场体制中的失败。美国自由主义经济学家弗里德曼（Milton Friedman）认为，人们对他们自己的行动和状况负有完全的责任。自由市场体制把货币报酬给予那些有天份的、有创业精神的、努力工作的人们。穷人落入贫困是由于他们道德上和身体方面的缺陷。贫困的主要原因是由于个人的懒惰。只要自由市场体制中的供求机制充分发挥作用，就会存在挣钱的机会，不能接近和获得这种机会，责任只能是个人自己而不是管理或政府的问题。弗里德曼从自由主义经济原则出发，对福利国家进行了批评，认为容易得到的福利保障不仅减少了人们工作的冲动和动机，而且还增加了人们的自私观念，使人们不愿去创造被用于互相帮助的财富。摆脱贫困的正确途径只能是个人奋斗。这种理论给人以一种难以忍受的傲慢与偏见。实际上，由于外在因素的限制，个人在自由市场体制中并不是自由的，不能把贫困的责任简单地或全部地归于穷人本身。

最后是问题人理论，它提出了"问题家庭"的概念。所谓问题家庭就是存在犯罪、不道德、失业和一大堆社会问题的家庭。贫困的产生与这些问题家庭有关。

尽管"三 M"理论有明显的缺陷，很多观点不能自圆其说，但在西方颇有市场。从个人或家庭特征研究贫困，在西方也很盛行。

从社会分层说到弗里德曼的自由主义经济原则，构成了一整套维护贫困存在的理论。通过表 2-1，我们可以看出它们之间的相互关系。

表 2 - 1　维护贫困的理论

宏观理论	不平等的必要性，贫困在社会中的功能和作用	微观理论	贫困是如何分布的，贫困是怎样产生的
社会分层说	社会被分成许多层次和位置，由此决定的分配和报酬是社会秩序的一部分	遗传人	天赋和受教育年限是决定收入高低的主要原因
贫困功能论	贫困和穷人具有维持社会正常运转的功能	经济人	穷人是自由市场上的竞争失败者，个人要对自己的行为和贫困负责
		问题人	贫困产生于问题家庭

资料来源：周彬彬：《向贫困挑战：国外缓解贫困的理论与实践》，人民出版社 1991 年版，第80 页。

2. 贫困的代际传递理论①

（1）贫困文化论

根据实地观察和经验研究，贫困在代与代之间有一种很难剪断的延续性。生长在贫民窟的孩子很少有人能走出贫困的生活。那么，是什么样的原因和机制维系着贫困的代际传递？

最先回答这个问题的是贫困文化论。这种理论认为，贫困不仅是一种经济现象，也是一种文化现象，是一种自我维持的文化体系。穷人由于长期生活于贫困之中，从而形成了特殊的生活方式、行为规范和价值观念，这就是所谓的有别于社会主流文化的"亚文化"。而一旦此种"亚文化"形成，它便会对周围的人（特别是后代）发生影响，并代代相传。于是，穷人就在一种与主流社会完全分离的文化中生存和繁衍，贫困也就得以在亚文化的保护下维持和延续。贫困文化论揭示了贫困传递的文化机制。

贫困文化论的代表人物是美国学者奥斯卡·刘易斯（Oscar Lewis）。他在 20 世纪 50—60 年代通过对贫困家庭和社区的实际研究发现了贫困文化现象，并在 1959 年出版的《五个家庭：关于贫困文化的墨西哥人个案研究》（*Five Families：Mexican Case Studies in the Culture of Poverty*）一书中首

---

① 周彬彬：《向贫困挑战：国外缓解贫困的理论与实践》，人民出版社 1991 年版，第 81—90 页。

次使用这个概念。① 刘易斯运用层次分析法，从社会—社区—家庭—个人四个层次阐明了贫困文化对穷人的影响：

首先，贫困文化是一种亚文化，是穷人长期脱离主流社会生活的结果和产物。贫困文化的实质是穷人的一种自我保护机制，是穷人接受和适应贫困的方法，是穷人对自己低下的社会地位的反应。这种生活态度和信念也会传递给下一代。其次，贫困文化是一种贫民窟的社区文化。穷人的聚集居住，使其相互影响，加速了贫困文化的发展，形成了贫民窟的群体意识和贫民窟特有的社区归属感的形式。再次，贫困文化体现在特定的家庭关系和生活模式上，如穷人中未婚同居的比例较高、家庭结构松散，儿童辍学、家庭成员很少有隐私权、穷人家庭的孩子缺乏进取精神和竞争意识等。在此种特定的家庭环境中，贫困文化得以代代相传。最后，贫困文化通过个人的思想、态度和行为表现出来。

刘易斯认为，并不是所有生活在贫困状态下的穷人都会产生贫困文化。贫困文化产生的社会环境是低工资、高失业率、主流价值观强调牟利和向上爬的市场经济社会。在这种社会中，贫困意味着失败，失败就是无能的表现。因此，在传统意识浓厚、社会组织稳固、流动性差的封闭社会和没有私人利益的社会主义社会是不会产生贫困文化的。当一个分层的社会和经济体系崩溃或被另一种体系所取代，如从封建社会向资本主义社会过渡或者在技术革命时期，贫困文化更易发展。所以，贫困文化是穷人在阶级分层和高度个体化的资本主义社会中对自己"边缘地位"的"反应和适应"。

贫困文化论的贡献主要体现在两个方面，一是对20世纪六七十年代美国政府的反贫困计划产生了重大影响。这种理论强调，仅靠物质层面的救济解决不了穷人的贫困问题，关键是要改变穷人的价值观和生活方式，帮助穷人摆脱贫困文化的束缚。这种理念成为约翰逊政府"向贫困宣战"（War on Poverty）的指导思想。二是对学术研究产生了深刻影响，它提出了新的研究视角，开辟了新的研究领域，注重从观念和生活方式的角度分析导致和延续贫困的社会文化根源。

但是，贫困文化论也有其缺陷，遭到了其他学者的批评。首先，尽管穷人在行为上与其他人有一定的差异，但这并不一定意味着他们在价值观

---

① Oscar Lewis, 1959, *Five Families: Mexican Case Studies in the Culture of Poverty*, Basic Books.

上与其他人有差异，不能过分夸大穷人与主流社会文化之间的差异；其次，文化因素不是导致贫困的原因，而是穷人对其社会地位的反应；最后，经验的研究并不支持贫困文化论，因为研究表明，穷人本身并不是一个同质性很强的群体，许多穷人也在不断地寻找工作，在努力摆脱贫困，事实上只有少数穷人后来仍然停留在贫困之中。① 一些学者在继承和批评贫困文化论的基础上提出了文化剥夺论和贫困处境论。

（2）文化剥夺论

这种理论接受了贫困文化的概念和研究路径，并和贫困文化论一样，认为家庭是贫困传递的工具。但两者的分歧也是很明显的：一是对贫困文化的性质的认识。贫困文化论认为，贫困文化是穷人在主流社会之外建立的一个完全分离的亚文化，并由此走上了一条不可避免的导致贫困和接受贫困的道路；而文化剥夺论认为，贫困文化只是主流文化的一部分，穷人在动机、技术以及行为上与其他社会成员的差异只是程度上的而不是种类上的，穷人之所以贫困是因为他们从小就没被纳入社会大文化中，从而失去了获得成功的工具和动力。二是对贫困文化形成方式的看法。贫困文化论认为，贫困文化是穷人自觉形成的，作为接受和适应贫困的方法；而文化剥夺论则把贫困文化的形成看成是一个不断被剥夺的演化过程。首先是不良的家庭背景导致儿童在身体、情绪、教育上的欠缺，长大以后，较少的社会经历又使他们无法得到必要的培训、教育和参与的机会，并受益于此。对穷人来说，文化被剥夺了，他们被排斥在主流社会之外；而且，形成了一个"剥夺的循环"，下一代的"欠缺"，往往是上一代被剥夺的结果，导致贫困一代一代地传下去。因此，任何一种反贫困措施必须以把穷人看成和纳入主流文化的一部分作为前提和目标，通过打破循环，使穷人和主流社会的成员一样思考、一样行动、一样感觉。

（3）贫困处境论

贫困处境论也是针对贫困文化论提出来的。这种理论反对贫困文化论将贫困的责任归因于穷人自身，它认为，应该责备的不是穷人，而是穷人所处的环境。在社会文化与社会环境之间，不是"文化"决定"处境"，而是"处境"决定"文化"。把贫困归结为穷人的动机、感情和技术等方

---

① 关信平：《中国城市贫困问题研究》，湖南人民出版社1999年版，第57页。

面的原因，犯有唯心主义的错误。在治理贫困的政策上，贫困处境论和贫困文化论更是针锋相对。后者认为，政府在充分就业、教育、健康、社会保险等方面所做的努力，穷人很少能有效地利用，大部分浪费掉了；前者则认为，通过改善政府的行政方式，采用穷人容易接受的方式，改造穷人的经济和生活状况，提高教育质量，贫困文化是可以得到改造的。

3. 贫困的结构论解释①

前面两类理论有一个共同的特点，那就是强调个人和家庭是致贫的主要原因，在贫困治理方面都反对福利政策。不同的是，贫困文化论通过使用贫困文化的概念及对贫困文化形成机理和传递机制的揭示，加深了人们对贫困的理解，使社会从对穷人的指责转到了关注穷人身外的世界，特别是文化剥夺论和贫困处境论更是走向了社会结构理论。

结构论者并不否认个人的重要作用，但他们强调，人的行为发生在一定的社会关系中，个人的选择是不自由的，受到他们自身无法左右的社会因素的影响和控制。在这个理论前提下，结合不同的解释性因素，形成了不同的理论观点。

（1）制度论

这种理论将贫困归结于占主导地位的社会制度。社会中的穷人和富人是由一定的制度决定的。例如，在土地所有者、农业生产、农业市场占主导地位的社会中，穷人往往是那些没有土地或居住在贫瘠土地上的人；而在工厂主、工业生产、工业市场占主导地位的社会中，穷人通常是雇工、无技术者或无职业者。

（2）集团论

这种理论认为，在权力不平等分配的社会里，弱小的团体自然会失去有利的竞争地位，特别是在发达的资本主义工业社会，生产和分配的途径被掌握在私人手中，因此在财富所有者和其他人之间存在不平等是合法的。社会不同集团对不平等地位的影响，不仅表现在收入方面，还表现在就业、住房、健康、教育等方面，由此构成的不利因素又成为新的不利条件，进一步影响人们的职业和收入。

---

① 周彬彬：《向贫困挑战：国外缓解贫困的理论与实践》，人民出版社1991年版，第87—91页。

（3）二元劳动市场论

该理论认为，职业和收入的高低决定着人们的贫与富。在很多情况下，社会中存在着两种劳动市场，一种是收入高、待遇好、福利优越的劳动市场，凡能进入此种劳动市场的，自然成为富裕者或中产阶级；另一种是收入低、待遇差的劳动市场，穷人便是此种劳动市场的主要受雇者。这两种劳动市场的分割是由教育、文凭、家庭、出身、经历、法律等多种因素决定的。

（4）贫困的恶性循环

该理论认为，多种与贫困相关的事物的制度化和稳定化造成了贫困的恶性循环。当人们开始接受政府救济时，当人们因街头犯罪被捕并被宣判有罪时，当人们居住在人身安全没有保障并经常沦为受害者的地区时，简而言之，只要人们触到恶性循环中的任何一个环节，他们就会受到其他环节的诱惑，其生存机会和生活方式都将大大改变，他们极有可能依靠救济为生，变成政治冷漠者，忍受多种慢性疾病的折磨，做出镇痛性反应。这就使解决贫困问题的可能性更小了。

4. 对以上理论的简短评价①

贫困维护论、贫困文化论和贫困结构论是针对西方国家的贫困问题提出来的。它们代表了三种不同的政治和政策取向：维护派、改良派和改革派。维护派的理论是正统的保守主义关于贫困问题的主张，把贫困的责任归于个人，否认制度对穷人的责任，认为贫困的存在有利于社会的正常运转；"改良派"也是西方社会制度的拥趸者，但他们也看到了贫困的危害，希望抑制贫困的扩展，主张在不根本触及西方社会制度的前提下，作有限的改进，支持政府有所作为，并为政府提供一些帮助穷人的温和建议；贫困结构论者一般是激进的社会改革论者，他们认为穷人存在于社会的结构之中，贫困问题深深地扎根于社会的基本制度之中，与法律、教育、经济、家庭、文化、以及人的观念意识有直接的关系，不经过社会改革，就无法解决贫困问题。贫困结构论在西方社会往往被看成是不现实的和离经叛道的，因此无法成为影响社会的主流理论。

---

① 参见周彬彬：《向贫困挑战：国外缓解贫困的理论与实践》，人民出版社 1991 年版，第 96 页。

5. 影响贫困的重要变量①

同西方发达国家相比，发展中国家的贫困有不同的特点。发展中国家的贫困主要是经济不发达所导致的绝对贫困。贫困区域广泛，贫困人口众多。导致发展中国家贫困的原因有很多，既有历史的原因，如殖民主义的长期统治，也有国际环境的原因，如不平等的国际政治经济秩序，还有地理因素和人口因素。当然，储蓄和投资率低、经济发展动力不足、政府管理国家的能力低等也是穷国依旧贫困的主要原因。

尽管发达国家和发展中国家的贫困状况、性质和致贫原因有所不同，但是从总体上看，贫困都是经济、社会、政治、文化等一系列复杂因素相互作用的结果。据此，可以将影响贫困的因素做一总结和归纳，尽管这种归纳无法度量和预测诸因素影响贫困的程度，但有助于识别影响贫困的可变因素，以及它们的变化方向（见图2－1）。

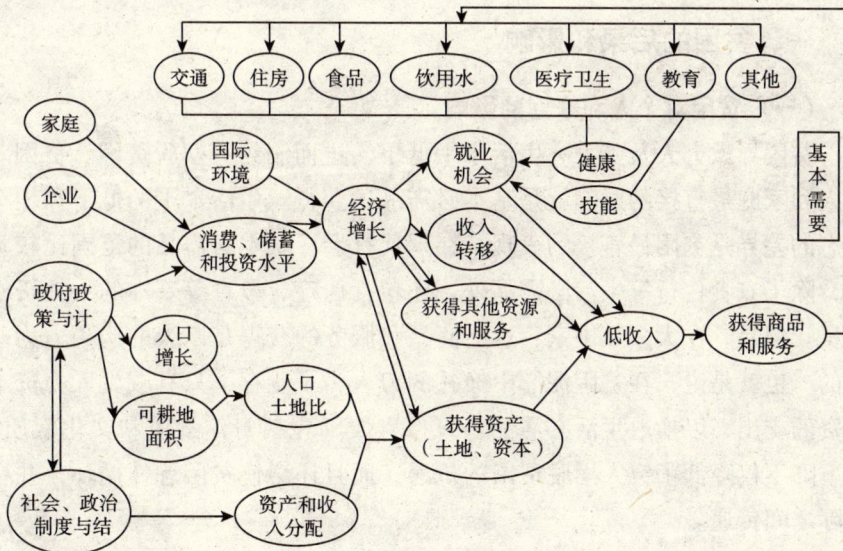

图2－1 影响贫困的重要变量

资料来源：周彬彬：《向贫困挑战：国外缓解贫困的理论与实践》，人民出版社1991年版，第106页。

① 参见周彬彬：《向贫困挑战：国外缓解贫困的理论与实践》，人民出版社1991年版，第105—107页。

首先，贫困程度直接受一个家庭实际收入的影响，而收入的多少又取决于这个家庭是否能获得有收益的就业机会，或从土地、固定资产等生产性资产以及转移支付中得到收入。

其次，获得生产性资产，特别是土地，决定于该社会里通行的土地和资本的分配形式，而土地和资本的分配形式又受到现行的政治、经济、社会和文化结构的影响。

再有，影响收入的另一重要因素，就是获得有收益的就业机会，而就业机会取决于工作的供给量和个人受教育情况，以及技术的熟练程度。工作的供给量又取决于经济发展水平、经济结构和经济组织方式。

第二节　贫困与社会救助

一、贫困的后果和影响

（一）贫困对个人和家庭的影响

贫困导致穷人及其家庭生活水平低下，进而制约其摆脱贫困。贫困对个人和家庭最直接的影响就是基本必需品的获得。生活水平的低下和生活形态的差异是贫困最直接的表现。在现代社会，基本必需品的范围比较宽泛，除了衣食住行等生活必需品外，还包括医疗、教育等基本的人力资本投资。但是，在大多数国家，这些商品和服务的获得是以人的购买力为基础的。也就是说，在贫困泥潭中挣扎的穷人为了生存，只有减少人力资本投资的支出，以换取生活必需品。人口素质（包括身体素质和文化素质）的下降不仅降低了穷人摆脱贫困的机遇，而且还会使贫困恶性循环，并在代际之间传递。

对于穷人来说，贫困不仅意味着生活困难和缺乏服务，而且还意味社会和政治地位低下。由于贫穷，穷人缺乏影响传媒和政治的能力，容易被社会所忽视，甚至被"牺牲"掉；由于贫穷，穷人常常被认为是能力低下或在道德上有瑕疵的人，受到社会歧视和不公正待遇；由于贫穷，穷人缺乏社会支持网络，缺乏参与政治和影响政策制定的资源。总之，经济上的贫困和经济地位的低下，导致穷人社会和政治地位的低下，社会和政治地位的低下反过来又会影响和制约经济条件的改善，如此循环，使得贫困长期存在。

贫困首先表现为物质（包括商品和服务）的匮乏，进而传导到生活方式、行为方式和思维方式，削弱穷人摆脱贫困的动力和斗志，从而走向封闭和麻痹。随着社会的日益开放和人口流动的日趋频繁，贫富悬殊会越来越多地展现在人们眼前。起初也许会给穷人，特别是由农村走向城市的贫困群体以刺激和强烈的心理反应，但当他们发现无力改变现状时，"镇痛"也许是最好的选择。一旦触及了恶性循环的一个环节，贫困将延续下去，对穷人的影响不言而喻。

（二）贫困对社会的影响

1. 贫困问题的存在会产生社会矛盾和社会冲突，是社会不安定的因素

贫富差距的拉大，特别是富裕中的贫困，会给贫困群体以强烈的心理反差和心理落差。他们中间一些人最直接的反应就是与社会的对立和对社会的仇视。特别是在经济快速发展过程中，由于社会政策和经济发展不协调或不同步，贫困问题不仅没有得到有效治理和解决，而且社会的不公平还加剧了贫困程度。当贫困群体意识到这一点时，他们的对抗情绪会愈发严重，并诉诸行动。主要表现在，犯罪率上升、过激的群体性事件增加等。研究表明，在许多发达国家，越是贫困的区域，犯罪率越高；在一些发展中国家，随着城市穷人的增多，暴力犯罪也越来越多。[①] 由于穷人社会和政治地位低下，是社会的弱势群体，他们缺乏正常的渠道去表达他们的利益诉求，缺乏足够的资源去挑战现存的政治体系和社会结构，他们有的是怨恨和不满，因此贫困群体容易被一些社会组织或政党利用和组织起来，成为其争取各种利益、攻击执政党或现任政府的工具，从而加剧社会和政治的不稳定。

2. 贫困问题的存在会破坏社会整合和社会团结

社会转型期也是矛盾的多发期，矛盾多发的重要原因是利益的分化。因此，社会整合对于弥合利益分化、促进社会稳定和社会发展有重要意义。贫困问题的存在不仅不利于社会结构和社会利益的整合，反而会使社

---

① David Drakakis-Smith, *The Third World Cities*, Methuen & Co., 1987, p. 52。转引自关信平：《中国城市贫困问题研究》，湖南人民出版社 1999 年版，第 22 页。

会分化日趋严重。从利益诉求来看，贫困者阶层完全不同于中产阶级和富裕阶层，原有的社会结构会出现很大的改变；从文化结构来看，尽管如何看待"贫困文化"有不同的观点，但"贫困文化"的存在几乎是没有疑义的，其社会基础就是与贫困相伴的贫困者阶层。"贫困文化"的存在不仅会延续和复制贫困，增加治理贫困的难度，同时它会分裂社会，降低社会凝聚力，增加社会矛盾，不利于社会稳定和社会发展。

3. 贫困问题的长期存在不仅与社会发展的基本目标相违背，也会对社会基本的道德观念和价值观带来负面影响

发展是当今社会的基本目标之一，没有分享、两极分化的发展模式与发展的内涵和初衷是相违背的，因而是不可取的。我国是一个社会主义国家，实现共同富裕是社会主义的本质，如果贫困问题长期得不到治理和解决，将对社会主义发展目标的实现乃至社会主义制度产生负面影响。同时，贫困的长期存在也与我们一直秉承和倡导的平等、公正、同情、互助等重要的社会价值观和道德准则相冲突，影响社会风气和社会的和谐发展。

4. 贫困问题的长期存在会影响经济的可持续发展

尽管库滋涅茨的"倒 U 型理论"论证了在经济高速发展时期社会不平等的扩大是不可避免的，以至于有学者借题发挥，认为为了获得较高的经济增长速度，在一定的时期内牺牲平等也是可以的。但是，应该看到，如果经济运行过程出现了严重的两极分化，形成了长期难以解决的贫困问题，它反过来会影响和制约经济的发展。因为贫困的存在会破坏经济发展所需要的稳定的社会环境，严重影响人口素质的提高和人力资源的开发利用，制约社会消费能力的提升。

二、贫困问题的紧迫性、复杂性与社会救助的重要性

1937 年 1 月 20 日，美国总统罗斯福（Franklin Roosevelt）在其第二任就职演说中说："检验社会进步的标准不是看我们给富人增加了多少财富，而是看我们是否为穷人提供了足够的援助。"

由于历史、地理、人口以及社会经济转型等方面的原因，我国目前尚有数以千万计的人口还处于贫困之中。这些贫困人口主要集中在农村，呈现出区域性贫困的特征。但是，这种贫困只是暂时的，随着农村的扶贫开

发和经济发展，区域性贫困会越来越少，阶层性贫困会越来越多，而且贫困人口的构成越来越复杂，除了传统的救助对象外，社会经济转型产生了新贫困群体，全球化、老龄化、自然灾害、人口流动等背景下涌现出许多新的社会问题和需要救助的群体，如留守儿童等特殊儿童、长期护理对象、农民工、流浪乞讨人员、单亲家庭等。另外，相对贫困者的救助也应提上议事日程。因此，贫困问题的解决变得更加紧迫和重要，难度也越来越大。

在我国社会主义制度下，解决社会贫困群体的生活困难问题是党的宗旨和社会主义制度的本质，也是人民群众依据《宪法》应该享有的权利。我们党的宗旨就是全心全意为人民服务，为全体人民谋利益。治理贫困、救助贫困群体是"以人为本"执政理念的集中体现，也是社会主义制度的本质要求。同时，我国《宪法》规定："中华人民共和国公民在年老、疾病或者丧失劳动能力的情况下，有从国家和社会获得物质帮助的权利。国家发展为公民享受这些权利所需要的社会保险、社会救济和医疗卫生事业。国家和社会保障残废军人的生活，抚恤烈士家属，优待军人家属。国家和社会帮助安排盲、聋、哑和其他有残疾的公民的劳动、生活和教育。"因此，接受社会救助是《宪法》赋予人民群众的权利。

三、社会救助的功能

尽管一些西方学者鼓吹贫困的存在对于社会的正常运转有重要意义，但不可否认的是，贫困是一种社会病态，贫困的长期存在对个人和社会都有许多消极影响，而且解决起来越来越困难。那么，社会救助对于治理贫困和缓解贫困能起到怎样的作用？

我们可以将社会救助的作用分为直接功能与间接功能。

（一）直接功能

1. 社会救助通过济贫和救急直接达到保护国民基本生活的目的

这是传统社会救济最基本的作用。所谓济贫，就是对那些无力自谋生活的人，予以适当救助，使其维持基本的生活水准，并成为对社会和国家有所贡献的人；所谓救急，就是帮助那些遭遇灾害、急难的人维持生活，渡过难关，达到化病弱为健康、老而不衰、壮而有用、少而有教、幼而有育、残而不废的社会发展目标。

2. 促进社会团结、安定社会秩序

社会救助是对公民的基本人权——生存权最直接、最有效的保障，它不但能安老、育幼、扶贫济弱、救残扶伤、解救急难者等，而且还能维持救助对象的基本生活，有效缓解因贫困和其他社会问题所引发的社会矛盾，维护社会稳定，为经济社会的发展保驾护航。

3. 补充社会保险制度的不足

现代社会保障体系的主导项目是社会保险，但社会保险不能"包打天下"，完全取代其他项目，并确保社会成员生活无虞。因为社会保险强调权利与义务的对等，参加社会保险的劳动者，必须先尽缴纳保险费（税）的义务，然后才能享受领取社会保险待遇的权利；即使有了社会保险，也会因为保险不足或突发事件等原因而陷入困境。社会救助的存在可以弥补社会保险的不足，完善社会保障体系。从此意义上讲，社会救助和社会保险有某种此消彼长的关系。而且，一个社会中可以没有社会保险，但不可没有社会救助。

从消极的救助到积极的自力更生，使贫变富，使残能自食其力，使病能健康而可自谋生计，使失业者有工作机会等，促进经济繁荣发展。

（二）间接功能

1. 社会救助作为一种转移支付手段，能有效调节社会的收入分配，缓解贫富差距

社会救助主要由政府主办，其经费大部分来自税收，这些税收又大部分是由直接税，也就是由所得税课征，被课的税是以累进方式计算，因此所得越高，所课的税就越高。拿富有者的钱来救助那些不但不要交税还须政府救助的贫穷者（低收入者），如此一减一增，即可达到收入再分配的功效。因此，社会救助在调节收入分配、缓解贫富差距、实现社会公平方面的作用是相当明显的。

2. 社会救助有助于提高国民素质，营造稳定的社会环境，为经济发展创造条件

通过社会救助，社会成员可以维持基本生活水准，不必担心生存问题，并有余力学习技艺或接受教育；通过社会救助，可以增强救助对象的谋生能力，增加工作机会，减少对政府和社会的依赖；通过社会救助，可以改善救助对象的生活，提高其生活质量，使其能有尊严地生活，达到安

和乐利社会。这些都有利于经济的发展与繁荣。

3. 社会救助对于提高社会的购买能力、启动内需有积极作用

社会救助实际上是一种收入维持制度，以保证救助对象有最基本的生活来源。也就是说，它保证救助对象有一定的收入水平，以维持其最低生活需要。有了一定水平的收入，就有了一定的消费能力，一定的社会消费能力对生产的发展是有好处的。从此意义上讲，社会救助对启动内需、刺激经济景气有积极意义。

4. 社会救助对于促进社会道德风尚建设有重要意义

社会救助有利于形成互相关心、互相帮助的社会风气，培养人们的奉献精神，提高社会公德水平；有利于营造团结和谐的人际关系，形成良好的社会秩序；有利于增强社会凝聚力，激发人们热爱社会、热爱国家，更进一步增强集体主义精神；有利于培养和发扬人道主义精神，培养人们的爱心；有利于调动社会的积极性。每个救助对象都有一个家庭和相关者，解决这些人的生活困难，也解决了与之相关人员的后顾之忧，其影响远远超出了这些人自身。从国家对社会困难群体的帮助中，其他社会成员得到了鼓励和安慰，体会到政府的关怀，从而激发出更高的生产积极性。

四、社会救助的原则

现代社会救助有三个分配原则和价值取向：平等、公平和充足。平等又分为数量上的平等和比例上的平等，前者指用同样的方式对待每一个人，即所有人平均分配；后者是用同样的方式对待类似的人，即根据他们的优点和价值进行分配。平等的不同解释在对待不同的人时有冲突之处。一般采用数量平等意义上的平等概念，并将比例平等纳入公平这一价值之中。公平是指人们的应得性应基于其对社会的贡献。充足指的是愿意提供合适标准的物质福祉和精神福祉，无论是按平等原则分配的还是按绩效原则分配的。充足这一标准因时间和环境而变化。总体上讲，作为利益分配机制，社会救助更关注公平，而不是充足和平等。①

---

① Neil Gilbert，Paul Terrell：《社会福利政策导论》，黄晨熹等译，华东理工大学出版社 2003 年版，第 97 页。

本 章 小 结

　　贫困是一个动态和发展的过程，贫困的定义和内涵也在变化和发展之中。在不同的语境下，贫困的定义也不一样。一般来说，可以从绝对贫困和相对贫困、狭义贫困与广义贫困等角度对贫困做一界定。中国的贫困概念有独特的内涵。首先，在社会主义初级阶段，中国的贫困主要是指绝对贫困，即个人或家庭收入不足以"维持生理基本需求"和"必需的家庭预算"。其次，中国的贫困是一个综合的概念，即除了从经济意义上把握贫困外，还从自然、经济、社会、文化精神等方面全面认识和治理贫困。在社会主义初级阶段，中国以消灭物质生活的贫困为主要目标和重点任务，使贫困人口过上温饱乃至小康的生活。同时，也十分注重消除社会贫困、精神贫苦，在保证人的生存权的基础上，促使人的健康、全面发展。消除贫困既是一项经济任务，也是一项政治任务。

　　关于贫困的理论有很多。近代经济学关于贫困的理论就包括了古典政治经济学对贫困的解释、马尔萨斯人口学对贫困的解释、马克思主义的贫困理论，现代西方贫困理论包括维护贫困的理论、贫困的代际传递理论、贫困的结构论。

　　贫困不论对于个人和家庭还是社会都有着重要的影响，如何缓解贫困问题，是十分紧迫的问题。社会救助对于治理贫困和缓解贫困能起到以下的作用：通过济贫和救急直接达到保护国民基本生活的目的；促进社会团结、安定社会秩序；补充社会保险制度的不足；有效调节社会的收入分配，缓解贫富差距；提高国民素质，营造稳定的社会环境，为经济发展创造条件；提高社会的购买能力，启动内需等积极作用。在实施社会救助时，需要遵循以下原则：平等、公平和充足。

重 点 名 词

　　绝对贫困　相对贫困　狭义贫困　广义贫困　个人贫困　普遍性贫困　结构性贫困　社会分层说　"三 M"理论

复习思考题

1. 什么是绝对贫困和相对贫困？
2. 贫困的类型有哪些？
3. 关于贫困的理论有哪些？请简要评价这些理论。
4. 社会救助有哪些功能？在实施社会救助时应遵循哪些原则？
5. 请举例说明贫困对于个人、家庭和社会的影响。

第三章 社会救助实务

【学习重点】

1. 社会救助的立法；
2. 社会救助的机构与设施；
3. 社会救助的方式；
4. 社会救助的种类和体系；
5. 社会救助的行政和财政；
6. 社会救助政策的分析框架。

第一节 社会救助立法

一、宪 法

许多国家的宪法都规定享受社会救助是公民的基本权利。例如，我国《宪法》第45条就明确规定："中华人民共和国公民在年老、疾病或者丧失劳动能力的情况下，有从国家和社会获得物质帮助的权利。国家发展为公民享受这些权利所需要的社会保险、社会救济和医疗卫生事业。国家和社会保障残废军人的生活，抚恤烈士家属，优待军人家属。国家和社会帮助安排盲、聋、哑和其他有残疾的公民的劳动、生活和教育。"① 从国家根本大法的层面，明确社会救助的地位，有助于各级政府更好地实施社会救

---

① 《中华人民共和国宪法》，http://www.gov.cn/gongbao/content/2004/content_62714.htm，1982。

助，保障贫困人群的利益。因此，《宪法》是建立健全社会救助体系的法律基础。

二、社会救助立法

为了指导社会救助的工作，世界上大多数国家都制定了社会救助方面的法律法规，发达国家尤为详尽。以英国的社会救助立法为例，自 1601 年颁布《济贫法》以后，先后颁布了《新济贫法》（1834 年）、《家庭补贴法》、《国民保险（工伤）法》（1945）、《国民保险法》（1946）和《国民救助法》（1948）等等。

目前，我国虽然还没有制定出一部统一的《社会救助法》，但出台了一系列专门的法律法规，用以指导和规范我国的社会救助工作。早在 1950年，当时的政务院（今为国务院）为"减轻失业工人生活困难并帮助其逐渐就业转业"，批准生效了《救济失业工人暂行办法》，这是新中国最早的社会救助方面的行政法规。在贫困救助方面，国务院先后颁布了《城市居民最低生活保障条例》（1999）和《关于在全国建立农村最低生活保障制度的通知》（2007），标志着覆盖城乡居民的最低生活保障制度正式建立。在农村五保供养方面，1994 年国务院出台了《农村五保供养工作条例》，并于 2006 年进行了修订，这是我国农村社会救助的第一部行政法规。在临时救助方面，国务院于 2003 年颁布生效了《城市生活无着的流浪乞讨人员救助管理办法》，民政部随后发布了《城市生活无着的流浪乞讨人员救助管理办法实施细则》。另外，在专项救助方面，2003 年国务院颁布了《法律援助条例》。

三、其他相关法律法规

社会救助立法注重生活保障，仍然需要其他方面的法律法规来补充。在我国，主要有以下几个方面的法律法规来补充社会救助立法。一是针对特殊人群的保护，如《残疾人保障法》（1990）、《未成年人保护法》（1991）、《妇女权益保障法》（1992）、《老年人权益保障法》（1996）等；二是防灾减灾方面的立法，如《防震减灾法》（1997）、《防洪法》（1997）、《传染病防治法》（2004）等，这些法律文件对防灾减灾工作起到了重要作用，同时对灾害救助也有相应的规定；三是社会公益事业方面的立法，如《红十字会法》（1993）、《公益事业捐赠法》（1999）、《基金会管理条例》（2004）等，对于引导、促进和规范社会公益事业的发展，吸引和吸收社会力量参与社会救助有重要意义。

第二节　社会救助的机构与设施

一、社会救助的管理与实施机构

社会救助的机构大致分为中央政府、地方政府、基层组织和自治团体三级。

（一）中央政府

一般来讲，各国中央政府中都有专门管理社会救助事务的部门，如我国的民政部、美国的卫生与人力服务部（HHS）、英国的卫生与社会保障部、日本的厚生省等均为社会救助事务最高行政主管机构，负责社会救助立法、政策制定、计划安排等管理工作。

中央政府对于社会救助的发展主要有以下作用：一是制定相关社会救助的规划、政策；二是提供财力、物力等资源来支持社会救助的发展；三是管理、监督、协调、指导地方政府的社会救助事业；四是通过相关手段扩大社会救助事业的影响，如媒体宣传等。

以我国的民政部为例，其在社会救助方面的主要职责是，牵头拟订社会救助规划、政策和标准，健全城乡社会救助体系，负责城乡居民最低生活保障、医疗救助、临时救助、生活无着人员救助工作。[①] 美国的卫生与人力服务部是美国政府为保护所有美国人的健康和提供基本的人类服务的主要负责部门。HHS 通过与各州和地方政府密切合作，来指导各州或地方一级的县级机构具体社会救助工作。许多由 HHS 资助的具体服务是由州或地方一级的县级机构提供，或是通过私人部门来提供的。HHS 由 11 个经营管理部门组成，即负责美国公共卫生服务的 8 个机构和 3 个人力服务机构。

---

① 中华人民共和国民政部网站，http://www.mca.gov.cn/article/zwgk/jggl/。

（二）地方政府

一般来讲，各国地方政府都设有相应办事机构，依法承办上级交办的事务和监督下级机构实施社会救助。由于各国的政体不同，各级地方政府的权限和机构设置有很大差异。一般来说，地方政府对于社会救助的发展有以下作用：一是根据中央政府的要求，制定本地方与社会救助有关的制度政策；二是提供财力、物力等资源来支持社会救助的发展；三是监督下级机构开展社会救助工作；四是通过相关手段扩大社会救助事业的影响。在中国，地方政府主管社会救助行政事务的职能部门为民政局。民政局履行着"上为政府分忧，下为群众解愁"的重要职能，主管救灾救济、双拥优抚安置、民间组织管理、基层政权建设、城市农村居民最低生活保障、社会福利和社会事务、区划地名等工作。

（三）基层组织和自治团体

基层组织和自治团体负责推行社会救助事务，是进行具体实施的机构。一般来说，基层组织和自治团体对于社会救助的发展有以下作用：一是根据中央政府和地方政府的要求，实施社会救助的具体政策，解决人民群众的切实需求；二是向上级机构反馈社会救助具体实行过程中存在的经验和教训，反映群众的意见和建议。如我国的居民委员会。

二、社会救助的设施

社会救助的设施可分为下列几种：

（一）居养设施

所谓居养设施是指收容身体或者精神上有严重缺陷进而无法料理自己日常生活的人群，并以生活扶助为目的的设施。

中国香港的安老院舍照顾服务，就是一种提供居养的设施。安老院舍照顾服务旨在为一些年龄达65岁或以上，由于个人、社会、健康或其他原因而未能在家中居住的长者，提供住宿照顾服务及设施。年龄在60—64岁之间的人士亦可提出申请，但须证实确有需要接受住宿照顾。按长者不同程度的护理要求，政府成立各种类型的照顾院舍，主要有长者宿舍、安老院、护理安老院和护养院四类（见图3－1）。

最低护理程度 ➡ 最高护理程度

长者宿舍 ➡ 安老院 ➡ 护理安老院 ➡ 护养院

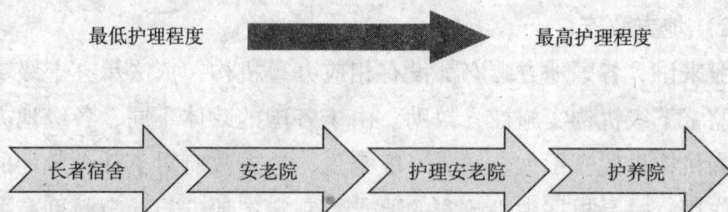

图3-1 各种类型的照顾院舍

资料来源：香港特别行政区政府社会福利署，http://www.swd.gov.hk/sc/index/site_pubsvc/page_elderly/sub_residentia/id_introducti/。

（二）更生设施

所谓更生设施是指对因身体上或精神上的原因而必须收容疗养及接受辅导的人群提供生活辅助的设施。

在日本，对出狱人（还包括免除刑罚执行者和缓起诉者等）的社会保护被称之为更生保护。它是由国家主导的旨在使实施了犯罪或者违法行为的人，在平常的社会环境中作为健全的社会人，通过接受指导、帮助实现更生（新生）的制度。第二次世界大战之后，日本逐步确立了更生保护制度。21世纪后，日本逐渐完善更生保护制度。2002年，日本通过《更生保护事业法》等部分法律修正案，新增了"指导就业，为使其适应社会生活进行必要的生活指导"，谋求充实的在更生保护设施内能够实施的保护内容。[①]

（三）医疗保健设施

所谓医疗保健设施是指对有需要进行医疗救助的人群，提供医疗给付或医疗服务的相关设施（如机构、医院等）。

法国的医疗救助制度历史悠久，在法国人人都有权享有医疗。政府专门制定了国家医疗救助计划（AME），旨在给予无法享受医疗保险的人群提供医疗救助。AME计划覆盖了和社会保险相同的治疗范围：在医疗机构看诊时，包括门诊检查、药物费用、化验费用、牙科检查以及自愿流产等。它的报销比例与社会保险一样，而且不需要长期居住就可以办理，只

---

① 刘晓梅、张智宇：《日本更生保护制度及其对中国的启示》，《社会工作》2010年第7期，第48页。

要在法国停留三个月以上的并正式持有 AME 的外国人，都可以享有该权利。

（四）授产设施

所谓授产设施是指对因身体、精神以及家庭的原因，就业能力有限的人群，提供就业或技能培训的机会，助其自立更生的设施。

日本政府坚持通过提供救助设施来帮助残疾人自立，并在残疾人培训、扩大残疾人就业方面采取了一些效果良好的措施。日本出台了许多政策扩大残疾人的就业机会。如《残疾人雇用促进法》规定，私人公司、国家和地方的公共团体都必须雇用一定比例的残疾人。为减轻企业雇用残疾人带来的经济负担，日本有一种"残疾人雇用调整金"制度，这一制度规定，长期雇用员工超过 300 人的企业，如果残疾人雇用比例不达标，那么根据差额人数每人每月按 5 万日元（1 美元约合 108 日元）标准向政府缴款。以这部分款项为财源，长期雇用员工超过 300 人的企业，如果残疾人雇用比例超过规定，那么企业可按差额人数每人每月 2.7 万日元的标准领取"残疾人雇用调整金"。日本政府还设有许多补助金，鼓励企业持续雇用残疾人。另外，按规定雇用残疾人的企业可以享受各种税收优惠政策。日本社会不仅帮助残疾人就业，还想方设法让残疾人能够胜任工作。残疾人每天的工作时间可以缩短，可以在家工作，也可以享受弹性工作时间。如果有残疾人的家庭打算创业，还可以获得一定的资助。[①]

（五）提供住居的设施

所谓提供住居的设施是指对无住所（住宅）并且需要扶助的低收入家庭，提供住宅援助的设施。

新加坡的公租房制度是提供住居设施的一个典范。新加坡建国初期，居民的居住环境极差，通过 50 年的努力，新加坡终于实现了"居者有其屋"计划。新加坡政府通过实施行之有效的公共住宅（组屋）发展计划，让 90% 的新加坡居民都拥有自己的房子。首先，政府大力支持。负责该计划实施的新加坡建屋发展局对组屋的定价不以成本为考量，多年来建屋发展局几乎一直都在做亏本生意。2006—2007 年，政府建屋发展局亏损了 7.4 亿新元（约合 37 亿元人民币），建屋发展局的赤字由政府资金填补，

---

① 《综述：日本多项措施助残疾人自立》，http://news.qq.com/a/20080903/002501.htm。

政府已累计拨付补助金 160 多亿新元（约合 800 亿元人民币）。[1] 其次，政府通过许多配套措施，保证了该计划的顺利实施。如政府通过公积金制度，要求居民进行强制性储蓄，以提高居民的购房能力；建设小户型房屋，减轻居民的购房负担；对购买租屋实行优惠政策等。

（六）助产设施

所谓助产设施是对需要提供助产的低收入的孕妇，提供住院、助产等服务的设施（如医院、诊所等）。

日本的各个地区都提供助产设施。如果孕妇因经济理由而无法住院分娩，她们可以公费享用助产设施帮助其完成分娩，但是在此之前必须向政府申请。针对孕妇这一弱势群体，政府提供助产设施，有利于保障那些没有经济能力或经济能力有限的孕妇的正常分娩，有利于促进新生儿的健康成长。

第三节　社会救助的方式[2]

1601 年英国旧济贫法实施后，出现了两种社会救济方式，即院内救济（Indoor Relief）和院外救济（Outdoor Relief）。院内救济是一种在公立或私立救济院里进行的贫民救济方式，虽然相比院外救济来说，它更加昂贵，但是在那个时代被认为是一种很好的社会救助方式，既救济了贫民，又促使个人寻找合适的带薪工作。而院外救济是一种通过提供金钱、食物、衣物等形式的帮助，来缓解贫困，同时又不要求受接济者必须进入专门救济机构的贫困救济方式。

一、院内（机构内）救助

（一）含义

院内（机构内）救助是指将需要救助的人收容在救助机构内安置，即对无法自力谋生的国民通过机构予以收容，来达到照顾生活的目的，使其

---

① 《各国推广廉租房公租房面面观》，http://news.xinmin.cn/rollnews/2011/01/31/9163981.html。

② 参见江亮演：《社会救助的理论与实务》，台湾桂冠图书公司 1990 年版，第 114—116 页。

物质及精神生活无缺。这些机构一般为育幼、安老、教养、疗养等有关院所（Workhouse）。因此，也称为院内服务（Indoor Service）或院内收容。

（二）优点

第一，救助无依无靠、无谋生能力、无生活支柱的孤老弱小的贫困者，效果较好。

第二，可以照顾被收容人群的日常生活，提供生活必备品。

第三，通过将部分贫困者安置照顾，有利于缓解社会矛盾，解决部分社会问题。

（三）缺点

第一，机构式收容，受到财力和物力的多重限制，只能满足一定数量的救助者的需求。

第二，被收容者因其日常生活所需的物质和精神上的东西均由院方提供，容易养成依赖或自卑的心理。

第三，院民与外界（一般社会）往往缺乏持续的接触，因此容易产生隔阂。

第四，由于院方的供给与院民的需求存在一定的不一致性，因此双方容易发生磨擦、冲突或纠纷。

二、院外（机构外）救助

（一）含义

通过个案工作的形式，依每个受助者情况具体问题具体分析，加以个别辅导，解决需要救助者的实际困难，使其过上正常的生活，也可根据实际情况采取家庭辅助辅导的方式，来维持一家生活。即对无法自力谋生的人群，不分男女老幼，将其留在家中进行救助，通过提供现金或物质补助使其过上正常的生活。因此，也称为院外服务（Outdoor Service）或院外收容。

（二）优点

第一，院外救助可以进行大规模的收容，面向的救助者人数多、范围广。

第二，与院内救助相比，无需机构的收容设备、管理及具体工作人员，可以节约大量费用。

第三，与院内救助相比，被救助者的日常生活还是主要由自己或亲人动手完成的，不会存在依赖感和自卑感。

第四，一般被救助者与社会接触较多，因此不会与社会产生隔阂。

（三）缺点

第一，由于救助范围较广，需要救助的人群太多，工作人员往往无法兼顾所有。

第二，由于院外救助需要财力的支持，而各地的财力不一，导致被救助者所享有的待遇不一，救助绩效不同，有失公平合理原则。

第三，由于被救助者在家中生活，日常必需品不可能完全靠政府提供，因此有些人会感到烦恼和困扰。

第四节　社会救助的种类与体系

一、社会救助的种类

一般来说，社会救助的种类可以按照生活需要、救助的方式、救助时机和救助主体等情形进行分类。具体分类如下：

（一）按生活需要分

1. 最低生活救助（也称一般生活救助或基本生活救助）

最低生活救助主要是向低收入群体提供衣、食、住、行等日常生活必需品，或儿童发育成长所需要的物品和服务，以及治疗疾病伤害及死亡丧葬所需的费用等，因此最低生活救助的主要内容是贫困救助。如我国的最低生活保障制度，就是一种保障低保对象最低生活水平的贫困救助制度。由于中国特殊的城乡二元结构，最低生活保障政策在城乡间存在差异，但是不容置疑的是，该制度对于保障城乡贫困居民的最低生活具有重要意义。截至 2011 年 3 月，全国享有农村居民最低生活保障的总人数为 5215 万人，享有农村最低生活保障家庭数为 2540 万户；享有城镇居民最低生活保障的总人数 2305 万人，享有城镇最低生活保障家庭数为 1144 万户。①

---

① 统计数据来自于中华人民共和国民政部网站，http：//www.mca.gov.cn/。

2. 特殊生活情况救助

特殊生活情况救助主要是针对特殊人群（如老人、灾民、孕产妇、困难残疾人等）、特殊情况（如教育、劳动、失业、预防保健、疾病救助等）进行的救助。许多国家对老年人、儿童、残疾人等特殊群体都有较为明确的救助措施。如美国的"补充收入保障计划"（SSI），其主要救助对象是老年人、残疾人、收入和资产有限的盲人、残疾儿童等。自该项目建立以来，SSI 的总支出占国内生产总值的比重相对稳定，约为 0.3% 左右；受益人口稳定小幅增长，占总人口的比重由建立初期的 1.9% 上升到目前的 2.5%，并呈现出稳定上升的趋势。随着该项制度的发展，无论是在资金支出规模还是受益人口数量方面，SSI 正逐步演变为一项专门针对残疾人的救助计划。[①] 在我国，已逐步建立起包括医疗救助、住房救助、教育救助、司法救助等在内的多种专项救助项目；各地正探索实施针对低保对象的分类救助计划。

（二）按救助方式分

1. 院内（机构内）救助

院内（机构内）救助包括对养老、育幼和孤儿群体的收容，对心智残障、妇女教养、游民习艺、盲聋哑习艺和伤残康复等的收容。如我国各地都建有儿童福利院，对孤儿群体进行院内救助。由于院内集中供养的局限性，儿童福利院纷纷探索社区寄养的新模式，向家庭寄养、助养、收养等多种养育方式拓展。如武汉市儿童福利院有近半数儿童常年生活在社会爱心家庭中，享受父母亲情、家庭温暖。同时，帮助残疾儿童进行康复治疗，促进康复后被领养家庭收养。

2. 院外（机构外）救助

院外（机构外）救助包括针对老年人、儿童等被救助人群的津贴和针对低收入家庭的各项补助，如房租补贴、生育补贴等。以美国的住房救助（House Relief）为例，20 世纪 70 年代中期，政府改变了提供公共住房的救助方式，转而向低收入者提供房租补贴，由低收入者自己选择居住地。具体方案包括租金证明计划（Rent Certificate Program）和租金优惠券计划

---

① 孙守纪、齐传钧：《美国补充收入保障计划及其启示》，《美国研究》2010 年第 4 期，第 109—124 页。

（Rent Voucher Program）。房租补贴计划既能够解决低收入群体的住房问题，还能够减轻政府开支，因此一直受到好评。

（三）按救助时机分

1. 急难救助

急难救助是指对遭受紧急灾难的社会成员进行社会救助，包括灾害救助、意外救助等。每个人都有可能遭逢紧急的灾难，因此在社会救助的政策中设置急难救助的项目是十分必要的。急难救助不应仅限于特定的对象，即并不是只有低收入者才可以享有，凡生活突然发生困难，或罹患急病或身体遭遇到严重伤害及其他意外事件，需要救助才能渡过难关的人，均可以申请救助。救助方式以现金为主，同时也包括提供必要的物品和服务。如果急难救助后仍无发解决困难，则可申请平时救助。①

2. 临时救助

临时救助制度是我国的一项传统的救助业务，主要是指对在日常生活中由于各种特殊原因造成基本生活出现暂时困难的家庭，给予非定期、非定量生活救助的制度。长期以来，临时救助制度在保障城乡困难群众的基本生活、缓解他们的特殊困难方面发挥了重要作用。截至 2010 年底，全国有 16 个省份全面建立了城乡居民临时救助制度，② 临时救助水平也不断提高。

3. 平时救助

平时救助是指对在相对较长的一段时间里陷入困境的社会成员进行的社会救助，包括低收入者的生活补助等。丹麦的继续救助制度就是一种平时救助，它以没有领取年金及社会保险的但又需要永久性生计辅助的国民为对象，救助对象一旦通过资格审核，政府会支付特别的扶助费。③

（四）按救助主体分

1. 公共救助或政府救助

公共救助或政府救助是指由政府出资或由政府直接办理的救助事务。公共救助的重点是院所收容教养、老弱残障及荣誉国民安置、医疗救助、

---

① 江亮演：《社会救助的理论与实务》，台湾桂冠图书公司 1990 年版，第 116—118 页。

② 民政部：《16 省全面建立城乡居民临时救助制度》，http://politics. people. com. cn/GB/13589361. html。

③ 江亮演：《社会救助的理论与实务》，台湾桂冠图书公司 1990 年版，第 116—118 页。

灾害救济、冬令救济（家庭补助）等。救助对象的认定须经严格的调查程序。公共救助是一种制度化的救助措施，具有更高的规范性、科学性和政策性。

2. 民间救助

民间救助是指由企业、社会团体、个人等出资或由其直接提供的救助事务。相比公共救助而言，民间救助更加灵活，涉及的领域和救助的人群更加广泛，但同时存在临时性、不稳定性、非专业化等缺陷。

二、社会救助体系

社会救助是一个综合性的保障体系，当社会成员因各种原因而陷入生存危机或生活困境时，由国家和社会按照法定的程序和标准予以救助，以保障公民的基本生活。这里讲的导致社会成员陷入生存危机或生活困境的各种原因，既包括自然灾害（包括恶劣的自然环境）、突发事件（如战争、交通事故、公共卫生安全等）、生理缺陷（如残障）、生老病死等难以抗拒的客观原因，同时也包括个人能力、个体行为等主观因素，如个人禀赋、道德修养、心理素质、教育背景、社会调适能力等。因此，社会救助应涵盖各种救助方式和种类，是一个完整的、协调的、综合性的项目体系，以应对主客观原因所带来的各种风险。

目前，我国已逐步形成以最低生活保障、农村五保供养为核心，以医疗救助、住房救助、教育救助等专项救助为辅助，以临时救助、社会帮扶为补充的覆盖城乡的新型社会救助体系（见图3-1）。这样一个新型社会救助体系，不仅大大提升了社会救助的政治地位，强化了政府责任，而且从根本上改变了中国社会保障制度的理念，实现了从人性关爱到维护权利的转变，凸显了政府在维护公民基本生活安全方面的责任。在保障的功能上已经开始由"生存保障"向"生活保障"转变，在保障困难群众基本生活权益、维护基层社会稳定等方面发挥了重要作用，成为我国社会保障体系的重要组成部分。[1]

---

[1]　刘喜堂:《建国60年来我国社会救助发展历程与制度变迁》,《华中师范大学学报（人文社会科学版）》2010年第4期，第19页。

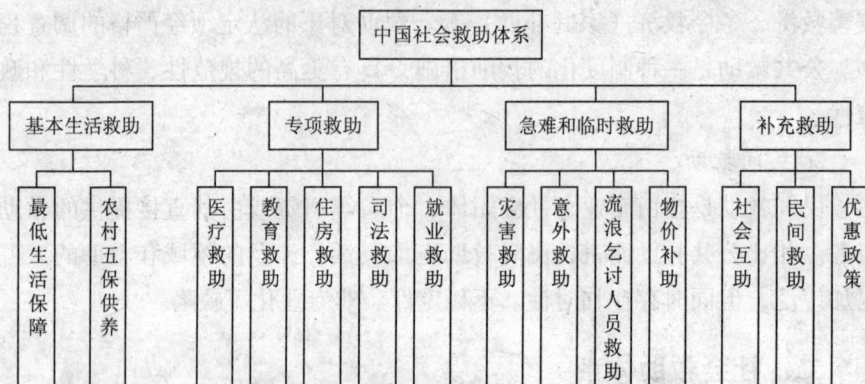

图 3-2　中国社会救助体系总体框架

第五节　社会救助的行政与财政

一、社会救助的行政

（一）社会救助行政方式

社会救助行政一般采取两种形式：一是中央政府设立专门行政机构，在地方政府设立执行机构；二是中央政府设立专门行政机构，并由中央直接计划办理，在地方政府设立分支机构负责办理①。

（二）部分国家的社会救助行政机构

1. 美国

美国的社会救助由联邦政府卫生与人力服务部和社会保障署公共救助局主管，负责制定统一的办理计划和救助规则，核定补助各州的经费；各州政府设立公共救助局或社会福利局，各县市设立公共救助科等机构，负责办理救助具体事务；同时，还在各地设置区署（监导处），派专员负责督导各州县办理情况。

---

① 江亮演：《社会安全制度》，五南图书出版公司 1986 年版，第 161 页。

2. 英国

英国的社会救助在中央由卫生与社会保障部所属的国民救助委员会（National Assistance Board）（后改为补充给付委员会）主管，并将全国划分为 12 个区，每区设一个国民救助委员会（补充给付委员会），区委员会下面设有 400 个地方办事处（Area Offices），分别处理国民救助工作。每一个地方办事处各设一个顾问委员会（Advisory Committee），协助地方办事处主管人员处理和解决各种问题。同时，设有巡回调查员，经常访问申请救助的国民。各地地方政府仅负责设置各种安置及教养的机关或机构而已。[①]

3. 德国

德国按照其自治民主管理的传统，联邦劳动和社会事务部对全国各级各类社会保障机构具有权威的监督职能。具体来说，德国劳动和社会事务部保证整个社会体系的正常运转、帮助残疾人和弱势群体融入社会、为促进就业创造有利条件。在工作过程中，与其他部门相互协调、共同合作，保证社会救助事务相关部门通力合作。在处理涉及各联邦州和各乡镇的工作时，积极与相关地区协商，妥善处理，确保社会救助政策在地方上能够顺利贯彻和执行。而地方性的社会保障局负责为社会救济申请者提供各种资讯和服务，帮助他们早日脱离困境。

4. 日本

日本的社会救助在中央由厚生省社会事务局主管，负责制定社会救助的方针和政策。在都道府县政府，福利事务所是社会福利行政的执行机构。每个福利事务所都有专门的"个案工作员"，他们负责调查收集资料，并决定是否对相关人员进行救助及救助的种类和力度，而且还负责对救助对象进行生活指导和自立援助。在各市村设有民生委员，他们负责各地区的以下事务：进行相关调查来了解该地区人们的生活状态；对需要救助者进行指导；配合福利事务所及有关行政机构开展业务。

二、社会救助的财政

（一）社会救助筹资模式

各个国家的社会救助筹资模式不尽相同。一般来说，主要以政府责任

---

① 江亮演：《社会安全制度》，五南图书出版公司 1986 年版，第 136 页。

为主，即政府出资，但是也有些国家是通过其他渠道来筹集社会救助资金。因此，社会救助的筹资通常有两种方式：一是完全由政府出资。二是由政府与社会共同分担社会救助资金。

（二）各国的社会救助筹资模式

在一些比较强调政府责任的国家，主要由政府出资进行社会救助。如丹麦用于最低生活保障的资金来源于中央政府和地方政府；英国是典型的福利国家，政府承担了 100% 的社会救助经费。

其他一些国家则偏重于由政府与社会共同分担社会救助所需要的经费。如德国，政府和慈善组织负责救助资金的 1/3，另外 2/3 的资金由具有法人地位的社会保险管理机构来承担；新加坡虽然是政府实施公共援助计划，但是社会团体作为社会医疗救助活动的一个重要组成部分，也通过基金来进行一定的经济补助。[①]

（三）各级政府的社会救助筹资责任

由于政体和行政机构的不同，各国各级政府的社会救助筹资责任各不相同，通常有三种方式：

1. 全部由国库支付

在全部由中央政府负担的情况下，中央政府经费负担的方式主要有两种：一是实报实销；二是通过预算拨付地方，由地方具体支付。[②]

2. 由地方政府编列预算，中央政府给予辅助

许多联邦制国家都采取这种筹资责任模式。中央政府和地方政府共同分担救助经费，有利于缓解中央财政的压力，但是这种模式的一个关键问题就是如何设置合理的分担比例。

3. 全部由地方政府支付

一般来说，由地方政府负担社会救助的资金有利于地方政府对于社会救助的管理。但是，这种模式面临一个问题，那就是地方政府财力和救助需求的不对等。一般来说，越是贫困的地方，需要救助的人越多，如果单靠地方政府的财政支持是远远不够的。

---

① 钟仁耀：《社会救助与社会福利》，上海财经大学出版社 2005 年版，第 93 页。
② 关信平等：《社会救助筹资及经费管理模式的国际比较》，《社会保障研究》2009 年第 1 期，第 98 页。

在美国，社会救助所需的经费由一般税收中拨付；除一般救助经费由各州政府自行负担外，其余如救助老人、盲人、残废者及失依者的特殊救助经费，由联邦政府依社会保障法所定比例辅助各州。具体来说，美国的社会救助项目根据不同的资助来源大致分为三类：一是联邦政府资助和管理的计划，"补充保障收入"（SSI）即属于此类资助计划；二是由联邦与州政府共同资助的计划，如医疗援助计划（Medicaid），这个计划的救助对象是低收入家庭的儿童、孕妇、老人、残疾人以及被抚养子女的父母等，根据联邦法律，Medicaid 由各州进行具体管理，费用由联邦政府和州政府共同承担，2006 年联邦政府对各州政府的资助比例为 50%—76%[①]；三是州或地方政府资助并管理的计划。

在英国，社会救助资金来源于一般税收，主要由中央政府拨付，但对老年人、残废人等特殊救助对象的服务费，则由地方政府负担。

在日本，社会救助所需经费，由国家财政或地方公共团体财政共同承担。由国家直接负责的社会救助项目，完全由国家财政负担，与地方公共团体无关；而由地方公共团体负责的社会救助项目，其经费不仅由地方公共团体负担，国家也相应负担一部分。虽然国家和地方对于社会救助事业的经费负担比例是依法确立的，但是由于日本国家财政困窘，20 世纪 90 年代后，社会救助的经费由国家负担 3/4，地方负担 1/4。[②]

（四）社会救助支出比较

比较社会救助支出的意义在于分析不同国家社会救助的规模和水平，但这种比较往往是十分困难的，因为很多国家都未提供精确的社会救助的支出数据，而且不同国家的社会救助支出由于涵盖的项目规模和统计口径不一，而缺乏可比性和可操作性。一般通过社会救助支出占国民生产总值（GDP）和社会保障支出的比例来比较各国实施社会救助的水平。

---

① Christine Scott, "Federal Medical Assistance Percentage(FMAP)for Medicaid", http://www. law. umaryland. edu/marshall/crsreports/crsdocuments/RS2126203012005. pdf, 2005, p. 1.

② 周弘：《国外社会福利制度》，中国社会出版社 2002 年版，第 353—359 页。

表 3 - 1　各国社会救助投入占 GDP、社会保障总投入的比重（1995 年）

单位:%

国　家	占 GDP 的比重	占社会保障投入的比重
加拿大	1.8	13.7
法国	1.3	6.4
英国	3.9	33.0
美国	1.6	39.8
澳大利亚	6.8	90.3
新西兰	13.8	100

资料来源：国际社会保障研讨会（1995 年瑞典），转引自李珍、曹清华：《社会保障转移支付中的结构失衡和区域差异研究》，《宁夏大学学报（人文社会科学版）》2007 年第 2 期，第 138 页。

从表 3 - 1 可以看出，美国、法国和加拿大这些经济发达国家的社会救助投入占 GDP 的比重基本保持在 3.0% 以下，英国、澳大利亚和新西兰这些国家的社会救助投入占 GDP 的比重较高，尤其是新西兰作为福利国家的典范，社会救助占 GDP 的比重最高（13.8%），占社会保障投入的比例也很高（100%）。

第六节　社会救助政策的分析框架

从前面的介绍可以看出，社会救助是一个比较庞杂的体系，从社会救助的机构和设施，到社会救助的方式和种类，再到社会救助的行政与财政，都有多种选择，由此导致了不同国家的社会救助模式和社会救助政策都不尽相同。但是，我们可以从以下几个方面来把握和分析不同国家社会救助政策的特征：社会救助的目标体系、社会救助的分配基础、社会救助的项目类型、社会救助的提供策略以及社会救助的筹资方式。① 一个国家

---

① 参见 Neil Gilbert、Paul Terrell：《社会福利政策导论》，黄晨熹等译，华东理工大学出版社 2003 年版，第 83—86 页。

根据本国的社会经济发展水平、执政理念、福利文化[①]等具体情况，沿着以上五个维度进行选择，制定相应的社会救助政策。因此，所谓的社会救助模式就是不同选择在技术上的组合。

一、社会救助的目标体系

如上所述，社会救助政策的制定面临多种选择，而不管做出何种选择，都必须遵循一定的逻辑，这种选择的逻辑是由一定的价值理念和现实可行性决定的，它们构成了社会救助的目标体系。目标体系是社会救助政策中最重要的内容，它反映了国家和社会，特别是作为国家的代理人政府在社会救助事务中的责任，也反映了社会救助内在的价值理念，对社会救助政策的选择起引领作用。价值理念的形成既与一定时期的执政理念有关，也与主流的社会思潮、福利文化和对社会救助的认识有关。济贫理念由"救济"向"救助"的转变即是一个例证。社会救助由"工具理性"向"价值理性"的转变也是值得关注的一个问题。除了价值理念外，可行性也是决定社会救助目标体系的重要因素。可行性有经济的、政治的、社会的、文化的等方面的可行性，其中经济发展水平是最重要的影响因素，一个政府不可能承担起超出国家能力的责任，即使它有先进的理念和良好的愿望，否则这个目标就是不可行的，是对政府信用的不负责任。政治因素对社会救助政策的制定也有相当重要的影响，它在一定程度上决定社会救助政策的走向和改革的可能性。

二、社会救助的分配基础

社会救助的分配基础是指将社会救助分配给社会中特定的人口或群体时不同原则之间的选择。这里有三对基本的原则或取向可供选择：一是普遍性与选择性，即社会救助是分配给尽可能多的人，还是仅限于少数特定对象，社会救助的特性决定了它不可能让所有人得到救助，社会救助的普遍化即成了社会福利，这也是为什么社会救助与社会福利有如此密切的联系，这一原则影响贫困标准或最低生活保障线的高低，影响救助对象认定

---

① 福利文化是指影响福利提供的有关人的责任和权利的价值观，以及通过这些概念找到实际表现的习俗。

和识别的宽严，进而影响社会救助计划的覆盖范围和大体程度；二是权利（Entitlement）与自由裁量权（Discretion），即社会救助是对人类尊严和个体生存权利的尊重与保障，还是随意的施舍与恩赐，它决定社会救助分配的规范性、科学性和制度化；三是需求导向与配给，即社会救助是以救助对象的生活需求为基础进行分配还是实行配给制，进行平均分配，它决定社会救助分配的公平性、合理性与充裕性。

三、社会救助的项目类型

传统的选择是将社会救助项目分为现金计划（Cash）和实物计划（In-kind）（包括物品和服务）两者形式。不过，随着社会救助的发展，权利、代金券（Voucher）、各种机会和优惠政策等救助形式不断出现，丰富了社会救助的项目类型。不同的项目类型提供了不同的消费者主权，对救助对象有不同的影响。下面我们援引国外教材中的一个案例①来说明现金计划和实物计划对救助对象的不同影响。

假定琼斯是一个社会救助对象，月收入为 300 美元，全部用于购买奶酪和"所有其他商品"。奶酪的市场价格为每磅 2 美元，"所有其他商品"的市场价格是每单位 1 美元。在图 3 - 3 中，琼斯消费的奶酪用横轴表示，消费的所有其他物品用纵轴表示。琼斯的预算约束线是 AB。商品组合 E_1 是琼斯的效用最大化点，由 260 单位的其他物品和 20 磅的奶酪组成。

现假定政府每月向琼斯提供 60 磅奶酪，并规定不得在市场上出售，那么政府的奶酪计划对琼斯的境况有怎样的影响？从图 3 - 3 看，由于琼斯现在可比以前多消费 60 磅奶酪，她的新预算约束线从 AB 向右位移 60 单位，得到 AFD。在预算约束为 AFD 的情况下，所能达到的最高无差异曲线是曲线 U。它与该预算约束线在"拐角"处（F 点）相切，此时琼斯消费的奶酪为 60 磅，其他物品为 300 单位。

与最初的消费组合相比，琼斯消费的奶酪和其他物品都增加了。由于政府免费向她提供奶酪，琼斯可以把她本来用于买奶酪的钱用于购买更多的其他物品。

---

① 哈维·S. 罗森：《财政学（第六版）》，赵志耘译，中国人民大学出版社 2003 年版，第 137—140 页。

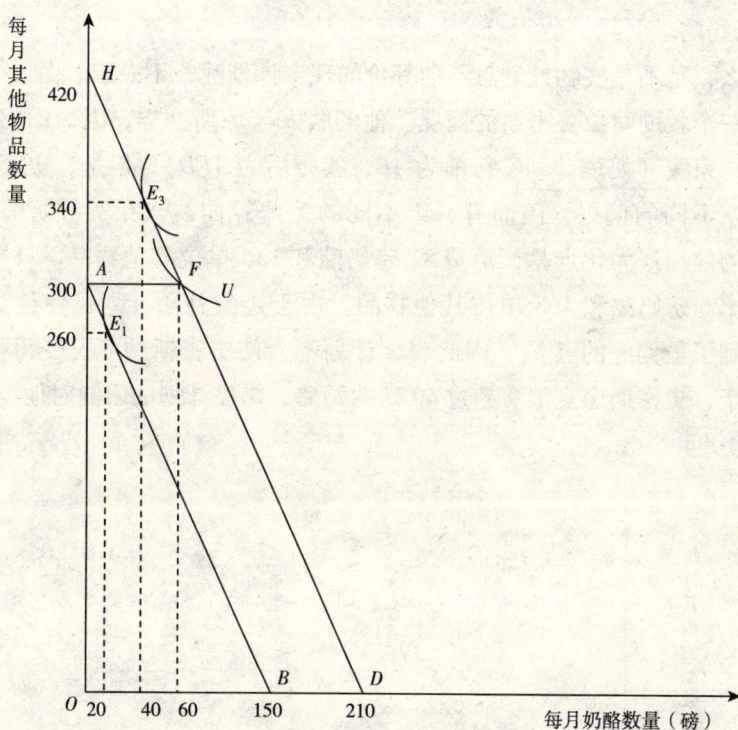

图 3 – 3　实物计划比现金计划产生的效用水平低

资料来源：哈维·S. 罗森：《财政学（第六版）》，赵志耘译，中国人民大学出版社 2003 年版，第 138 页。

　　现假定政府发给琼斯的不是 60 磅奶酪，而是与 60 磅奶酪市价相同的现金 120 美元（ = 60 磅 × 2 美元/磅）。增加的这 120 美元收入，使其新预算线比原来的 AB 线在每个点上都高出了 120 个单位，即可得到图 3 – 3 中的 HD 线。注意，现金计划允许琼斯沿线段 HF 进行消费，这在奶酪计划下是不可能的，因为政府不允许琼斯用给她的奶酪换取其他任何东西。

　　面对预算线 HD，琼斯的效用最大化点是 E_2，该点的商品组合是 40 磅奶酪和 340 单位的所有其他物品。比较 E_2 点和 F 点，可以发现：琼斯在现金计划下消费的奶酪少一些，消费的其他物品多一些；E_2 点比 F 点所在的无差异曲线高，表明现金计划比奶酪计划使琼斯的境况变得更好。原因在于，如果由琼斯自己决定的话，她不愿意消费 60 磅的奶酪，而更愿意卖掉一部分奶酪，来购买其他物品，但在奶酪计划下她没得选择，只有消费所有 60 磅奶酪。

那么，是不是实物计划总不如等价的现金计划呢？不一定。图 3-4 描绘了另一个救助对象史密斯的情况。他的收入与琼斯一样，因而面临相同的预算约束线（奶酪计划实行前为 AB，实行后为 AFD）。但是，史密斯有着与琼斯不同的偏好，因而有一组不同的无差异曲线。在实行奶酪补贴前，他的效用最大化点是，消费 82 磅奶酪和 136 单位其他物品。补贴后，他消费 126 磅奶酪和 168 单位其他物品。由于奶酪补贴计划已使他在 HD 线上找到了最偏好的点 E_4，因此现金计划不会使史密斯的境况变得更好。原因在于，史密斯愿意消费超过 60 磅的奶酪，奶酪计划的限制对他没有不利影响。

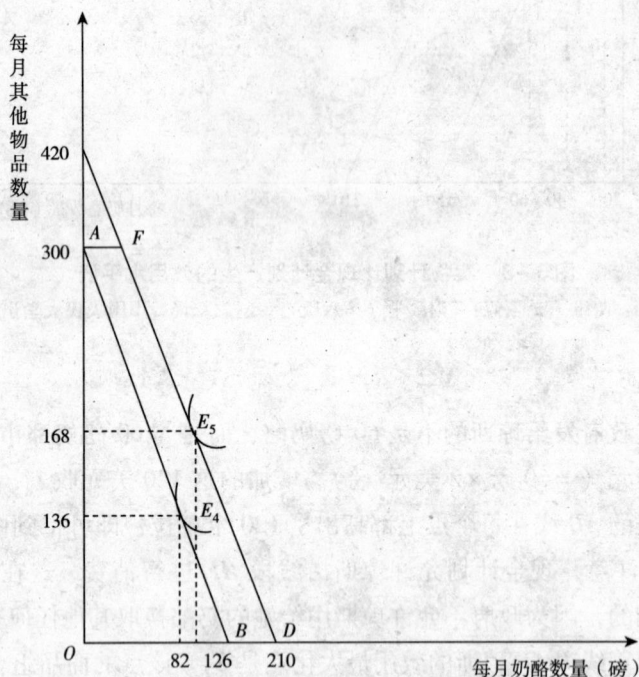

图 3-4　实物计划与现金计划产生的效用水平相同

资料来源：哈维·S. 罗森：《财政学（第六版）》，赵志耘译，中国人民大学出版社 2003 年版，第 139 页。

因此，现金计划和实物计划对偏好不同的救助对象有不同的影响。

四、社会救助的提供策略

社会救助的提供策略是指在地方社区系统中，社会救助的提供者和救助对象之间可供选择的组织安排。是集中提供还是分散提供？是由专业人士提供还是由当地居民等非专业人士提供？是由政府部门提供还是由营利组织或非营利组织提供？这些选择都会影响救助对象和他们所获得的救助类型。社会救助政策在这方面的设计内容包括救助系统的整体构成、相关部门之间的联系、设施的地点、员工的数量与素质、公共与私人的支持等。

五、社会救助的资金筹集

它涉及资金来源及其从起始点到服务点和救助对象转移支付的方式问题。一些主要的筹资选择涉及资金是来自政府、私人还是混合来源，所涉及的政府的级别和课税的种类，以及管理筹资的制度安排如拨款规则、目标的确定和时间的选择等。

以上五个方面是紧密联系、相互依存的。目标体系起引领和指导作用，后四个方面是实际操作领域，每个方面又要从三个角度来考察：一是各个维度内的选择范围，二是支持它们的社会价值，三是支持他们的理论和假设。社会救助政策就是在一定的目标和理念的指导下不同选择在技术上的组合。

本 章 小 结

许多国家的宪法都规定享受社会救助是公民的基本权利，为了指导社会救助的工作，许多国家制定了社会救助方面的法律法规。同时，仍然需要其他方面的法律法规来补充。社会救助的机构大致分为中央政府、地方政府、基层组织和自治团体三级。一般来讲，各国中央政府中都有专门管理社会救助事务的部门，如我国的民政部、美国的卫生与人力服务部（HHS）、英国的卫生与社会保障部、日本的厚生省等均为社会救助事务最高行政主管机构，负责社会救助立法、政策制定、计划安排等管理工作；各国地方政府都设有相应办事机构，依法承办上级交办的事务和监督下级机构实施社会救助；基层组织和自治团体负责推行社会救助事务，是进行具体实施的机构。

社会救助的设施主要有居养设施、更生设施、医疗保健设施、授产设施、提供住居的设施和助产设施。社会救助的方式主要有两种：院内（机构内）救助和院外（机构外）救助。社会救助按照生活需要，可以分为最低生活救助和特殊生活情况救助；按救助的方式，可以分为院内（机构内）救助和院外（机构外）救助；按救助时机，可以分为急难救助、临时救助和平时救助；按救助主体，可以分为公共救助或政府救助、民间救助。

社会救助行政一般采取两种形式：一是中央政府设立专门行政机构，在地方政府设立执行机构；二是中央政府设立专门行政机构，并由中央直接计划办理，在地方政府设立分支机构负责办理。各个国家的社会救助筹资模式不尽相同。一般来说，主要以政府责任为主，即政府出资，但是也有些国家是通过其他渠道来筹集社会救助资金。因此，社会救助的筹资通常有两种方式：一是完全由政府出资，二是由政府与社会共同分担社会救助资金。

社会救助是一个比较庞杂的体系，从社会救助的机构和设施，到社会救助的方式和种类，再到社会救助的行政与财政，都有多种选择，由此导致了不同国家的社会救助模式和社会救助政策都不尽相同。但是，我们可以从以下几个方面来把握和分析不同国家社会救助政策的特征：社会救助的目标体系、社会救助的分配基础、社会救助的项目类型、社会救助的提供策略以及社会救助的筹资方式。

重点名词

居养设施　更生设施　医疗保健设施　授产设施　住居设施
助产设施　院内（机构内）救助　院外（机构外）救助　特殊生活
情况救助　急难救助　临时救助　平时救助　公共救助或政府救助
民间救助

复习思考题

1. 社会救助的设施有哪些？
2. 社会救助有哪两种方式，它们的优缺点各是什么？
3. 社会救助依据不同的标准可以分为哪几类？
4. 请简单介绍社会救助政策的分析框架。

第四章　贫困救助（上）

【学习重点】

1. 我国古代的济贫思想；
2. 西方的济贫思想；
3. 我国历史上的贫困救助；
4. 新中国传统的社会救济制度；
5. 国外的贫困救助。

贫困救助是针对因各种原因而陷入贫困的各类人群的社会救助，目的是解除贫困者的生存危机，帮助其走出生活困境，保障其基本的生活条件。在我国以最低生活保障、农村五保供养为核心，以医疗救助、住房救助、教育救助等专项救助为辅助，以临时救助、社会帮扶为补充的新型社会救助体系中，针对低收入群体和特殊群体的贫困救助是主要内容，包括城乡低保、农村五保供养及各类专项救助项目。在其他国家的社会救助体系中，贫困救助也是主体，只是项目构成不同而已。

第一节　济贫思想

一、中国古代的救济思想

中国是一个有着五千年悠久历史和灿烂文明的国家。社会救济是中国传统社会主要的社会保障形式。丰富的社会救济思想和完备的社会救济制度既维系了社会的稳定和文明的延续，其本身又是中华文明的重要组成部分。社会救济的历史源远流长，最早可以追溯至传说中的尧舜时期，如"唐尧为君也，存心于天下，加志于穷民"，到舜帝时社会救济已近发达。中国古代的社会救济主要是灾荒救济和贫困救济，因此古代的救济思想主要体现在对灾荒的认识、救人劝世思想和良好的救济制度设想三个方面。关于灾荒和荒政方面的内容，我们将在第六章中给予介绍。

（一）古代圣贤的救人劝世思想

救人劝世是古代圣贤思想的宗旨。而救人劝世的核心是以人为本。儒家鼻祖孔子创立了以"仁"为核心的人本主义思想体系。那么，何为"仁"？《论语·颜渊》记道："樊迟问仁。子曰：'爱人'。"孔子以"爱人"释"仁"，将能"爱人"作为人的一种本性，所谓"仁者人也"，无疑是对氏族社会原始人道主义的回归与发挥，是对人本主义思想最好的诠释。

孔子衣钵的继承者孟子在"仁"的基础上提出了"仁政"的主张。他说："不忍人之心，斯有不忍人之政矣……恻隐之心，仁之端也。"[1] 他认为，恻隐之心，不但为行"仁政"之始，也是一个人的行为准则。基于"人饥己饥，人溺己溺"的精神，孟子提出了"出入相友，守望相助，疾病相扶持，则百姓亲睦"[2] 的社会互助观。

从孔子到孟子，从仁爱到仁术，形成了系统化的诲人济世思想。汉代"独尊儒术"后，儒家思想成为中国封建社会的统治思想，孔孟之道得到传承。从韩愈的"博爱"到张载的"民胞物与"，仁爱思想一脉相承，并得到发扬光大，对中国传统社会的道德构建和救济实践产生了深远影响。

古代圣贤认为，经过治理，可以实现社会大同。孔子在《礼记·礼运篇》中提出了"大同社会"的思想："大道之行也，天下为公，选贤任能，请信修睦。故人不独亲其亲，不独子其子，使老有所终，壮有所用，幼有所长，矜寡孤独废疾者，皆有所养，男有分，女有归。贷，恶其弃于地也，不必藏于己；力，恶其不出于身也，不必为己；是故谋闭而不兴，盗穷乱贼而不作，故外户而不闭。是谓大同。"[3] 这是一个社会共享、没有贫

---

① 《孟子·公孙丑上》。

② 《孟子·离娄下》。

③ 《礼记·礼运篇·大同章》。

穷、人人有保障的理想社会，尽管无法实现，但成为传统社会的一个愿景和治理的目标。

（二）良好的救济制度设想

管子是中国历史上一位治国经验丰富的政治家。他将社会救济分为两类，即"养长老，慈幼孤，恤鳏寡，问疾病，吊祸丧，此谓匡其急；衣冻寒，食饥渴，匡贫窭，振罢露，资乏绝，此谓振其穷。"[①] 为了解决贫困问题，他提出，"凡国都皆有通穷，若有穷夫妇无居处，穷宾客绝粮食，居其乡党，以闻者有赏，不以闻者有罚，此之谓通穷。"[②] 也就是说，国家应设通穷官一职，便于及时发现无家可归、无衣无食的人，并实施救助；发现贫穷者及时上报的，国家给予奖赏；不上报的，则进行处罚。这样，使"饥者得食，寒者得衣，死者得葬，不资者得振，则天下之归我者如流水。此之谓致天下之民。"[③] 在救灾方面，管子不仅主张灾荒发生以后，对受灾人群进行救济和安抚，更要求政府未雨绸缪，在出现灾害之前，采取诸如农田水利建设等积极措施，以使灾害伤害减到最小。这些设想不仅对齐国的稳定和强盛起到了积极作用，而且对于我国传统社会的社会救济制度的形成和发展产生了深远影响。

孟子的仁政思想具有鲜明的实践特征，他认为施仁政首先应该"推恩"于人，推恩就可以保四海太平，所谓"老吾老以及人之老，幼吾幼以及人之幼，天下可运于掌"[④]。他还以伯夷为例，说明何为"善养老"。其次，为预防贫困，孟子提出要让老百姓拥有一定的私人财产，这样有利于社会稳定。他说："制民之产，必使仰足以事父母，俯足以畜妻子，乐岁终身饱，凶举免于死亡。"[⑤]

二、西方社会的济贫法传统[⑥]

16 世纪早期，随着民族国家的出现和对马丁·路德道德信条的接受，

---

① 《五辅第十》。

② 《入国第五十四》。

③ 《轻重甲第八十》。

④ 《孟子·梁惠王上》。

⑤ 《孟子·滕文公上》。

⑥ John E. , Dixon, *Social Security in Global Perspective*, Westport, Connecticut: Praeger Publishers, 1999.

关于贫困救济世俗化的论述开始大量出现，为国家介入和接管社会救济事务奠定了基础。

英国《伊丽莎白济贫法》（即《旧济贫法》）是为了管制失业劳工，压低失业劳工的救济要求而制定的。它依据工作伦理和个人责任，将穷人分为应该得到贫困救济和不应该得到贫困救济两部分，禁止救济对象有犯罪、乞讨、酗酒、损人、卖淫等不轨行为的发生。济贫资金来自税收，而不是慈善捐赠。

《济贫法》要求地方政府派专人负责《济贫法》的实施，征收专门的济贫法税，向残疾人提供贫困救济，向体格健全者提供工作，惩罚流浪汉和乞丐；济贫法认为，那些因"上帝的缘故"而致贫的人可以获得有限的保护，那些因个人原因或社会原因而致贫的人只能遭到社会的鄙视，对他们进行院内救济，甚至将其投入监狱。这些都反映了当时社会对穷人带有惩罚性的态度，特别是对肢体健全不应获得救济的人。

公共救济一直被认为是改善绝对贫困的一种战略。其实，对穷人来说，它只是一种治标的办法。对纳税者而言，即使是这样一种治标的办法，也要加以限制，必须同伦理道德挂钩。济贫法反映了当时的一种信条：辛勤工作（Hard Work）、自我否定（Self-Denial）和自律（Self-Discipline），可以获得生活的宁静和灵魂的净化；如果心安理得地认为，贫困是不可避免的，而且在道德上是无罪的，那么日益增多的中产阶级将很容易陷入贫困。穷人更需要的是道德家的"再教化"（Remoralization）而不是别人的钱，毕竟以救济的方式来缓解贫困是违背上帝意志的，是有罪的。济贫法的纳税者是济贫制度下的"失败者"（the Losers），因为他们的良好愿望总是处在穷人道德败坏的威胁之下，穷人才是赢家（the Gainers）。因此，应该提供更多的道德教化，减少收入再分配。对穷人的控制和压制在道德上是正确的和必要的。从根本上讲，穷人无权获得救济，他们已经失去了个人尊严和自由。

道德化的济贫法传统和300多年实践对现代社会救助的理念和形式产生了挥之不去的影响。首先，以穷人的道德为焦点的济贫法实践证实和宣扬了这样一个信念：贫困是穷人自己的错。因此，旨在救助穷人的社会救济政策被认为是一种必要的罪恶（Necessary Evil）。从理想的角度讲，人们应该是独立的、健康向上的，从而能专注于工作。但是，有一部分人因为无法获得最低标准的生活保障，而成为政治争论的焦点。他们被认为是现存社会秩序中道德上或审美上的瑕疵，是一种现实的或潜在的公共威胁。社会救济被看成是这样一种机制，将部分社会成员的失败置于一定的金额以接受的生活水平之上，以消除现实的和潜在的公共威胁。从根本上讲，用社会救济来减少贫困是不受欢迎的。事实也证明，用社会救济来实现垂直的收入再分配在济贫法传统中是令人讨厌的。其次，在济贫法传统中，"需求"和济贫不是一种权利，而仅仅是一种"公共慈善"。这种针对特定人群有所选择的战略，连同它的耻辱意义，与社会权利的理念是不相容的。最后，贫困救济对象的生活水平应低于最贫困的工人，这一原则在1834 年英国《济贫法》修正案中得到了体现，并一直影响着现代的社会救助政策。1834 年负责修改《济贫法》的英国济贫法委员会有这样一段论述："可以假定在救济管理之中，公众被保证受救济者要满足这些条件，无论是有助于个人的利益还是为救济他们国家所承担的基本成本。在所有条件中我们发现被普遍接受的最主要的一个原则是，即使在操作上有所不同，他的整体处境不能真正地或者看起来改善到与最低阶层的独立劳动者的处境相同。"[①] 它确立了现代社会救助制度最重要的一条原则：公平原则。

第二节　贫困救助

一、中国历史上的贫困救济

（一）历史沿革

中国历史上的社会救济有三个重要的发展时期：一是西周和春秋战国时期，这一时期不仅有丰富的救济思想，而且有较完备的救济制度，是我国社会救济制度的萌芽和基础；二是宋朝时期，宋朝的养老慈幼事业高度发达；三是中国封建社会的最后一个王朝清朝时期，其救灾制度相当完

---

① Neil Gilbert、Paul Terrell，：《社会福利政策导论》，黄晨熹等译，华东理工大学出版社2003 年版，第 103 页。

备，奠定了我国现代救灾制度的基础。

1. 古代的社会救济

（1）西周至秦汉时期

早在西周时期我国就有了良好的社会救济制度。《周礼》详细记载了西周的社会救济制度。一是设立专门的官职，负责社会救济的管理和具体事务。如"大司徒"负责管理荒政和救济孤寡；"遗人"具体负责日常及灾荒时的救济；"司救"在天灾疫病时"以王命施惠"；其他如"旅师"、"遂人"、"族师"等基层官吏，也都有查明老幼残疾情况，据以施惠、散利、均役的责任。① 二是建立十二项荒政制度，以"聚万民"，即"一曰散利，二曰薄征，三曰缓刑，四曰弛力，五曰舍禁，六曰去几，七曰眚礼，八曰杀哀，九曰蕃乐，十曰多昏，十有一曰索鬼神，十有二曰除盗贼"②。三是设六政，救济万民，即"以保息六养万民，一曰慈幼，二曰养老，三曰赈穷，四曰恤贫，五曰宽疾，六曰安富"③。

春秋战国时期，诸侯割据，战乱频仍，同时诸子百家，思想争鸣，这是各诸侯国进行社会救济的历史背景和思想基础。这一时期的社会救济主要采取以下几种形式：一是薄敛轻赋，免除旧欠。如晋国为了称霸，通过发展救济事业来收买人心，稳定社会秩序，发展生产。《国语·晋语四》记载，晋文公"弃责薄敛"，"救乏振滞"，"轻关易道，通商应农"，使得晋国"政民平皋，财用不匮"；后来的晋悼公"无德以及远方，莫如惠恤其民而善用之，乃大户、已责、逮鳏、救乏、赦罪、悉师、五卒尽行"，④终成霸业。二是稳定物价，制止囤积。值得一提的是计然的平籴法和管仲的准平法，他们依据农业丰歉循环的理论，主张由政府买卖粮食，来平抑粮价的周期性波动，以防止农民在荒年时破产流亡，此法为后来历朝历代所沿用。三是开仓济民，引导灾民生产自救。《左传·简公四年》记载，齐顷公"驰苑囿薄赋敛，振孤问疾"，就是开放山地池园，以低税收租让给破产的农民，这可看成是生产自救的早期形式，同时"虚积聚以救民"。四是依据"周礼"，建立多层次、多渠道的老人供养制度和退休制度。五

---

① 《周礼·地官司徒》。

② 《周礼·地官司徒》。

③ 《周礼·地官司徒·大司徒之职》。

④ 《左传·成公二年》。

是救济各类特殊人群。当时对各类特殊救济对象有了较明确的认识，"少而无父者谓之孤，老而无子者谓之独，老而无妻者谓之矜，老而无夫者谓之寡"，这一类人都属于"穷而无告者"；还有一类人，"口不能言谓之瘖，耳不闻声谓之聋，足不能行谓之跛躄，支节解绝谓之断，容貌短小谓之侏儒"，[1] 就是今天所说的残疾人。对这两类人给予不同的救济。对于前一类人，以"常饩"来救济，就是定时定量供给粮食；如果鳏夫、寡妇再婚，则给予田地和房屋，并免差役。对于后一类人，以"百工以其器食之"的方式进行救济，就是根据他们各自不同的生理特点，安排一些力所能及的活给他们做，帮助他们自食其力。这些救济措施可视为我国五保供养制度和福利企业之滥觞。[2]

秦汉建立统一的国家政权以后，社会救济逐渐成为地方官员负责办理的重要事务之一。如汉宣帝地节三年（公元前 67 年）招所谓"两千石严教吏谨视遇，毋令失职"；汉光武帝建武六年（公元 30 年）诏所谓"刺史、太守详细刑理冤，存恤鳏孤，勉思职焉"。以上诏令都强调安抚鳏寡孤独等社会困难人群，是行政官员的本职，责无旁贷。[3] 两汉时期是中国封建社会发展的第一个高潮，中国古代社会救济事务的基本内容、方式方法在这个时期基本都已出现并为后世所沿用，如仓储赈灾、因灾蠲免、救济鳏寡孤独人员谷物等举措屡见不鲜。此外，这一时期还曾施行安置流民、贷种、拿粟拜爵以充赈用、蠲缓、给复、祛疫、除蝗、养恤等救济措施。[4]

（2）唐宋时期

唐宋时期是我国封建社会发展的鼎盛时期，这一时期的社会救济体制有着新的特点，从初唐时期的以寺院为中心的救济模式到宋朝末期以政府为主导的社会救济机制，封建制度下的社会救济模式基本定型，体现了唐宋时期政治、经济、社会、文化的发展特点。

唐宋时期社会救济的发展主要表现在四个方面：一是救济措施比较完备，旧中国所用过的救济办法在这一时期基本上都出现了。赈济、蠲免、

---

① 《礼记·王制》。

② 参见金双秋主编：《中国民政史（上）》，湖南大学出版社 1989 年版，第 107—114 页。

③ 王子今等：《中国社会福利史》，中国社会出版社 2002 年版，第 151 页。

④ 多吉才让：《中国最低生活保障制度研究与实践》，人民出版社 2001 年版，第 16 页。

借贷、养恤、调粟、仓储等方面都有详细具体的措施。[①] 二是救济措施逐渐形成惯例，有的逐渐发展为制度。如唐初起，"水、旱、霜、蝗耗十四者，免其租；桑、麻尽者，免其调；田耗十之六者，免租调；耗七者，课役皆免"[②]。宋太宗淳化二年（公元991年），"诏荆湖、江、淮、两浙、四川、岭南管内州县诉水旱，夏以四月三十日，秋以八月三十日为限。自此进为定制"[③]。三是仓储制度得到进一步完善。尽管历代均建有仓储制度，但以唐代的仓储制度最为典型和系统。其种类有正仓、转运仓、太仓、军仓、常平仓、义仓、社仓、神仓以及诸卫、东宫、诸司之仓等，种类繁多，范围广泛。[④] 四是官办救济达到顶峰，尤以宋代的养老慈幼事业最为突出。所谓"宋之为治，一本仁厚，振贫恤患之意，视前代尤为切至"。宋代养老慈幼的专门设施有居养安济院、慈幼院、慈幼庄、婴儿局、举子仓、举子田等，规模之宏远，计划之周密，设施之详尽，自西汉以来，历代无一出其右者。

（3）元明清时期

元明清时期是中国封建社会的晚期，这一阶段的社会救济制度在前代的基础上，越来越完善。主要体现在以下几个方面：

一是统治阶级更加重视救济事务。由于元明清时期是中国封建社会由强盛走向衰落的阶段，社会问题越来越多，矛盾越来越尖锐。统治阶级为了维护统治，更加重视救济事务。据《明政统宗》记载，明太祖登基伊始，于洪武元年（公元1368年）5月，"颁诏天下郡县置养济院，收容无告者"，加强对社会困难人群的救济；清乾隆多次强调"为督抚者第一应戒讳灾之念"，"赈恤一事，乃地方大吏第一要务"。

二是荒灾救济措施比前朝完备许多，并不断规范化、制度化。元代有灾蠲之制，明代有蠲免条例，清代将救荒的措施和办法载入《大清会典》和《户部则例》中，凡属救灾事务，皆有定例，监督查办，均据成法。

三是针对不同群体，实行有的放矢的救济制度。明朝针对鳏寡孤独这

---

① 多吉才让：《中国最低生活保障制度研究与实践》，人民出版社2001年版，第16页。

② 《新唐书》卷51《志》第41页。

③ 《宋史·太宗本纪》。

④ 详见于佑虞：《中国仓储制度考》，正中书局1948年版；张弓：《唐代仓廪制度初探》，中华书局1986年版。

一特殊群体有着特殊的政策，"孤寡残疾者官养之，毋失所"；"鳏寡孤独不能自存者，岁给米六石"。清朝的救济制度中十分关照老年人，例如，对于老年罪犯，首先规定老幼病疾罪犯可以收赎，即犯流罪以下者可以用银折赎；其次，如果军、流等罪犯年逾60岁不能自食其力者，可以拨入养济院，给以孤贫口粮。①

四是随着人口的增长和救济事项的增多，社会救济支出也相应增加。中国人口数量自汉以后长期徘徊在5000万人左右，清乾隆年间首次突破1亿大关，到清末超过4亿。随着人口增多，元明时期社会救济支出日益增多，清代更为浩繁。清代救灾救济费用无专门款项，亦无定额限制，有款皆可拨。②

五是民间力量参与救济事务。随着资本主义萌芽在我国江南地区的出现，地方富商和乡绅的慈善活动越来越活跃，成为我国封建社会晚期社会救济的一个亮点。

2. 近现代的社会救济

1840年鸦片战争之后，中国沦为半殖民地半封建社会。历经晚清和民国，中国始终处于外国列强的侵略和蹂躏之下。同时，灾害频发，战乱连年，以致生灵涂炭，民不聊生。各届中央政府为维护统治，疲于应付各种事变。即使有心顾及黎民，也因庞大的军费开支而显得力不从心。每年的救济费相对于流落失所的难民和生活无着的贫民而言，简直是杯水车薪。再加上政治腐败，生活糜烂，更是加深了人们的苦难。民国社会可谓千疮百孔，中华民族处于水深火热之中。

国民党统治的22年（1927—1949）是救济设施和机构最多，法律条文最繁，人民最穷困的时期。上至国民政府，下至县市政府，有关社会救济的命令、训令之多，用词之严肃动听，使人闻之无不点头称赞，惟照文执行者不多；成立的救济机关不少，惟办事者不力，是否开展活动也大多无据可稽。1928年以后，各级政府设立专门的民政机构，负责办理赈灾、济贫及慈善等社会救济事务。为了教养那些没有自救能力的老、幼、残废之人，并为保护健康，救济贫民生计，国民政府内政部要求各省区在省

---

① 王子今等：《中国社会福利史》，中国社会出版社2002年版，第229页至232页。
② 多吉才让：《中国最低生活保障制度研究与实践》，人民出版社2001年版，第18—19页。

会、特别市政府及县市政府所在地，设立救济院，各县、乡、区、屯、镇等人口较多的地方也得酌情设立。内政部颁布的《救济院规则》规定了救济院的机构设置，要求各救济院设有养老所、孤儿所、残废所、育婴所、施医所、贷款所等；并要求上述机构根据各地情况，分轻重缓急，依次办理，也可联合办理。然而，各地官员为了争功领赏，在救济机构数目和救济成绩方面弄虚作假，浮夸不实。①

国民政府还颁布了《游民习艺所章程》、《非常时期救济难民办法大纲》等法律法规，以规范济贫行为。在具体的救济措施方面，国民政府设粥厂，建仓储，兴修水利工程，开展医疗救济、弃婴救助等活动。以广州市的医疗救济为例，广州市卫生局掌控的市属医院都制定了免费赠医施药的相应举措，针对广大穷苦病人实施医疗救济。其他类型的公立医院也进行医疗救济，例如1934年国立中山大学第一医院就专设有赠医室一间，每日赠医一小时半，来就诊者完全不收诊金，另设有免费病床位10张和免费留产房一间，凡是贫苦病人就医以及孕妇来院留医生产者，一切费用皆不征收。国立中山大学第二医院也制定了固定的赠医施药时间，除星期日及例假外，每日赠医时间为上午11时至12时，药费从廉征收，以救济贫苦无力医治的病人。②

这一时期，由于政府救济不力，大量的救济工作只得由慈善组织来承担。据1930年国民政府内政部对江苏、浙江、湖北等18省的救济院和旧有慈善团体的调查统计，18省的救济机构总数为2087个，其中慈善团体1621个，占78%。慈善团体的救济项目也比较广泛，包括养老、恤孤、育婴、助残、施医、丧葬、贷款、济贫、救灾、习艺等十几大项。③ 主办社会慈善事业的主要有两部分人：一部分是外国传教士和外国绅商，他们举办的慈幼机构几乎遍及大半个中国，为数众多。如法国天主教办的较大育婴堂或孤儿院分布在上海、天津、南昌、青岛、武汉、重庆、贵阳、长

---

① 金双秋主编：《中国民政史（下）》，湖南大学出版社1989年版，第658—659页。

② 刘桂奇：《民国时期广州社会的医疗救济》，《中山大学学报（社会科学版）》2009年第4期，第87页。

③ 1933年《申报年鉴》，转引自金双秋主编：《中国民政史（下）》，湖南大学出版社1989年版，第659页。

沙、广州等中国主要城市。① 另一部分多系政府要员的家属、下野政界官僚、军界将领，或清朝的遗老遗少。影响较大的慈善救济机构有中国红十字会、中华慈幼协会、战时儿童保育协会、香山慈幼院、华洋义赈会等。

（二）贫困救济的主要内容

历史上的社会救济事务浩如烟海，论述起来难免挂一漏万。但概括而言大约分为灾荒救济和贫困救济两种，而以灾荒救济为主要内容（本书将在第六章详细介绍）。灾荒救济和贫困救济又不可截然分开，很多灾民亦是贫民。历代官府对贫民特别是鳏寡孤独废疾人员进行了不同形式和不同程度的救济，概括起来有以下几个方面：

1. 扶助抚恤鳏寡孤独废疾人员

鳏寡孤独废疾人员是社会中最需要帮助的群体，历朝历代皆有相应的救济措施。如前所述，早在春秋战国时期就对鳏寡孤独废疾等各类救济对象有明确的界定。《管子》中关于救济鳏寡孤独有详细的记载。"九惠之教"中的"恤孤"、"合独"、"养疾"，都是对鳏寡孤独人员的救济。汉文帝十三年（公元前 167 年），"赐天下孤寡布帛絮"；武帝六年（公元前135 年），"遣博士六人分循行天下，存问孤寡废疾，无以振业者贷与之"；宣帝地节三年（公元前 67 年），对"鳏寡孤独贫困之民"，在"假公田，贷种食"的基础上，"加赐鳏寡孤独高年帛"。② 魏晋南北朝时期，魏明帝曾诏告天下："疾苦六极度，人神所矜，宜时访恤，以拯穷废。鳏寡困乏不能自存者，明加矜恤，令得存济。"③ 如此这般，不一而足。

2. 优待老人

尊老是中华民族的传统美德，它在很大程度上已超越了社会救济的范畴，而是伦理道德和社会风气的问题。封建礼制中对老年人的供养方式和供养标准有明确的规定。集中供养老人从舜禹时期就开始了，据《礼记·王制》记载，"有虞氏养国老于上庠，养庶老于下庠"；其后，夏商周分别养"国老"（即贵族）于东序、右学和东胶，养庶老（即平民）于西序、左学和虞庠。春秋战国时期，将集中供养分为三个层次：50 岁的由乡集中

---

① 顾长声：《传教士与近代中国》，上海人民出版社 1991 年版，第 285 页。
② 《后汉书·光武帝纪》。
③ 《魏书》卷 7（下）《帝纪》第 7（下）。

供养，60 岁的由国的"小学"供养，70 岁的由国的"大学"供养。对于 80 岁以上，生活自理困难而不能适应"小学"、"大学"集中供养的老人，让其返回家中分散供养，国家定时定量供给粮食和物质。对待老人还有各种各样的礼遇和优待。如尧舜时期的"燕礼"、夏朝的"飨礼"、殷商的"食礼"、西周"脩而兼用之"；免除老年人的兵役、力役，免除高龄老年人家属的差役。

3. 以借贷等方式救济流民和贫民

土地是农业社会基本的生产资料，失去土地意味着失去生计，沦为贫困。租给农民土地是古代救济流民和贫民的重要方式。《汉书》和《后汉书》中有许多关于汉代统治者利用公田，"假与"救济的记载。如汉昭帝元凤三年（公元前 78 年），"罢中牟苑，赋贫民"①；汉宣帝地节三年（公元前 6 年），诏"池籞未御幸者，假与贫民"②；汉明帝永平九年（公元 66 年），"诏郡国以公田赐贫人各有差"；又十三年（公元 70 年），汴渠成，诏曰："今五土之宜，反其正色，滨渠下田，赋与贫人，无令豪右得固其利"；③ 汉章帝元和三年（公元 84 年）二月甲戌，诏曰："王者八政，以食为本……其令郡国募人无田欲徙它界就肥饶者，恣听之。到在所，赐给公田，为雇耕佣，赁种饷，贳与田器，吾收租五岁，除算三年，其后欲还本乡者，勿禁。"④

4. 兴建救济设施救助特困人员

按功能划分，救济设施主要有两种，一种是储存和发放救济物质的设施，如各种粮仓、粥厂、药局等；另一种是收养和安葬特困人员的场所。我国古代的仓储制度非常完善，前文已有论及。特困人员的收养场所相对较少，但也不乏亮点。宋代的养老慈幼设施比较完备，另有惠民药局提供义诊处方，设漏泽园埋葬贫病路倒无依者；元代设官医提举司和广济提举司负责医疗救济，前者是医师，后者管医疗救济，另在各地普设"医学"为医疗主管，惠民药局继续提供医疗救济；明清时期的恤贫设施有：栖流所、习艺所、迁善公所、育婴堂、埋葬局、清节堂、施粥厂、义学、施医

① 《汉书·昭帝纪》。
② 《汉书·宣帝纪》。
③ 《后汉书·明帝纪》。
④ 《后汉书·章帝纪》。

局、平粜局等。①

（三）对旧中国社会救济的评价

1. 旧中国社会救济的发展规律与性质

纵观旧中国社会救济的发展进程，有一些共同特点：

一是旧中国的各个时期都不同程度地开展了社会救济事务。由于中国是一个灾害多发的国家，而且旧中国抵御灾害的能力比较弱，一旦发生灾害，便会出现大量灾民。同时，社会的任何一个时期都有一定数量的贫困人口，旧中国的社会性质更加剧了贫困的发生和贫困程度。贫民和灾民的存在会威胁社会稳定，激化社会矛盾，所以统治阶级必须采取一些救济措施，保证需要救济的人群维持基本的生活。

二是旧中国社会救济的发展与社会经济的发展和社会性质相适应。养老慈幼、抚恤贫民是仁政的重要内容，因此社会救济的开展与封建君王的开明程度密切相关。一般在建国之初或封建王朝的鼎盛时期，救济贫民的仁政要多一些，力度也更大，这既体现了政治的清明，也与当时的国力有关。在半殖民地半封建社会的旧中国，社会救济也深深打上了社会性质的烙印。外国人在华开展的社会救济工作有相当一部分是披着慈善的外衣，从事的是侵略的勾当。而且政府无暇也无力顾及救济，大量的救济工作便只得由民间组织来承担。

三是旧中国的社会救济只是治标之策，难以从根本上解决贫困问题。虽然历代封建王朝有一些积极的救济措施，如发展生产、轻徭薄赋、兴修水利、预防灾害、建立仓储制度等，但难以改变人民群众受剥削受压迫的阶级地位，无法从根本上消除老百姓的疾苦和致贫原因，而且社会救济的开展带有很大的随意性，大量的社会救济措施是临时的、应急的和善后的，治标不治本，有些治标之策只是装点门面，难以落实。

四是旧中国社会救济活动的本质是为了缓和阶级矛盾、维护统治阶级的利益和社会的稳定，进而巩固统治阶级的统治。

2. 旧中国社会救济的作用与影响

旧中国统治阶级通过或多或少的救济措施，在一定程度上保证需要救济的人群维持其基本生活。如通过一些灾害救济措施，灾民可以重新恢复

---

① 多吉才让：《中国最低生活保障制度研究与实践》，人民出版社 2001 年版，第 28 页。

生产，过上正常的生活；通过抚恤鳏寡孤独等特殊人群，给老年人以物质帮助，对于孤儿给予收容，使百姓能安居乐业。这对于缓和社会矛盾、稳定社会秩序有积极意义。

虽然旧中国几千年的社会救济的出发点是维护统治阶级的利益，但也并非一无是处。有些做法对今天的社会救助有一定的积极影响和启示作用：一是社会救济的制度建设。封建社会前期救济事务的管理还只是皇家事务管理的内容，未纳入国家管理的事务中来。唐宋之后各个朝代使救济事务形成"定制"，特别是清代已有救济制度的雏形。中华民国成立之后，效仿西方国家，制定了不少救灾救济方面的法律法规。例如，中华民国效仿英国的《济贫法》，制定了《游民习艺所章程》；1943 年颁布的《社会救济法》是中国历史上第一次关于社会救济的全面的、专门的立法。这些法律法规的出台表明当时的政府希望依靠法制来规范社会救济工作，尽管实际效果并不好。二是社会救济行政机构专业化。近现代中国的社会救济行政主要经历了北洋政府和南京政府两个阶段，初步建立起了以总统制为核心的中央一级专职救济体制，明确了救济工作为一项重要的政府行为。这一时期社会救济管理体制实行中央、省（道）、县三级管理机制，但是由于战乱和其他原因，这些机构并没有发挥出应有的作用。[①] 三是民间慈善活动兴起。在教会势力的影响下，很多民间团体加入到了社会救济的队伍中，并发挥了举足轻重的作用。"有钱出钱，有力出力"是这一时期民间慈善活动的一个显著特征，媒体、学生纷纷响应号召，更多的女性也参与到了慈善活动中。

二、新中国传统的社会救济制度[②]

新中国的社会救助制度是在继承和改造旧中国社会救济的基础上建立和发展起来的。大致可分为四个时期：

---

① 蔡勤禹：《民国社会救济行政体制的演变》，《青岛大学师范学院学报》2002 年第 3 期，第 33 页。

② 参见多吉才让：《中国最低生活保障制度研究与实践》，人民出版社 2001 年版，第 28—60 页；刘喜堂：《建国 60 年来我国社会救助发展历程与制度变迁》，《华中师范大学学报（人文社会科学版）》2010 年第 4 期，第 19—26 页。

（一）国民经济恢复和社会主义改造时期的社会救济（1949—1955 年）

由于帝国主义的掠夺，国民党的腐朽统治，以及连年战乱，可以说新中国成立初期面对的是一个经济崩溃、民不聊生、千疮百孔的烂摊子。加之从 1949—1952 年接连发生全国性的水、旱、风暴等自然灾害，造成这一时期城乡贫困人口众多，需要救济的人群包括灾民、难民、贫民、散兵游勇、失业人员和无依无靠的孤老残幼等十余种，总数在 5000 万人以上，占当时全国总人口的 10%。解决这部分群众的生活困难，保障他们的基本生活，维护社会稳定，对于解放战争的彻底胜利和新生人民政权的建立与巩固具有重要意义。

新成立的中央政府对困难群众救济工作十分重视。1950 年 4 月，中央人民政府组织召开中国人民救济代表会议，成立了中国人民救济总会，确立了"在自力更生原则下，动员与组织人民实行劳动互助，实行自救、自助、助人"的救济工作方针。1950 年 7 月，第一次全国民政会议将救灾救济确定为内务部的重点工作之一，并设立社会司主管全国社会救济工作。社会救济工作在全国范围内广泛展开。这一时期的社会救济具有明显的救急特征，对不同类型的人员给予不同的救济，主要救济形式有：一是为困难群众发放救济款物。1950—1954 年，国家共发放 10 亿元农村救灾救济款，同时还发放了大量的救济物资；通过经常性救济或临时性救济保障城市无依无靠的孤老病残人员以及其他生活困难人员的基本生活，1954—1957 年国家共支出城市社会救济费 1 亿多元，救济了 1000 多万人。二是发动慈善募捐，组织群众互助互济。通过开展捐赠"一把米"、"一件衣"、"一元钱"等群众互助活动，维持困难群众基本生活。三是通过遣散、教育、改造等方式，解决游民、娼妓等问题。全国共资遣俘虏和散兵游勇约 400 万人；创立 920 所生产教养院，收容改造妓女、乞丐、小偷、游民等 44.8 万人。四是采取疏散、收容、遣送等措施妥善安置农村流入城市的难民、灾民和贫民。到 1950 年底，南京、上海、武汉、广州等 8 个城市共遣送回乡 110 多万人。五是解决失业人员基本生活问题。一方面，积极发展生产，吸引就业；另一方面，"以以工代赈为主，而以生产自救、转业训练、还乡生产、发给救济金等为补助办法"，进行救济和安置。截至 1950 年 9 月底，以工代赈 78955 人，生产自救 74798 人，还乡生产 62922 人，发放救济金 405775 人，转业训练 23157 人，介绍就业 81458 人，共计

726635 人，半数以上的失业工人得到救济。

新中国成立初期大规模的紧急救济，不仅使各类救济对象摆脱了生存危机，而且对于妥善解决旧社会的遗留问题，恢复发展国民经济，巩固新建立的人民政权起到了至关重要的作用。这一时期确立的社会救济方针、原则和方式，成为我国社会救助制度的雏形，为今后我国社会救助事业的发展奠定了基础。

（二）全面建设社会主义时期的社会救济（1957—1977 年）

1957 年，随着"三大"改造任务的基本完成，我国进入全面建设社会主义时期。这一时期，人民的物质生活有了明显改善，城乡困难人员大量减少，社会救济的对象、内容和方式也相应发生变化，救助模式由紧急性救济转向经常性救济，城乡救济也开始呈现二元经济结构特征。在农村，五保供养制度初步建立，集体经济组织开始承担社会救济责任。20 世纪 60 年代初期，受自然灾害影响农村贫困户大增。国家一方面组织农民生产自救，另一方面加大了农村救济力度。从 1960 年到 1963 年，国家共拨付农村社会救济款和灾民生活救济款 23 亿元，超过了 1950 年到 1959 年农村救灾救济款的总和。在城市，由于实行充分就业和高福利的单位保障制度，社会救助在整个国家社会保障体系中的作用大大削弱，主要发挥"拾遗补缺"的作用。从救助对象上看，主要有孤老病残人员救济和特殊人员救济两类；从救助形式上看，有定期定量救济和临时救济两种。孤老病残人员是指无固定收入、无生活来源、无劳动能力，基本生活发生困难，需要依靠国家和集体给予救济的居民和家庭，对他们的救助主要采取定期定量的经常性救济。此外，国家还对一些特殊救济对象采取按规定标准进行定期定量救助的政策。享受定期定量救济的特殊救济对象主要包括原国民党起义投诚人员、错判当事人家属、归侨侨眷侨生、工商业者遗属、特赦释放战犯、外逃回归人员、摘帽右派人员、下乡返城知青、麻风病人、外国侨民、企业职工遗属、因计划生育手术事故造成死亡和丧失劳动能力人员等等。临时救济主要针对遭遇临时性、突发性变故致使生活出现暂时困难的居民家庭，是一种非定期、非定量的生活救济。20 世纪 60 年代初期，国民经济再次出现严重困难，城市中生活困难需要救助的人数显著增加。为应对这一局面，政府通过生产自救、收容遣送、安置闲散劳动力、增加财政投入等方法不断加大社会救济力度。据统计，1961 年全国城市救济 51.7 万人次，1962 年增加到 266.8 万人次，1963 年进一步上升到 332.5 万人次。

"文化大革命"期间，党和国家的各项工作受到严重冲击。1969 年内务部撤销，各地民政部门也被冲垮，社会救济一度处于混乱停滞状态，各项救济政策无法全面落实，很多按规定应该享受救济的人员得不到救济。此时的农村社会救济主要依托农村人民公社开展，城市社会救济主要依靠企事业单位组织实施。

（三）改革开放前期的社会救济（1978—1992 年）

党的十一届三中全会以后，我国社会主义现代化建设事业进入新的历史时期。在改革开放的新形势下，社会救济工作得到了恢复和发展。新时期我国社会救济工作的基本方针是"依靠群众，依靠集体，生产自救，互助互济，辅之以国家必要的救济和扶持"。

农村贫困救济是这一时期社会救济工作的重点。随着家庭联产承包责任制的推行，集体经济组织的统筹保障功能日益弱化，迫切需要政府改革救济方式。针对改革开放初期农村贫困面较大的情况，农村救济采取的主要措施有：一是定期定量救济与临时救济相结合。定期定量救济的对象主要是农村特困户、孤老病残人员和精简退职老职工，一般按照一定周期（按季节或按月）给予固定数额的救济金或救济粮等实物，以保障其基本生活；对其他贫困人口，则按情况给予临时救济。1985 年农村享受国家定期救济的人数达到百余万人，享受临时救济的人数更多。二是继续完善农村五保供养救助。中央明确从村提留和乡统筹（即"三提五统"）经费中列支资金用于农村五保供养。据不完全统计，从 1978 年到 1996 年，农村集体用于五保供养和贫困户补助的资金总计达 200 多亿元。三是通过开发式扶贫改善农村贫困状况。扶贫工作的深入开展使农村绝对贫困人口逐年减少，基本实现了到 20 世纪末解决农村贫困人口温饱问题的战略目标。

城市社会救助工作也得到快速恢复和发展。从救济对象看，城镇救济对象主要是"无依无靠、无生活来源的孤老残幼和无固定职业、无固定收入、生活有困难的居民"，以及"中央明文规定给予救济的人员"。享受社会救济的特殊人员范围扩大到"文化大革命"受迫害人员、平反释放人员、返城知青、台胞台属以及宽大释放的原国民党县团级以下人员等，之后又将释放托派头子、错定成份人员、被解散文艺剧团生活无着人员、高校毕业生有病人员、解除劳动教养人员、刑事罪犯家属等纳入特殊救济范围。到 20 世纪 80 年代中期，全国特殊救济对象大约有 20 多种。从救济标准看，从 20 世纪 80 年代初开始，各地民政部门在深入调查的基础上，根据当地经济发展和物价上涨情况分别调整了定期救济标准。从资金投入看，国家不断增加城市社会救济费的支出额度。据不完全统计，1979 年全国城市享受定期救济的人数 24 万人，支出社会救济费 1785 万元，平均每人每年 75 元；1989 年全国城市享受定期救济的人数为 31 万人，支出社会救济费 8450 万元，平均每人每年 273 元。1992 年城镇困难户得到救济和补助的人数是 908 万人，和 1985 年的 376.9 万人相比，增加了 2.4 倍多。

这一时期的社会救济工作虽然得到比较快的恢复和发展，但并未突破原有体制和框架，存在明显弊端：城乡分割；救助经费投入不足，而且缺乏必要的保障机制；救助工作随意性大，救助标准的确定、救助对象的认定和救助工作程序有待进一步完善等。从总体上看，这一时期的社会救济制度具有过渡性特征，与困难群众的救助需求存在较大差距，城乡贫困问题依然十分突出。

（四）社会救助制度的改革与重构（1992 年至今）

鉴于传统社会救济制度存在的突出问题，改革传统社会救济制度势在必行。本书将在下一章（第五章）重点介绍社会救济制度改革的成果——最低生活保障制度。

三、国外的贫困救助

社会救助历来是应对贫困和失业问题的重要的制度安排和社会政策，世界各国都比较重视。即使是在社会保险或社会福利高度发达的国家，社会救助仍然发挥着重要作用，是现代社会保障体系的重要组成部分。由于各国的历史渊源和现实制度千差万别，要想全面了解每个国家社会救助的历史发展和现状是十分困难的。限于资料和篇幅，本书只介绍一些具有代表性的国家的贫困救助情况。

从社会救助制度发展的历史来看，社会救助历来是反贫困的重要社会政策。特别是在早期工业化国家，社会救助制度作为一项重要的社会政策和制度很早就得以建立，而贫困和失业是催生现代社会救助制度的两个重要力量，同时社会救助伴随消除贫困的努力而逐步完善。一般来说，发达国家早期的社会救助工作，大多起源于教会和民间组织的慈善活动，进入工业化时代后，这些工作逐步发展成政府和社会的共同行为，成为现代社会保障制度的一部分，主要的资本主义国家如英国、德国、法国、美国等基本都是这样的发展路径。

（一）英国

英国是世界上最早建立社会救助制度的国家。早在 1601 年，英国女王伊丽莎白一世就颁布了世界上第一部《济贫法》，史称旧《济贫法》。该法案的主要内容是，地方政府负责办理救济贫民工作，为失业者提供就业机会，对贫穷家庭的孩子施行就业培训，对老年人、患病者和孤儿进行收容，用严酷手段惩罚"不值得帮助"的穷人。[①] 旧《济贫法》虽然规定由政府直接出面接管传统的慈善事业，但是当时的英国政府承担社会救济的责任是无奈的和被动的。1834 年英国修正了《旧济贫法》，制定了新的《济贫法》，规定接受社会救济是公民应该享受的权利，实行社会救济是政府应尽的义务，这就将社会救助的权利与义务第一次以立法的形式确定下来。但是，由于该法案对于贫民的待遇规定没有实质的变化，限制反而增多（例如限制对贫民的救济津贴），因此引起了贫民的强烈反感。进入 20 世纪以后，英国政府陆续颁布了多部与社会救助有关的法令，如 1908 年的《老年保险法》、1909 年的《劳工介绍法》、1911 年的《国民保险法》等。20 世纪 30 年代大危机爆发后，面对动荡不安的社会环境和急速增长的失业人数，英国政府先后于 1933 年和 1934 年颁布了两个失业救济法，扩大对失业者的救济范围，保障对失业者的救济。1948 年，针对第二次世界大战后的特殊社会情况，英国政府颁布了《国民救助法》，规定凡是没有收入或收入太低，又没有缴纳国民保险金者，可以领取国民救助金；这部分人在患病、伤残和住房等方面还可以申请相关救助，但金额少于参加保险的人。1976 年该法经过修订，更名为《补充救助法》，对社会救助对象和救助内容等作了更为明确的规定。根据该法，凡是 16 岁以上的英国居民，收入不能满足最低生活需要，都可申请社会救助，来维持基本生活。

经过多年对相关法案的补充和完善，英国形成了比较健全的社会救助制度，主要包括低收入家庭救助、老年人救助、儿童救助、失业救助及疾病救助等内容。

---

① M. Sullivan，*The Development of the British Welfare State*，London，Prentice Hall，1996.

　　低收入家庭救助是针对家长有全日制工作、有子女，但是收入低于官方规定的贫困线的家庭所提供的生活救助，救助的金额随政府所规定的贫困标准而变化。低收入家庭可以根据实际情况获得以下救助金来维持基本生活：孕妇补助金（Sure Start Maternity Grants）、葬礼支付金（Funeral Payment）、社区关怀奖助金（Community Care Grant）和危机贷款（Crisis Loans）等，以上救助的资金来源于社会基金（The Social Fund）。[①]

　　老龄救助主要是对那些没有或只有少量养老金的老年人给予补助。例如 80 岁以上养老金（The Over 80 Pension），就是对那些年龄超过 80 岁，但是没有或只有少量养老金的老年人提供的一种津贴形式。它的待遇是，如果老年人没有获得基本养老金（State Pension），他/她将在 2011 年至 2012 年获得每周 61.20 英镑（折合人民币大约为 655 元）的补助。[②]

　　失业救助是对那些领取失业保险金期满后仍然失业的人进行的一种救助，救助金额按个人收入多少和所要供养的人口数量来发放。凡申请失业救助的，必须到职业介绍所登记失业，并准备接受当局提供的任何工作，否则将降低或取消其失业救助金。

（二）法国

　　法国的社会救助可以追溯至 17 世纪"济贫院"救济贫民的活动。当时这些活动主要由个人、团体和宗教组织共同承担。1789 年法国大革命中颁布的《人权与公民权宣言》提出，国家有责任承担社会救济。1848 年革命后，制宪议会把"享受社会救济权"写入宪法草案。[③]

　　法国现代社会救助制度创建于 19 世纪末 20 世纪初。1889 年，"国际公共扶助会议"在巴黎召开，会议的主要内容是"公共扶助"（社会救助）的相关问题。依据这次会议精神，法国政府相继制定了《医疗救助法》（1893）、《结核患者救助法》（1905）等法规，形成了一些单项的社会救助措施。

　　但总体而言，法国的现代社会救助制度是在第二次世界大战以后发展起来的。第二次世界大战之后，法国政府为疗治战争创伤，安定社会秩

---

①　英国全民福利网，http://www.direct.gov.uk/en/index.htm。

②　英国全民福利网，http://www.direct.gov.uk/en/Pensionsandretirementplanning/StatePension/DG_10018948。

③　周弘：《国外社会福利制度》，中国社会出版社 2002 年版，第 125 页。

序，积极建立完善社会保障制度，贫困救助受到政府的高度重视。法国政府多次颁布法规或发布政令对社会救助的有关事项作出规定。1956 年 1 月 24 日更将各种单项社会救助规定综合成《家庭及社会救助法典》。从那时起，"社会救助"一词取代了过去的"扶助"一词。① 1986 年通过的《家庭与社会救助法典》，是当今法国社会救助制度的根本法律依据。

法国的社会救助主要包括失业救助、老弱病残救助、家庭津贴与补贴等方面的内容。失业救助是法国社会救助的主要内容，其失业救助金额比一般国家多一些，救助时间也较长。对于失业者的基本补贴、专门补贴属于社会保险范围；"社会保障权利终止补贴"和"团结补贴"则属于社会救助的范围。法国的失业者在当地就业申请部门登记后，便可享受社会就业补助，如在医疗、生育、残疾、死亡、丧偶方面的实物补贴。失业者应在 48 小时内将自己的情况变化（生病或找到工作）通知全国就业服务所和工商业就业协会。因终止劳动合同而不能享受失业补贴和社会保险的失业者，其本人和家属仍可享受为期 1 年的医疗和生育费用报销的实物补贴。有一定工龄的失业者在短期内可享受货币补贴，"基本补贴"或"特殊补贴"数额为上年职业收入的 70%。该资格到期后 12 月内仍找不到工作的，就只能享受到医疗和生育费用报销的实物福利。无工龄的失业者不能享受失业补助金，而只能享受医疗和生育费用报销的实物福利。②

家庭津贴与补贴是法国社会救助的又一重要内容，很多项目都是针对儿童的，如多子女补贴、单亲补贴、孤儿补贴和最低家庭收入补贴等。

（三）德国

德国的社会救助制度起源于 1881 年德皇威廉一世颁布的《黄金诏书》，这部诏书规定，工人因患病、伤残、年老而出现经济困难时，有权得到救济。德国的现代社会救助制度开始于 20 世纪初，当时将社会救助称之为济贫事务和福利事务，主要是由地方社区组织和私人慈善机构负责办理。德国政府为了解决第一次世界大战后的通货膨胀产生的贫困问题，于 1924 年制定了关于救济义务的法令，这是首次对公共救济的享受条件、救济的种类和程度做出全国的统一规定。第二次世界大战之后东西德分立，

---

① 多吉才让：《中国最低生活保障制度研究与实践》，人民出版社 2001 年版，第 34 页。
② 周弘：《国外社会福利制度》，中国社会出版社 2002 年版，第 141 页。

实行各自的社会救助政策。1962 年前联邦德国颁布了新的《联邦社会救助法》，对救济特殊困难者的相关措施作了具体规定。之后，经过多次修改，该法不断完善，改善了救济的支付办法，增加了特殊社会困难的救济事项，扩大了对残废者的救济范围。20 世纪 90 年代初东西德合并后，基本上继续实行《联邦社会救助法》。

德国的社会救助大体分为两大类，一类是特殊困难的救助，一类是一般低收入家庭的救助。特殊困难的救助即对于特殊生存状况的援助，主要有以下项目：预防性的健康帮助、看护和特护、给孕妇和产妇以帮助、为残疾人提供融入社会的帮助、照顾服务、提供特殊困难的帮助等等。德国社会救助制度的一个重点是对于生活不能自理的、需要人照顾的老年人进行救助。这一部分的护理费用、老年人和残疾人的设备和住房费用由社会救济承担。一般低收入家庭的救助即对于基本生活的救助，比如营养的供给。政府对于以上两方面都会定期且持续的进行经济援助。具体来说，如果一个人需要一套厨房工具，他可以去社会救济所申请所需东西花费的费用；被救助者也可以向救济所提出额外的追加需求，比如孕妇可以为即将出生的婴儿申请婴儿车，单亲家庭可以为孩子申请学习用具。如果困难者的家庭成长的比较快（孩子的数目增多），也可以申请搬家，租金同样由社会救济承担。

（四）美国

美国的社会救助制度形成于 20 世纪三四十年代。1935 年，罗斯福新政期间，美国颁布了世界上第一部以"社会保障"冠名的法典——《社会保障法》，建立起一个较完整的社会保障制度，其中便包括社会救助项目。后经多次重大修改和补充，逐渐形成现行的社会保障体系。社会救助在美国称为公共救助或福利补贴，是由联邦政府、州和地方政府向那些无资格获得社会保险的美国公民提供的最低补助。社会救助的项目很多，主要包括以下一些内容：

1. 补充保障收入（Supplement Security Income，SSI）

救助对象包括老年人、残疾人、收入和资产有限的盲人、残疾儿童以及从来没有工作的成年人。救助资金由联邦政府和州政府共同负担。受益人资格和补助金数量由联邦政府的社会保障署负责审定，以及每月发放补助金。

2. 对抚养子女的家庭补助（Aid to Families with Dependent Children, AFDC）

这是 1935 年立法开始实行的一项社会救助计划。1996 年克林顿福利改革后该项目被临时救助计划（Temporary Assistance to Needy Families, TANF）所取代。两者的主要内容和特点比较如图 5 - 1 所示。

表 5 - 1　AFDC 与 TDNF 的比较

	AFDC	TANF
拨款方式	分类拨款	有 AFDC、工作机会和基本技能项目（Job Opportunity and Basic Skill Program, JOBS）和紧急救助合并而成的整笔拨款
联邦拨款	没有上限的拨款，确保满足州要求的贫困家庭得到救助	以 1992—1994 财政年度为基础的固定拨款，加每年 20 亿美元的紧急基金
州拨款	要求州配套资金	要求州保持所要求的投入
受益对象	要求包括所有低于州标准线的家庭	要求州必须取消给不满足工作要求和时间限制条件的家庭的救助，州能取消其他类型的贫困家庭的救助
服务提供	由州和/或地方的政府机构提供	州可以选择政府操作或者外判
有无时间限制	没有	有。一生中最多 5 年的时间限制，"困难人士"有 20% 的豁免额
有无工作要求	有。WIN（工作激励计划）计划后人后来的 JOBS 计划要求州提供工作培训	有。两年内必须工作或有"工作的行动"，否则失去救助
是否全州统一	是	不是。州可根据地区差异如消费水平制定不同的标准
有无家庭上限	没有	有
基金是否能转移	不能	能。30% 可以转移到儿童照顾和社会服务
有无法定的保护	有。要求必须给予对象"公平听证会"的权利	也许。对象权益界定模糊

　　资料来源：Neil Gilbert、Paul Terrell：《社会福利政策导论》，黄晨熹等译，华东理工大学出版社 2003 年版，第 346 页。

3. 医疗援助（Medicaid）

医疗援助是美国两大公共医疗保障计划之一，[①] 1965 年立法施行，对于保障穷人的医疗权利和身体健康起到了重要作用。关于 Medicaid 的详细情况本书将在第七章中介绍。

4. 一般性救助

一般性救助是由联邦政府、州政府和地方社区向那些无资格获得社会保障和救助待遇的人们提供的最低补助。具体项目包括低收入家庭能源补助（各州实施和管理）、强制性儿童补助（儿童补助管理局负责资金的筹措与管理，资金主要来自社会捐赠）、抚养照顾和收养补助（筹资与管理与 Medicaid 相同）、尘肺病补助（社会保障署管理，劳工部组织实施）、JOBS（与 AFDC 和 TANF 配套，资金由各州负担，联邦政府提供补贴）、食品券[②]、教育券[③]和住房券[④]等。

与发达国家相比，发展中国家社会救助在社会保障体系中的作用和地位更为重要，人民群众对社会救助的需求也更迫切。从发展中国家社会救助的发展现状来看，不仅救助的水平和标准比发达国家低很多，而且社会救助制度还不完善和健全，尚处于发展之中。但发展中国家的社会救助也不乏亮点，其中一个比较突出的特点是，将贫困救助与生产自救结合起来，也就是扶持和培养贫困救助对象的自立能力，通过发展生产来消除贫困。有些国家开展了一些特点鲜明、效果显著的救助项目，如秘鲁"大众

---

① 另一大计划是老年人医疗照顾（Medicare）。

② 对穷人及其家庭最实际和直接的帮助是 1964 年通过的《食品券法》。这个法案将以前由美国农业部所做的帮助农场主推销剩余农产品的事情改变为救济贫困人口的办法，继续由农业部发放，但是可以申请领取食品券的贫困资格标准和食品券的人均数额由各州根据自己州的生活指数和经济状况决定。

③ 根据美国经济学家弗里德曼的教育券理论建立起来的一种教育改革和援助计划。在 20 世纪 60 年代末期美国的选择教育运动中，由政府资助的教育券制度得到初步的实验。然而，由于美国国内的各种政治原因以及教师工会的强烈反对，直到 20 世纪 90 年代才开始在一些地方逐步推广，目前美国只有 2 个城市和 1 个州正式明确实施由公款资助的"教育券"计划。另外全美有 10 个州建立了由私人和私有机构资助的教育券制度。由于美国教育券制度实施并无一套统一或标准的模式，各州都根据自身的特性及需要，采取了不同的教育券计划。

④ 美国住房补贴政策经历了由政府直接兴建公共住房到补贴私营开发商建房（"补砖头"），再到向房客提供房租补贴（"补人头"）的转变。目前，房租补贴的租金优惠券计划已成为美国住房政策的主流，由住房和城市发展部主管。

食堂"式的贫困救助①等。

（五）国外社会救助的启示

1. 世界各国都比较重视社会救助工作

如前所述，社会救助历来是应对贫困和失业问题的重要的制度安排和社会政策。而贫困和失业又是影响社会稳定和经济发展的重要因素，是社会管理和公共治理不可回避的社会问题，无论是从人道还是从政治的考量，都会引起一个负责任的政府的高度重视。

2. 完善的法律法规是发展社会救助事业必不可少的

通过比较研究，不难发现，越是发达国家，社会救助的法律法规越健全，有关规定越详细具体，而且社会救助的立法都比较早；有些发展中国家也注意社会救助立法，这些立法促进了社会救助制度的完善。

3. 社会救助的管理体制无定式

政府直接管理社会救助的情况居多。② 在这种体制下，又有两种模式，一种是集中统一管理，实行这种模式最典型的国家是英国；另一种是分类管理或分权管理，美国是分权管理的典型代表，主要是上下分权，因为州政府有较大的权限。采用怎样的管理体制与一个国家的政体和中央权威有很大关系。单纯的中央集权制的社会救助或单纯的地方分权制的社会救助管理模式都有碍于社会救助分配效率的实现。相反，中度的地方分权制优于高度的中央集权制和高度的地方分权制的社会救助管理模式。中央政府和地方政府要在责任和权利上适当分工，中央政府要提供更多的支持，同时也要发挥地方政府的积极性。

4. 注重社会救助与积极的劳动力市场政策相结合

实现社会救助与劳动力市场政策的有机结合是保证社会救助制度效率的关键，也是保持社会救助对象流动性以更好地发挥社会救助的救助功能

---

① 其工作思路是以救助为主，把救济与妇女的就业结合起来。具体做法是：在贫困人口集中的地方，以 30 名左右失业且生活贫困的妇女为单位建立一所食堂，政府对这些妇女进行文化技术培训，提高他们的文化素质和工作技能；"大众食堂"的经费 90% 来自政府财政，10% 由经营收入补充，食品原料由政府建在安底斯山区的农场低价供应。一所食堂可供应 150 人吃饭；凡是当地贫困居民，只要交 1 个索尔（1 美元兑换 2.92 索尔）就可在食堂就餐一次。这样既能解决部分妇女的就业问题，又能解决大部分贫困人口的吃饭问题，还可以促进安底斯山区的谷物生产。

② 还有两种情况是：政府与民间组织共同管理或完全由民间组织管理。

的重要方面。因此，国际上在设计社会救助的制度安排上，都注重实现社会救助政策与其他的经济社会政策特别是劳动力市场政策的契合。对于社会救助的申领者，除非由于健康、年龄等原因外，都被要求接受工作，对于有劳动能力的社会救助申领者而言，如果他们不接受所提供的工作或者不努力寻找工作，社会救助金会被削减甚至被取消。

5. 注意依靠社会力量进行社会救助

由于国家的财力物力有限，独揽社会救助事务是不明智的，也是不现实的。吸引和吸收民间力量参与社会救助事务是很多国家政府的选择。在美国，政府社会救助责任定位明确，政社合作机制健全。政府主要负责制定社会救助的制度政策、筹集资金等，救助项目的具体实施由政府打包交由非营利性组织负责，包括受理申请、审核审批、发放救助款物、提供服务等。同时，政府十分重视激励扶持慈善组织的发展。在美国慈善组织的注册程序比较简单，条件也很宽松。大部分慈善组织都可以向税务当局申请到免税资格，前提是必须保证该组织以非营利为目的。通过政府和社会组织的合作，一是降低了行政管理成本，二是培育了社会功能，逐步形成了政社合作的共治机制。①

6. 从社会救助的国际经验看

社会救助要实现良性运行，就必须在以下二者之间取得平衡，一方面要保障人类的尊严和个体的生存权利，另一方面必须实现社会控制和成本约束。而在现实中实现这样的平衡是非常艰难的任务。②

---

① 汪中芳：《美国社会救助体系建设及其启示》，《中国民政》2009 年第 5 期，第 30 页。

② 江树革、比约恩·古斯塔夫森：《国外社会救助的经验和中国社会救助的未来发展》，《经济社会体制比较》2007 年第 4 期，第 81 页。

本 章 小 结

中国的社会救济的历史源远流长，最早可以追溯至传说中的尧舜时期，如"唐尧为君也，存心于天下，加志于穷民"，到舜帝时社会救济已近发达。中国古代的社会救济主要是灾荒救济和贫困救济，因此古代的救济思想主要体现在对灾荒的认识、救人劝世思想和良好的救济制度设想三个方面。

中国历史上的社会救济有三个重要的发展时期，一是西周和春秋战国时期，这一时期不仅有丰富的救济思想，而且有较完备的救济制度，是我国社会救济制度的萌芽和基础；二是宋朝时期，宋朝的养老慈幼事业高度发达；三是中国封建社会的最后一个王朝清朝时期，其救灾制度相当完备，奠定了我国现代救灾制度的基础。贫困救济的内容主要包括扶助抚恤鳏寡孤独废疾人员、优待老人、以借贷等方式救济流民和贫民、兴建救济设施救助特困人员。

新中国的社会救助制度是在继承和改造旧中国社会救济的基础上建立和发展起来的。大致可分为四个时期：国民经济恢复和社会主义改造时期的社会救济、全面建设社会主义时期的社会救济、改革开放前期的社会救济和社会救助制度的改革与重构。

通过回顾国外社会救助制度，可以发现世界各国都比较重视社会救助工作，完善的法律法规是发展社会救助事业必不可少的，社会救助的管理体制无定式，注重社会救助与积极的劳动力市场政策相结合等。

重 点 名 词

旧《济贫法》　　新《济贫法》　　补充保障收入

复习思考题

1. 简述我国古代的济贫思想，并分析其对现今社会救助理念的影响。
2. 分析英国、法国、德国和美国的贫困救助，并分析这些贫困救助政策对于我国发展社会救助的启示。

第五章　贫困救助（下）

【学习重点】

1. 最低生活保障制度；
2. 农村五保供养制度。

第一节　最低生活保障制度

一、两个概念的辨析

首先，我们有必要将最低生活保障制度与最低生活保障线制度这两个概念作一区分和说明。自从 20 世纪 90 年代初上海市率先实施最低生活保障制度以来，理论界和实际部门一直将最低生活保障制度和最低生活保障线制度等同起来使用，实际上这两个概念是有区别的。只是由于它们的歧义不是很大，对实际工作也不会造成很大的影响，因此两者的差别并未引起太多的关注。但是，从理论研究的科学性考虑，有必要对两者加以区分。

从内涵来看，最低生活保障制度是一种以保障全体公民基本生存权利为目标的社会救济制度，它的通常做法是，根据维持最起码的生活需求的标准设立一条最低生活保障线，每个公民，当其收入水平低于最低生活保障线而生活发生困难时，就有权利得到国家和社会按照法定的程序和标准提供的现金和实物救助。而最低生活保障线制度的主要内容是，研究和制定科学合理的最低生活保障线，以及如何运用和调整最低生活保障线，使最低生活保障制度更好地保障公民的基本生活。它既是社会救助方面的一项制度，同时还带有社会调查、社会统计和社会分层等方面的特点。

从外延来看，最低生活保障制度包括最低生活保障线的测量、救济对象的确定、保障方式的选择、资金的来源、管理体制的建立等几方面的内容。其中，最低生活保障线的测定这一环节的制度化和规范化，就是所谓的最低生活保障线制度。

从以上分析不难看出，最低生活保障制度与最低生活保障线制度这两个概念是有区别的。无论是内涵，还是外延，前者都涵盖了后者。尽管后者是前者的重要内容，甚至没有后者，前者就建立不起来，从此意义上讲，用最低生活保障线制度替代最低生活保障制度不无道理。但是，最低生活保障线制度毕竟只是最低生活保障制度的一个组成部分和辅助程序。因此，用最低生活保障线制度来替代最低生活保障制度，或不加区分地混为一谈，其科学性都值得质疑。1999 年 10 月 1 日开始施行的《城市居民最低生活保障条例》是中国建立最低生活保障制度的第一个相关法规。该条例第一条明文指出："为了规范城市居民最低生活保障制度，保障城市居民基本生活，制定本条例。"那么，这个条例对概念的使用是可以起到规范作用的。

二、最低生活保障制度的提出及其意义

最低生活保障制度是社会经济发展和社会救济制度改革的产物。社会救助的目标是克服现实存在的贫困现象。[①] 所谓贫困，按世界银行的定义，就是缺少达到最低生活水准的能力。[②] 中国是一个经济落后的发展中国家，尽管党和政府为缓解贫困付出了巨大努力，但是，时至 20 世纪末，贫困问题仍然相当严重。1978 年，全国农村贫困人口有 2.5 亿人，1993 年底减少至 8000 万人，1998 年减少到 4200 万人。在这 4000 多万农村贫困人口中，有近一半是不适合参加劳动的残疾人和社会保障对象，以及一部分缺乏基本生存条件的极度贫困人口。[③] 这些都是需要政府和社会帮助的救济对象。

---

① 多吉才让：《新时期社会保障体制改革的理论与实践》，中共中央党校出版社 1995 年版，第 229 页。

② 世界银行：《1990 年世界发展报告》，中国财政金融出版社 1990 年版，第 26 页。

③ 江泽民：《全党全社会进一步动员起来，夺取八七扶贫攻坚决战阶段的胜利——在中央扶贫开发工作会议上的讲话》，《光明日报》1999 年 7 月 21 日。

　　而且，随着农村改革的深化和社会主义市场经济体制的建立，农村集体经济瓦解殆尽，农民作为独立的生产者直接面对市场，独自承担市场风险。在市场竞争中失利的农民也将纳入贫困人口和救济对象之列。与此同时，城镇贫困问题愈演愈烈，城镇新增贫困人口成为近年来出现的一个新问题。据国家统计局城调总队课题组的调查测算，1995年中国城镇贫困居民占全部城镇非农业居民人口的比例为8.6％，约为2428万人；全国城镇贫困户约为659万户，占全国非农业户的7.6％。即使只按绝对贫困的标准测算，全国城镇贫困人口和贫困家庭也已分别达到1242万人和332.9万户。① 20世纪末的一项研究表明，企业职工已成为城镇贫困群体的主体。随着经济结构调整力度的加大和现代企业制度的建立，困难职工的人数将呈上升趋势。城镇贫困问题的解决办法是依靠社会扶助，依靠社会保障的转移支付。②

　　市场风险的加大和"新贫困问题"（New Problem of Poverty）的出现，使传统的社会救济制度捉襟见肘、无能为力。传统的社会救济制度已很难适应社会经济发展的需要，这种不适应性体现在以下几个方面：

　　第一，新增贫困人口的大量涌现以及贫困人口构成的新变化与传统的社会救济制度救济面偏窄之间的矛盾。具体来说，有三个方面的矛盾：一是救济项目不齐全。现实生活中的贫困现象决定了社会救助的内容。概括而言，贫困现象大致有三类：出于个人能力问题导致的贫困、出于个人生理原因导致的贫困、由于职业竞争失败导致的贫困。因此，社会救济要相应地设置孤寡病残救济、城乡贫困户救济和失业救济三个项目。但长期以来，中国只有前两项救济制度，失业救济一直没有建立起来。③ 二是救济对象受条件限制，人数极为有限。中国传统的城市社会救济对象仅限于"三无"（无法定赡养人、无劳动能力、无经济来源）人员，因此，在实行最低生活保障制度之前的1992年，全国得到国家定期定量救济的城镇困难

　　① 转引自唐钧：《最后的安全网——中国城市居民最低生活保障制度的框架》，《中国社会科学》1998年第1期，第118页。

　　② 樊平：《中国城镇的低收入群体——对城镇在业贫困者的社会学思考》，《中国社会科学》1996年第4期，第65页。

　　③ 多吉才让：《新时期社会保障体制改革的理论与实践》，中共中央党校出版社1995年版，第232页。

户人数只有 19 万人，仅占城镇人口的 0.06%。① 但随着经济体制改革的深入，因各种原因下岗失业的企业职工逐渐成为城镇新增贫困人口的主体，其困难程度甚至远远超过了接受民政部门救济的对象，但不合理的限制条件使他们得不到相应的救济，处于一种"无保障"的境地。三是即使是符合条件的救济对象也只有一小部分享受了救济。1994 年，全国城镇散居"三无"孤寡残幼有 20 多万人，享受定期定量救济的不足 15 万人；在 1000 多万困难人口中，得到定期定量救济的仅有 12.4 万人，约占 1%；与 1985 年相比，减少了 5.7 万人，减幅为 31.5%；即使采用临时救济的办法，也仅救济了 300 余万人（次），很多该救济的人得不到救济。②

　　第二，贫困人口规模的扩大与救济经费严重不足之间的矛盾。1992 年，全国城镇社会救济费用（包括临时救济）总共只有 1.2 亿元，仅占当年国内生产总值（GDP）的 0.005%，不到国家财政收入的 0.03%。③ 而且，社会救济费的实际支出在减少，占财政支出的比例由 1985 年的 0.39% 下降到 1993 年的 0.27%。④ 由于国家财力紧张，救济经费不足，改革之前中国的城乡社会救济工作一直坚持集体补助与国家救济相结合，集体补助为主，国家救济为辅的原则。近年来，随着集体经济成分的减少和企业效益的滑坡，在国家救济经费投入没有增长的情况下，社会救济经费的短缺日益严重。救济款的供给不稳定，少则少发，多则多发，严重影响甚至威胁着救济对象的生存。

　　第三，物价上涨，人民生活水平的普遍提高与社会救济标准低下之间的矛盾。1985 年城镇人均生活费收入为 685 元，城镇孤老残幼的人均救济水平为 171 元，救济水平占城镇人均生活费收入的 24.96%。20 世纪 90 年代以来这个比例在不断下降，1994 年所占比例下降到 18.4%，社会困难户的平均救济水平则只占 13.24%，临时救济的标准更低，每人次平均仅

---

　　① 转引自唐钧：《最后的安全网——中国城市居民最低生活保障制度的框架》，《中国社会科学》1998 年第 1 期，第 118 页。

　　② 转引自方志勇：《中国城镇社会救济现状及改革思路》，《社会工作研究》1995 年第 6 期，第 19 页。

　　③ 转引自唐钧：《最后的安全网——中国城市居民最低生活保障制度的框架》，《中国社会科学》1998 年第 1 期，第 118 页。

　　④ 转引自方志勇：《中国城镇社会救济现状及改革思路》，《社会工作研究》1995 年第 6 期，第 18 页。

11.8 元。1985 年，全国城镇居民生活费收入比上一年增加 36%，物价上涨 24% 以上，而救济标准增长最高的也仅增加 20.6%。同期国家规定的城镇贫困线为 120 元，也就是说，救济标准达到了 120 元才能保证救济对象的基本生活，实际上"三无"对象的救济标准仅为贫困线的 40.6%。这些情况说明了救济对象的困难程度正在加深。他们的生活之所以还能维持，一是靠集体的补助，二是降低食品消费的质量。① 社会救济标准过低，一方面是因为社会救济经费严重不足，另一方面是社会救济制度不规范造成的。社会救济标准的确定缺乏一种严谨的、科学的依据，随意性强，更没有一个科学的调整机制。救济标准确定以后，几年难得调整一次，即使调整，也没有什么标准和依据。

如前所述，社会救济制度是一个国家社会保障体系的最后一道防线。它以保障全体公民的基本生存条件为目标。如果贫困问题在这道防线上没有得到最终解决，由此产生的社会后果是可怕的。从 20 世纪 90 年代中国的状况来看，一方面农村扶贫进入攻坚阶段，另一方面城镇贫困问题异军突起，贫富差距日益扩大，这些都是需要妥善解决的问题。解决问题的办法之一就是建立新型的社会救济制度，让所有需要救济的人们都能得到救济。鉴于贫困问题，特别是城镇贫困问题的严重性和紧迫性以及中国社会救济制度的滞后，中共十五大提出，要"实行保障城镇居民基本生活的政策"。这一政策在制度上的一个反映就是建立有中国特色的社会救济制度——最低生活保障制度。这一制度的提出和建立具有重大意义。

第一，最低生活保障制度是对公民的基本人权——生存权的最直接、最有效的保障。我国《宪法》规定："公民在年老、疾病或者丧失劳动能力的情况下，有从国家和社会获得物质帮助的权利。国家发展为公民享受这些权利所需要的社会保险、社会救济和医疗卫生事业"。最低生活保障制度面向全体公民，保障其基本生存条件，因而它是国家履行职责、保障公民基本权利最直接的体现，也是最行之有效的制度安排。

第二，最低生活保障制度是经济社会转型的"减震器"。改革开放以来，我国经济社会发生了巨大变化，在这场深刻的经济变革和社会转型

① 方志勇：《中国城镇社会救济现状及改革思路》，《社会工作研究》1995 年第 6 期，第 19 页。

中，倒闭、破产、失业、下岗、贫富差距扩大、物价上涨等现象的出现在所难免，由此产生的贫困问题和其他一些社会问题将激化社会矛盾，影响社会稳定，不利于经济社会发展目标的最终实现。最低生活保障制度的建立能有效缓解上述社会问题和社会矛盾，为经济社会转型保驾护航。

第三，最低生活保障制度是保障城乡贫困居民基本生活最有效的手段。一方面，最低生活保障制度面向全体国民，凡是收入水平低于最低生活保障标准的城乡居民都有权获得最低生活保障制度的救济；另一方面，最低生活保障制度又有明确的目标性和指向性，它所瞄准的对象是城乡居民中的贫困人群。在城市，由于各种原因陷入贫困的困难户约占城镇居民家庭总数的5%，[①] 这同10年前试点城市居民最低生活保障制度时相比略有下降。在这些贫困人群中，既有传统的社会救济对象，但更多的是经济结构调整和现代企业制度建立所产生的"新贫困人口"。城镇贫困问题最有效的解决办法就是依靠社会保障的转移支付，实行最低生活保障。在农村，改革开放以来，中国的农村反贫困实践取得了举世瞩目的成就，农村绝对贫困人口数量由1978年的2.5亿下降到2006年的2148万，贫困发生率也相应地从30.7%下降到2.3%。[②] 农村贫困人口锐减的主要原因是开发式扶贫和经济体制改革。但是，随着农村贫困人口的大幅度减少和贫困发生率的下降，农村贫困人口的特征及其致贫原因已发生根本性变化，[③] 区域性贫困的特征越来越不明显，贫困的家庭和个人特征凸显出来，因残疾、患病、子女上学等原因致贫的人口越来越多，他们很难从开发式扶贫中获得有效的帮助，他们的基本生活只能借助最低生活保障制度予以保障。

第四，最低生活保障制度是对传统的社会救济制度的改革和创新，是对整个社会保障体系的完善。如前所述，改革开放以来的经济结构调整和社会转型改变了中国贫困人口的增量和结构，在这些变化面前，作为国家社会保障体系最后一道防线的传统的社会救济制度已显得无能为力，改革

---

① 《中国城市年鉴2007》，中国城市年鉴社2007年版，第137页。

② 国家统计局农村社会经济调查司编：《中国农村贫困检测报告2007》，中国统计出版社2008年版，第7页。

③ 张秀兰、徐月宾、王韦华：《中国农村贫困状况与最低生活保障制度的建立》，《上海行政学院学报》2007年第3期，第59页。

社会救济制度已是大势所趋。而且，国外的经验也表明，对付因经济结构调整和社会结构转型而导致的较大规模的贫困问题，最有效的社会保障制度是社会救助。[①] 最低生活保障制度是对传统的城镇救济制度的改革和创新，它克服了传统的社会救济制度的缺陷，使社会救济制度向规范化、制度化的方向发展。

第五，最低生活保障制度作为一种转移支付手段，能有效调节社会的收入分配，缓解日益扩大的贫富差距。改革开放以来，由于收入分配制度和相关法律不健全，收入分配不公所导致的贫富分化现象开始出现，并有日益扩大之势，国际上惯用基尼系数作为衡量收入分配的公平程度和社会贫富差距的指标。如果基尼系数小于 0.2，一般认为相应的社会分配是基本公平的。如果基尼系数大于 0.5，相应的社会分配则是基本不公平的。从 20 世纪 80 年代早期到 90 年代末，中国的基尼系数从 0.2 增加到 0.437，而且收入差距有进一步扩大的可能。世界银行预测，如果目前农村和城镇家庭收入差距和各省农村和城镇家庭收入增长速度不平衡的趋势持续下去，2020 年的基尼系数将达到 0.474。[②] 也就是说，中国的收入分配将由基本公平走向基本不公平。最低生活保障制度通过垂直的收入再分配，实现用富人的钱来接济穷人的目的。因此，最低生活保障制度在调节收入分配、缓解贫富差距、实现社会公平方面的作用是相当明显的。

第六，最低生活保障制度对于启动内需有积极作用。最低生活保障制度实际上是一种收入维持制度，以保证低保对象有最基本的生活来源。也就是说，它保证低保对象有一定的收入水平，以维持其最低生活需要。有了一定水平的收入，就有了一定的消费能力，一定的社会消费能力对生产的发展是有好处的。从此意义上讲，最低生活保障制度的建立对启动内需、刺激经济景气有积极意义。

第七，最低生活保障制度的建立有深远的政治意义和战略意义。首先，它体现了党和政府对广大贫困人口的关心和爱护，密切了党群关系，体现了社会主义制度的优越性。其次，最低生活保障制度有助于安定人

---

① 唐钧：《最后的安全网——中国城市居民最低生活保障制度的框架》，《中国社会科学》1998 年第 1 期，第 119 页。

② 世界银行：《中国：推动公平的经济增长》，清华大学出版社 2004 年版，第 37 页。

心，维持社会稳定。有了稳定的政治环境，才有改革开放和社会主义建设事业。在社会发展战略方面，党的十六届六中全会通过的《中共中央关于构建社会主义和谐社会若干重大问题的决定》明确提出，到 2020 年要基本建立覆盖城乡居民的社会保障体系。党的十七大报告进一步从建设社会主义和谐社会的战略高度，提出了加快推进以改善民生为重点的社会建设的目标和任务。要求通过建立覆盖城乡居民的社会保障体系，以保障人民的基本生活。在此基础上，"努力使全体人民学有所教、劳有所得、病有所医、老有所养、住有所居，推动建设和谐社会"。因此，建立覆盖城乡居民的社会保障体系是在科学发展观和和谐社会理论指导下的一次伟大实践，具有重大的战略意义和现实意义。而最低生活保障制度是最有可能率先实现全民覆盖的社会保障制度，而且有专家认为"实现全民最低生活保障制度的条件已经成熟"①。因此，建立覆盖城乡居民的最低生活保障制度是实现全民社保的重要尝试。

三、最低生活保障线的确定

（一）确定最低生活保障线的基本原则

最低生活保障制度是保障全体公民最低生存条件的一种社会救济制度，但它不是一种平均分配制度。也就是说，尽管最低生活保障制度覆盖全体公民，但并不是人人都可以享受。只有那些生活水平低于一定标准的人才可享受最低生活保障待遇。这个标准就是最低生活保障线，也就是国外所说的贫困线。最低生活保障线对最低生活保障制度来说，至关重要。一方面，它保证社会救济款真正用到需要救济的人身上，从而更好地履行政府职责，实现社会公平；另一方面，它又考虑到政府的承受能力，不至使这项制度因政府财政无法承受而落空。可见，最低生活保障线是最低生活保障制度的核心问题，同时也是实施最低生活保障制度需要首先解决的问题。甚至可以这样说，没有最低生活保障线，就没有最低生活保障制度。

鉴于最低生活保障线的重要性，我们在制定最低生活保障线标准时，要力求科学、客观、规范、公平。所谓科学，是指最低生活保障线的测算

---

① 《实行全民低保是时候了？》，http://club.news.sohu.com/r-fazhi-66362 – 0 – 0 – 10. html。

（主要是测算方法）应该科学，尽量避免一些错误做法和人为因素的干扰，如主观判断、盲目估算、以偏概全、阶层歧视、领导意志等等。但仅有科学方法是不够的，最低生活保障线标准还必须客观，也就是说，最低生活保障线标准要与一个国家或地区的社会经济发展水平相适应，如实或基本反映救济对象的基本生活需要，同时也要考虑政府提供保障的能力。在确定最低生活保障线的过程中，没有专家的意见不行，但是光靠专家来判断也会有主观性和片面性。因此，要更多地让社区居民参与其中，以增加整个过程的民主性和透明度。标准确定以后，不是凝固不变的，要随着社会经济的发展适时进行调整，做到规范化和制度化。最低生活保障制度的宗旨是实现社会公平，因此最低生活保障线应体现公平原则，真正保障救济对象的基本生活。

（二）贫困标准的基本要素分析

国外关于贫困标准的讨论十分苛刻和繁琐。测算贫困标准的方法也很多，各有利弊，见仁见智。尽管如此，还是有一些共性和规律可以把握和借鉴的。周彬彬在《向贫困挑战——国外缓解贫困的理论与实践》一书中对构成贫困标准的一般问题或基本要素作了详细介绍，这在国内的同类研究中是比较前沿和有代表性的，对中国最低生活保障制度的研究和实践有一定的借鉴意义。我们不妨作一引述。

1. 理论假设

测量贫困标准是福利测量的一种。在福利经济学中，经济福利的测量是从表示物品和服务的消费能力产生的福利效用函数开始的。它假设每个家庭或个人有相同的效用函数。如果这一假定不成立，对人们的福利比较将是不可能的，同时也是毫无意义的。家庭消费函数给定以后，可以用成本函数对家庭福利水平进行比较。成本函数是一个寻求效用最大化的家庭获得一定的福利水平所需付出的货币量。这样，我们可以通过能观察到的家庭消费水平的比较，来替代无法直接观察到的福利水准。可观察到的家庭消费，通常依据物品和服务支出来测量。

2. 测量方法

根据理论假定，可推出两种测量方法：一是直接测量物品和服务消费，也就是直接测量福利效用函数；二是用收入来替代，即测量成本函数。前者称为直接法，后者称为收入法。收入法是目前采用最多的方法。

它和直接法相比，可能不如直接法生动、鲜明，也不如直接法准确、具体，但它具有简便易行的优点。我们知道，在市场经济中，个人获得所需物品和服务的能力是由他的购买力决定的，而个人购买力的最好单一指标就是收入。虽然收入不是决定购买力的唯一指标，这可能受资产和信贷及非现金获得物品、服务的影响，但对于低收入者，它仍然是测量家庭生活水平最好的单一指标。因此，可以用它来简化贫困的测量，同时这一简化还可提高测量的用途，扩大使用的范围。

3. 标准构成

贫困标准由两个基本要素构成，即最小需求和收入。最小需求反映的是社会公认的最低福利水平。收入是可使用资源。影响这两个基本要素的因素有三个，即时间跨度的选择、测量单位和不同区域。如果使用收入法，还要增加一个价格因素。

4. 最小需求

确定贫困标准的逻辑起点是以人类对物品和服务的最小需求为开端的。但确定"最小需求"并不容易，特别是在人们对关于"需要多少"和"需要什么"的意见很不相同的时候。一般来说，贫困标准应包括以下"最小需求"：一是基本生理需要，如一定的热量摄取量以及维持人有效生产活动所必需的营养水平，抵御天气变化所必需的基本衣物及住所需要。二是基本服务，包括卫生用水、环境净化、疾病预防及成人教育。三是社会和环境的需要，如社会交际、人的尊严、社会地位等。四是就业问题。

从目前各国所采用的一般最低消费清单来看，单列食品的已经很少了，多数包括了衣食住行各个方面。并注意消费结构和消费偏好对清单的影响，据以适当调整消费水准。

5. 收入

收入是指在一个既定的区域和时间内，一个人或家庭可获得的资源总量的多少。收入不仅包括现金收入，而且也包括储蓄、信贷、土地、住房等方面。收入体系的完善，主要体现在对构成收入来源的全面理解上和对不同类别收入进行统一计算的计算方法上。

6. 测量单位

目前对以个人还是以家庭作为测量福利的适当单位尚没有一致的意见。大体上说，考虑的单位越大，明显的低收入就越少。例如，政府分别以低于平均收入的家庭为单位和以家庭成员为单位得出的统计数字表明，前者比后者的贫困相对少一些。

7. 时间

如何确定时间的跨度，要根据贫困的时间特征来决定。因此，在时间长短的选择上没有正确答案，不同期间与不同问题有关。国外绝大多数社会保障制度以周为基础来评估和付款。由于农业部门受到季节性经济活动有规律的影响，同时自然灾害也可能造成绝产或减产，出现一个种植季节甚至全年收入的下降，因此农村应该选择更长一些的时间跨度。

8. 区域

由于具有同等收入与同样支付能力的人在不同的国别、地区可以得到不同种类、数量和质量的物品与服务，也就是说，同一种类、质量的物品和服务在不同的地方，所需要支付的货币量是不同的，这就需要根据不同地区的福利水平来调整消费支出标准。区域对贫困标准的最显著影响莫过于城市和乡村的划分了，任何国家都至少把贫困的标准分为城市和乡村两个标准。此外，由于自然、社会、民族等方面的差异，不同的区域也会对"最小需求"产生影响。

9. 价格

当我们用货币收入测量贫困时，有一个货币收入将会购买什么的概念，也就涉及物品和服务的价格问题。有些国家在计算贫困标准时，就是把家庭的福利水平建立在"假定的一篮子商品的市场价值"的基础上，先列出最小需求的消费清单，再按某一时期的价格转换为"一篮子商品"的货币量，然后和家庭拥有的支付能力进行比较。由于消费的社会福利已化为一定的价值量，因此必须根据价格的变化适时调整贫困标准。需要指出的是，对贫困标准的时序性调整，不仅是价格的调整，还需要每隔一个时期对最小清单进行重新审定，以适应社会消费水平的变化。

在对有关制定贫困标准的基本问题进行分别论述的基础上，我们可以把这些基本点串接起来，形成一个制定贫困标准的基本操作程序：确定测量方法—列出最小需求清单—选择测量单位—明确时间跨度—研究不同区域的消费类型—进行价值量转换—划出被测量者的收入范围—规定调整的时限、依据和内容。

（三）国际上测定贫困标准的常用方法

童星、林闽钢在《中国农村贫困标准线研究》一文中，对近百年来在贫困标准的测量研究方面所取得的成果作了一个简明的回顾和总结，列出了 12 种测定贫困标准的基本方法。在目前所见的文献资料中，这是叙述得最全面的。他们还依据荷兰的奥迪·海根纳斯和克拉斯·德沃归纳出的三种测定贫困标准的视角，即客观相对贫困标准、客观绝对贫困标准和主观贫困标准，将这 12 种方法划分为三类，具体内容如下：

1. 客观相对贫困标准的测定

所谓客观相对贫困是指从事实上看，某些人的生活低于社会上其他人的生活水平。测定的基本途径有两个，即收入定义和商品定义，具体方法有三种：

（1）收入等份定义法

首先将国民按收入分成几个（通常是 5 个或 10 个）等份，再辅以基尼系数进行差异比较，从而确定总人口的百分之多少为贫困人口。再根据这个百分比，利用家庭收入调查资料，求出贫困标准。

（2）收入平均数法

把居民人均收入按不同水平进行统计分组，以全部居民人均生活费用除以 2 或 3 作为最低生活费用标准，再从统计分组中得出与之对应的贫困率。

（3）商品相对不足法

它的根据是一个缺乏普遍必需品的家庭必然是贫困的，因此先选定某个标准的消费模式作为社会普遍状况的代表，再与之相比，一个家庭缺少的东西越多，不足的程度越大，也就越贫困。

近年来，在许多国际组织特别是世界银行的倡导下，许多学者和研究机构的注意力从相对贫困的测定转向绝对贫困的测定。这是因为，相对贫困表明若干个家庭中必有一个贫困家庭，无论尽多大努力也改变不了这一点，并且难以进行横向比较，发达国家的贫困家庭在发展中国家可能是富裕家庭。

2. 客观绝对贫困标准的测定

所谓客观绝对贫困是指从事实上看，某些人的生活水平低于一个确定的最小值。测定的基本途径有两个，即确定贫困线和编制贫困指数，具体方法有七种：

（1）热量支出法

以每人每日所需摄入的热量为基准，按人均生活费用分组，算出各组的热量摄入量，再找出摄入热量最接近于基准热量的组，该组的人均生活费用即为贫困线的标准。

（2）基本需求法

根据一个人食品、衣着等"基本需求"的最小值，比照市场价格，计算出购买这些必需品的最低费用，即定为贫困线。

（3）恩格尔系数法

恩格尔系数是家庭食品支出与总收入的比值，它随家庭收入的增加而下降，即恩格尔系数越大就越贫困。因此，既可以把恩格尔系数的某个值（现在国际上一般确定为60%）直接定为贫困线，也可以依据恩格尔系数间接地用收入金额来表示贫困线。后者的具体办法是：按营养学知识确定一个最低饮食标准及其相应的饮食费用，然后用它除以恩格尔系数的贫困值（如上述的60%），其商就是贫困线标准。

（4）超必需品剔除法

根据住户消费调查资料，从住户全部消费支出当中逐一剔除那些"超必需品"，将剩余部分作为最低生活费用标准，即贫困线。

（5）总支出与总收入之比法

这种方法认为入不敷出的人就是贫困者，因而把贫困定义为总支出与总收入之比大于1。

（6）编制贫困指数法

以生活质量为度量标准，根据居民对自己生活状况的评价来确定最低生活费用标准即贫困线。具体方法是选取几个同收入高度有关的问题，向居民作问卷调查，给每个询问项目打分，以确定最低生活费用标准。

（7）数学模型法

其中比较有影响的是经济计量分析模型和收入与营养摄入量分析模型。前一个模型是根据柯布—道格拉斯函数所提出的"线形支出系统"（LSE），建立人均生活费收入与食品、衣着、高档耐用消费品、其他各种用品、燃料、服务费、福利费七大类支出的数学模型。这个模型直接给出了维持基本需求的支出和超过基本需求的支出两大部分，从而以此来确定最低生活费用标准即贫困线。后一个模型则基于这样的认识：人们的工作能力和状况同营养的摄入量和结构密切相关，而工作能力和状况又同收入有联系，因此收入同营养的摄入数量和结构也有联系；如果能恰当地确定营养必需量，就可以确定必需的最低收入，也就可以确定相应的贫困线。该模型就着力于描述收入同营养摄入数量和结构之间的联系。

3. 主观贫困标准的测定

鉴于构造客观贫困标准的困难，20 世纪 70 年代以后理论界开始了"自我感觉生活需要不足"的贫困测量。这种测量简便易行，但面临人们过高估计自己必需收入值的危险，而且这一高估的误差范围非常难以确定。常用的具体方法有两种：

（1）主观最小收入定义法

通过社会调查，询问各家庭认为其收入"足够"和"不足"的数量，对这两种数量做几何平均，就可得到我们认为"正好"的主观最小收入水平，如果他们的实际收入低于这个水平即被认为处于贫困。

（2）主观最小消费定义法

通过询问人们什么是他们的基本需求和满足这些需求需要多少"收入"，然后将其同他们的实际收入相比较，判断出他们是否属于贫困。

国内其他一些学者对国外测量贫困的方法也有介绍。张问敏、李实认为，贫困线的确定方法可以分为绝对标准法和相对标准法。这两类方法的主要差异根源于绝对贫困概念和相对贫困概念之间的差异。关信平在《中国城市贫困问题研究》一书中归纳了七种方法：基本生活费测算法、公众或专家评估法、分布特征分析法、数理统计分析法、模糊数学分析法、收入中位值的二分之一法、最低收入组划分法。唐钧在《中国城市居民贫困线研究》一书中介绍了英国彼特·阿尔柯克提出的三种确定贫困的方法：标准预算法（Budget Standard）、收入替代法（1ncomeProxyMeasure）、剥夺指标法（Deprivation lndicators）以及中国香港的莫泰基提出的四种最常用的确定贫困线的方法：市场菜篮式（Shopping Basket Method）、生活形态式（Life Style Method）、食费对比式（又称"恩格尔系数法"，Engle's Ratio Method）和国际贫困标准线（International Poverty Line Standard）。经过归纳和比较，尽管这些方法在历史的纵深性和操作的实用性以及名称等方面与童星等人列举的 12 种方法有些差异，但基本上是大同小异的。

（四）中国确定贫困线（最低生活保障线）的几种方法

早在最低生活保障制度建立和实施之前，中国就开始了贫困线的测算工作，它是中国农村扶贫工作的一个组成部分。20世纪80年代末，虽然恩格尔系数、人均国民生产总值、实际生活质量指数、基本需求综合指标等几种划分贫困标准的方法，在中国都有应用，但并不普遍。当时普遍采用的是农民人均年纯收入这项指标。理论界认为它简单适用，符合国情，直接体现出农民在生产劳动和经济开发中所得实惠的多少，在一定程度上反映出生产力水平，具有中国特色。当时，全国对贫困户的划分有几种统一标准：一般地区人均年收入150元以下者，少数民族地区人均年收入150—200元以下者，全国知名老根据地人均年收入300元以下者。这套标准基本上是划分绝对贫困的标准，是为解决贫困地区群众温饱问题的战略目标服务的，又全面考虑了经济和政治两方面的情况。

但是，人均年纯收入这项指标有很大的局限性，它不能从货币或市场活动以外如教育、健康、寿命、环境以及精神和心理上等多方面全面反映人们的真实生活水平。并且，随着通货膨胀、物价波动以及分配的不公平，单纯的收入指标测贫越来越暴露出缺陷和不足。于是，理论界开始提出构建测贫指标体系的方法，并将测贫体系细化为可以操作的若干指标，然后对每一指标进行了具体的量化研究，给出了一个参考值。测贫指标体系的提出及其量化研究较人均年纯收入这项指标，在科学性方面更严谨更可信，但操作起来也更繁琐。需要指出的是，无论是人均年纯收入，还是测贫指标体系，都是针对区域性贫困提出的，与目前实施的最低生活保障线制度存有差异。首先，最低生活保障线制度是一种社会救济制度，与贫困地区的扶贫开发是两回事。其次，最低生活保障线制度要解决的是阶层贫困问题。这种阶层贫困既存在于农村，也存在于城市。由于城乡区域特征的差异，城乡最低生活保障线的确定在内容上有很大不同，如时间跨度的选择，农村地区以年为单位可能比较合适，而城镇则应以月或更短的时间为单位；最小需求的确定，要受到城乡消费结构、消费偏好以及"社会常规生活"差别的影响；同时，价格也是一个重要的影响因素。城乡最低生活保障线的确定在方法上也应有所区别。有学者认为，在划分贫困线时是使用绝对贫困法还是相对标准法，主要取决于被研究地区的经济发展水平和收入分配的均等程度，因为对于不同发展水平和不同收入分配均等程度的地区来说，两种方法划分出来的贫困人口规模有很大的差异。

尽管用于扶贫开发的贫困线和用于社会救济的贫困线（最低生活保障线）有许多不同，但两者毕竟都是衡量贫困的一种标准。从前文引述的周彬彬关于贫困标准的基本要素的论述可以看到，两者在本质上是相通的。只是由于服务对象的不同，才导致指标的设计和取值等方面的差异。因此，我们应该重视早期的测贫工作，它对今天最低生活保障线的测定，特别是农村最低生活保障线制度的建立有积极影响：一是它将国外的测贫方法引入中国，并付诸实践。二是在外来方法的中国化方面做了有益的探索。在设计指标和进行量化研究时注意从中国国情出发，选择适合中国社会经济发展水平和中国人的饮食习惯与文化传统的方法和数值，探讨有中国特色的贫困标准。三是积累了经验和素材。

关于阶层贫困问题（主要是城镇居民的贫困问题）的研究最早始于20世纪90年代初。当时，国家统计局"中国城镇居民贫困问题研究"课题组根据中国城镇居民的实际生活特点，从消费角度来研究和确定贫困标准。他们采用的方法叫"综合测贫法"。这种方法以基本需求法为基础，通过吸取比例测算法、恩格尔系数法和数学模型法的优点，加以改进和完善而成。他们从六个方面提出了测算依据：一是城市住户调查中占5%的最低收入户的消费资料。二是各项消费对于生活的重要程度。判断的依据主要是计算该项消费的收入弹性系数。三是消费的社会效果。四是消费的经济效益。五是相关研究的标准。这些标准包括营养摄入量标准、纤维占有量标准和恩格尔系数标准等。六是社会供给条件。这些供给条件包括：对城镇居民供应的粮食、食油等商品定量标准，国家资源所能承受的粮食、棉花等主要商品的供给总量、供给结构和增长速度，国家财政、地方财政和企业用于社会救济的财力变化状况。

"综合测算法"的特点是，先确定5%最低收入户的实际消费状况，然后根据收入弹性系数、消费效果、消费效益和定量供应标准等指标逐项进行判断，剔除非生活必需消费项目，以此为基础，累加各项消费，计算出初步的贫困标准。再用分项消费除以总消费得出消费结构，然后借助营养标准、恩格尔系数标准、供给结构和社会承受能力对初步的贫困标准和消费结构进行总体评估和修正，最后在合理消费结构的基础上确定适度的贫困标准。由于"综合测算法"同时运用了几种方法，并互相补充修正，因此比单纯使用某一种方法更严密、更科学，逻辑性更强。比如说，基本需求法是比较常用的测贫方法，但在确定"基本需求"的时候难度比较大，随意性强。"综合测算法"通过运用其他几种方法进行调整和修正，弥补了基本需求法的不足，使之更严密、更科学、更可信。但是，"综合测算法"也有缺陷：首先，它有本末倒置之嫌。确定贫困标准是为了判断有多少人处于贫困状态，然后予以救济。但这种方法一开始就以5%最低收入户为假想的贫困户，其实已经暗示了最后的结论。其次，这种方法在剔除非生活必需消费项目时，比较繁琐，实用性差，最终的贫困线也往往偏高。

尽管如此，"综合测算法"仍不失为测贫的一种良法。后来许多地方在测算最低生活保障线时，都沿用了这种方法，或在此基础上作了些许修改。主要是因为"综合测算法"囿于传统的绝对贫困概念，在生活必需消费项目的选择和调整方面，口径偏窄，与现代的城镇常规生活不相适应。因此，许多地方根据当地的实际情况，对生活必需消费项目作了适当调整。

"菜篮子法"是城镇最低生活保障线制度建立过程中使用较多的一种基本测算方法。这种方法实际上就是基本需求法。它先确定一组城镇居民必需的消费项目，然后按照下列公式计算：

$$PL = \sum Xi \cdot Pi + h$$

式中 PL 为贫困线；Xi 为生活必需品的项目；Pi 为每项生活必需品的市场价格；h 为生活消费中的无效支出，即不可避免的浪费。

"菜篮子法"直观明了，通俗易懂，而且不容易产生歧义和争论。但是，它也有不足之处：首先，由谁和通过什么方式来确定菜篮的内容。传统的完全由专家来决定的方法是不可取的，必须选择一种由专家和群众共同作出决定的民主方法。其次，如果单纯使用"菜篮子法"，菜篮内容的调整则需要每年作特别调查收集数据，工作量大。最后，由于"菜篮子法"口径偏窄，活动余地小，因而很难与一般市民的生活挂钩，从而限制了受助对象的生活方式，使其难以分享经济发展的成果。为克服以上不足，使"菜篮子法"日臻完善，有研究者将生活形态法（比较客观且能沟通主观）、恩格尔系数法（便于操作）、国际贫困标准法（便于操作）引入进来，与"菜篮子法"糅合在一起，提出了一种新的测贫方法——"综合法"。"综合法"分三个步骤进行：

第一步，用生活形态法来确定中国不同社会经济发展水平的地区的贫困家庭的生活形态，并以此为依据，找出符合这些生活形态的贫困群体。这一做法与前文介绍的"综合测算法"相比，客观程度大大提高了，避免了本末倒置的嫌疑。

第二步，分析一般市民和贫困户的收入和消费，求出生活必需品的菜单，再用市场物价来较为客观地求得最低生活保障线（包括生存线、温饱线和脱贫线）。

第三步，将贫困线与社会平均（中位）收入挂钩，同时求出当地贫困家庭的恩格尔系数，以便于今后对最低生活保障线进行调整。

"综合法"的最大特点是将贫困的客观存在与社会评价结合起来考虑，增加了贫困线确定过程中的客观性和民主性，从而提高了最低生活保障线的合理度。它的缺陷是，生活形态法的应用专业性强，不易为一般群众所了解和接受。但瑕不掩瑜，"综合法"的提出为全国各地确定最低生活保障线提供了一条有益的思路。

四、最低生活保障制度的建立和实施状况

由于我国城乡经济社会发展不平衡，城乡二元结构在今后相当长一段时间内将继续存在。在此背景下，城乡最低生活保障制度在最低生活保障标准的确定、低保对象的认定等重要方面有明显不同。即使最低生活保障制度实现了全民覆盖，它也不可能是一个制度，至少目前是这种情况。因此，我们在分析最低生活保障制度的实施状况时，将按城乡最低生活保障制度的不同发展轨迹分别进行论述。

（一）城市最低生活保障制度的建立和实施状况

1. 城市居民最低生活保障制度的建立与发展

1993 年 6 月 1 日，上海市率先建立城市居民最低生活保障制度，由此拉开了城市社会救济制度改革的序幕。近年来，这项工作发展非常迅速，大致可以分为四个阶段：

（1）试点阶段（1993 年 6 月—1995 年 5 月）

1994 年第十次全国民政会议上，作为策划和管理全国城市居民最低生活保障制度的政府职能部门，民政部肯定了上海的经验，提出了"对城市

社会救济对象逐步实行按当地最低生活保障线标准进行救济"的改革目标,并部署在东部沿海地区进行试点。到 1995 年上半年,已有上海、厦门、青岛、大连、福州、广州 6 个大中城市相继建立了城市居民最低生活保障制度。

(2) 推广阶段(1995 年 5 月—1996 年底)

1995 年 5 月,民政部分别在厦门、青岛召开了全国城市居民最低生活保障线工作会议,号召将这项制度推向全国。到 1996 年底,建立这项制度的城市已经发展到 116 个。此后,形势发展得很快,到 1997 年 5 月底,全国已有 206 个城市建立了最低生活保障制度,约占全国建制市的 1/3。

(3) 完成阶段(1997 年 5 月—1999 年 10 月)

经过 6 年多的努力,全国 668 个城市和 1638 个县城全部建立了城镇居民最低生活保障制度。在大功告成之际,国务院颁布实施了《城市居民最低生活保障条例》。它标志着我国城市居民最低生活保障工作开始步入法制化管理轨道,是中国社会救济改革和立法的一座里程碑。

(4) 提高和完善阶段(1999 年 10 月至今)

在这一阶段,城市低保制度首先突破了"资金瓶颈"①,中央财政逐渐成为低保资金的主要来源,低保经费逐年增加,享受低保的人数也大幅度增长。至 2003 年,低保支出和低保对象基本趋于稳定。与此同时,各项"配套措施"和"分类救助"办法纷纷出台和实施,使城市低保制度日益完善走向成熟。

2. 城市居民最低生活保障制度的基本框架

按照 1999 年 10 月 1 日颁布施行的《城市居民最低生活保障条例》,中国城市居民最低生活保障制度的基本框架包括以下几个方面:

(1) 原则与方针

城市居民最低生活保障制度遵循保障城市居民基本生活的原则,坚持国家保障与社会帮扶相结合、鼓励劳动自救的方针(第三条)。

(2) 救助对象

①救助对象的申请程序与资格认定

城市居民申请享受最低生活保障待遇,可由户主向户籍所在地的街道

---

① 唐钧:《城乡低保制度:历史、现状与前瞻》,《红旗文稿》2005 年第 18 期,第 15 页。

办事处或者镇人民政府提出书面申请，并出具有关证明材料，填写《城市居民最低生活保障待遇审批表》。县级人民政府民政部门依据事先划定的当地最低生活保障线进行审查，并自接到申请人提出申请之日的30天内办完审批手续（第七条、第八条）。

②救助对象的权利与义务

救助对象的权利：

第一，持有非农村户口的城市居民，凡共同生活的家族成员人均收入低于当地城市居民最低生活保障标准的，均有从当地人民政府获得基本生活物质帮助的权利（第二条）。

第二，救助对象的身份和经济条件不同，享受的待遇也不一样。无生活来源、无劳动能力又无法定赡养人、抚养人或扶养人的城市居民，可按照当地最低生活保障标准全额享受；尚有一定收入的城市居民，可按家庭人均收入低于当地最低生活保障标准的差额享受（第八条）。

第三，城市居民对县级人民政府民政部门作出的不批准享受最低生活保障待遇或减发、停发最低生活保障款物的决定或者给予的行政处罚不服的，可以依法申请行政复议；对复议的决定仍不服的可以依法提起行政诉讼（第十五条）。

救助对象应履行如下义务：

第一，申请人在接受管理审批机关就其家庭经济状况和实际生活水平进行的调查时，应如实提供有关情况（第七条）。

第二，享受最低生活保障待遇的城市居民家庭人均收入情况发生变化的，应当及时通过居民委员会告知管理审批机关，办理停发、减发或者增发最低生活保障的手续（第十条）。

第三，在就业年龄内有劳动能力但尚未就业的城市居民，在享受最低生活保障待遇期间，应当参加其所在的居民委员会组织的公益性社区服务活动（第十条）。

（3）救助标准

城市居民最低生活保障标准，按照城市居民基本生活所需的衣、食、住费用并适当考虑水电煤（燃气）费用以及未成年人的义务教育费用确定（第六条）。

（4）经费来源

城市居民最低生活保障所需资金，由地方人民政府列入财政预算，纳入社会救济资金支出项目，专项管理，专款专用。国家鼓励社会组织和个人为城市居民最低生活保障提供捐赠资助；所提供的捐赠资助，全部纳入当地最低生活保障资金（第五条）。

（5）管理与监督

①管理机构

城市居民最低生活保障制度实行地方各级人民政府负责制。县级以上地方各级人民政府民政部门具体负责本行政区域内最低生活保障的管理工作；县级人民政府民政部门以及街道办事处和镇人民政府（统称管理审批机关）负责最低生活保障的具体管理审批工作；居民委员会根据管理审批机关的委托，承担最低生活保障的日常管理、服务工作；国务院民政部门负责全国城市居民最低生活保障的管理工作（第四条）。

②管理机制与审批程序

居民提出书面申请后，由其所在的街道办事处或镇人民政府初审，并将有关材料和初审意见报送县级人民政府民政部门审批；管理审批机关通过人户调查、邻里访问以及信函索证等方式对申请人的家庭经济状况和实际生活水平进行调查核实后，确定其最低生活保障待遇（第七条）；并以货币形式按月发放；必要时，也可以给付实物（第八条）；管理审批机关对享受最低生活保障待遇的城市居民的家庭收入情况定期进行核查（第十条），实行动态管理。

③监督机制

管理审批机关逐月公布享受最低生活保障待遇的居民名单，接受群众监督。任何人对不符合法定条件而享受最低生活保障待遇的，都有权向管理审批机关提出意见；管理审批机关经核查，对情况属实的，应当予以纠正（第九条）。财政部门、审计部门依法监督城市居民最低生活保障资金的使用情况（第十二条）。

（6）政策配套

最低生活保障制度是整个社会保障体系的最后一道防线。如果其他社会保障政策落实不力，漏洞太多，将会增大最低生活保障制度的压力。同时，在教育、住房、医疗、水电等方面实行相应的优惠政策，减少贫困户的部分开支。但即便如此，城市的贫困家庭光靠现金保障仍然是不够的，需要用服务来补偿资金的不足，社区服务和其他福利方面应首先考虑贫困家庭。此外，地方各级人民政府及其有关部门，对享受最低生活保障待遇的城市居民在就业、从事个体经营等方面应给予必要的扶持和照顾（第十一条）。

3. 城市居民最低生活保障制度的实施状况分析

（1）资金来源

表 5－1　城市居民最低生活保障费的构成与年度变化：1998—2005 年

单位：亿元

	1998 年	1999 年	2000 年	2001 年	2002 年	2003 年	2004 年	2005 年
全国	8.86	17.95	26.48	45.74	101.63	150.79	178.83	198.21
中央	—	4.07	8.03	23.07	46.00	92.00	102.00	112.00
地方	8.86	13.88	18.45	22.67	55.63	58.79	76.83	86.21

资料来源：《中国财政年鉴 2005》，中国财政杂志社 2005 年版，第 380 页；《中国财政年鉴 2006》，中国财政杂志社 2006 年版，第 415 页。

从表 5－1 可以看出，城市低保费逐年增加，但 2003 年后增幅逐渐减缓，这表明在中央财政成为低保资金的主要来源后，城市低保制度进入平稳发展的时期。在资金构成方面，城市低保经历了由地方财政唱主角到中央财政挑大梁的转变。2003 年以后中央财政占城市低保费的比例一直维持在 56% 以上，从而取代地方财政成为城市低保资金的主要来源。

（2）保障对象

从 1998 年以来的变化趋势来看，低保对象的人数在不断增加，2007 年达到了 2272.1 万人，是 1998 年的 12 倍。低保对象的增加并不等于贫困人口的增加，它只是说明低保制度的覆盖在扩大。2001 年首次突破 1 千万，2002 年首次突破 2 千万，之后一直维持在 2200 万左右，这与一些学者测算的城市贫困人口数量几乎相同，因此最近几年城市低保对象的年增长率微乎其微（见图 5－1）。这说明城市低保制度基本上实现了"应保尽保"。

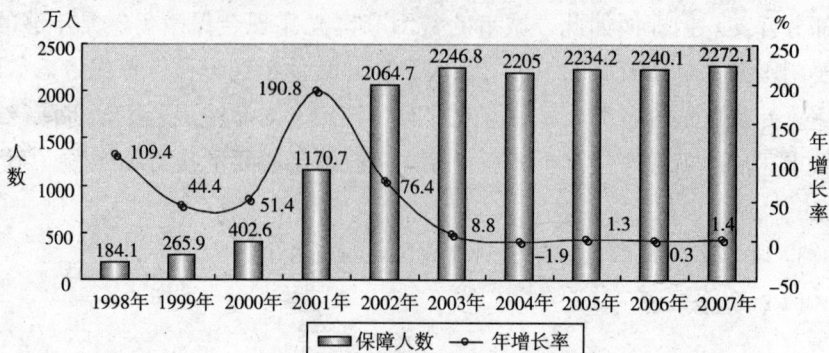

图 5-1　城市最低生活保障人数与年增长率：1998—2007 年

资料来源：《2007 年民政事业发展统计报告》，民政部官方网站。

在低保对象的构成方面，有劳动能力的灵活就业人员和失业人员①占低保对象的大多数（58.7%）（见表 5-2），这也是低保制度备受争议的地方，那就是低保制度是否在"养懒汉"。老年人和未成年人是理所应当的低保对象，但他们有不同的需求，一些地方在低保制度之外，针对这两类人群又设计了专门的救助计划。

表 5-2　城市最低生活保障对象的构成：2007 年

	在职人员	灵活就业人员	老年人	失业人员	在校生	其他未成年人	合计
数量（万人）	93.9	343.8	298.4	991.5	321.6	223	2272.2
比例（%）	4.1	15.1	13.1	43.6	14.2	9.8	99.9

资料来源：《2007 年民政事业发展统计报告》，民政部官方网站。

（3）保障标准

低保标准是实施最低生活保障制度的重要依据，它既要有效保障低保对象的基本生活，又要考虑财政的承受能力。制定低保标准的方法很多，《城市居民最低生活保障条例》没有做具体规定，各地在摸索一段时间后逐步形成了各自的制定方法。从总体上看，各地的低保标准基本反映了当

———————
①　部分失业人员可能因为丧失劳动能力而失业，但比例不会很大。

地的经济发展水平和生活水平。而且，大多数城市都明文规定低保标准应随物价和居民收入的变化进行调整。从实际情况来看也基本上做到了这一点，1998—2006 年，东、中、西部地区城市低保标准的年增长率都在 10% 左右（见表 5 - 3）。

表 5 - 3　分地区各年低保标准情况

单位：元/人/月

	东部沿海城市	中部地区城市	西部地区城市
城市数（个）	17	9	10
1998 年平均值	178.82	124.44	121.50
1999 年平均值	227.81	168.88	161.42
2000 年平均值	237.31	172.88	160.50
2001 年平均值	235.12	172.88	161.83
2002 年平均值	250.12	177.12	168.42
2004 年平均值	260.06	191.88	174.58
2005 年平均值	279.88	199	190.08
2006 年平均值	283.23	225.57	192.36
平均年增长率（%）	9.82	10.55	9.94

资料来源：根据相关年份《中国城市统计年鉴》计算整理，转引自曹艳春：《我国城市居民最低生活保障标准动态变迁实证研究》，《当代财经》2007 年第 4 期，第 36 页。

（二）农村居民最低生活保障制度的建立和实施情况

1. 农村最低生活保障的制度建设

表 5 - 4　农村低保制度的三种类型

	城乡一体化	城乡低保双轨制	城市低保与农村特困户救助并行
地区	上海、天津、广东、浙江、福建厦门、江苏张家港	北京、江苏、福建、辽宁、湖北武汉	没有建立农村低保制度的地区

	城乡一体化	城乡低保双轨制	城市低保与农村 特困户救助并行
特点	将城乡居民的低保制度统一规定在一个法律文件中	分别建立城乡居民的低保制度，并以不同的法律文件予以规范	低保制度只覆盖城市居民，农村以实施特困户救助为主

资料来源：参见林莉红、孔繁华：《从宪定权利到法定权利——我国农村居民最低生活保障制度建立情况调查》，《河南省政法管理干部学院学报》2007 年第 4 期，第 94—110 页。

20 世纪 90 年代中期，民政部在试点创立城市低保制度的同时，也开始探索建立农村居民最低生活保障制度。1996 年民政部《关于加快农村社会保障体系建设的意见》对农村最低生活保障制度有一个明确的定位，它指出，农村最低生活保障制度"是对家庭人均收入低于最低生活保障标准的农村贫困人口按最低生活保障标准进行差额补助的制度"，它的建立"是农村社会救济制度的重大改革，是确保农村贫困人口基本生活的重要措施，也是完善农村社会保障制度的一项重要内容"。民政部要求各地"积极试点，稳步推进"。根据民政部的要求和部署，上海、北京、天津、广东、浙江等省市先后建立起了农村低保制度。我们根据林莉红等人的调查，将目前已建立的农村低保制度分为三类，它们分别是城乡一体化类型、城乡低保双轨制类型和城市低保与农村特困户救助并行类型。这三类农村低保制度涉及的省市和具体特点见表 5 – 4。

为了进一步规范和指导各地建立农村最低生活保障制度，切实解决农村贫困人口的生活困难，2007 年 7 月国务院下发了《国务院关于在全国建立农村最低生活保障制度的通知》（国发〔2007〕19 号，以下简称《通知》）。《通知》对建立农村最低生活保障制度的重要意义、目标和总体要求做了阐述，对建立农村最低生活保障制度的核心问题，包括农村低保标准和对象范围的确定、农村低保的管理、农村低保资金的落实等，做了明确规定。《通知》提出，农村低保制度"实行地方人民政府负责制，按属地进行管理"；农村低保标准"由县级以上地方人民政府按照能够维持当地农村居民全年基本生活所必需的吃饭、穿衣、用水、用电等费用确定，并报上一级地方人民政府备案后公布执行"。同时，农村低保标准"要随着当地生活必需品价格变化和人民生活水平提高适时进行调整"；农村低保制度要将家庭年人均纯收入低于当地最低生活保障标准的农村居民全部纳入保障范围，"稳定、持久、有效地解决全国农村贫困人口的温饱问题"；农村低保资金的筹集"以地方为主，地方各级人民政府要将农村最低生活保障资金列入财政预算，省级人民政府要加大投入"，"中央财政对财政困难地区给予适当补助"。《通知》要求，2007 年在全国范围内建立农村最低生活保障制度。

2. 农村最低生活保障制度的实施情况

2007 年是全国普遍建立农村最低生活保障制度的第一年。截至 2007 年底，已有 3566.3 万人（1608.5 万户）得到了农村最低生活保障，比上年同期增加 1973.2 万人，增长了 123.9%；平均低保标准 70 元/人/月，基本与上年持平；全年共发放农村最低生活保障资金 109.1 亿元，比上年增长 150.8%；人均补差 38.8 元/月，比上年同期提高 4.3 元，增长 12.5%。① 不难看出，2007 年农村低保资金的大幅增长主要来自低保人数的大幅增加。虽然自 2003 年以来，享受农村低保的人数加速上升（见图 5-2），但随着农村低保制度逐步实现"应保尽保"，农村低保人数和低保资金支出会像城市低保制度的变化趋势一样趋于平稳。

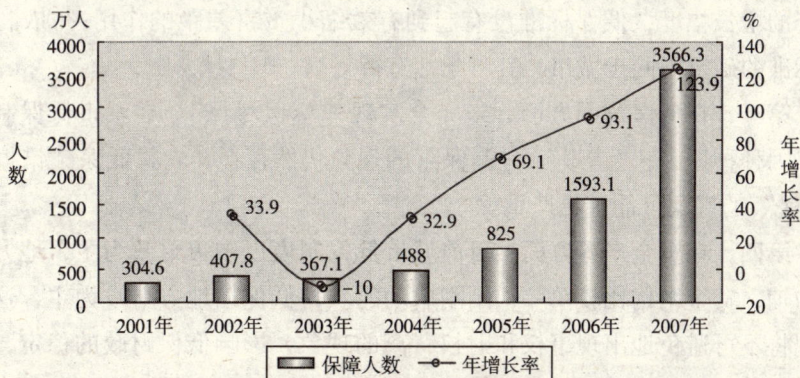

图 5-2　农村最低生活保障人数与年增长率：2001—2007 年

资料来源：《2007 年民政事业发展统计报告》，民政部官方网站。

———————

① 《2007 年民政事业发展统计报告》，民政部官方网站。

五、最低生活保障制度存在的问题与政策建议

（一）最低生活保障制度存在的问题

最低生活保障制度以其独特而显著的"瞄准机制"确保有限的公共资金用于最需要救济的人身上，从而使公共支出的效益最大化。城市最低生活保障制度建立以来已基本实现"应保尽保"，并趋于成熟；农村最低生活保障制度虽然才刚刚建立，但覆盖面不断扩大，反贫困效益日渐显露。更为重要的是，无论城市最低生活保障制度，还是农村最低生活保障制度，低保对象从政府那里领到的钱其实并不多，但它在低保对象的心中能形成一种预期，是贫困家庭不再"心慌"。因此，低保制度所起到的作用，在社会心理方面比在物质方面更大。[1]

但是，我们也应该看到，城乡最低生活保障制度，特别是农村最低生活保障制度还存在明显的缺陷，制约了该项制度效益的发挥。这些缺陷主要表现在：

第一，城市和农村最低生活保障制度的发展不平衡，无论是制度建设还是运行机制，农村最低生活保障制度都明显滞后于城市低保制度。

第二，在低保标准方面，低保标准偏低，城市低保制度只能保障低保对象的吃饭穿衣；低保标准的调整跟不上物价的变化，也赶不上当地职工工资的增长幅度，低保标准没有起到有效缩小贫富差距的作用；[2]农村低保标准的确定不同于城市，其科学性有待提高。

第三，在低保范围方面，未完全实现"应保尽保"。在城市低保制度中，因种种原因，"错报"、"漏保"的现象仍然存在，农村低保"错报"、"漏保"的现象可能会更严重。[3]

第四，在资金来源方面，目前城市低保制度以中央财政为主，地方财政为辅，资金结构比较单一；刚刚启动的农村低保以地方财政为主，这种机制将不可避免地出现事权和财权背离的现象，影响低保财政的稳定，制

---

[1]　唐钧：《城乡低保制度：历史、现状与前瞻》，《红旗文稿》2005年第18期，第16页。

[2]　曹艳春：《我国城市居民最低生活保障标准动态变迁实证研究》，《当代财经》2007年第4期，第38页。

[3]　张时飞、唐钧：《城乡最低生活保障制度建设的最新进展》，《红旗文稿》2008年第3期，第20页。

约农村低保制度的发展。

（二）建立和完善覆盖城乡居民的最低生活保障制度

1. 建立覆盖城乡居民的最低生活保障制度的可能性

第一，建立覆盖城乡居民的最低生活保障制度具有政治可行性。首先，在政治资源方面，党和政府树立了以人为本的执政理念，各项政策都统一在科学发展观和和谐社会理论的指导之下。科学发展观要求经济政策和社会政策的和谐发展；和谐社会的本质是公平正义和共享。作为一项体现科学发展观、推动和谐社会构建的公共政策，建立覆盖城乡居民的最低生活保障制度已提上了政府的议事日程，而且这一政策必将得到社会大众的支持。其次，在行政资源方面，城市居民最低生活保障制度的日趋成熟和部分地区农村居民最低生活保障制度的实施为全民低保制度的建立提供了人员、组织、制度、经验等方面的准备和条件。

第二，建立覆盖城乡居民的最低生活保障制度具有经济可行性。尽管世界银行认为，仅仅靠经济增长难以维持减少贫困的趋势，[①] 但是，经济的发展和国家财力的增强为改善贫困人口的处境和维持贫困人口的基本生活、缩小贫富差距提供了物质基础。从图5－3可以看出，国家财政收入的增长速度不仅远远快于国内生产总值（GDP），而且也明显快于居民收入的增长速度。2007年财政收入的增长率高达32.4%，约为GDP增长率的3倍和居民收入增长率的2倍。政府的财力急剧增强。我们可以算这样一笔账，2006年农村绝对贫困人口数量为2148万，当年农村最低生活保障平均标准为每人每月70.9元，平均补差水平为每人每月34.5元。[②] 即使将2148万贫困人口全部纳入农村低保范围（实际低保人数为1593万），按平均补差水平计算，约需资金88.93亿，仅占2006年新增财政收入的1.25%。[③] 况且，实际需要的资金应远远低于此数目。因此，有学者认为，实行全民低保是时候了，不要再说财政没钱了。[④]

---

① 世界银行：《中国：推动公平的经济增长》，清华大学出版社2004年版，第27页。

② 国家统计局编：《中国发展报告2007》，中国统计出版社2007年版，第377页。

③ 2006年国家财政收入为3.876万亿元，较上一年增加7110.91亿元（国家统计局编：《中国统计年鉴2007》，中国统计出版社2007年版，第279页，表8－1）。

④ 《人大常委说实话：全民低保都做得到》，人民网（2006年8月29日），转引自http://data.money.hexun.com/1938_1801853A.shtml。

增长率（％）

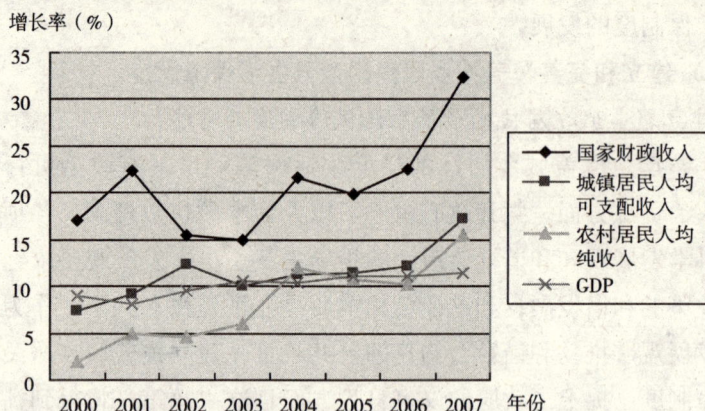

图 5 - 3　财政收入、居民收入和 GDP 的增长情况：2000—2007 年

资料来源：2000—2006 年的增长率根据国家统计局编：《中国统计年鉴 2007》，中国统计出版社 2007 年版，第 279 页表 8 - 1、第 345 页表 10 - 2、第 26—27 页表 2 - 3 的数据计算而来；2007 年的数据来自 http://news. xinhuanet. com/fortune/2008 - 01/24/content_7485380. htm 和 http://www. mof. gov. cn/news/20080305_3482_31820. htm。

2. 建立和完善覆盖城乡居民的最低生活保障制度的政策建议

现阶段最低生活保障制度存在的问题，既有制度设计方面的原因，也有经济发展水平、认识水平、文化等因素的影响。为了建立和完善覆盖城乡居民的最低生活保障制度，特别是加快农村最低生活保障制度的建设步伐，为 2020 年建立覆盖城乡居民的社会保障体系迈好第一步，我们认为应加强以下几方面的工作：

第一，城市和农村最低生活保障制度的建设要体现和谐社会的理念和公平、正义、共享的原则。尽管城乡二元结构在短期内难以消除，城乡低保制度要分而治之（即使已实现城乡低保一体化的地方也是这种情况），这是尊重事实的表现，但是城乡低保制度的差异主要还是技术层面和操作层面上的差异，如低保标准的确定和水平等，这种差异体现了城乡的不同特点和不同发展阶段，而在目标、理念、基本原则、运行机制、法律地位、制度保障等核心要件上城乡应该是一致的和平等的。因此，制定一部《社会救助法》，对城乡低保制度予以规范，实现城乡低保制度一体化，有其必要性和必然性。

第二，城乡低保制度要以人为本，实现"应保尽保"。低保制度的优势在于它的"瞄准机制"。"错保"、"漏保"不仅会使低保制度的针对性大打折扣，还会影响低保制度的公正性。当然，这里有一个前提，那就是对全国的贫困人口要有一个摸底，知道"应保"对象是多少。目前领取城市低保的人员一直维持在2200万左右，这与许多学者预测的城市贫困人口的数量基本相符，因此我们可以判断城市低保基本实现了"应保尽保"。而全国的农村低保工作才刚刚启动，人员波动较大，实现"应保尽保"任务还很重，也有待时间观察。在低保对象的确认方面，城乡低保制度都是通过比较家庭人均收入和当地的低保标准来确认的。这种方法在城市实行多年，尽管仍有这样那样的缺陷，但实践证明是切实可行的。在农村，由于现阶段农村人口的流动规模比较大，收入状况极其不明朗，这给农村低保对象确认工作的公正性带来挑战，因此农村低保对象的确认更要发挥基层组织和周围群众的力量，在方法选择上要加强公示和群众评议。在低保标准的调整方面，除了规定固定的调整周期外（如每年调整一次），对于物价的异常波动，低保制度应有一个应急调整机制，以防低保标准跟不上物价变化而影响低保对象的生活，同时也在一定程度上改变低保标准的调整滞后于物价变化的被动局面。

第三，在筹资方面，在维持低保资金稳定性的同时，要力图实现资金来源的多元化。目前城市低保主要由中央财政出资，地方财政配套，低保资金纳入各级政府的预算，这有效维持了城市低保资金的稳定性。但资金结构略显单一，应加大自由筹资的力度，发行彩票，鼓励社会捐赠。在农村，目前的筹资模式有待改变，应加大政府的转移支付力度，加强中央政府对贫困地区的资助，使农村低保的筹资尽快转变为中央出资为主，地方配套的模式。

第四，完善各项配套措施，对不同人群实行分类救助。最低生活保障制度是最后一道防线，而且我国的低保标准偏低，只能保障低保对象的吃饭穿衣。为了防止这最后一道防线被扯破，各地都出台了相应的配套措施，在教育、住房、医疗、水电等方面对低保对象实行优惠，以减少其开支。但更为重要的是，要对有劳动能力的低保人员提供就业辅导和工作机会，鼓励其积极寻找工作和参加工作。这样既可培养低保对象的自立能力，减轻低保制度的压力，避免"养懒汉"，又可减少贫困的发生，弥补低保制度无法帮助低保对象脱贫的缺陷。对低保人员中有特殊需求的实行分类救助，以增加低保制度的弹性。

第五，进一步规范低保制度的管理，逐步走向专业化。低保制度的管理包括低保对象的管理、低保资金的管理、低保档案的管理、低保配套措施的管理和低保工作人员的管理等方面。《城市居民最低生活保障条例》和《国务院关于在全国建立农村最低生活保障制度的通知》对低保对象和低保资金的动态管理有原则性规定；2008 年初民政部办公厅和国家档案局办公室联合下发了《关于加强最低生活保障档案管理的通知》，对低保档案的管理提出了要求。但是，随着反贫困理念的更新和认识的提高以及低保工作的日趋复杂，低保制度的管理不应是一项简单的事务性工作，政策的执行和协调需要创新性思维和专业的手法，这对管理队伍的专业化提出了更高的要求。同时，在管理经费的保障、工作岗位的设置、权利的划分以及工作人员的激励等方面也需要有相应的制度和措施。

第六，建立低保制度的绩效评估制度。从公共财政的角度讲，低保制度是一项公共支出活动。为了加强该项财政支出的管理，建立绩效评估制度是必要的。低保制度的绩效评估指标可以包括以下几项：政策的宣传和知晓率、政策执行的公正性、信息的透明度、群众的满意率和认同度、资金的到位率、制度建设和管理的规范性等。

第七，从低保制度的长远发展来看，应加强一些基本制度的建设，如信用制度、预算制度等。低保制度的动态管理是以低保对象的收入变化为依据的。动态管理的难点和低保制度备受争议的地方与低保对象的收入状况有关。在目前信用制度不健全的情况下，收入调查是很难做到准确和没有争议的，靠公示和群众评议来息事宁人毕竟不是长远之计，信用制度的建设迫在眉睫。由于低保制度实行的是分级财政共付制，因此存在着地方"套取"中央财政资金的可能。摸清贫困人口的底数，将低保资金纳入政府预算，不仅能维持低保资金的稳定性，而且也有利于低保资金的监管。

第八，对低保制度涉及的伦理问题和道德化倾向，也需要引起高度重视。全国很多地方对于因违反有关政策规定（如违反计划生育政策）或不良行为（如吸毒、赌博）所导致的经济困难者不予救济，这实际上是对这一类人群的"歧视"。解决这一类问题需要智慧和制度创新。

第二节　农村五保供养

一、基本概况

农村五保供养是我国农村贫困救助的重要组成部分。它是对农村村民中的"三无"人员（无劳动能力，无生活来源，无法定赡养、抚养、扶养义务人，或者其法定赡养、抚养、扶养义务人无赡养、抚养、扶养能力的老年人、残疾人和未满16周岁的未成年人）实行保吃、保穿、保住、保医、保葬（孤儿保教）的一项贫困救济制度。

农村五保供养，是我国比较成熟的农村社会救助制度之一，历史悠久，管理规范，运行平稳。1956年，中央颁布的《高级农业生产合作示范章程》明确规定，对生活没有依靠的老、弱、孤、寡、残疾社员实行保吃、保穿、保医、保教、保葬为内容的供给政策，简称"五保"工作。经过多年的实践，五保内容有了一些新的发展，1994年国务院颁发的《农村五保供养工作条例》规定：五保对象是指农村居民中无劳动能力的、无生活来源的、无法定扶养义务人或者虽有法定扶养义务人，但扶养义务人是无扶养能力的老年人、残疾人或未成年人。其基本内容是为其提供粮油和燃料，供给衣被等用品和零用钱，提供基本条件的住房，及时治疗疾病，对生活不能自理者有人照料；妥善办理丧葬事宜；对于未成年的孤儿，还应保障其依法接受义务教育。后来各地实行的"五保"内容大都是保吃、保穿、保住、保医、保葬（孤儿保教）。

十一届三中全会后，农村实行家庭联产承包责任制，乡镇政府和村委会适应新的形势，采取了多种有效办法，保障五保户的生活。其主要供养方式有：一是坚持集体供养。基本做法是以乡镇为单位，通过国家拨款、社会筹资和集体筹资等方式，兴建农村敬老院或福利院，将本乡镇的五保户集中到一起供养。二是实行统一提留，乡、村分级供养。基本做法是五保户可以分散居住，也可相对集中居住，乡镇和村按照规定的比例，在乡统筹和村提留中统一提取五保户供养经费，解决五保户吃、穿、住、医、葬等问题。三是由亲友供养。主要内容是由五保户与亲友自愿协商，通过签订协议，建立供养关系，供养者承担五保户吃、穿、住、医、葬等供养义务，享受经营五保户原有生产资料和继承其遗产的权利。四是义务供养，供养人自愿将五保户接到家中或主动到五保户家中落户，集体不出资或出一部分生活费，老人生活完全由供养人照顾。五是划地给五保户，组织代耕，免除一切征购和提留，日常生活由五保户自己照顾。

十一届三中全会后到农村税费改革以前，农村五保供养经费基本上采取乡镇统筹的方式筹集，通过规范性文件对资金筹集的方式、比例以及资金的管理使用加以规范。农村税费改革后，原来按上年农民人均纯收入5%征收的"三提五统"全部取消，改按耕地面积的常年平均产量乘以一定的税率征收农业税、农业特产税和农业税附加、农业特产税附加，简称"两税两附加"。这时，农村五保对象的供养经费主要由上级财政转移支付负担。在进行农村税费改革的试点初期，有的地方曾一度发生乡镇福利院因供养经费不足而将集中供养五保对象送归原来所在村组负担的现象，使农村税费改革后的五保供养制度面临严峻的考验。随着农村税费改革的不断深入，各项配套政策的相继出台和完善，特别是中央支农政策的进一步加大，中央和省级财政转移支付经费使用的进一步规范，以及乡镇综合配套改革的逐步展开，农村税费改革后的五保供养制度步入正规。2006年国务院修订《农村五保供养工作条例》，以指导农村五保供养工作，加快建设社会主义新农村，建立健全农村社会保障制度。经过几十年的发展，农村五保供养制度逐步完善，对保障农村五保对象的基本生活和维护社会稳定做出了重要的贡献。截至2010年5月，全国农村五保供养对象总人数达到554万人。[①]

二、农村五保供养的对象和内容

1. 农村五保供养的对象

新《农村五保供养工作条例》第六条明确规定了供养对象："老年、残疾或者未满16周岁的村民，无劳动能力、无生活来源又无法定赡养、抚养、扶养义务人，或者其法定赡养、抚养、扶养义务人无赡养、抚养、扶

---

① 民政部：《全国农村五保供养对象总人数达到554万人》，http://www.china.com.cn/renk-ou/2010－07/22/content_20549537.htm。

养能力的，享受农村五保供养待遇。"

2. 申请农村五保供养待遇的程序

申请农村五保供养待遇的程序是：本人提出申请—村民委员会进行民主评议—乡镇人民政府审核和县级人民政府民政部门审批。

在提出申请阶段，原则上需由申请人本人向村民委员会提出申请，如果因年幼或者智力残疾无法表达意愿的，由村民小组或者其他村民代为提出申请，并填写相应表格。

在民主评议阶段，由村民委员会组织，根据农村五保供养政策，对申请人的自身情况和材料进行评议。经过村民委员会民主评议，符合条件的，在全村范围内公示。无重大异议的，由村民委员会将评议意见和有关材料报送乡、民族乡、镇人民政府审核。

在审核和审批阶段，乡、民族乡、镇人民政府应当对于收到的关于农村五保供养待遇申请者进行审核。乡、民族乡、镇人民政府应当对申请人的家庭状况和经济条件进行调查核实；必要时，县级人民政府民政部门可以进行复核，乡、民族乡、镇人民政府应当自收到评议意见之日起20日内提出审核意见，并将审核意见和有关材料报送县级人民政府民政部门审批。县级人民政府民政部门应当自收到审核意见和有关材料之日起20日内作出审批决定。对批准给予农村五保供养待遇的，发给《农村五保供养证书》；对不符合条件不予批准的，应当书面说明理由。

3. 核销农村五保供养待遇的程序

如果农村五保供养对象不再符合供养条件，则应该及时撤销其享受的待遇。具体程序如下：首先，村民委员会或者敬老院等农村五保供养服务机构（以下简称农村五保供养服务机构）应当向乡、民族乡、镇人民政府报告，然后，由乡、民族乡、镇人民政府审核并报县级人民政府民政部门核准后，核销其《农村五保供养证书》。对于农村五保供养对象死亡，丧葬事宜办理完毕后，首先，村民委员会或者农村五保供养服务机构应当向乡、民族乡、镇人民政府报告，然后由乡、民族乡、镇人民政府报县级人民政府民政部门核准后，核销其《农村五保供养证书》。

4. 五保供养的内容

最初，五保供养的内容主要是针对供养对象的生养死葬的生存需求，随着经济社会的发展，供养内容不断丰富，发展为保吃、保住、保穿、保医、保葬等的供养内容。

保吃即保障农村五保供养对象的饮食需要。2006 年新《农村五保供养工作条例》规范了"吃"的内容,对于五保供养对象需供给粮油、副食品和生活用燃料。"保吃"不仅是提供了生活最基本的粮油,还根据当地风俗习惯,提供如茶叶、调味品、乳制品、蜜制品、豆制品等副食品。

保住即保障农村五保供养对象的住房需要。这里的住房是指符合基本居住条件,房屋安全性有一定保障,质量达到当地平均水平,房屋具备生活居住的基本功能,有五保供养对象的活动空间,房屋能满足五保供养对象的正常生活,能防风防雨、通风取暖。

保穿即保障农村五保供养对象的服装、被褥等生活用品的需要,并提供零用钱。零用钱的标准,无统一规定,一般是各地参照当地生活水平发放。

保医即对于五保供养对象生病的提供疾病治疗,对生活不能自理的给予照料。新条例根据我国目前医疗保障的现状,增加了农村五保供养对象的疾病治疗,应当与当地农村合作医疗和农村医疗救助制度相衔接的规定。

保葬即在农村五保供养对象死亡后,妥善办理丧葬事宜。农村税费改革后,分散供养对象的丧葬事宜一般由村民委员会处理;集中供养对象的丧葬事宜一般由集中供养该对象的农村五保供养服务机构处理,所需费用均应当从农村五保供养资金中列支。关于五保供养对象丧葬事宜费用无统一标准,各地视具体情况而定。

保教即对于农村五保供养对象未满 16 周岁或者已满 16 周岁仍在接受义务教育的,应当保障他们依法接受义务教育所需费用。

三、农村五保供养的形式

1. 集中供养

集中供养是指通过农村敬老院、养老院等农村五保供养服务机构,对五保供养对象进行集中收养。

对于那些无依无靠、无劳动能力,需要照料的农村五保供养对象,安置在五保供养服务机构进行集中供养有以下好处:一是有利于节省资源,集中人力物力；二是集中供养可以使供养对象相互交流沟通。2006年新条例颁布以来，国家加大了对农村五保供养的财政支持，供养服务机构数量增加，供养对象也得到了很好的照顾。截至2010年5月，全国共有敬老院等农村五保供养服务机构3.1万所，为172.6万名五保对象提供集中供养服务，集中供养率达到31.1%。①

2. 分散供养

分散供养是指对散居在家的农村五保供养对象实行分户供养。由于国家财力物力的有限，地方经济水平发展的限制，难以满足将所有的农村五保供养对象集中供养的需要，因此大部分的五保对象只能分散供养。

近年来，为了解决农村五保供养对象分散供养面临的困难，许多地方都进行了创新型探索。以广西壮族自治区的"五保村"为例，所谓"五保村"，是指建在村里的五保户集中点，而不是指所有村民都是五保户的自然村落。"五保村"的建筑大多是一排十几间的平房，有的建成四合院；入住"五保村"的都是本村的五保户，每户一大间居室、一小间厨房；每户五保户都是一个独立的家庭，自己支配起居饮食；"五保村"选举一名村长，实行自我管理，村委会指派专人协调有关事务。这种形式具有投资少，效益高，居住环境较好，设施较为完备，就村而建，集中居住，生活方便，自我管理、自我服务等特点。②

四、农村五保供养的标准

新《农村五保供养工作条例》第十条明确规定："农村五保供养标准不得低于当地村民的平均生活水平，并根据当地村民平均生活水平的提高适时调整。农村五保供养标准，可以由省、自治区、直辖市人民政府制定，在本行政区域内公布执行，也可以由设区的市级或者县级人民政府制定，报所在的省、自治区、直辖市人民政府备案后公布执行。国务院民政部门、国务院财政部门应当加强对农村五保供养标准制定工作的指导。"

2009年民政事业发展统计报告显示，农村五保集中供养年平均标准为

---

① 《民政部决定在全国开展农村五保供养表彰工作》，http://www.mca.gov.cn/article/zwgk/mzyw/201007/20100700092417.shtml。

② 龚维斌：《突破五保供养困境的新探索———广西五保村建设及其对政府管理的启示》，《国家行政学院学报》2005年第5期，第24页。

2587.49 元/人，农村五保分散供养年平均标准为 1842.71 元/人。① 各地根据本地实际情况，纷纷调整农村五保供养标准。北京市根据最新测算的农村居民人均生活消费支出水平，调整了 2011 年北京市农村五保供养最低标准，其中朝阳区五保供养最低标准全市最高，达到 15224 元，丰台区、海淀区、昌平区也在万元以上，其余区县大多在八九千元左右。②

---

① 《2009 年民政事业发展统计报告》，民政部官方网站，http://www.mca.gov.cn/article/zwgk/mzyw/201006/20100600080798.shtml。

② 数据来源于中央政府门户网站，www.gov.cn。

本 章 小 结

　　最低生活保障制度是社会经济发展和社会救济制度改革的产物，是对公民的基本人权——生存权的最直接、最有效的保障，是经济社会转型的"减震器"，是保障城乡贫困居民基本生活最有效的手段，它的建立有深远的政治意义和战略意义。鉴于最低生活保障线的重要性，我们在制定最低生活保障线标准时，要力求科学、客观、规范、公平。

　　由于我国城乡经济社会发展不平衡，城乡二元结构在今后相当长一段时间内将继续存在。在此背景下，城乡最低生活保障制度在最低生活保障标准的确定、低保对象的认定等重要方面有明显不同。城市低保制度基本上实现了"应保尽保"，而农村低保制度逐步实现"应保尽保"。

　　尽管城乡最低生活保障制度成效显著，但城乡最低生活保障制度，特别是农村最低生活保障制度还存在明显的缺陷，制约了该项制度效益的发挥。这些缺陷主要表现在：城市和农村最低生活保障制度的发展不平衡；在低保标准方面，低保标准偏低，城市低保制度只能保障低保对象的吃饭穿衣；在低保范围方面，未完全实现"应保尽保"。在城市低保制度中，因种种原因，"错报"、"漏保"的现象仍然存在，农村低保"错报"、"漏保"的现象可能会更严重；在资金来源方面，目前城市低保制度以中央财政为主，地方财政为辅，资金结构比较单一；刚刚启动的农村低保以地方财政为主，这种机制将不可避免地出现事权和财权背离的现象，影响低保财政的稳定，制约农村低保制度的发展。

　　农村五保供养是我国农村贫困救助的重要组成部分。它是对农村村民中的"三无"人员（无劳动能力，无生活来源，无法定赡养、抚养、扶养义务人，或者其法定赡养、抚养、扶养义务人无赡养、抚养、扶养能力的老年人、残疾人和未满16周岁的未成年人）实行保吃、保穿、保住、保医、保葬（孤儿保教）的一项贫困救济制度。

重点名词

最低生活保障线　最低生活保障制度　恩格尔系数法　"菜篮子法"　"五保"　集中供养　分散供养

复习思考题

1. 简要描述最低生活保障线是如何确定的?
2. 简要介绍国际上测定贫困标准的常用方法。
3. 请分析最低生活保障制度的实施状况、存在的不足和相关政策建议。

第六章　灾害救助

【学习重点】

1. 灾害救助的定义、特征和主要内容；
2. 国外的灾害救助基本状况；
3. 我国的灾害救助制度。

第一节　灾害救助概述

人类社会的发展伴随着各种各样的灾害。人类社会发展早期，由于人类防御灾害的能力较弱，洪水、地震、干旱等自然灾害是威胁人类生存和发展的主要危险因素。随着人类进入工业化社会，灾害没有减少，反而趋向于复杂化和多样化，对于人类的生产和生活影响巨大，有的灾害不仅造成了巨大的经济损失，还造成了严重的人员伤亡。

社会救助是历史最悠久的社会保障措施，而灾害救助又是最古老的社会救助形式。在社会保障未形成制度化之前，就出现了许多以援助灾民为目的的社会救助措施，而在今天日益完善的现代社会保障制度中，灾害救助的地位仍然十分重要。

一、灾害救助的定义

在定义灾害救助之前，首先需要理解何为灾害。灾害，有自然灾害与人为灾害之分。自然灾害是指自然界的破坏力对人类社会造成的损害，即我们通常所见的水灾、旱灾、地震、泥石流等；人为灾害主要是由自然界之外的破坏力对人类社会造成的损害，通常表现为战争、过度开采地下水和矿石等。①

灾害救助是指国家和社会对遭遇各种灾害事故袭击并因此陷入生活困难的社会成员给予一定的现金和实物或服务援助，以帮助其渡过特殊困难的一种救助制度，它是社会救助体系不可缺少的重要组成部分，也是整个社会保障体系中的特殊保障制度安排。②

二、灾害救助的特征

与一般的社会救助项目不同，灾害救助面对的是灾害事故。大多数的灾害事故往往具有一定的自身发展规律，而救助对象是在灾害事故中遭受生命财产损失或危及生命的民众，因此应对灾害事故的灾害救助制度具有其自身的特点。

（一）救助时间的紧迫性

大多数灾害的发生都具有突发性，在短时间内造成严重的财产损失和人员伤亡，或令社会成员陷入生活困境，这决定了灾害救助的紧迫性。如果没有及时有效的灾害救助措施，可能会危害到那些受灾的社会成员，扩大损失的范围，加剧损失的程度。因此，作为一种帮助受灾群体摆脱困境的救助方式，灾害救助需在灾害发生时尽快提供各种救灾物资和服务，这体现了救助时间的紧迫性。

（二）临时性和不确定性

尽管随着科学技术的提高，人们可以对一些灾害事故的发生作出预测，减少灾害发生时的危害性。但是，任何灾害都不可能完全被预测，一旦灾害发生，有可能会在短时间内使人们措手不及。这时，就要求国家和社会对灾民的衣食住行进行救助，帮助灾民渡过难关，但是这种救助是短期临时行为，而非长期性的救助。而且，灾害的不确定性，导致灾害救助也具有不确定性，不能如其他社会保障制度一样，可以事先计划，并按确定方案执行。灾害救助的不确定性主要体现在：一是无法事先确定救助的准确时间和区域；二是无法事先确定需要实施救助的形式；三是无法确定

---

① 廖益光：《社会救助概论》，北京大学出版社 2009 年版，第 218—219 页。
② 郑功成：《社会保障学》，中国劳动社会保障出版社 2005 年版，第 283 页。

灾害导致的损失状况，以及所需的财力物力支持。因此，灾害救助具有较强的临时性和不确定性。

（三）多样性①

灾害救助的多样性包括救助方式、救助内容和救助主体的多样性。灾害的形式多种多样，以自然灾害为例，可分为大气与水圈灾害、地震灾害、生物灾害、森林和草原火灾等。不同的灾害所造成的损失后果是多方面的，包括人员伤亡、财产损失、基础设施损坏等。因此，在实施灾害救助时，需要根据灾害损失的实际情况，为受灾地区和民众提供相应的现金、实物、医疗服务甚至技术等方面的救助，在特定条件下还可以采取以工代赈的方式进行救助。随着社会救助制度的社会化发展，民间团体和慈善组织渐渐成为灾害救助中不可或缺的力量。所以，灾害救助的主体不仅限于政府，大量的社会团体、慈善和非营利组织、企业甚至个人也参与其中，成为灾害救助的重要主体。

三、灾害救助的内容

灾害救助的内容十分复杂，主要有以下几个方面：

（一）救助和保护灾民的生命财产

许多灾害都会造成生命财产的损失，但只有生命才是最珍贵的、无价的，其他的财产都是可创造的。生命高于一切。因此，在面临灾害事故时，应将救助和保护灾民生命放在第一位，最大限度地减少和抢救灾区伤亡人员，这既是灾害救助的基本内容，也是保障生存权的基本体现。

（二）抢救被灾害威胁的国家财产

我国《宪法》第12条和《民法通则》第74条均规定了"国家财产神圣不可侵犯"。当发生灾害事故时，国家财产有可能受到威胁，因此在救助灾民生命财产的同时，也需要抢救被灾害威胁的国家财产。

（三）紧急转移和安置灾民，维护灾区秩序

灾害事故发生后，灾区秩序往往比较混乱，灾民丧失基本的生存条件，同时还会受到次生灾害的威胁，生存环境比较恶劣。政府和社会在救助灾民生命、抢救受灾财物、减少人员和财产损失的同时，还应尽快转移

---

① 郑功成：《社会保障学》，中国劳动社会保障出版社2005年版，第285页。

和安置灾民，向其提供衣食住行的保障，使其尽快度过困境。2008 年汶川地震发生后，为了安置地震产生的一批"三孤"人员，民政部同四川省人民政府共同制定了《汶川大地震四川三孤人员救助安置意见》。由于地震发生后短期内"三孤"人员身份确认难，地震造成大量人员离散或失踪，且临时安置点比较分散，给寻亲工作带来很大困难，暂时查找不到家人的儿童、老人、残疾人身份确认尚需一个过程。因此，采取集中安置与分散安置相结合的办法，对"三孤"人员提出了较全面可行的安置渠道：对孤儿，采取亲属监护、家庭收养、家庭寄养、家庭养育、集中抚养、学校寄宿和社会助养等多种安置渠道，并特别强调了保护儿童权利、开展残疾孤儿医疗康复、保障孤儿学习以及做好孤儿成年后的住房和就业工作等要求；对孤老和孤残，采取机构照料、居家照料、亲属照料、社区照料等多种安置渠道，并要求在具体实施中要动员社会力量、开展医疗康复和促进他们更好地融入社会。①

（四）医疗卫生救助

医疗卫生救助在灾害救助中占有举足轻重的地位，对于救助灾民的生命，使其尽快康复有重要作用。医疗卫生救助一般可分为三个阶段：搜寻伤员、医疗急救和专科治疗。

搜寻伤员主要由消防、部队、群众等现场抢救小组在救灾指挥机构统一领导下进行快速抢救，利用生命探测仪、金属切割机、吊车或徒手将被掩埋的人员拉出来。伤员在倒塌的建筑物内，应沉着冷静、坚定信心，保存体力，主动争取与外界联系或静候外力的救援，如有一定的活动空间，可进行适当的自救。

医疗急救主要是对于伤员进行紧急救助，对所有伤口进行包扎。经过处理后，将伤员送至安全区，等待进一步的专业治疗。

专科治疗主要是经过医疗急救后，利用灾区以外的军队及地方医院，紧急扩大床位，统一调配，严密组织后续专科收容诊治，直到伤员痊愈出院。严防疫情主要是由于灾害事故的发生导致灾区环境污染，加之医疗卫生资源跟不上，使各种流行病滋生。所以，大灾之后防大疫，及时地为灾

---

① 《民政部解读汶川大地震四川三孤人员救助安置意见》，中国政府网，http://news. hexun. com/2008 - 06 - 06/106527903. html。

区民众提供必要的医疗支持及卫生教育也是医疗卫生救助的一个重要内容。

（五）精神抚慰，安抚灾民情绪

灾害救助不仅要提供物质上的救助，还需要关怀灾民及其家属的心灵创伤。物质的援助可以帮助家园的重建，但只有心理的救援才能抚平心灵的创伤。灾后心理援助一般分三个阶段：应急阶段、灾后阶段、恢复和重建阶段。第一个阶段中生存是第一位的，在这一阶段，心理问题并不十分明显。第二个阶段一般出现在灾后几天到几周之内。在这一阶段，各种各样的心理问题都会凸显出来，如果没有相应的心理援助和精神抚慰，灾民马上就会因为灾难的损失和重建的困难而感到强烈的失落。第三个阶段可能需要几个月甚至几年的时间，是一个需要长期关注的问题。灾害心理援助的对象不应当只局限于亲历灾难的幸存者，如死难者家属、伤员、幸存者，还应包括灾难现场的目击者、后方救援人员等。

（六）灾后重建

由于灾害事故的破坏，灾后重建是一个非常棘手的问题。从规划到财政支持再到最后实施，每一步都十分重要。在灾后重建方面，国外经验给了我们一点启示。阪神大地震发生后，日本政府内部成立了首相咨询机构，派遣市街重建调查团奔赴地震现场，调查灾区的交通设施、生活基础设施等的受损情况，汇总成《阪神大地震调查报告》，对住宅、城市规划、产业复兴等提出对策建议，在广泛征集社会各界意见的基础上，首先制定了灾民住房、公路、铁路和港湾等基础设施建设的重建计划，即紧急复兴三年计划。从结果上看，阪神大地震的灾后重建经历了三个不同的阶段：第一阶段是地震发生后一年左右的时间，为灾害救援和灾后重建的准备阶段；第二阶段从 1995 年底到 1998 年初，为全面灾后重建和对灾区进行全面援助时期；第三阶段从 1998 年初到 2000 年前后，为灾区全面恢复和自立支援时期。在每一个阶段中，都根据受灾的实际情况，进行不同内容、不同形式的大规模援助。①

---

① 《日本的地震灾后重建经验》，http://tour. jschina. com. cn/node4041/2008/node7201/node7214/userobject1ai1896794. shtml。

第二节　国外的灾害救助

目前，灾害救助已经引起世界各国的高度重视，各国都致力于建立完善的灾害救助体系。美国、日本和世界上其他自然灾害严重的国家，在长期的防灾救灾实践经验中，建立起了一套完整的成熟的灾害救助体系。

一、美国的灾害救助

美国横跨大西洋和太平洋，属于自然灾害频繁地带，是一个自然灾害高发的国家，主要的自然灾害包括洪水、飓风、海啸、地震；而且美国是高度发展的工业化国家，除了自然灾害，还经常发生放射性污染、有毒化学物质泄漏等环境及技术灾害。通过不断总结灾害救助的经验教训，灾害救助的法律法规制度也越来越完善，形成了独特的美国灾害救助体系，值得我们深入探析和借鉴。

（一）美国灾害救助的演变

1. 由社会自发救助向政府、国家不断介入的演变

美国早期的灾害救助主要是由教会、慈善机构等社会性组织以及地方政府负责实施，联邦政府很少介入，因此也就没有形成国家层面的救灾体制。自 1803 年联邦政府首次对朴茨茅斯市新汉普夏镇特大火灾进行经济援助开始，联邦政府不断介入灾害应急管理。卡特政府于 1979 年成立了应急管理署（Federal Emergency Management Agency，FEMA），由国家消防管理局、联邦灾害援助局、防务民事准备局、联邦保险局、联邦准备局、联邦广播系统等机构合并组成，并推行全新的"综合性应急管理"理念。

2. 由无法律保障到完善法律的制定

1803 年国会通过了《反灾害法案》。这个法案被认为是处理灾害问题的第一次立法尝试，1950 年美国出台《联邦灾害救援法》。尽管该法只规定联邦政府可以在某些灾害发生时给予各州以有限的援助，但它标志着美

国开始以联邦法律与政策的形式来抵御自然灾害对民众与社会的影响。①
1968 年，美国通过《国家洪水保险法》。1974 年国会通过迄今最重要的框架性法律《灾害救助和紧急援助法》，又称为斯坦福法案。同时，也出现了一些专项救灾法，如 1974 年的《联邦火灾预防与控制法》、1977 年的《地震救灾法》等。②

（二）美国灾害救助的特点

1. 有专门的灾害救助协调机构和应急框架

美国设有专门的灾害救助协调机构——联邦应急管理署。联邦应急管理署创立于 1979 年，现隶属于国土安全部，首要目标是协调处理美国国内发生的灾害，承担应急灾害事故响应和灾后恢复协调工作，以及全国响应协调中心职责，其首要作用就在于协调。

联邦应急管理署制定了"国家应急框架"，这个框架使所有的合作者做好应急准备，并对于灾害事故和紧急状况提供统一的响应。它建立起一个综合的、全国范围的、针对所有危险的国内应急响应方法。"国家应急框架"还界定了国家在遇到紧急灾害时做出反应的原则、角色等具体内容，描述了社团、地方、联邦政府、私人部门和非营利组织等多个部门如何在国家出现灾害事故时，做出相应响应，各司其职；描述了特定机关管理灾害事故的最佳实践做法；并构建了提供灾害事故管理统一模板的国家事故管理体系（NIMS）。③

2. 严格限制军队参与灾害救助④

美国实行军队国家化，不由某一个政党控制，其职能也进行了严格地界定，即执行军事任务及保卫国土安全。救灾工作并不属于军队的职责，军队也不进行相关的救灾训练。《灾害救助和紧急援助法》第 35 条第三款"对国防部资源的使用"中规定："依照本法，当某个州发生了一起重大事故，该州州长可以请求总统命令国防部长动用国防部资源执行必要的拯救生命和保护财产的紧急任务。如果总统认为这个任务对于保护生命财产有

---

① Rutherford H. Platt, *Disasters and Democracy: The polities of Extreme Natural Events*, First Published by Island Press, 1999, p. 9.

② 熊贵彬：《美国灾害救助体制》，《湖北社会科学》2010 年第 1 期，第 59 页。

③ 美国联邦应急管理署官方网站，http：//www.fema.gov。

④ 熊贵彬：《美国灾害救助体制》，《湖北社会科学》2010 年第 1 期，第 60 页。

必要，那么他应当在其可行范围内答应州长的请求。执行这样的紧急任务不能超过 10 天。"该法条包含了下面几层意思：一是如果州长不请求，联邦军队不得直接介入各州非军事领域执行任务；二是紧急事故中，联邦军队介入仅限于保护生命财产安全，维护社会秩序；三是总统在调动军队方面的权限也是受到限制的，只能在其允许范围行事，重大调动得由国会通过；四是联邦军队紧急介入救灾只能在短时期内执行相关任务。这样的规定主要是为了严格限定军队的职能——军事行动，防止对民权的干涉，也防止领导者滥用军事力量。美国联邦进行灾害救助的常规力量主要包括各种应急支持功能小组（Emergency Support Function，ESF）。应急支持功能小组成员由政府、社会组织及私营部门等机构、组织的专家和工作人员构成，负责救灾援救、提供资源和服务。当前主要有 15 个这样的 ESF，分别由交通部、国防部、国土安全部、农业部、红十字会、白宫总务管理局、卫生和人力福利部、环境保护局、海岸警卫队、内务部、能源部、司法部、住房部和城市发展部、财政部、小型企业管理局等部门或部门联合负责；州政府进行灾害援助的主要力量包括国民警卫队、警察以及相关州职能部门及志愿者。国民警卫队是预备军事力量，由各州政府指挥，其主要任务是维护国家和当地政府的安全利益，维持社会稳定和参加抢险救灾。

二、日本的灾害救助

日本是一个自然灾害频发的国家，火山、地震随时可能发生。在多年的救灾抗灾中，日本积累了丰富的灾害救助的经验，形成了一套健全的灾害救助体系。虽然日本灾害发生的频率较高，但由于国民普遍具有强烈的危机意识和应急知识，灾害死亡人数和灾害损失普遍较低。日本灾害救助的特点主要有：

1. 完善的灾害对策法律体系

作为世界上较早制定灾害对策法律的国家，日本已经形成了庞大而完善的包含防灾、减灾、抗灾、救灾在内的灾害对策法律体系。当重大灾害发生后，日本往往会制定出一部重要法律。1946 年日本发生级南海 8.0 级地震，造成 1443 人死亡，这一灾难促成了 1947 年日本战后第一部关于应对灾害的法律《灾害救助法》的颁布；1959 年，伊势湾台风席卷日本，造成 5 千多人死亡，80 多万栋房屋被毁，日本即于 1961 年颁布了减灾防灾的基本大法——《灾害对策基本法》。①

按照日本《防灾白皮书》的分类，日本防灾减灾抗灾救灾的灾害对策法律按其内容和性质，可以分为灾害对策基本法、灾害预防和防灾规划相关法、灾害紧急对应相关法、灾后重建和复兴法以及灾害管理组织法等五大类，由53部法律构成。其中，有基本法5部，关于灾害预防的16部，属于灾害应急对策法的有《消防法》、《水利法》、《灾害救助法》3部，关于灾后重建以及财政金融措施的有《关于应对重大灾害的特别财政援助的法律》、《公共土木设施灾害重建工程费国库承担法》等24部，关于防灾救灾组织设置的有《消防组织法》等5部。②

2. 日本灾害管理体制中，各部门各司其职

内阁府作为主管机关，下设有防灾担当大臣，专门负责处理防灾相关事务；中央防灾委员会，负责制定全国的防灾基本规划，以及相关政策和指导方针。中央防灾委员会的主席是首相，成员包括国家公安委员会委员长、相关部门大臣，公共机构如红十字会、日本银行、NHK 电视台、NTT 电信公司的首脑。《灾害对策基本法》还特别规定，委员会成员必须包括至少4名灾害研究行业的专家；地方政府设都道府县委员会，负责各级的防灾会议，负责地方的防灾事务。

3. 日本具有系统专业的灾害管理教育，国民普遍具有强烈的危机意识和专业的应急知识

（1）中小学灾害管理教育

日本的防灾教育注重分段教育，根据学生的不同年龄进行不同形式的教育。小学低年级的灾害教育通过使用一些图文并茂的故事作为教材，来教导小学生充分认识灾害的危险性和突发性，以及做好防灾准备的重要性；高中年级的灾害教育就会涉及灾害的原理的知识，从科学的角度来阐述各类自然灾害发生的原因。

中小学的防灾教育在内容上比较细化，注重生活中案例的运用，具体内容有灾前预警、灾时与灾后自救、互救指导。例如，在日本中小学各个学校的防灾教育中，1995 年发生的阪神大地震、2004 年发生的新泻地震，

---

① 吴妮：《日本减灾防灾措施扫描：专立基本法抗灾》，《新京报》2008 年6 月8 日。
② 杨东：《论灾害对策立法——以日本经验为鉴》，《法制适用》2008 年第12 期，第11 页。

其所造成的重大损失及所带来的警示作用被大量提及，发生在地震期间的成功自救、互救的案例故事被广泛引用，用以教育学生注重日常防灾意识的培养、防灾知识的积累和防灾技能的学习，这大大增强了教育内容的可信度和说服力。①

（2）社会成员的灾害管理教育

①广泛开展主题性宣传活动

日本把每年的9月1日定为"防灾日"，8月30日到9月5日为"防灾周"。除此之外，还有每年两次的"全国火灾预防运动"、"水防月"、"危险品安全周"、"雪崩防灾周"等。采取展览、媒体宣传、标语、讲演会、模拟体验等活动形式，进行防灾应急教育。如下关市政府，以阪神地震发生为教训，每年1月17日前后举行一次防灾地图演练。参加单位包括陆上、海上自卫队，海上保安厅、国土交通省，以及县级机关的县民局、土木建筑事务所，和下关市管辖范围内的警察署、电力公司、煤气公司、电话公司等。应急演练主要根据设想的风灾、水灾或震灾，以工作演习的方式，决定应急意见并采取灾害对策等。

②积极开展应急教育

日本各地一般还设有应急教育培训中心，如大阪防灾训练中心，馆内设有"体验型防灾学习设施"，包括地震体验设施、急救救护训练设施、灭火训练设施、人员逃生演示等。全部都是交互式的体验学习，让大家充分学习、体验到防灾救生的基础知识和基本技能。

③加强社会宣传

首先，全面发放各类应急应对资料，如洪水防灾地图、海啸防灾地图、泥石流灾害防灾地图等。各类防灾地图发放到每个家庭，以及宾馆等公共场所。其次，通过广播、杂志、互联网等媒体为公众提供各种应急教育。特别是针对大地震的预测，在相关地区面向市民宣传时简化为一句口号："大地震随时都有可能发生"，以此提高居民的应急避灾意识。2003年、2005年发生在新潟县长冈市的两次7.0级以上地震，无一人死亡，90%遇险者脱险，这和平日防灾宣传提高了居民避险、自救意识直接

---

① 代志鹏：《浅析日本中小学防灾教育》，《外国中小学教育》2009年第2期，第63页。

有关。①

三、印度尼西亚的灾害救助②

印度尼西亚是一个群岛国家，面积 520 万平方公里，其中有 330 万平方公里是海洋。印尼地处三大板块的交界处，世界上 16% 的活火山在印尼。印尼有多种自然灾害，比如山洪、地震、火山爆发、海啸、山体滑坡、森林火灾、台风等等。印尼的灾害预防和管理机制主要是在预防、减灾以及事后处理等方面，从灾害之前、之中到之后都进行管理。

在应对自然灾害的过程中，印尼政府的原则是介入得越早越好，在灾后重建方面也是动手越早越好。印尼建立了一个全国应急管理体系。管理机制的建立包括：

一是制定法律。灾难管理的基础就是法律。印尼有很多相关法律，包括灾难管理实施，灾害的救援、管理以及资助，国际组织和非国际组织的灾难管理细则等。

二是机构建设。印尼有很多灾害管理的机构，有国家层面的国家灾害管理局，地方各级政府也都有自己的救灾体系。同时，为了使这些灾害管理体系更好地运转，各个机构必须事先进行规划并制定预案。

三是执行。在灾难发生之前和之后，国家、各个省和地区以及各个地区的不同部门，都要根据实际情况来执行这些规划和预案。

四是预算。资金来源总是一个比较重要的问题。印尼主要是由中央政府和各个省政府、地方政府共同负担救灾资金。印尼有国家和地方应急预算，有来自社会筹集的资金。国家的应急预算主要投入医疗卫生、提供卫生的饮用水等方面。

印尼有一个预警系统，这个体系是一个协调会，即灾害发生后迅速做出反应，协调各个方面的工作和能力，然后做出适当的评估，快速向受灾区域派遣救援队伍。

救助的重点首先是那些比较弱势的群体，包括孕产妇、老人、小孩

---

① 《日本开展应急管理工作的做法与启示》，http://www.gdemo.gov.cn/yjyj/tszs/201102/t20110206_137502_1.html。

② 宾唐·萨斯曼特：《印尼的灾害预防和管理机制》，《行政管理改革》2010 年第 8 期，第 26 页。

等，还有就是要满足人们生活的基本需求。政府与各个专门机构包括私营部门、国际组织进行合作，向受灾的群众提供医疗、卫生等服务，提供基本的食物、水源，以及进行废物的回收。

从总统到各个省的省长，再到各个地区的长官，都有权宣布地区正处于紧急状态，特别是地区的应急机构，都是由地区的长官作为指挥的负责人，有权发布信息，作为决策者发挥作用，来协调各种监测、评估以及救援工作。同时，国家建立应急指挥中心，设立灾难现场的指挥机构，协调不同的部门和各界的能力。

第三节　我国的灾害救助

一、古代的救灾思想与灾荒救济

我国是一个灾害频发的国家。古代将很多不能解释的现象尤其是一些灾祸解释为上天的处罚，如《诗经·大雅·云汉》"何辜今之人，天降丧乱，饥馑荐臻"；《诗经·小雅·雨无正》"昊天疾威，弗虑弗图"；《论语·颜渊》"死生有命，富贵在天"等。这种观点非常不利于社会的稳定，所以历代统治者十分注重救灾，维护社会安定和稳固。传统的救灾思想同样源远流长。这些救灾思想，作为中国传统文化的一部分，显示了中华民族的智慧和民族凝聚力。

（一）先秦时期

先秦时期的救灾思想与灾荒救济主要包括灾前预防和灾后救助两个基本的环节，即《国语·周语下》提到的："备有未至而设之，有至而后救之。"

1. 灾前预防

先秦的思想家认为兴修水利是灾前预防的重要部分。相传："当尧之时，天下犹未平，洪水横流，汜滥于天下。""禹疏九河，瀹济漯，而注诸海；决汝汉，排淮泗，而注之江，然后中国可得而食也。"[①] 这是大禹治水

---

① 《孟子·滕文公上》。

的传说。治水，就是兴修水利，抵御水患，开发利用水利资源。大禹治水极为辛苦，三过家门而不入，终于制服洪水，平定九州。墨子称赞大禹治水三过家门不入的行为时，说道："禹亲自操橐耜而九杂天下之川，排无服，胫无毛，沐甚雨，栉疾风，置万国。禹大圣也，而形劳天下如此。"①从以上传说来看，夏代已经有了原始的浇灌技术，这说明人们在防患水灾的同时，已经具有利用水利帮助生产的意识。

《管子》提到"五害之属，水最为大"；"请除五害之说，以水为始。"② 管子认为五害之首为水灾，而想要消除五害，首先要从治水开始。"沟渎不遂於隘，鄣水不安其藏，国之贫也，沟渎遂於隘，鄣水安其藏，国之富也。"③ 采取兴修水利的方式，防患于未然，才是消除灾害和兴农富国的根本大计。先秦时期的思想家认为需要设立专门的"水官"负责治水，如荀子提出"修堤梁，通沟浍，行水潦，安水减，以时决塞，岁虽凶败水旱，使民有所耕耘，司空之事也。"④ 这里所提到的"司空"即是水官的意思。

2. 灾后救助

赈济主要是赈济物资，以赈粟为主。所谓散粟赈民是我国古代比较常见的灾后救助措施之一。《周礼》和《管子》中都提到了"散粟赈民"的主张，春秋战国时期得到广泛实施。《晏子春秋》中曾记载，一次灾荒发生后，"坏宝（室）乡有数十，饥氓里有数家，百姓老弱，冻寒不得短褐，饥饿不得糟糠，敝撤无走，四顾无告。"晏婴"奉齐国之粟米财货，委之百姓。"他根据灾民不同的受灾程度制定了不同的救助标准："家有布缕之本而绝食者，使有终月之委；绝本之家，使有期年之食；无委积之氓，与之薪撩，使足以毕霖雨。令柏巡氓，家室不能御者，予之金。"这次的灾害救助成果显著，共救助"贫氓万七千家，用粟九十七万钟，薪撩万三千乘；坏宝（室）二千七百家，用金三千。"

以工代赈是另一种常见的灾后救助形式，它是指为灾民提供劳动的机会，灾民通过自己的劳动获得报酬的有偿赈济方式。《管子·侈靡篇》提

① 《墨子·后语上》。
② 《管子·度地》。
③ 《管子·立政》。
④ 《荀子·王制》。

出"如以予人食者，不如毋夺其事。"意思是说，与其给他们粮食，不如不让他们失业。

（二）秦汉时期

在古代，发展农业非常重要。人们将重视农业发展作为预防灾害的一种有效方式。汉初的几位统治者都下诏颁布一些优惠政策来激励百姓发展农业。如汉文帝二年（公元前178年）下诏曰："农，天下之大本也，民所恃以生也，而民或不务本而事末，故生不遂。朕忧其然，故今兹亲率群臣农以劝之。其赐天下民今年田租之半。"① 汉景帝也曾下诏发展农业："农事伤，则饥之本，女红害，则寒之原也。夫饥寒并至，而能亡为非者寡矣！朕亲耕，后亲桑，以奉宗庙粢盛祭服，为天下先。不受献，减太官，省徭役，欲天下务农桑，素有蓄积，以备灾害。"②

秦汉时期也非常重视赈济灾民。汉文帝后元元年（公元前163年），蝗灾严重，汉文帝下诏发放粮食赈济灾民，解除蝗虫之灾；光武帝在灾荒之年诏令天下："往岁水旱蝗虫为灾，谷价腾跃，人用困乏。朕惟百姓无以自赡，恻然愍之。其命国郡有谷者，给禀高年、鳏寡孤独及笃癃、无家属贫不能自存者，如《律》。二千石勉加循抚，无令失职。"③ 汉桓帝在位时，灾荒连年，遂下诏赈济灾民："朕摄政失中，灾眚连仍，三光不明，阴阳错序。监寐寤叹，疢如疾首。今京师厮舍，死者相枕，郡县阡陌，处处有之，甚违周文掩胔之义。其有家属而贫无以葬者，给直，人三千，丧主布三匹；若无亲属，可于官墙地葬之，表识姓名，为设祠祭。又徙在作部，疾病致医药，死亡厚埋藏。民有不能自振及流移者，禀谷如科。州郡检察，务崇恩施，以康我民。"④

（三）魏晋南北朝时期

随着魏晋南北朝时期玄学的产生，许多玄学思想家运用天道自然观，重新认识灾荒，并批判汉儒阴阳五行天人感应的灾异学说。但是，由于当时的生产力水平和科学技术水平比较低，人们难以很快认识和接受这些观念。而且，在实际生活中，无论是官方的解释，还是民间的观念，天人感

---

① 班固撰、颜师古注：《汉书》卷4，《文帝纪》，中华书局1962年版，第117—118页。
② 班固撰、颜师古注：《汉书》卷5，《景帝纪》，中华书局1962年版，第151页。
③ 范晔撰、李贤等注：《后汉书》卷1，《光武帝纪下》，中华书局1965年版，第47页。
④ 范晔撰、李贤等注：《后汉书》卷7，《桓帝纪》，中华书局1965年版，第294—295页。

应、阴阳五行的灾异学说，仍然是一种起主导作用的灾害观。这种天人感应阴阳五行的灾异说，与天道自然观下比较科学的灾异说并存、对立的格局，导致了当时人们在防灾、救灾的思想与方法上，呈现出科学与迷信交织并用的状况。①

魏晋南北朝时期对于灾后赈济有以下措施：一是实物赈济，由官府开仓放粮或提供紧急的物资赈济，以解灾民的燃眉之急，帮助灾民度过暂时的难关。晋孝武帝咸安二年（376年），三吴大旱，人多饿死，"诏所在振给"②。宋文帝元嘉二十年（443年），"是岁，诸州郡水旱伤稼，民大饥。遣使开仓赈恤，给赐粮种。"③延昌元年（512年）六月，因发生严重春旱，"百姓饥馁"，宣武帝"诏出太仓粟五十万石，以赈京师及州郡饥民。"④二是放贷。通过放贷的形式，使灾民尽快恢复生产和重建家园。晋武帝时，"齐王司马攸于自己的封国之内，时有水旱，国内百姓则加赈贷，须丰年乃责，十减其二，国内赖之。"⑤元嘉二十一年（444年）正月，因上年诸州郡水旱伤稼，发生严重饥荒，宋文帝下诏："去岁失收者，畴量申减。尤弊之处，遣使就郡县随宜赈恤。凡欲附农，而种粮匮乏者，并加给贷。"⑥

（四）唐宋时期

劝农积谷是这一时期关于救灾的积极性对策的首要主张。统治者认为"居安不忘于虑危，有备可期于无患"，而使国家有备无患的首要之举便是"劝农重谷，以备饥荒"⑦。这一思想的主要表现即是仓储制度的日益完善

① 王亚利：《魏晋南北朝时期的灾害思想初探》，《四川大学学报（哲学社会科学版）》2003年第1期，第121页。
② 房玄龄：《晋书》，中华书局1974年版，转引自王亚利：《魏晋南北朝时期的灾害思想初探》载《四川大学学报（哲学社会科学版）》，2003年第1期，第117页。
③ 沈约：《宋书》，中华书局1974年版，转引自王亚利：《魏晋南北朝时期的灾害思想初探》，《四川大学学报（哲学社会科学版）》2003年第1期，第117页。
④ 魏收：《魏书》，中华书局1974年版，转引自王亚利：《魏晋南北朝时期的灾害思想初探》，《四川大学学报（哲学社会科学版）》2003年第1期，第117页。
⑤ 房玄龄：《晋书》，中华书局1974年版，转引自王亚利：《魏晋南北朝时期的灾害思想初探》，《四川大学学报（哲学社会科学版）》2003年第1期，第117页。
⑥ 沈约：《宋书》，中华书局1974年版，转引自王亚利：《魏晋南北朝时期的灾害思想初探》，《四川大学学报（哲学社会科学版）》2003年第1期，第117页。
⑦ 《唐大诏令集·安恤天下德音》。

和隋唐统治者对于仓储救灾作用的高度重视。① 具体来说，这一时期的救灾主要呈现了以下特点：一是救济措施比较完备，不论是赈济、蠲缓②、放贷③、养恤④，还是安辑⑤、调粟⑥和仓储都有详细具体的措施；二是救济措施逐渐形成惯例，有的还逐渐发展为制度，以宋朝为例，封建统治者吸取唐末五代多因灾害导致社会动荡的历史教训，把"荒年募兵"给灾民基本生活出路作为一项基本国策确立下来；三是仓储制度得到进一步完善。

（五）元明清时期

元明清时期是我国封建社会的晚期，这一时期的救灾思想持续发展，灾害救助制度也在前代的基础上，越来越完善。主要体现在以下几个方面：

一是出现了杰出的救灾实践人才。以元代为例，郭守敬就是实践经验丰富的救灾人才。他在初次见到元世祖时，提出了六条兴修水利、救灾的意见。他在主管各地河渠整修和管理时，重视疏通旧渠、开辟新渠，或是重新修建许多水闸、水坝。这些对于重兴水利、抵御各种自然灾害都有重要的作用。二是统治者更加重视灾害救助。如明朝严惩不作为的官员。《大明律》规定，灾荒不奏杖八十；还因迟缓赈恤饥民而诛杀中央官员，这在中国历史上是第一次。到了清朝，统治者要求地方官吏定期奏报气候的变化情况，并形成了一套救灾操作程序：报灾、勘灾、审户、发赈。⑦三是随着救灾思想的持续发展和救灾制度的完善，出现了很多关于救灾的典籍。以黄虞稷《千顷堂书目》为例，其所著录的明代救灾典籍的数量就达22部；这一时期还出现了众多总结性的救灾著作，如《四库全书》除了收录《荒政丛书》外，还有《捕蝗考》、《救荒本草》等列入。

---

① 张涛等：《中国传统救灾思想的发展和特点》，《文史知识》2010年第12期，第24页。
② 就是减免税赋。
③ 主要是指放贷粮食、贷银和放贷农作物种子等。
④ 就是对濒临生命危机的灾民进行紧急的救助，以恢复其生产和生活的一项措施，包括施粥、发放寒衣、医药、提供栖身场所等。
⑤ 就是遣返安置流离失所的灾民。
⑥ 主要有移民就粟、移粟就民和平粜三种方式。
⑦ 张涛等：《中国传统救灾思想的发展和特点》，《文史知识》2010年第12期，第26页。

二、我国的灾害救助制度

我国幅员辽阔，灾害形式多样，据国家减灾委办公室数据，2011年上半年，各类自然灾害造成全国2.9亿人次受灾，449人死亡，100人失踪，296.4万人次紧急转移安置；农作物受灾面积2552.6万公顷，其中绝收193.2万公顷；房屋倒塌27.4万间，损坏115万间；直接经济损失1420.3亿元。① 从以上数据可以看出我国受灾情况十分严重，防灾救灾任务艰巨。

我国的灾害救助制度经历了一个由不健全、不完善到初步健全、完善的发展过程。

（一）我国现行灾害救助制度的工作规程

根据《民政部应急工作规程》，我国的灾害救助主要分为以下内容：

1. 预警响应

当有关部门发布即将发生的，可能威胁到人民生命财产安全、影响群众基本生活的，需要提前采取应对措施的自然灾害预警预报信息时，需要进行灾情评估和应急救助。

灾情评估主要是指民政部救灾司备灾处负责，国家减灾中心数据中心、运行管理中心、卫星遥感部、灾害评估与应急部配合，及时开展以下工作：（1）向国土资源、水利、地震、气象、海洋等部门和相关省份了解灾害风险的发展情况；（2）分析历史灾情数据及相关风险信息；（3）根据了解的信息和历史数据，分析评估灾害风险可能造成的实际危害，特别是对群众生命财产造成的危害；（4）根据可能发生的灾害和可能造成的危害，向相关省份发出灾害风险预警信息。

应急救助是指救灾司救灾处负责，国家减灾中心灾害评估与应急部、技术装备部配合，及时开展以下工作：（1）向有关省份和中央救灾物资储备库发出启动预警响应的通知，要求做好救灾应急各项准备工作。（2）及时向国家减灾委领导、国家减灾委成员单位报告，向办公厅、人事司（社会工作司）等有关司局通报，编发《灾情和救灾工作通报》，向社会发布预警响应启动情况。（3）视情建议派出预警响应工作组，实地了解灾害风

---

① 国家减灾委：《2011年上半年我国449人因自然灾害死亡》，http://politics.people.com.cn/GB/1027/15124922.html.2011 – 07 – 10。

险，检查地方救灾准备情况。（4）做好启动救灾应急响应的准备工作。一方面，当灾害风险解除后，救灾司救灾处提出预警响应终止的建议，经救灾司分管副司长审核后，报救灾司司长决定；另一方面，灾害风险发展成灾害后，救灾司备灾处、国家减灾中心数据中心及时收集核实灾情，灾害评估与应急部及时评估，形成评估报告后送救灾司救灾处。救灾司救灾处根据灾害损失程度提出终止预警响应，启动国家救灾应急响应的建议，经救灾司分管副司长审核后，报救灾司司长决定。

2. 救灾应急响应

我国救灾应急响应分为四级，一级为最高，四级为最低，分别有不同的启动条件，应急值守的规定，包括灾情评估、应急救助和救灾捐赠在内的响应措施、响应结束的情形与报批程序。可以依灾情的变化提升响应等级。

（二）我国现行灾害救助制度的经费保证

救灾经费的来源主要有两个：一是国家和地方的财政拨款，二是社会各界的捐款。

1. 救灾款的使用

为了提高救灾款的管理水平，加强救灾款的使用管理工作，1999 年公布的《关于进一步加强救灾款使用管理工作的通知》规定：

（1）进一步理顺救灾款管理体制。根据分级管理、分级负担的财政体制和"依靠群众、依靠集体、生产自救、互相互济，辅之以国家必要的救济和扶持"的救灾工作方针，解决灾害带来的困难主要依靠各级政府和灾区广大干部群众通过自力更生、生产自救、互助互济等方式加以解决。当地方遭受特大自然灾害，各地、市、县政府通过自身努力确实难以解决时，省政府可予以适当补助。各地向省政府申请救灾款的报告中必须如实说明灾害损失程度、地方政府已投入和准备投入的救灾资金数额，不得虚报。

（2）严格掌握救灾款使用原则和使用范围。救灾款必须严格遵循专款专用、重点使用的原则。其使用范围是：第一，解决灾民无力克服的衣、食、住、医等生活困难；第二，紧急抢救、转移和安置灾民；第三，灾民倒房恢复重建；第四，加工及储运救灾物资。救灾款发放使用的重点是重灾区和重灾户，特别是保障自救能力较差灾民的基本生活，不得平均分配，不得截留、挪用，不得实行有偿使用，不得提取周转金，不得用于扶贫支出，不得擅自扩大使用范围。

救灾款的发放要坚持"户报、村评、乡审、县定"和"以户计灾、以户救灾、民主公开"的原则。基层发放救灾款时，不论是发放现金还是发放实物，都要将数额公开。在发放过程中必须坚持民主评议、登记造册、张榜公布、公开发放的程序，自觉接受社会监督。

各级民政、财政部门要切实加强对救灾款使用管理工作的督促和检查，进一步建立健全规章制度，对救灾款分配要以保障困难灾民的基本生活为依据，严格把关；对救灾款的拨付和管理等要加强监督，跟踪反馈，保证专款专用、专账管理。

（3）认真做好清理整顿救灾扶贫周转金的工作。各地一律不得从救灾款中提取救灾扶贫周转金（以下简称周转金），不许直接或间接用救灾款设置和发放周转金。

（4）建立健全救灾款使用情况报告制度。

（5）积极筹措资金，提高灾害应急反应和紧急救助能力。

2. 关于捐赠的规定

为了规范救灾捐赠活动，加强救灾捐赠的管理，2007年民政部颁布了《救灾捐赠管理办法》。该文件对于救灾捐赠受赠人、组织捐赠与募捐、接受捐赠、救灾捐赠款物的管理和使用等内容做了详细规定。如救灾募捐主体是指在县级以上人民政府民政部门登记的具有救灾宗旨的公募基金会。救灾捐赠款物的使用范围是：第一，解决灾民衣、食、住、医等生活困难；第二，紧急抢救、转移和安置灾民；第三，灾民倒塌房屋的恢复重建；第四，捐赠人指定的与救灾直接相关的用途；第五，经同级人民政府批准的其他直接用于救灾方面的必要开支。此外，在救灾捐赠款物的管理和使用这一方面，也规定了如"各级民政部门在组织救灾捐赠工作中，不得从捐赠款中列支费用。经民政部门授权的社会捐助接收机构、具有救灾宗旨的公益性民间组织，可以按照国家有关规定和自身组织章程，在捐赠款中列支必要的工作经费。捐赠人与救灾捐赠受赠人另有协议的除外"等内容。

（三）我国现行灾害救助制度的不足

1. 缺乏统一的国家救灾管理体系

从上文的相关描述可以发现，灾害救助是一项十分复杂的工作，其良好的运转需要专门的救灾管理部门。任何灾害仅靠一个部门是无法达到灾害救助的目的的，这需要多部门、多领域的合作。中央政府目前尚没有一个统管灾害救助的机构，国家财政部门也无减灾专项基金，这极大影响了我国减灾工作的深入发展和减灾工作的实施效果。

2. 救灾资金严重不足，无法满足灾民的救助需求

目前，我国形成了以地方政府为主、中央补助差额为辅的灾害救助机制，对特大自然灾害所需的抗灾、救灾资金、物资主要由省、自治区、直辖市政府负责解决。[①] 由于地方财政相对紧张，地方政府只能运用极为有限的资源来保障重点对象的救助，但不一定能满足重点对象的需求，而且对于一般的救助对象而言，也无异于杯水车薪。

3. 缺乏健全的灾害救助机制

第一，应对灾害的管理机制不健全，灾害管理的应急反应和快速处置能力有待提高；第二，救灾的动员机制不健全，主要是政府救助，缺乏社会动员机制；第三，救灾资金的来源渠道单一，主要依靠政府财政投入，民间捐助的积极性没有充分调动起来；第四，灾害保险体系十分脆弱，巨灾保险严重缺位，社会共担风险机制没有形成；第五，救助内容不全面，重物质救助，心理、精神、司法救助远远不够。[②]

4. 缺乏健全的法律制度

关于救灾工作的规范指导，仅有以部长令形式出现的法律地位较低的行政规章，而且这些法规一般是重视灾后救济，轻灾前预防和应急机制的建立。需要注意的是，灾前防范、灾中应急和灾后救助三者是紧密相连的，这就导致这些法规不仅法律地位较低，而且规制的内容有限。

---

① 陈良瑾：《社会救助与社会福利》，中国劳动社会保障出版社 2009 年版，第 174—175 页。
② 杨琳：《透视救灾体制的六大变化》，《瞭望》2004 年第 47 期，第 36—37 页。

本 章 小 结

　　社会救助是历史最悠久的社会保障措施，而灾害救助又是最古老的社会救助形式。在社会保障未形成制度化之前，就出现了许多以援助灾民为目的的社会救助措施，而在今天日益完善的现代社会保障制度中，灾害救助的地位仍然十分重要。灾害救助是指国家和社会对遭遇各种灾害事故袭击并因此陷入生活困难的社会成员给予一定的现金和实物或服务援助，以帮助其渡过特殊困难的一种救助制度，它是社会救助体系不可缺少的重要组成部分，也是整个社会保障体系中的特殊保障制度安排。

　　大多数的灾害事故往往具有一定的自身发展规律，而救助对象是在灾害事故中遭受生命财产损失或危及生命的民众，因此应对灾害事故的灾害救助制度具有其自身的特点：救助时间的紧迫性、临时性和不确定性、多样性。灾害救助主要包括救助和保护灾民的生命财产、抢救被灾害威胁的国家财产、紧急转移和安置灾民，维护灾区秩序、医疗卫生救助、精神抚慰，安抚灾民情绪和灾后重建等内容。

　　目前，灾害社会救助已经引起世界各国的高度重视，各国都致力于建立完善的灾害救助体系。美国、日本和世界上其他自然灾害严重的国家，在长期的防灾救灾实践经验中，建立起了一套完整的成熟的灾害救助体系。我国的灾害救助制度经历了一个由不健全、不完善到初步健全、完善的发展过程。

重 点 名 词

灾害救助　　以工代赈　　义仓

复习思考题

1. 灾害救助有什么特征？它的主要内容有哪些？
2. 简述国外灾害社会救助体系的现状。对于中国有何启示？
3. 我国现行的灾害救助工作是如何运作的？
4. 结合身边实例，谈谈我国现行的灾害救助制度有哪些不足之处？

第七章　专项救助

【学习重点】

1. 医疗救助的概念；
2. 美国医疗救助制度；
3. 我国的医疗救助制度；
4. 法律救助和教育救助的概念；
5. 国外法律救助和教育救助制度；
6. 我国的医疗救助和教育救助制度；
7. 住房救助的概念；
8. 国外住房救助制度；
9. 我国的住房救助制度。

第一节　医疗救助

一、医疗救助概述

（一）医疗救助的概念界定

医疗救助是社会救助制度下的专项救助之一，目前国内有关医疗救助的概念主要有以下几种提法：钟仁耀认为，医疗救助是指由政府从财政、政策和技术上为贫困人群中的疾病患者提供某些或全部基本的医疗健康服务，以改善贫困人群健康状况的一种社会救助项目；[①] 时正新认为，医疗

---

① 钟仁耀：《社会救助与社会福利》，上海财经大学出版社 2005 年版，第 80 页。

救助是指政府和社会对贫困人口中因病而无经济能力进行医疗的人实施专项帮助和支持的行为;[1] 王保真认为，医疗救助是政府通过提供资金、政策与技术支持或社会通过各种慈善行为，对因患病而无经济能力治疗的贫困人群，实施专项帮助和经济支持的一种医疗保障制度;[2] 孟庆跃、姚岚认为，医疗救助是指政府和社会通过提供资金、政策和技术上的支持使贫困人口获得医疗卫生服务，以改善他们健康状况的一种运行机制。[3] 综合来说，医疗救助是指政府和社会通过提供各种资源的支持（如资金、技术等）来对在医疗领域陷入困境的贫困人口进行专项救助的一种社会救助项目。

（二）医疗救助的主要内容

1. 救助对象

救助对象的确立是医疗救助的关键环节。根据医疗救助的基本内涵，救助对象即为贫困人群。由于现实中种种原因所限，医疗救助一般难以全面覆盖贫困线以下的实际贫困人群。通常可以采用"客观经济指标评估法"和"参与性评估法"来确立医疗社会救助的对象。前一种方法是依照经济收入或支出来作为判断是否贫困以及贫困程度的标准，其中一个常用的指数是人均纯收入;后一种方法打破了确定救助对象仅仅从救助者角度出发的传统，考虑到被救助者的意见和观点，这种方式是使贫困者对于自身医疗状况做出评价，可以加强医疗社会救助对象确定的客观性。[4]

无论以何种方式来确定医疗社会救助的对象，都需要考虑比例问题、流动性问题、性别公平性问题以及以收定支等问题。所谓比例问题是指在经济条件和医疗水平不同的地区，贫困人群的比例应有所不同，经济条件相对较差的地区，医疗救助人群的比例应定高些;流动性问题是指随着社会经济状况的变化，要定期调整和重新界定救助对象，实行救助对象的动态管理;性别公平性是指在确定医疗救助对象时，须考虑性别的公平性，

---

[1] 时正新:《中国社会救助体系研究》，中国社会科学出版社 2002 年版，第 91 页。

[2] 王保真、李琦:《医疗救助在医疗保障体系中的地位和作用》，《中国卫生经济》2006 年第 1 期，第 40 页。

[3] 孟庆跃、姚岚:《中国城市医疗救助理论和实践》（第一版），中国劳动社会保障出版社 2007 年版，第 57 页。

[4] 钟仁耀:《社会救助与社会福利》，上海财经大学出版社 2005 年版，第 81 页。

确保贫困的妇女和男子、男孩和女孩有同等的享受医疗救助的权利；以收定支是指在筹资水平无力提高的情况下，以救助资金的数量为前提来确定医疗救助对象的数量。[①]

2. 救助方式[②]

不同的国家医疗救助的方式有所不同。一般来说，有以下几种形式：一是对医疗社会救助对象的医疗费用进行一定比例的减免或完全减免专项资金；二是一些国家和地区的财政部门设立一定的资金，专款专用；三是行会、工会等社会组织对会员进行互济互助，经费来自于该组织的储备金或者是从单位福利费、工会经费、个人缴费提取一定比例；四是社会或慈善组织为病贫人员组织开展义诊、义捐和无偿医治活动。

3. 救助的标准

实施医疗救助的效果如何，需要设立一个客观的标准来进行衡量。如果从医疗社会救助的内涵出发来设立这个标准，则应该是满足贫困人员的基本需要，但是在现实中受到多方因素的制约，无法满足全体贫困人员的基本需要，这时往往还存在一个可能的标准，这个标准主要考虑政府的救助能力。

二、国外的医疗救助

（一）美国的医疗援助（Medicaid）[③]

1. 概况

（1）救助对象

医疗援助的对象主要包括五类人：一是 AFDC 和 SSI 的援助对象，二是低收入家庭的小孩和孕妇，三是低收入的医疗照顾（Medicare）对象，四是有较大医疗开支的人，五是接受机构护理的人。《医疗援助法》规定，各州可以将收入超过 SSI 标准 300%，正在接受机构护理的人纳入医疗援助的范围。按照联邦法律，前三类人，各州必须予以援助；后两类人，各州可以有选择地进行援助。

---

① 廖益光：《社会救助概论》，北京大学出版社 2009 年版，第 115—116 页。
② 钟仁耀：《社会救助与社会福利》，上海财经大学出版社 2005 年版，第 82 页。
③ 张奇林：《美国的医疗援助制度及其启示》，《经济评论》2002 年第 2 期，第 117—122 页。

（2）医疗援助的服务范围

为了获得美国联邦政府的配套经费，各州必须向医疗援助对象提供一系列基本的医疗服务，包括医院和医生的服务、家庭健康计划咨询、专业护理机构的照顾、诊断服务、小孩各种疾病的检查和治疗等。各州还可以有选择地提供一些服务，如处方药、牙的护理、弱智者的护理、老人和小孩的精神疾病治疗等。

（3）经费来源和管理

医疗援助采用联邦和州两级供款模式，即联邦政府和各州分担医疗援助的费用。这一模式自医疗援助制度产生之日起一直未有改变。联邦政府拨给各州的配套经费是以各州的人均收入为基础，依据下面一个公式计算出来的：

$$P = 100 - 45 \times \frac{S^2}{N^2}, 和 50 \leqslant P \leqslant 83$$

式中，P 是联邦的资助率；N 和 S 分别代表全国与各州的人均收入。如果一个州的人均收入等于全国的平均水平，联邦的配套率就是 55%；对大多数人均收入在全国平均水平以上的州来说，50% 是最小的配套率；对收入较低的州来说，83% 是最大的配套率。这一变化范围决定了联邦政府将承担大部分的 Medicaid 费用。

医疗援助的管理也分联邦和州两级。在联邦政府内，医疗援助由卫生和人力服务部中的 Medicare 和 Medicaid 服务中心（CMS）管理。在州一级，医疗援助的管理机构各不一样，一般为卫生或人力服务部门。

2. 特点

虽然医疗援助和医疗照顾（Medicare）都是由第三方付费的公共医疗保险计划，而且都由联邦政府内的 HCFA 管理，但是与医疗照顾相比，医疗援助有很多不同的地方：

第一，医疗援助是一种"权利"项目，尽管这种权利非常有限，医疗援助对象没有缴费的义务。而医疗照顾和社会保障捆在一起，老年人在享受医疗照顾之前，必须缴纳社会保障税。因此，在权利和义务的关系上，两者有本质的不同。

第二，与医疗照顾的正统地位和社会声望相比，医疗援助的地位相当低下，为社会所不齿。

第三，医疗援助对医生的补偿率比医疗照顾和私人保险计划低很多。因此，很少有医生愿意参加医疗援助计划，大多数医生都拒绝接诊医疗援助病人，致使医疗援助对象的就医机会无法保障，而且很难接受主流医疗机构的诊治，医疗待遇平平。

第四，虽然医疗援助和医疗照顾都由第三方付费，但经费来源渠道有所不同。医疗援助由联邦和州两级政府供款，而医疗照顾仅由联邦政府一家资助。在医疗援助的筹资方面，联邦政府和州政府的关系比较微妙。如前所述，联邦政府拨给各州的配套经费是以各州的人均收入为基础计算的，其配套率在 50%—83% 之间波动。这一变化范围决定了联邦政府将承担大部分的医疗援助费用。但是，各州仍不满足，总想在联邦法律允许的范围内，尽可能多地将医疗援助费用转嫁给联邦政府。由于各州特别财政政策的影响，导致一段时间内联邦政府的开支骤增，两级政府的开支差距拉大。为了缩小差距，联邦政府马上通过国会立法，对各州的行为加以约束，力图使开支水平恢复正常。医疗援助俨然成了联邦和州争夺经费的舞台。

第五，医疗援助因州而异，变化很大。与筹资模式相对应的是，医疗援助由联邦和州两级机构管理，而医疗照顾只由 CMS 管理。在医疗援助的管理中，联邦政府只负责制定宏观的指导方针，提供必要的财政援助，促进和监督医疗援助计划的实行。州政府负责具体实施，在决定项目的范围和结构方面享有很大的自治权。例如，州政府在联邦政府的指导意见内，负责制定本州的援助对象资格认定标准，决定医疗援助的待遇和水平以及对医疗机构的补偿机制等。这种管理体制导致了医疗援助计划在州与州之间的较大差异。如果说全美只有一种医疗照顾模式，那么全美有 50 多种医疗援助计划，因为 50 个州、哥伦比亚特区以及美国其他一些地区的医疗援助实施办法各不一样，差别很大。

第六，医疗援助的资格认定办法复杂难懂。导致这一状况的原因是，联邦和州政府都想借此减少医疗援助开支。结果，无论是受援者还是管理者对医疗援助的资格认定都非常费解，特别是 1996 年福利改革后，这种情况更为严重，但医疗援助对象真的"如愿"减少了。医疗援助集中体现了政府的联邦式结构对决策和执行动力学的影响。一方面，联邦式结构通过多重政府、权利分享、政治自治以及宪法的模糊性等方式，允许各州革新和实验医疗援助计划；另一方面，它又导致了权利的重叠和浪费。由于鼓励和提倡狭隘的地方利益，使一些重要问题的解决变得异常困难。各级政府之间玩起了联邦主义游戏。

（二）英国的医疗援助

英国于 1948 年建立了国家卫生服务制度（NHS）。其服务宗旨是：不论个人收入状况如何，只依据人们的需要，提供全面的免费医疗服务。NHS 的资金构成的 82% 来自政府财政拨款，12% 来自国民保险税，其余部分来自社会及慈善机构的捐款和其他收入。[①]

由于很多贫困人群对于负担医疗费用感到有所困难，在 NHS 中专门设立 HC11 计划（Help with Health Cost），该计划对符合规定的群体提供医疗费用自负部分的豁免。

1. 救助对象

第一种是特定年龄阶段的人。主要有以下几类：16 岁以下的儿童、正在接受全日制教育的 16—18 岁的青年人、非全日制教育的青年人、60 岁及其以上的老人。

第二种是特定的收入群体。主要是以下几类：获得救济金或是税额减免的人群、获得低收入补助金（Income Support）的人群、享受 JSA（IB）津贴（Income-Based Job Seeker's Allowance）的人群、享受 JSA（C）津贴（Contribution-Based Job Seeker's Allowance）的人群、享受收入相关的雇佣和救济金（ESA（IR））的人群、享受缴费相关的雇佣和救济金（ESA（C））的人群、享受养老金信用担保贷款的人群、享受其他救济金或税额减免的人群、低收入人群。

第三类是其他群体。主要包括：领取战争抚恤金的人群、来自国外的人群、有特殊的医疗状况的人群等等。

2. 医疗援助的服务范围

HC11 的服务范围十分广泛，对符合规定的群体提供医疗费用自负部分的豁免，主要的项目有处方药、牙科治疗、视力测试等。

3. 医疗援助的程序

卫生管理部门首先对申请者的资产情况进行调查，如果申请者资产高

---

① 石祥等：《国外弱势群体医疗救助制度对我国的启示》，《中国卫生经济》2007 年第 11 期，第 78 页。

于一定数额将无权享受相应待遇。2008 年这一标准为 22250 英磅或 16000
英镑。① 符合标准的个人有可能获得由国家卫生服务系统提供的各种免费
服务。这一待遇根据对象的不同而有所不同，但对所有群体都提供免费的
处方服务。在接受医疗服务时，只要向医生出具相关证明并签字就可享受
免费医疗服务。②

（三）印度的医疗救助制度③

在印度，有一个基本的理念，那就是医疗卫生体制如果完全实行商业
化或市场化运作，会违背医疗卫生事业的基本规律，破坏社会公平，不利
于社会安定。它强调卫生保健是公民的基本权利，政府有责任向全体公民
提供免费的卫生保健服务。因此，印度仿效英国模式建立了公平性较高的
国民卫生服务体制。现在印度政府医院的服务对象基本都是低收入人群，
他们对医疗条件要求不高，只要少花钱能治病就行，而这恰恰起到了维护
社会公平和救助贫弱的作用。因此，印度医疗保障制度在鼓励私立医院健
康发展的同时，积极扶持政府医院的稳定运转。这种公立和私立医院并存
的现象使得印度的富人和穷人患者各有所依。印度政府还建立了三级医疗
保健网制度，这一网络包括保健站、初级保健中心和社区保健中心三部
分，免费向广大穷人提供医疗服务。免费项目包括挂号费、检查费、住院
费、治疗费和急诊抢救的一切费用，甚至还有住院病人的伙食费，但不包
括药费。针对农村的弱势群体，印度政府还在 2005 年实施了"全民农村
健康计划"④。其目标是要保证农村居民尤其是一些贫困地区的穷人、妇女
和儿童获得有质量、有效率的医疗保健服务。印度政府卫生补贴和社会保
障的主要受益人是弱势群体，这是其医疗卫生体制相对公平的根本原因。
印度政府将有限的政府投入公平地补给最需要医疗服务的需方。就卫生筹
资与分配的公平性而言，按照世界卫生组织成员国评估排位，印度居第 43

---

① 长期居住在护理院中的个人的资产上限为 22250 英镑，其他情况的资产上限为 16000 英
镑。参见：Department of health UK，"Basics About Help with NHS Charges"，http://www. dh. gov. uk/
en/Healthcare/Medicines pharmacy and industry/Prescriptions/NHS costs/DH_4049391。

② 赵斌：《发达国家医疗救助制度模式及理论述评》，《国外社会科学》2010 年第 6 期，第
86 页。

③ 石祥等：《国外弱势群体医疗救助制度对我国的启示》，《中国卫生经济》2007 年第 11
期，第 79 页。

④ 张乐：《印度社会保障体系概述》，《南亚研究季刊》2006 年第 2 期，第 115 页。

位，比中国的第 188 位明显居前。① 可见，财富并不是衡量医疗制度的绝对标准，重要的是社会公平和兼顾利益平衡。

三、我国的医疗救助

（一）建立医疗救助制度的必要性

目前，我国正在建立覆盖城乡居民的医疗保险制度。但是，即使在医疗保险制度全面建立以后，其覆盖范围和水平仍然相当有限，远远不能满足社会的需求。而且，现阶段大量存在的城乡贫困人口，以及在社会变迁和制度变迁过程中涌现出来的社会弱势人群和无保险人士，他们的医疗问题更加严重。这些人中，有的尚未解决温饱问题；有的不得不拿药品换食品；还有的人虽然并不贫困，但由于没有足够的保险，一旦遇到重大伤病，很快就会倾家荡产，危及正常生活。如何保障他们的医疗权利，实现社会公平，维持社会稳定，是医疗保障改革必须解决的重大问题。以缴费为前提的医疗保险制度对此无能为力。建立无偿的医疗救助制度，是医疗保障体系改革的必然选择，对于缓解社会的医疗压力、保障医疗制度乃至整个社会的顺利转型有重要意义。

（二）我国医疗救助概述

我国医疗救助制度较发达国家相比起步较晚。20 世纪 80 年代，医疗救助的概念和做法仅见于农村扶贫的或加强农村初级卫生保健的政府文件中。② 随着我国经济体制改革的逐步深入，城市中的下岗职工数量越来越多，城市贫困问题日益凸显。为了缓和城市贫困人群的医疗问题，很多地方都颁布政策性的法规来开展医疗救助。例如，上海市于 1990 年颁布了《城市贫困市民急病医疗困难补助办法》，其中城镇贫民医疗困难补助是指，根据"救命救急"方针和实行人道主义的宗旨，城镇贫民在与一般居民一样自行付费就医的原则下，对在医疗中有特殊困难者，政府以救济性质酌情给予补助。

医疗救助制度的正式建立是农村先于城市的。2003 年 11 月，民政部、卫生部、财政部联合下发《关于实施农村医疗救助的意见》，农村医疗救

---

① 傅小强：《印度：贫富各有所依》，《世界知识》2005 年第 17 期，第 25 页。
② 时正新：《中国社会救助体系研究》，中国社会科学出版社 2002 年版，第 100 页。

助制度正式建立。在该意见中，将农村医疗救助的对象界定为农村五保户、农村贫困户家庭成员和地方政府规定的其他符合条件的农村贫困农民。随着农村医疗救助如火如荼的进行，城市的医疗救助活动也拉开了序幕。2005年民政部、卫生部、劳动保障部和财政部联合下发《关于建立城市医疗救助制度试点工作的意见》，确立了从2005年开始，用2年时间在各省、自治区、直辖市部分县（市、区）进行试点，之后再用2—3年时间在全国建立起管理制度化、操作规范化的城市医疗救助制度的总体目标。它标志着我国开始建立城市医疗救助制度。为了贯彻落实《中共中央、国务院关于深化医药卫生体制改革的意见》和《国务院关于印发医药卫生体制改革近期重点实施方案（2009—2011年）的通知》的精神，进一步完善城乡医疗救助制度，保障困难群众能够享受到基本医疗卫生服务，民政部下发《关于进一步完善城乡医疗救助制度的意见》，进一步完善医疗救助制度。

总之，我国的医疗救助制度的建立和完善经历了从个别城市的尝试到全国性试点再到全面完善的过程。由于我国城乡二元结构的差异，我国城市医疗救助制度和农村医疗救助制度存在内容上的差异。但是，经过多年的努力，我国的医疗救助制度建设已经逐步完善，具体来说，已经就医疗救助的对象范围、救助标准、救助内容、救助程序、经办管理和资金监督形成了比较完整的制度体系。[1]

（三）农村医疗救助

与城市相比，农村的医疗卫生状况较差，主要表现在农村合作医疗面临很多困难，基础设施落后，资金投入不足，农民因病致贫的现象十分多见。为了改善农村医疗服务条件，对农村五保户和贫困农民家庭实行医疗救助，2003年11月，民政部、卫生部、财政部联合下发《关于实施农村医疗救助的意见》。农村医疗救助制度是政府拨款和社会各界自愿捐助等多渠道筹资，对患大病农村五保户和贫困农民家庭实行医疗救助的制度。

1. 救助对象

农村医疗救助制度的救助对象有两类：一是农村五保户、农村贫困户

---

[1] 李立国：《医疗救助已形成较完整制度体系》，http://finance.sina.com.cn/roll/20110309/00059494274.shtml。

家庭成员，二是地方政府规定的其他符合条件的农村贫困农民。在具体的工作中，各地制定了较为详细的标准。如海南省规定农村医疗救助对象主要有农村五保户、低保户、市县政府认定的特殊困难群众等。[①] 上海市规定农村医疗救助对象包括三类人员：一是无生活来源、无劳动能力又无法定赡养人、扶养人或抚养人的人员，主要是指享受民政部门定期定量救济的孤老、孤儿、孤残等人员；二是本市农村低保家庭中因患大病重病，在享受基本医疗待遇和其他补贴以及各种互助帮困措施后，个人负担医疗费仍有困难的人员；三是市人民政府规定的其他特殊贫困人员。[②]

总之，农村医疗救助的对象除了满足国家有关规定外，需由地方民政部门会同财政、卫生部门共同确定，报同级人民政府批准。

2. 救助范围

《关于实施农村医疗救助的意见》从三个方面大体规定了农村医疗救助的救助范围：开展新型农村合作医疗的地区，资助医疗救助对象缴纳个人应负担的全部或部分资金，参加当地合作医疗，享受合作医疗待遇。因患大病经合作医疗补助后个人负担医疗费用过高，影响家庭基本生活的，再给予适当的医疗救助；尚未开展新型农村合作医疗的地区，对因患大病个人负担费用难以承担，影响家庭基本生活的，给予适当医疗救助；国家规定的特种传染病救治费用，按有关规定给予补助。

3. 救助标准

由于救助标准涉及当地的经济发展水平和财力状况等诸多因素，因此对于具体标准各地不尽相同。在具体工作中，农村医疗救助可以分为门诊医疗救助和住院医疗救助。

各地的门诊医疗救助大致差不多，一般为 300—500 元不等。五保对象、孤老重点优抚对象门诊治疗，由定点医疗机构门诊记账，直接提供医疗救助服务，但全年累计救助金额不得超过当地规定的标准。对于一般救助对象门诊治疗，凭定点医疗机构门诊治疗有效发票按 60% 给予救助，全年累计亦不得超过规定标准。有些地方只有住院医疗救助，没有门诊医

---

① 海口市民政局官方网站，http://www.haikou.gov.cn/hkmzj/gzdt/ShowArticle.asp? ArticleID =467。

② 上海青浦，http://www.shqp.gov.cn/test/gb/special/node_9384.htm。

救助。[1]

住院医疗救助是农村医疗救助的重要部分。各地对于住院医疗救助，都有较为详细的规定。以南昌市为例，普通病住院费用，经基本医疗保险按规定补偿后，个人负担部分当年在 1000 元以内的，按实际负担额予以一次性全额救助；个人负担部分超过 1000 元的按 80% 予以救助，全年个人累计救助额不超过 12000 元。重症病住院费用，经基本医疗保险按规定补偿后，个人负担部分按 80% 予以救助。个人负担部分在 5 万元以下的（含 5 万元），当年累计救助额不超过 3 万元；个人负担部分在 5—10 万元（不含 5 万元，含 10 万元）的，当年累计救助额不超过 6 万元；个人负担部分在 10 万元（不含 10 万元）以上的，当年累计救助额不超过 8 万元。[2]

4. 农村医疗救助的申请、审批

（1）申请

医疗救助实行属地化管理原则，申请人（户主）向村民委员会提出书面申请，填写申请表，如实提供医疗诊断书、医疗费用收据、必要的病史材料、已参加合作医疗按规定领取的合作医疗补助凭证、社会互助帮困情况证明等，经村民代表会议评议同意后报乡镇人民政府审核。

（2）审批

乡镇人民政府对上报的申请表和有关材料进行逐项审核，对符合医疗救助条件的上报县（市、区）民政局审批。乡镇人民政府根据需要，可以采取入户调查、邻里访问以及信函索证等方式对申请人的医疗支出和家庭经济状况等有关材料进行调查核实。县级人民政府民政部门对乡镇上报的有关材料进行复审核实，并及时签署审批意见。对符合医疗救助条件的家庭核准其享受医疗救助金额，对不符合享受医疗救助条件的，应当书面通知申请人，并说明理由。

5. 农村医疗救助资金的筹集

《关于实施农村医疗救助的意见》明确规定，各地要建立医疗救助基金。基金主要通过各级财政拨款和社会各界自愿捐助等多渠道筹集。地方

---

① 廖益光：《社会救助概论》，北京大学出版社 2009 年版，第 185—186 页。
② 《南昌医疗救助出新规 住院医疗救助额最高不超过 8 万元》，http://jiangxi.jxnews.com. cn/system/2011/05/24/011670492_01. shtml。

各级财政每年年初根据实际需要和财力情况安排医疗救助资金，列入当年财政预算；中央财政通过专项转移支付对中西部贫困地区农民贫困家庭医疗救助给予适当支持。

6. 农村医疗救助资金的管理和使用

《农村医疗救助基金管理试行办法》明确规定了农村医疗救助资金的管理和使用原则为公开、公平、公正、专款专用、量入为出、收支平衡。医疗救助资金纳入社会保障基金财政专户。各级财政、民政部门对医疗救助资金实行专项管理，专款专用。

（四）城市医疗救助

1. 救助对象

城市医疗救助的救助对象主要是城市居民最低生活保障对象中未参加城镇职工基本医疗保险人员、已参加城镇职工基本医疗保险但个人负担仍然较重的人员和其他特殊困难群众。具体条件由地方政府民政部门会同卫生、劳动保障、财政等部门制订并报同级人民政府批准。各地根据具体情况，对于城市医疗救助的对象有详细的界定。例如，北京市的城市医疗救助对象是民政部门管理的享受本市城市居民最低生活保障待遇的人员。其中包括：一是未享受本市城镇职工基本医疗保险的城市低保对象和享受本市城镇职工基本医疗保险的城市低保对象；二是劳动和社会保障部门管理的家庭月人均收入高于本市当年城市低保标准但低于本市当年最低工资标准的本市城镇职工基本医疗保险对象；三是本市规定的其他特殊生活困难人员。[1] 2001—2007 年开展的中英城市社区卫生服务与贫困救助项目（UHPP）在成都、沈阳、西宁、银川四个城市试点，主要将低保对象中的"三无"人员、低保对象或流动人口中的孕产妇、低保对象或流动人口中的 0—7 岁儿童纳入医疗救助对象，其中个别城市将特种病（如精神病、传染病）患者也纳入医疗救助对象。[2]

2. 救助范围

我国医疗救助事业刚刚起步，救助资金有限，促使我国城市医疗救助

---

① 《北京市城市特困人员医疗救助暂行办法》，http://www.bjchy.gov.cn/workItemQTManage. do? action = basisQueryOne&wiiwb_id = 8a24f09a294a323b012afb1225512934。

② 胡务：《社会救助概论》，北京大学出版社 2010 年版，第 95 页。

试点地区主要选择以大病救助为主的模式,[①] 并逐渐向城市医疗救助发展转变。城市大病医疗救助的范围主要是重大疾病,主要包括（1）尿毒症（肾功能衰竭）；（2）恶性肿瘤；（3）重症肝炎（肝硬化或急性肝坏死）；（4）急性心肌梗塞；（5）重症心脑血管病；（6）重症胰腺炎；（7）其他。[②]

3. 救助标准

《关于建立城市医疗救助制度试点工作的意见》提出科学制定救助标准。按照量力而行、尽力而为、量入为出、收支平衡的原则,由民政部门会同卫生、劳动保障、财政等部门对本地区救助对象上一年度或前三年医疗费用实际支出情况进行认真分析测算,科学合理确定城市医疗救助标准,并可根据城市医疗救助基金实际收支情况对救助标准适时进行调整。对救助对象在扣除各项医疗保险可支付部分、单位应报销部分及社会互助帮困等后,个人负担超过一定金额的医疗费用或特殊病种医疗费用给予一定比例或一定数量的补助。具体补助标准由地方政府民政部门会同卫生、劳动保障、财政等部门制订。对于特别困难的人员,可适当提高补助标准。各地根据其实际情况,制定了救助标准。

4. 城市医疗救助的申请、审批

救助对象本人向社区居民委员会提出申请城市医疗救助的书面材料并提供有关证明材料；街道办事处（乡镇人民政府）对上报的申请表和有关证明材料进行审核；县级政府民政部门对街道办事处（乡镇人民政府）上报的有关材料进行审批。救助金由街道办事处（乡镇人民政府）发放,也可以由县级政府民政部门直接发放,有条件的地方要实行社会化发放。

5. 城市医疗救助资金的筹集

按照多方筹资的原则建立城市医疗救助基金。基金来源包括：财政部门根据本地区开展城市医疗救助工作需要和财政支付能力,在年度预算中安排的城市医疗救助资金；民政部门从留归本部门使用的彩票公益金中按照一定比例或一定数额安排用于城市医疗救助的资金；社会各界自愿捐赠

---

① 民政部最低生活保障司：《城市医疗救助试点工作评价研究》,http://dbs.mca.gov.cn/article/csyljz/llyj/200712/20071200005888.shtml？1/2.

② 廖益光：《社会救助概论》,北京大学出版社 2009 年版,第 116 页。

用于城市医疗救助的捐赠资金；城市医疗救助基金形成的利息收入；按规定可用于城市医疗救助的其他资金。

6. 城市医疗救助资金的管理和使用

城市医疗救助基金应全部用于补助救助对象符合规定的医疗费用，不得从基金中提取管理费或列支其他任何费用。城市医疗救助基金要纳入社会保障基金财政专户，实行专账核算，专项管理，专款专用。县（市、区）财政部门在社会保障基金财政专户中建立"城市医疗救助基金专账"，用于办理基金的汇集、核拨、支付等业务。县（市、区）民政部门也应设立城市医疗救助基金专账，用于办理基金的支付和发放业务。城市医疗救助基金年度收支计划由地方民政部门商财政部门后报同级人民政府批准后执行。民政部门定期向同级财政部门和上级民政部门报送收支计划执行情况。

第二节　教育救助

一、教育救助概述

1. 定义

教育救助是指国家、社会团体和个人为保障适龄人口获得接受教育的机会，从物质和资金上对贫困地区和贫困学生在不同阶段所提供的援助。[1]

2. 对象

关于教育救助对象的界定有不同看法。有些学者认为教育救助的对象是"教育弱势群体"，[2] 有些学者则认为教育救助的对象应是"教育困境者"。相比前者而言，"教育困境者"揭示了教育救助对象的身份和属性，即指处于受教育的某个阶段或某种教育情境时存在无法正常接受教育的劣势或障碍的受教育者。[3] 因此，无论是残障学生、贫困家庭的学生、女性

---

① 郭涛：《论美国大学教育救助制度与镜鉴》，《郑州大学学报（哲学社会科学版）》2010年第7期，第174—176页。

② 郭玉辉：《美国辍学青年教育救助项目及启示》，《中国成人教育》2010年第5期，第89页。

③ 张小芳：《教育救助问题探究——基于对教育困境者的救助现状分析》，《现代教育论丛》2008年第11期，第49页。

学生、流动人口子女、少数民族地区学生，以及农村、城镇贫困家庭成员及其他可能在接受教育方面处于困境的成年人都属于"教育困境者"，都有权利享受教育救助。

二、国外的教育救助——以英国的教育救助为例

（一）英国的小学教育福利与救助①

英国的小学教育采取全纳教育的理念，主张每个儿童都有受教育的基本权利，学校应该接纳所有儿童，不应该歧视和排斥任何儿童。② 这一理念在英国的小学教育中得到了很好的体现：所有儿童可以在任何一所学校免费学习，没有国籍、地域、身份等背景限制。

英国对小学生教育的重视体现在为小学生提供无微不至的教育服务。以阿伯丁的阅读快车为例，阅读快车由一辆公交车改装而成，车上除简单的厨卫设备和舒适的沙发外，主要是各种儿童读物和玩具。阅读快车一年中在该市的各个学校巡回提供免费的以阅读为主的教育服务，主要对象是学龄前和小学儿童。儿童放学后可以在车上自己阅览书刊，还可以和工作人员一道做有趣的游戏，或者听故事员讲故事。阅读快车活动得到了当地30 个机构及很多个人的资助和支持，其中包括市政府、社区、大学、图书馆、博物馆等，这一活动为儿童和家长创造了一个课后校外学习的良好环境，有助于儿童的学习和健康成长。

（二）英国贫困家庭中学生的教育福利与救助

英国的公立中学全部实行免费教育，学生不必交纳学杂费、教材费、书本费。学生上课使用的各科教材均由学校统一发放。学生具有课本的使用权，但没有所有权。一般来说，英国中学课本只在课上使用，许多科目下课后教师就将课本收回，学生不必带教科书回家；而学生课下可阅读的书目很多，不必去死啃教科书。英国人有勤俭节约的好传统，学生的一套教材常常可供几届学生反复使用。

英国的每个中学都有自己的图书馆和网络中心。学生进校后可免费办

---

① 袁志红、黄大勇：《英国小学教育的经历与启示》，《外国中小学教育》2010 年第 11 期，第 63—64 页。

② 黄志成：《全纳教育：国际教育新思潮》，《中国民族教育》2004 年第 3 期，第 42—44 页。

理一张磁卡借书证，凭此卡学生可最多借阅 4 本图书，期限为 4 周。在学校学生还可随时免费上网，免费设立自己的邮箱。英国的中学一般为 9 点上课，3 点放学，每天上 5 节课，图书馆在每天早晚各延长开放一两个小时，为学生的阅读创造了条件。

为方便学生上网查阅资料，学校计算机教室的电脑可供学生随时使用。此外，每个教室都安装有数台电脑，可供学生利用课间或没课的时间上网。对于学生在网上查阅的资料，如果愿意下载，学校可为其免费提供复印纸张。英国中学生上课所用的笔记本、作业本、学习资料及卷子纸张，也是由学校免费提供的。每学期开学，各科教师都发给每位学生一个新本，如果学生用完了可向教师提出再领新本。

为保证每个学生都能受到教育，英国政府实行对困难家庭的补助政策。凡处于失业，靠领取救济金生活，或收入在最低生活线以下的家庭，学校均可免费为其子女提供午餐。当然审批程序是十分正规和严格的，学校对新入本校的学生会及时发放申请困难补助的书面表格与材料。①

（三）英国大学生资助政策

1. 助学贷款制度

英国助学贷款制度正式出现于 20 世纪 80 年代后期。1988 年 11 月，英国教科部发表了一份题为《学生生活费差额贷款》的白皮书，建议设立一套贷款制度，使学生能够利用贷款弥补生活费的不足。此后，助学贷款制度不断发展。2003 年，英国教育与技能部和英国高等教育基金会公布了《高等教育的未来》白皮书。2004 年 1 月，英国政府通过《高等教育法案》，推出了新的高等教育学费政策和资助制度，形成了现在的学生资助体系，即"助学贷款加助学金"的资助模式。

现今，英国的助学贷款分为学费贷款和生活贷款两种。学费贷款主要用于学生支付当年学费。生活贷款主要用于住宿和其他生活花费。英国助学贷款的本金来自政府财政预算拨款，由助学贷款公司来经办，通过国家税务系统，即皇家税务海关总署来回收贷款，贷款通过国家税务系统直接从学生的薪水中扣除。2007—2008 学年学费贷款每人每年最高不超 3070 英镑，2008—2009 学年最高不超过 3145 英镑。自 2006 年起，英国取消了

---

① 李素菊：《英国的中学教育》，《思想政治课教学》2004 年第 11 期，第 48—50 页。

国家统一学费标准，以学校自由定价学费取而代之，让各个学校有更多的空间，根据自己所处地区、招生供求关系，以及本校不同的专业学科等来调整学费，但封顶线是 3000 英镑。由此，贷款额度也随之改变，从 1998 年的 500 英镑改革至现在的最高 3070 英镑，与学费同比增加。2007—2008 学年生活贷款每人每年最高不能超过 6315 英镑，2008—2009 学年最高不能超过 6475 英镑。生活贷款并不是所有人都可以全额获得，学生所能贷款到的最大额度与很多因素有关，比如居住地、专业课程的时间、其他财政资助的获得情况等等。英国借款学生在完成学业的次年 4 月开始偿还贷款，也可以根据自己的情况提前还贷。同时，考虑到学生刚毕业，既没有工作，也不可能有其他可获得资金的来源，其助学贷款有很人性化的规定。学生毕业后，当其年收入超过 15000 英镑后开始还贷。每年偿还额度是超出 15000 英镑部分的 9%，如年收入为 18000 英镑，则当年所要偿还的部分是 3000 英镑的 9%，即 270 英镑。每个月约为 22.5 英镑。若贷款学生 25 年后仍不能还清，则剩余的部分全部由国家代偿。该制度具有按照收入比例还款的特点，在还款期限上没有特别规定，因为不同学生毕业后收入水平不同，所以还款期限也不可能统一。对于毕业后年收入不满 15000 英镑的学生，允许其推迟一年还款。在推迟期间，贷款额度仍然根据通货膨胀率作相应的调整。对于一些残疾贷款者，政府还有特别优惠的政策。英国助学贷款利率不同于我国助学贷款的利率，其助学贷款是一种实际利率为零的贷款。贷款的名义利率实际上是一种贷款调整率，与每年零售物价指数及年通货膨胀率相关。实行这种贷款调整率的目的，只是使贷款在不同年份也具有相同的实际价值。

2. 助学金制度

助学金分为生活补助金和特殊补助金，主要用于资助全日制学生在住宿费和其他生活方面的开支。助学金的发放主要依据学生的家庭收入状况，不需要学生偿还，并且可以和助学贷款同时申请。获得特殊助学金需要的条件是残疾、单亲等特殊情况，但是生活补助金和特殊补助金不能兼得。这两种助学金的区别不大，唯一不同的是它们受其他财政资助的影响程度。特殊补助金不受其他资助的影响，而生活补助金会因为同时获得其他形式的补助而在数额上有所变动。生活补助金和特殊补助金这两种助学金每人每年可获得的最高额度都是 2765 英镑（2007—2008 学年）和 2835

英镑（2008—2009 学年）。学生可获得的助学金数额与学生的家庭收入有直接联系，家庭收入越高，可获得的助学金越低。家庭收入高于一定标准，2007—2008 学年是 38331 英镑，2008—2009 学年是 60005 英镑，则不能获得助学金。虽然两种助学金在随家庭收入而数额不同的情况上是完全相同的，但生活补助金和特殊补助金并不是完全相同的两种助学金形式。生活补助金会因为学生同时获得的其他资助形式而在数额上另有不同，特殊补助金则不会受到影响，主要的影响是在学生同时申请的生活贷款上。也就是说，一旦学生获得了生活补助金，在其生活贷款额度中就要减去其获得的生活补助金的额度。在 2007—2008 学年，当一个学生可以获得的助学金超过 1230 英镑（包括 1230 英镑），那么他可以获得的生活贷款就会减少 1230 英镑。在 2008—2009 学年，当一个学生可以获得的助学金超过 1260 英镑（包括 1260 英镑），那么他可以获得的生活贷款就会减少 1260 英镑。

3. 特点与启示

（1）英国税务系统参与贷款回收

英国学生从完成学业的次年 4 月开始偿还贷款，整个还款过程完全不需要学生自己经手，而是由学生贷款公司通过英国完整的税收系统，直接从学生当年的工作薪水中扣除应该还款的部分。整个过程虽然参与的主体比较多，分别是学生工作单位、皇家税务海关总署和英国学生贷款公司，但已经形成了一个良好的运行体系，各个主体都有自己明确的职能，有条不紊地开展贷款回收工作。这使得英国的贷款回收率大大增加，整个助学贷款系统运行顺畅。

英国回收贷款的具体运行方式是：每年 1 月，皇家税务海关总署会向各学生工作部门发送一份简要文件，内容是关于如何计算学生当年的贷款扣除额，并且会通知工作部门扣除工作的开始和截止时间。工作部门则在每个债务预期偿还期到来时，按照学生当年的工资，对超出 15000 英镑的部分依据 9% 进行计算并扣除。皇家税务海关总署通过所得税系统将贷款回收。在此期间，工作部门有任何关于这方面的问题都可以拨打皇家税务海关总署专门的热线服务电话了解。学生贷款公司的工作则是向皇家税务海关总署提供信息，如学生贷款到期时间等，以便回收贷款工作可以准时、有序地进行。学生有任何关于税收回收贷款的问题，都可以向当地税务部门寻求解答。

英国通过税务系统回收的好处在于在机制设计上使学生无法逃避偿还责任，因为偿还与学生工资挂钩，并且在工资打入学生银行账户前已经被税务部门直接扣除，学生根本无法接触到这笔还款。

（2）按照收入水平还款

英国按照收入水平还款的方式，充分考虑到了学生的还款能力和还款负担，值得我国学习和借鉴。我国的国家助学贷款对于刚毕业的学生，只是给予他们1—2年的还款宽限期，但这个宽限期并没有从根本上解决收入不佳学生的还款负担问题。很多学生并不能在1—2年内将收入提升到一个可观的水准，国家助学贷款仍然是他们一个沉重的负担。还款负担的合适与否，是助学贷款制度运行是否顺畅的一个重要条件。因此，应充分考虑贷款学生的偿还能力和还款负担这两个因素，使他们的还款负担保持在一个合理的水平上。

（3）由商业银行以外的机构经办助学贷款

英国助学贷款的经办机构是助学贷款公司，负责管理由政府拨款的助学款项。它的职能主要是向符合条件的学生提供贷款和助学金；向高等教育机构给予学费上的公共捐助；向皇家税务海关总署提供其所需资料，从而确保到期贷款的偿还工作能够准时完成。在贷款偿还上，英国贷款公司只负责账户维护以及和借款学生之间的通信工作，而贷款的回收则是由皇家税务海关总署通过税务系统完成，但贷款公司和皇家税务海关总署都是贷款回收上的责任共同承担者。①

三、我国的教育救助

（一）义务教育阶段贫困学生的"两免一补"

1. 定义

"两免一补"是指对农村义务教育阶段家庭经济困难学生和城市低保家庭学生免费提供教科书、免杂费并逐步补助寄宿生生活费的一项政策。

---

① 冯涛、吴玥：《英国大学生资助政策及启示》，《教育评论》2009年第4期，第163—165页。

2. 救助对象

持有农村特困户救助证的家庭子女；农村人均年收入低于 882 元的家庭子女；父母重大疾病丧失劳动能力的贫困学生；父母离异或丧父、丧母等原因造成家庭经济困难学生；因突发事件导致家庭贫困的子女；接受特殊教育的学生；因建设征地导致农村家庭人均耕地面积大量减少且造成家庭经济严重困难的学生；当地政府规定的其他需要资助的学生。

近年来，"两免一补"的对象不断扩大。2006 年全国人大常委会对《义务教育法》进行修订，明确规定九年义务教育阶段学费、书杂费全免，各地于当年 9 月 1 日起陆续实施。

3. 申请程序

学生提出申请并填写申请表；到村（居）委会签署意见；学校进一步核实调查，初步确立受助对象；学校将贫困学生名单、贫困情况及减免的具体项目、金额等张榜公示 7 天，以接受社会和群众监督；公示无异议后，学校将核实的贫困学生名单造册，连同申请表上报教育部门；学校对贫困学生实行动态管理，并根据贫困程度的变化适时进行调整。①

4. "两免一补"简要评价

"两免一补"作为一项重要的教育救助措施，自实施以来，不仅提高了贫困家庭子女义务教育入学率，降低了教育费用支出，从长远意义上来说，提高了劳动力文化素质，增强了就业能力。

但是，"两免一补"在实施过程中还存在一些问题，如贫困学生人数众多，能享受到此类政策的学生人数相对有限，致使一些家庭困难的学生无法享受到国家的资助。再如，资助对象的界定标准有待明确。这些实际问题都有待进一步解决。

（二）高校和中职贫困学生的"奖贷助补减"

目前，我国高校基本形成了以奖学金、学生贷款、勤工助学、特殊困难补助和学费减免（简称"奖贷助补减"）为主的帮助贫困生的政策体系。

1. 奖学金

我国高校设有各种形式的奖学金，帮助经济困难、学习优秀的学生和

---

① 胡务：《社会救助概论》，北京大学出版社 2010 年版，第 164—165 页。

农林、师范、体育、航海等特殊专业的学生完成学业。[①] 国家奖学金实行于 2002 年，是政府对家庭经济困难、品学兼优的全国普通高等学校全日制在校本专科生提供的无偿资助。国家奖学金的申请，基本条件是：热爱社会主义祖国，拥护中国共产党的领导；遵守宪法和法律，遵守学校规章制度；诚实守信，道德品质优良；在校期间学习成绩优异，社会实践、创新能力、综合素质等方面特别突出。除了国家奖学金，高校自身、企业、个人也设立帮困奖学金，这在一定程度上缓解了贫困学生教育的压力。

2. 助学贷款

金融机构针对高校学生开展各种助学贷款。我国的助学贷款制度于 1999 年初步确立。2004 年秋，新的国家助学贷款规定开始在全国普通高校全面实施。新规定有以下不同：

（1）延长还款年限

新规定延长了学生贷款的还款年限，改变了目前自学生毕业之日起开始偿还本金、4 年内还清的做法，实行借款学生毕业后视就业情况，在 1—2 年内开始还贷、6 年内还清的做法。另外，如果借款学生毕业后自愿到国家需要的艰苦地区、艰苦行业工作，服务期达到一定年限后，经批准可以奖学金方式代偿其贷款本息。

（2）贴息方式的变化

国家助学贷款的财政贴息方式有变化，改变了目前在整个贷款合同期间，对学生贷款利息给予 50% 财政补助的做法，实行借款学生在校期间的贷款利息全部由财政补贴，毕业后全部自付的办法，借款学生毕业后开始计付利息。借款学生办理毕业或终止学业手续时，应当与经办银行确认还款计划，还款期限由借贷双方协商确定。若借款学生继续攻读学位，要及时向经办银行提供继续攻读学位的书面证明，财政部门继续按在校学生实施贴息。借款学生毕业或终止学业后 1 年内，可以向银行提出一次调整还款计划的申请，经办银行应予受理并根据实际情况和有关规定进行合理调整。贷款还本付息可以采取多种方式，可以一次或分次提前还贷。提前还贷的，经办银行要按实际期限计算利息，不得加收除应付利息之外的其他任何费用。

---

① 钟仁耀：《社会救助与社会福利》，上海财经大学出版社 2005 年版，第 174 页。

（3）经办银行的确定由国家指定商业银行改为招标

经办国家助学贷款的银行原来由国家指定商业银行办理，以后将改为由政府按隶属关系委托全国和各省级国家助学贷款管理中心通过招标方式确定经办银行。

（4）建立风险补偿机制，风险补偿专项资金由财政和高校各承担一半

为鼓励银行积极开展国家助学贷款业务，按照"风险分担"原则，建立国家助学贷款风险补偿机制。按隶属关系，由财政和普通高校按贷款当年发生额的一定比例建立国家助学贷款风险补偿专项资金，给予经办银行适当补偿，具体比例在招投标时确定。国家助学贷款风险补偿专项资金由财政和普通高校各承担50%；每所普通高校承担的部分与该校毕业学生的还款情况挂钩。风险补偿专项资金由各级国家助学贷款管理中心负责管理。财政部门每年将应承担的资金及时足额安排预算；各普通高校承担的资金，按照普通高校隶属关系和财政部门有关规定，在每年向普通高校返还按"收支两条线"管理的学费收入时，由财政部门直接拨给教育主管部门。各级国家助学贷款管理中心在确认经办银行年度贷款实际发放额后，将风险补偿资金统一支付给经办银行。

（5）加强贷后跟踪管理

在享受政策优惠的同时，借款学生将受到更严格的还款约束，对普通高校实行借款总额包干办法。普通高校每年的借款总额原则上按全日制普通本专科生（含高职学生）、研究生以及第二学士学位在校生总数20%的比例、每人每年6000元的标准计算确定。国家助学贷款管理中心以国家助学贷款学生个人信息查询系统为依托，进一步完善对借款学生的信息管理，对借款学生的基本信息、贷款和还款情况等及时进行记录，加强对借款学生的贷后跟踪管理，接受经办银行对借款学生有关信息的查询，并将经办银行提供的违约借款学生名单在新闻媒体及全国高等学校毕业生学历查询系统网站公布。

在享受政策优惠的同时，借款学生将受到更为严格的还款约束。连续拖欠贷款超过一年且不与经办银行主动联系的借款学生姓名及公民身份证号码、毕业学校、违约行为等按隶属关系提供给国家助学贷款管理中心，经办银行将不再为其办理新的贷款和其他授信业务。借款学生毕业时，学校应在组织学生与经办银行办理还款确认手续后，方可为借款学生办理毕

业手续，并将其贷款情况载入学生个人档案；积极配合经办银行催收贷款，负责在 1 年内向经办银行提供借款学生第一次就业的有效联系地址；学生没有就业的，提供其家庭的有效联系地址。[1]

2007 年，一个更具有商业可持续发展的助学贷款品种出现，这就是生源地信用贷款，它在身份认定、信用约束等方面有突出优势，是原有国家助学贷款形式的有益补充，是国家助学贷款的有机组成部分。

与高校国家助学贷款相比，生源地助学贷款的特点主要体现在：一是学生在当地贷款，当地银行比较容易调查学生家庭经济困难的情况，操作比较方便，成本较低；二是学生在当地就可以取得贷款，在入学前就可获得国家的资助，顺利到校报到入学；三是由于贷款发生在生源所在地，学生还款便于跟踪和管理，比原有高校国家助学贷款更加灵活。财政部、教育部和国家开发银行联合开展的生源地信用助学贷款试点将有利于进一步提高助学贷款的覆盖面，满足更多家庭经济困难学生的贷款需求。每个学生每年可申请生源地信用助学贷款 6000 元，贷款期限最长可达 14 年。与以前相比，贷款期限更加合理，更加符合助学贷款的实际。与高校国家助学贷款一样，学生在校期间的利息由财政全额贴息，毕业后由学生和家长自负，这为经济困难家庭减轻了利息负担，为他们带来了实惠。与高校国家助学贷款不同的是，风险补偿金按贷款发生额的 15% 确定，由中央和地方财政共同负担，有利于化解贷款中可能出现的风险，充分体现出国家对生源地信用贷款的支持和对贫困学生的关爱。[2]

3. 勤工助学

勤工助学活动是指学生在学校的组织下利用课余时间，通过劳动取得合法报酬，用于改善学习和生活条件的社会实践活动。勤工助学是学校学生资助工作的重要组成部分，是提高学生综合素质和资助家庭经济困难学生的有效途径。[3]

---

[1] 丁伟：《教育部副部长张保庆解读国家助学贷款新规定新在哪》，《人民日报》2004 年 9 月 1 日。

[2] 杨晨光：《财政部教育部有关负责人解读生源地助学贷款》，http://www.ce.cn/xwzx/gnsz/gdxw/200709/05/t20070905_12799179.shtml。

[3] 教育部：《财政部关于印发〈高等学校勤工助学管理办法〉的通知》（教财〔2007〕7 号）。

4. 补助金

特别困难学生补助是国家为保证经济特别困难学生顺利完成学业而给予学生的专项补助。国家规定高校每年都要从所收取的学费中提取 10% 左右的资金，用于对困难学生的补助。从 2007 年开始，中央和地方共同设立国家助学金，用于资助家庭经济困难的学生。

5. 学费减免

国家对公办全日制普通高校中部分确因经济条件所限，交纳学费有困难的学生，特别是其中的孤残学生、少数民族学生及烈士子女、优抚家庭子女等，实行减免学费政策。其中，在校月收入（包括各种奖学金和各种补贴）已低于学校所在地区居民的平均最低生活水准线，学习和生活经济条件特别困难的学生免收全部学费；对其他一般困难的学生可适当减收部分学费。具体减免办法由省级教育、物价、财政部门制定。从 2007 年起，国家对于教育部直属师范大学的师范类新生实行免费教育，免费教育师范生在校学习期间免除学费，免缴住宿费，并补助生活费。所需经费由中央财政安排。

第三节　住房救助

一、住房救助概述

（一）基本内涵

住房救助，是指政府向低收入家庭和其他需保障的特殊家庭提供现金补贴或直接提供住房的一种社会救助项目。

（二）救助对象

住房救助的对象主要是住房困难群体。各地根据国家的政策制定出符合各地实际的住房救助政策，确定救助对象。如北京市规定，东城区、西城区、崇文区、宣武区、朝阳区、海淀区、丰台区、石景山区同时符合以下条件的家庭，才能够申请住房救助：（1）具有本市非农业常住户口的最低收入家庭和其他需保障的特殊家庭。最低收入家庭指家庭月人均收入低于本市当年城市居民最低生活保障标准，并且经本市民政部门批准、连续享受本市城市低保待遇一年以上的城市低保家庭；其他需保障的特殊家庭指具有本市非农业常住户口、持有本市民政部门认定的优抚对象身份证明的家庭。（2）家庭人均住房使用面积7.5（含）平方米以下。①

（三）主要内容

1. 向居民提供福利保障性的廉租房

廉租房是指由国家出资建设规格适当、设备齐全的住房，以低廉的可以被接受的方式向住房困难的个人或家庭提供，保障其住房达到社会最低生活标准。②

西方国家一般都实行按高、中、低三种收入分类供应住房的体系，其中提供廉租住房是向低收入者供应住房的方法之一。通过提供廉租住房，低收入者的住房条件得到改善，从而实现"居者有其屋"的目标。

2. 以低于市场价的价格出售经济适用房

经济适用房是廉租房之外又一种针对低收入者的保障性住房，是指政府提供政策优惠，限定套型面积和销售价格，按照合理标准建设，面向城市低收入住房困难家庭供应，具有保障性质的政策性住房。③

3. 发放住房现金补贴

住房现金补贴是指向低收入家庭直接发放现金，帮助其购买或租住房屋。它在住房救助中也起到了不容忽视的作用。以美国为例，美国最初实行公共住房项目，取得了一定的成效，但是随着公共住房的规模不断扩大，它也面临着越来越多的问题，主要是上升的成本问题和贫困集中问题。这迫使美国政府调整公共住房政策，并试图用其他的手段来解决低收入者的住房问题，于是租金补贴作为一种新的住房政策出现了。租金补贴给予租房者选择的机会，由于持有者可以在任何地方使用住房券，这使得贫困者能够融入一般社区，同样扩大了他们获得得体、适宜的住房的机会。④

二、国外的住房救助——以美国住房救助为例

美国的住房救助政策主要包括两部分：一是公共住房，二是租金

---

① 北京网社会保障，http://shbz.beijing.cn/shjz/zfjz/n214032486.shtml，2007－07－04。

② 钟仁耀：《社会救助与社会福利》，上海财经大学出版社2005年版，第133页。

③ 《经济适用住房管理办法》。

④ 姚建平：《中美社会救助制度比较》，中国社会出版社2007年版，第146—150页。

补贴。

（一）公共住房

1. 发展历程①

美国的公共住房项目创立于 1937 年，是美国资助贫困者住房政策方面最久远的项目。1937 年的《住房法》（*Housing Act*）规定，由联邦政府向地方住房管理部门提供资金，为有孩子的低收入家庭、老人、伤残者或生理上有障碍的人建造、经营和维修住宅。根据这一法案，地方住房管理部门利用联邦政府的资金建造并经营了大批公共住房。第二次世界大战结束，大批的军人复员结婚需要大量住房，美国政府开始致力于清理贫民窟也需要大量公共住房。在这种背景下，1945 年，战后经济政策和计划委员会提出了一个广泛清理贫民窟和兴建公共住房的提案，即瓦格纳·艾伦德·塔夫托议案，但是因为当时共和党多数的反对而连续三年被否决。直到1948 年杜鲁门总统竞选连任胜利后再次提出这一议案，才为国会通过，这就是 1949 年《住房法》。1949 年 7 月 15 日，杜鲁门签署了住房法令。该法规定在 6 年内主要为低收入家庭建造 81 万套廉价公共住房，为城市清理贫民窟和改善农村住宅提供大笔贷款和援助，并且规定政府对公共住房收取的租金必须比私人房屋的最低租金再低 20%。这个住房法案宣称，政府的住房政策是为每个美国家庭提供体面的住宅和适宜的生活环境。1949 年的《住房法》是联邦政府第一次采取有效措施来援助和清理贫民窟，并开创了政府帮助农民改善农村住宅的先例。该法案还将住房改善与社区发展规划联系起来，是美国住房政策发展史的一个重要里程碑。《住房法》出台以后，美国公共住房建设进入了一个高潮时期。20 世纪 60 年代以来，美国政府在公共住房建设规模上有所缩小。到 20 世纪 80 年代，随着租金补贴的大量采用，公共住房建设逐渐萎缩。

2. 申请与管理

在美国，想要获得公共住房，首先必须提出申请，接着需要通过一系列的审核：一是考察年度总收入；二是个人情况，如是否残疾或老年人等；三是必须为美国公民或具有合法移民资格。如果申请人满足条件，工作人员会检查申请者的资料，确保申请者及其家庭将是一个良好的租户。

---

① 姚建平：《中美社会救助制度比较》，中国社会出版社 2007 年版，第 145—153 页。

如果申请者及其家庭的某些习惯和做法将可能对其他住户或整个项目有不良影响，则工作人员可以否决该申请。

美国设有专职负责公共住房的申请和管理机构，称为 HA（Housing Authority）。HA 主要有以下职责：一是常规职责，如保证租赁符合规定，租约必须由双方签字；负责其他类的收费，如押金等；对于家庭收入一年至少审查一次；维修或翻新房屋等等。二是非常规职责，如为合格的家庭提供就业培训机会等等。①

3. 存在的问题②

在早期的住房法中，公共住房的建设成本由联邦支付，而运营成本则来自于住户的租金。在公共住房的早期，主要解决的是老年人、残疾人和有孩子的低收入家庭的住房问题。但是，20 世纪 50 年代以后，公共住房被用来安置贫民窟清理和城市改造项目的居民。此外，由于公共住房建设成本限制和政治原因，使得公共住房的设计和位置无法吸引中等收入者来入住。入住的贫困者所缴的租金越来越低，而公共住房的运营成本却越来越高。这样，在既要提高租金以支付运营成本又要为贫困者提供价格上可承受的住房之间，地方公共住房管理局就面临一个两难境地。1969 年，议员布鲁克又提出了一个公共住房改革方案，将租金限制在入住者家庭收入调整后的 25%。尽管这种做法可以使得即使是最穷的贫困者也能付得起公共住房的租金，但却使得地方公共住房管理局更难以弥补租金和运营成本之间的差额。所以，从 1969 年开始，联邦政府开始承担起了弥补运营成本和住户租金之间的差额的责任。此后，联邦政府对于公共住房运营成本的补助迅速增长。有资料显示，1969—1980 年间，每套公共住房的运营成本增长了 217.3%，而租金只增长了 76%。③ 这样，由于公共住房的运营成本的不断上升，使得联邦政府在公共住房上的财政压力就越来越大。

除了运营成本不断增加外，公共住房另一个饱受诟病的地方是加速了贫困的集中。在 20 世纪 70 年代，美国贫困地区的社会经济结构发生了显

① 《美国住房与城市发展部》，http://portal.hud.gov/portal/page/portal/HUD。

② 姚建平：《中美社会救助制度比较》，中国社会出版社 2007 年版，第 146—150 页。

③ Nancy S. Chisholm，"A Future for Public Housing"，*AREUEA Journal*，Vol. 11. No. 2，1983，pp. 203-220.

著的变化，即中上层住户在这些地区明显减少，而贫困人群在当地人口的比重越来越大。美国学者梅森等人认为，公共住房政策对于贫困的集中化趋势起到了重要推动作用。他通过对芝加哥1970—1980年间的相关数据分析发现，公共住房的位置与贫困程度之间有明显的相关关系。离公共住房越近，其贫困程度越严重。他认为主要原因有：第一，公共住房建设加速了贫困区内的中产阶级黑人向外迁移，从而加深了贫困区的贫困程度。第二，公共住房的建造也加强了原先就已经存在的种族隔离，使公共住房地区与周围的社会进一步隔离开来。①

除了运营成本不断升高以及导致贫困集中化以外，公共住房还带来了其他社会问题。例如，由于贫困者集中居住，使公共住房居住区及其周围犯罪等破坏社会的行为变得更加严重，社会治安也面临挑战。

（二）住房租金补贴

1. 发展历程

公共住房政策带来的问题迫使美国政府着手挑战其公共住房政策，并采取其他手段来解决贫困群体的住房问题。1965年，约翰逊总统签署的《住房和城市发展法案》规定，由联邦政府给租不起体面住房的低收入家庭给予房租补贴，这是联邦政府首次采取租金补贴的形式解决低收入者住房问题。1974年的《住房与社区发展法案》对1937年《住房法》第八条款进行了修改，授权联邦政府对租用私人住房的低收入者和收入不高的家庭给予房租补贴。

2. 具体内容

住房租金补贴主要分为两类：一类以房屋为基础，就是受补贴者只能将补贴用于租赁被指定的住房；另一类以租户为基础，只要是屋主愿意加入第八条款计划，且租金与房屋质量符合联邦政府住房和城市发展部的标准，那么受补贴者就可以自由选择居住地区及承租房屋类型。租金补贴由地方公共住房机构直接付给屋主，剩余部分租金则由租户直接付给屋主。

租金补贴申请者必须符合一定条件，主要依据是其家庭收入和人口数

---

① Douglas S. Massey, Shawn M. Kanaiaupuni, "Public Housing and the Concentration of Poverty", *Social Science Quarterly*, Vol. 74. No. 1, 1993, pp. 109-121.

量。一般来说，如果家庭所得低于当地所有家庭所得平均数的一半即可申请。公共住房机构会对申请者进行严格的调查，调查内容包括家庭收入、财产、有无犯罪记录等等，通过调查的家庭可以列入等候名单。

以租户为基础的补贴又分成两类，即许可证计划和租屋券计划。根据许可证计划，受补贴者承租的房屋租金不能超出住房和城市发展部设定的合理市场租金标准。另外，受补贴者只需要拿出家庭收入的30%支付房租，其余部分由公共住房机构支付。住房和城市发展部依据房屋所在地区、房屋面积以及是由屋主还是租户来支付水电煤气等费用等诸多因素来决定合理市场租金标准。

租屋券计划则比许可证计划更有弹性，受补贴者可以承租高于或低于合理市场租金标准的住房。当租户选择高于合理市场租金的住房时，要自行负担超出部分的租金。公共住房机构给予的租金补贴介于合理租金标准与家庭30%的收入之间。[1]

3. 特点[2]

住房租金补贴可以节约成本，这可以从两方面来看：第一，从住房补贴的接受者来看，第八条款规定获得补贴的申请者需要付他们调整后收入的30%作为房租，并且不超过最大限额。受助家庭可以凭借住房券获得地区租金标准和他们调整后收入的30%之间的租金差额。如果他们的住房开支超过了地区标准，那么他们就必须支付差额。如果他们能够找到住房开支低于当地租金标准的住房，那么他们就可以保留这个差额。这种规定无疑是在激励租金补贴的领取者积极寻找价格低廉的住房，从而实现成本的节约。第二，与公共住房相比，住房补贴节约住房的运营成本。有研究表明，尽管美国的不同州和不同的项目类型的公共住房运营成本差异极大，但是总体来说，公共住房的成本要比租金补贴项目高出10%—15%。[3]

---

①　《综述：美国租金补贴计划为低收入者解决住房问题》，http://news.qq.com/a/20080509/003181.htm。

②　姚建平：《中美社会救助制度比较》，中国社会出版社2007年版，第150—153页。

③　Nancy S. Chisholm, "A Future for Public Housing", *AREUEA Journal*, Vol. 11. No. 2, 1983, pp. 203-220.

三、我国的住房救助

(一) 廉租房

1. 发展历程

1998 年国务院发布《关于进一步深化城镇住房制度改革加快住房建设的通知》，该通知首次正式提出发展廉租房的目标。1999 年，原建设部制定了《城镇廉租住房管理办法》，对于相关问题进一步作出规定。为了加快廉租房建设的发展，2004 年原建设部、财政部、民政部、国土资源部、国家税务总局五部委联合发布《城镇最低收入家庭廉租住房管理办法》，该办法明确提出地方人民政府应当在国家统一政策指导下，根据当地经济社会发展的实际情况，因地制宜，建立城镇最低收入家庭廉租住房制度。2005 年国家发改委、原建设部发布了《城镇廉租住房租金管理办法》，使租金标准有章可循。同年原建设部、民政部又发布了《城镇最低收入家庭廉租住房申请、审核及退出管理办法》。2006 年，原建设部、发改委等九部门出台了《关于调整住房供应结构稳定住房价格的意见》，明确督促各地要稳步扩大城镇廉租住房制度建设。同年 8 月，财政部、原建设部、国土资源部出台的《关于切实落实城镇廉租房保障资金的通知》明确了廉租房建设资金的来源。2007 年 8 月，国务院出台《关于解决城市低收入家庭住房困难的若干意见》，该意见中正式提出将廉租房的保障范围由最低收入家庭逐步扩大到低收入家庭。2009 年 5 月，住房和城乡建设部、发改委、财政部三部联合发布《2009—2011 年廉租住房保障规划》，进一步指导我国廉租住房项目。2010 年 5 月，住房和城乡建设部、发改委、财政部三部联合发布《关于加强廉租住房管理有关问题的通知》，以加强廉租住房管理，确保廉租住房公平配租和有效使用。

从 1998 年国家出台廉租房政策至今，廉租房制度经历了一个从试点探索到全国实施的过程。根据住房和城乡建设部发布的《关于 2008 年廉租住房制度实施情况的通报》（建保〔2009〕37 号）披露的数据，截至 2008 年底，廉租住房累计保障户数已达 294.8 万户，其中廉租住房补贴 229 万户，实物配租 26.2 万户，租金核减 34.1 万户，其他方式 5.5 万户。2008 年新增保障户数 191.2 万户，筹集廉租住房保障资金 382.1 亿元，累计筹集廉租住房 37.2 万套。

2. 存在的问题

（1）供应机制方面

首先，政府在廉租房供应中处于主导地位。在一项调查中，政府出资的比例在各线城市①中都达到了 50% 以上，在三四线城市分别达到 70% 和 65%；相对而言，其他社会主体的供应比例则相对较低，均在 50% 以下，尤其是在三四线城市其比例均低于 40%。② 这表明在廉租房的供应机制中，政府的主导作用依旧凸显，而其他社会主体的贡献率则相对较低，此种情况会影响廉租房供应的社会化。

其次，廉租住房需要符合标准的有效合理的房源供应，这样才能保持健康有序地向需求者提供适合其需要的住房。廉租房源的提供渠道有三种形式：一是政府或单位建设，二是对无配套直管房加以配套改造，三是单位腾退房。由于政府有预算资金约束，其出资收购和兴建廉租房住房能力有限。直管房和单位腾退房由于住房改革的进一步深化也在逐步减少。因此，廉租房的房源供应比较紧张。如何根据各地的实际情况选择合适的供房模式是各大城市面临的主要问题。③

（2）准入机制

廉租房保障对象狭窄也是一个不容忽视的问题。目前，各城市出台的廉租房政策中，所提出的保障对象多限定在低保户、优抚家庭中的住房困难户，城市中的"夹心层"和流动人口都不在廉租保障对象之列。城市中流动人口增多，但是由于户口和经济条件限制，只能租住在城乡结合部，这使他们不论在工作还是生活上都有失落感，而且很难融入真正的市民生活中，这样的居住条件可能带来一系列的社会问题。

（3）控制机制

首先，资金来源不确定。现阶段，政府虽然提出了财政拨款、住房公

---

① 该调查选取了颇具代表性的一二三四线城市作为调查地点，即以北京、上海为一线城市代表，以重庆、四川成都、河北石家庄、山东济南等 6 个城市为二线城市代表，以江苏南通、河北沧州、山东东营等 10 个城市为三线代表，以江西瑞昌、云南红河、吉林延吉、河南漯河等 12 个城市为四线城市代表。

② 邓世雄等：《廉租房社会保障功能的实证研究》，《社会科学家》2010 年第 10 期，第 124 页。

③ 徐飞、张然：《香港公屋制度对国内廉租住房建设的启示》，《当代经理人》2006 年第 5 期，第 222 页。

积金增值资金、直管公房出售一定比例的归集资金、社会捐赠等多渠道、多形式的资金筹措机制，但在廉租住房实践中，大部分资金仍主要来源于住房公积金增值收益，政府财政资金未能得以有效落实。① 由于财政预算安排资金不足，2006 年全国开工建设和收购廉租住房 5.3 万套，建筑面积 293.68 万平方米，仅完成计划的 1/3。②

其次，监管机制相对滞后。由于监管机制的滞后，很多地方利用"廉租房"，获得国家无偿给予的土地指标，开发商品房。截至 2009 年 8 月底，在中央预算安排的重大公共投资项目中保障性住房仅完成投资 394.9 亿元，完成率仅为 23.6%。例如，陕西商洛市商州区政府向上级申报计划建设廉租房 600 套，但在约定期限内却一套未建，实际只利用商品房改出 72 套，而该计划的 1600 万元国家专款已经拨付到位。商州区政府近期提出补救整改措施，72 套廉租房在 6 月底前摇号配租，另外 528 套廉租房将开始施工。③ 如何更好地加强内外监管，是制约廉租房发展的重要因素。

（二）经济适用房

1. 发展历程

中国经济适用房政策形成于 20 世纪 90 年代。早在 1991 年 6 月，国务院在《关于继续积极稳妥地进行城镇住房制度改革的通知》中提出："大力发展经济适用的商品房，优先解决无房户和住房困难户的住房问题。" 1994 年 12 月，原建设部、国务院住房改革领导小组、财政部发布《城镇经济适用住房建设管理办法》，以加强经济适用住房的开发建设，加快解决中低收入家庭的住房问题。1997 年、1998 年是我国住房制度改革的关键时期。1998 年，国务院发布《关于进一步深化城镇住房制度改革加快住房建设的通知》，确立了购买经济适用住房的申请、审核制度。该通知明确提出了建立和完善以经济适用住房为主的住房供应体系，对不同收入家庭实行不同的住房供应政策。最低收入家庭租赁由政府或单位提供的廉租住房；中低收入家庭购买经济适用住房；其他收入高的家庭购买、租赁市场

---

① 钟仁耀：《社会救助与社会福利》，上海财经大学出版社 2005 年版，第 149 页。

② 易忠：《浅议我国城市廉租房建设存在的问题及对策》，《经济问题探索》2007 年第 6 期，第 134 页。

③ 《骗取廉租房专款"补建"两字岂能担当》，http://news.ifeng.com/opinion/gundong/detail_2011_05/31/6729549_0.shtml。

价商品住房。

自 1999 年起，在随后几年，经济适用房如雨后春笋般快速发展，由于房价的相对低廉，逐渐成为中低收入家庭住房的重要选择。为了进一步规范经济适用房的发展，原建设部及相关部门发布了一系列的文件。为了调控经济适用房价格，2002 年原国家计委和建设部发布《经济适用住房价格管理办法》，2007 年原建设部等七部联合发布《经济适用住房管理办法》。但是，自 2005 年起，对于经济适用房的质疑越来越多，如经济适用房面积过大、出租转卖、改变土地用途以及其他种种腐败问题。而近几年，住建部对于保障性住房的政策也有所调整，在该部 2011 年工作要点中，提出要健全以公共租赁住房为重点的住房保障体系，并完善配套政策。

2. 基本内容

各地的经济适用房建设，都是按照原建设部等七部联合发布的《经济适用住房管理办法》，结合当地实际情况进行的。虽然各地由于经济发展状况和历史文化的不同，在具体做法上各有所侧重，但是大体包括救助对象、优惠和支持政策、退出机制等几方面内容。

（1）救助对象

《经济适用住房管理办法》规定救助对象为城市低收入住房困难家庭，具体是指城市和县人民政府所在地镇的范围内，家庭收入、住房状况等符合市、县人民政府规定条件的家庭。很多地方则将想要申请经济适用房的对象做了更为具体的规定。如厦门市规定需满足以下条件才可以申请经济适用房：必须以家庭的名义申请；申请家庭成员必须包括配偶和未成年子女，申请家庭成员之间的关系必须是夫妻或父母子女关系；所有申请家庭成员都具有本市户口，在本市工作和生活，且其中至少有 1 人取得本市户籍满 3 年；家庭年收入低于"3 人户及以下 5 万元、4—5 人户 6 万元、5人户以上 7 万元"的中低收入家庭标准；家庭资产在中低收入家庭标准的6 倍以下，家庭资产包括房产、汽车、有价证券、投资（含股份）、存款（含现金和借出款）；家庭无房或人均住房建筑面积在 12 平方米以下。

（2）优惠和支持政策

经济适用住房建设项目免收城市基础设施配套费等各种行政事业性收费和政府性基金。经济适用住房项目基础设施建设费用，由政府负担。经济适用住房建设单位可以在建项目作抵押向商业银行申请住房开发贷款。

购买经济适用住房的个人可提取个人住房公积金和优先办理住房公积金贷款。

（3）开发管理

各地在加大经济适用住房的同时，必须将经济适用住房的面积严格控制在中小套型，中套住房面积控制在 80 平方米左右，小套住房控制在 60 平方米左右。各市、县人民政府可根据地区的居民收入和居住水平等因素，合理确定经济适用住房的户型面积和各种户型的比例，并严格进行管理。

（4）价格管理

确定经济适用住房的价格应当以保本微利为原则。其销售基准价格及浮动幅度，由有定价权的价格主管部门会同经济适用住房主管部门，依据经济适用住房价格管理的有关规定，在综合考虑建设、管理成本和利润的基础上确定并向社会公布。房地产开发企业实施的经济适用住房项目利润率按不高于 3% 核定；市、县人民政府直接组织建设的经济适用住房只能按成本价销售，不得有利润。

经济适用住房销售应当实行明码标价，销售价格不得高于基准价格及上浮幅度，不得在标价之外收取任何未予标明的费用。经济适用住房价格确定后应当向社会公布。价格主管部门应依法进行监督管理。经济适用住房实行收费卡制度，各有关部门收取费用时，必须填写价格主管部门核发的交费登记卡。任何单位不得以押金、保证金等名义，变相向经济适用住房建设单位收取费用。

价格主管部门要加强成本监审，全面掌握经济适用住房成本及利润变动情况，确保经济适用住房做到质价相符。

（5）准出机制

经济适用住房购房人拥有有限产权。购买经济适用住房不满 5 年，不得直接上市交易，购房人因特殊原因确需转让经济适用住房的，由政府按照原价格并考虑折旧和物价水平等因素进行回购。购买经济适用住房满 5 年，购房人上市转让经济适用住房的，应按照届时同地段普通商品住房与经济适用住房差价的一定比例向政府交纳土地收益等相关价款，具体交纳比例由市、县人民政府确定，政府可优先回购；购房人也可以按照政府所定的标准向政府交纳土地收益等相关价款后，取得完全产权。上述规定应在经济适用住房购买合同中予以载明,并明确相关违约责任。

已经购买经济适用住房的家庭又购买其他住房的,原经济适用住房由政府按规定及合同约定回购。政府回购的经济适用住房,仍应用于解决低收入家庭的住房困难。已参加福利分房的家庭在退回所分房屋前不得购买经济适用住房,已购买经济适用住房的家庭不得再购买经济适用住房。个人购买的经济适用住房在取得完全产权以前不得用于出租经营。

3. 存在的问题

(1) 供给机制

首先,投入有限,使得经济适用房的供给极其短缺。尽管在许多地方出现了抢购经济适用住房或排队买房现象,但在此领域中的投入却十分有限。一方面,资金投入较少,统计资料显示,2003 年我国用于经济适用房建设的总投资为 600 亿元,占当年房地产总投资的 6%,这一比例在 2005 年下降为低于 5%。在 2005 年 1—10 月期间,全国经济适用房投资更比上年下降了 11.1%。[①] 另一方面,土地的供给也存在短缺。经济适用房的土地来源是靠政府划拨,但划拨土地程序繁多,很多地方都无法完成上级下达的指标。

其次,住房选址引起经济适用房社区边缘化。由于价格的限制,经济适用住房一般选在城市边缘进行开发建设,其综合区位不如一般的商品房好,交通和社区设施配套也不太健全。而且,许多经济适用住房的住户属于城建拆迁户,经济条件也不太好。这样,当许多低收入者集中在一个经济适用房社区,就有可能使这些社区最终变成"穷人的社区",并滋生许多社会问题。[②]

(2) 准入机制

根据原建设部颁布的《城镇经济适用住房建设管理办法》,中低收入家庭住房困难户认定的标准由地方人民政府确定,而各地在制定细则时,对于中低收入家庭的理解是不尽相同的。2003 年以后,各地政府都把经济适用房政策的目标群体定位在中等偏下的 30% 人口,但是由于很多个人隐

---

① 彭开丽、李洪波:《和谐社会视角下的房地产调控政策解析》,《商业时代》2006 年第 21 期,第 89 页。

② 林卡、高红:《中国经济适用房制度发展动力和制度背景分析》,《中国软科学》2007 年第 1 期,第 26 页。

形收入难以界定，这一规定在操作层面难以实现。由于目前个人资金管理、信用管理等相关条件还不配套，要调查清楚一个人的家庭年收入并非易事，使得很多高收入者获得经济适用房，而那些真正的中低收入家庭则遭受排挤。

（3）控制机制

政府的监督机制尚缺完善，很多经济适用房享受豪华标准。由于受利益驱动，开发商在户型设计上有意增大经济适用房的居住面积，结果出现了大面积和豪华型经济适用住房，这种做法提高了房屋的总价，使真正的中低收入家庭难以承受，从而出现"买得起的没资格、够资格的买不起"的现象。例如，《经济适用住房管理办法》规定经济适用房户型不能超过80 平米，但在实际售卖过程中，经济适用房户型大多定在 100—120 平米左右，而且也常会出现 180 平方米甚至 230 平方米的"豪宅"。[1]

第四节　法律援助

一、法律援助的定义

法律援助是指在司法制度运行的各个环节、层次上，对因贫困及其他因素导致的难以通过一般意义上的法律手段保障自身基本权利的社会弱者，通过减免收费、提供法律帮助的方式，实现其司法权益的一项法律保障制度。[2] 作为一项司法救助制度和专项社会救助制度，法律援助为世界各国普遍采用。

二、外国的法律援助——以美国法律援助体系为例[3]

（一）美国法律援助体系的基本状况

美国的法律援助体系主要由特点不同、各自独立运作的刑事法律援助

---

① 《经济适用房的逻辑错误》，http://news.soufun.com。
② 时正新：《中国社会救助体系研究》，中国社会科学出版社 2002 年版，第 149 页。
③ 司法部：《美国法律援助制度专题研究》，http://www.moj.gov.cn/yjs/content/2010 - 08/18/content_2247296.htm。

体系和民事法律援助体系组成。刑事法律援助体系的主要特点是政府出资、政府设立的公共辩护人机构（Public Defender Office）负责实施，是作为人权保障的一个重要方面而设立的，也是作为刑事司法审判必不可少的一个重要要件而存在的。在美国，有一个全国性公共辩护人法律援助机构（The National Legal Aid & Defender Associations，NLADA）负责法律援助标准的制定，公共辩护人的培训，举办刑事法律援助方面的专题研讨会，向公共辩护人提供信息和技术方面的支持。而民事法律援助体系则是通过一个政府设立的美国法律服务公司（The US Legal Service Corporation）资助资金，由民间法律援助机构和私人律师提供服务来具体实施的。

1. 刑事法律援助

美国的刑事法律援助主要是通过公共辩护人体系实施的。公共辩护人是受雇政府（包括联邦、州和县政府）的律师，服务于政府专门设立的公共辩护人办公室，向没有经济能力聘请律师的刑事犯罪嫌疑人提供刑事法律援助。实际上，也有部分公共辩护人办公室是由获得政府专项法律援助资助的非营利机构设立的。由于美国存在联邦和州两个法律体系，相应的公共辩护人体系也存在联邦和州两个体系。联邦层次的公共辩护人办公室有两种模式，一种是由联邦政府运作的公立机构，一种是接受政府资助的公司类型的机构。联邦公共辩护人可以获得与美国国家律师（U. S. Attorney）① 大体相当的薪水。由于薪水较高，因此吸引了高水平的律师加盟联邦公共辩护人队伍。联邦公共辩护人办公室是和美国国家律师办公室对应按照司法辖区设立的，一个司法区只有一个公共辩护人办公室，只有一个公共辩护人，其他人员称为公共辩护人助理。在州层面，公共辩护人制度各州有所不同。有些地区公共辩护人服务于与法庭相关的法律援助机构，作为法庭的指定律师办理刑事辩护，从法庭得到酬金；也有一些地区公共辩护人就是接受政府公共资金的特定私立公司的律师。公共辩护人的待遇在各州、县有所差异，某些地区待遇较差，工作量很重，因此律师办案水平难以得到保证。

除了公共辩护人体系之外，在一些州和地方还存在私人律师模式和合同制模式。私人律师模式是指法庭为不能聘请律师的被告指定私人律师提

---

① 政府律师的一种，担任涉及违反联邦法律的案件的检察官。

供法律援助，由政府向私人律师支付报酬。合同制模式采用政府与私人律师事务所签订合同的方式，为刑事被告人提供法律援助。但是，就总体而言，公共辩护人模式占据主要地位，在大城市和发达地区主要是设立公共辩护人机构，聘用专职辩护人办理刑事法律援助。部分经济不发达和人口分散的地区采用私人律师或者合同制模式实施法律援助。

2. 民事法律援助

民事法律援助主要通过政府设立法律服务公司来组织实施。实际上，民事法律援助是由不同类型的组织具体实施的，美国法律服务公司只负责确定民事法律援助项目，并代表美国联邦政府管理民事法律援助资金，向确定的民事法律援助项目和得到项目的合格机构给予经费资助。私立或者民间法律援助机构和私人律师事务所，通过竞争从法律服务公司争取项目资金，从而向贫困人口和低收入阶层提供法律援助。民间法律援助组织一般为非营利机构，通常情况下仅靠法律服务公司的拨款远远不能满足其正常运作的需要。因此，多数民间法律援助机构还要通过其他渠道筹集资金。也有一些民间法律援助机构主要从州、县政府和其他渠道筹集资金，不接受法律服务公司的拨款，因为法律服务的项目经费管理十分苛刻，有种种限制。民间法律援助机构通常有自己的董事会，向出资人负责，定期向出资人报告资金使用情况。

法律援助机构援助的对象多种多样，涉及美国各个种族、团体和年龄阶段的人。根据法律服务公司法的规定，所有收入在贫困线125%以下的美国公民，都可以申请法律服务公司所资助的法律援助机构给予援助。根据这一规定，有1/5的美国人具备申请人资格。根据法律服务公司对法律援助对象的一份统计和分析，我们对法律援助对象可以有个概略的了解。

从工作状况看，多数法律援助对象并不是无业游民，他们中的多数人有工作，许多人还曾属于中产阶级。但是，由于衰老、自然灾害、失业、疾病或家庭解体等原因而变成了穷人。在18岁以上的美国人中，有300万人生活在贫困线以下，其中40%的人属于劳动阶层。

从种族情况看，在接受法律援助机构的当事人中，白人占总数的49.5%，黑人占25.6%，西班牙裔占18.9%，土著人占2.8%，亚裔及太平洋岛屿后裔占1.7%，其他人占1.15%。

从年龄情况看，法律援助对象中有10%以上是老龄人，他们由于健康状况恶化，收入减少，在争取政府福利，如生活费和医疗保健等方面，经常需要法律服务。法律援助案件中有70%牵涉到或影响到未成年人，包括住房、抚养及家庭等方面的法律事务。在美国对于未成年人来说，每4个6岁以下的儿童就有1人生活在贫困线以下，每5个18岁以下的未成年人中有1人生活在贫困线以下，未成年人是美国法律援助的重中之重。法律服务公司及受其资助的法律援助机构一直非常重视对家庭暴力的受害者——妇女和未成年人的援助工作。

3. 法律援助公益项目与法律援助"诊所"项目

在美国，接受法律服务公司资助的法律援助机构，通常不但直接向当事人提供法律援助，而且还建立了公益项目，组织私人执业律师向穷人提供法律援助，进一步扩大了联邦对法律服务公司拨款的影响和作用。公益项目，与一般法律援助项目是不同的。不同之处主要体现在：首先，参与的律师通常是志愿者，他们不计报酬志愿提供法律服务。通常的法律援助项目，尽管律师获得报酬很少，远远低于办理其他案件获得的收入，但是毕竟还是有收入的。其次，公益项目往往是律师自发进行的，类似我国的个别律师免费代理有较大社会影响的案件。根据联邦法律，法律服务公司须将其资金的1/8用于参与法律援助工作的私人执业律师。目前，有13万多名私人执业律师作为志愿律师，在法律援助机构设立的公益项目中登记并参与了工作。有的律师接受法律援助机构的委托，义务办理一定数量的案件；有的律师事务所定期派律师到法律援助机构专职工作一段时间，有的为几个月，有的为1—2年，其工资仍由律师事务所支付。法律援助机构要对志愿参与法律援助工作的私人执业律师进行必要的培训。私人执业律师参与法律援助的另一个重要途径是自愿义务参与所在律师事务所的法律援助工作。有许多律师事务所特别是大的律师事务所都设立了法律援助或公众利益事务部或办公室，专门办理法律援助业务，有的派律师甚至合伙人专职负责，其工资由律师事务所支付。律师事务所的法律援助机构接受法律援助案件后，由本所自愿律师义务提供服务。许多律师事务所将法律援助工作当作树立本所良好形象的重要手段。另外，各种律师协会也组织其会员从事一定的法律援助工作。

此外，美国还有各种各样类型的民间法律援助机构，面向特定的人群提供法律援助。如面向儿童或者妇女的，面向老年人的，面向残疾人的，面向某一有色人种的，面向移民的。实际上，这些民间法律援助组织与美国国家的政治生态是密切相关的，是与社会当中存在的各种不同利益集团（Interest Group）相伴而生的，与各种利益集团存在着千丝万缕的联系。在美国经常听到这样一句话：每个人都有属于自己的利益集团。因此，每个需要法律帮助的人只要遇到法律问题，都可以找到不同的民间组织或者民间法律援助组织。形形色色的利益集团直接或者间接运作不同的民间法律援助机构，向其所代表的社会群体提供法律援助。

美国法律院校的法律援助"诊所"项目也向社会提供法律援助，成为美国法律援助制度的特色之一。目前，美国大多数法学院都开设法律援助"诊所"项目，法律援助"诊所"项目实际上与美国法学院的教育模式相关。从法学院教育模式的角度看，法律援助"诊所"项目是引导法学院学生接触法律实践、养成法律职业道德的重要途径，也就是"诊所"式法律教育。诊所法律教育最初产生于20世纪初，但是在20世纪60年代得到了长足发展。当时美国社会正处于种族歧视矛盾激化和越南战争期间，社会矛盾的激化使得许多处于社会底层的穷人生活受到严重影响，他们需要诉讼但是又请不起律师。在这一背景下，一些法学院学生开始自发地帮助穷人办理各种诉讼。但是，由于他们缺乏足够的实践技能方面的训练，在办理案件的过程中需要具有律师经验的教师的指导。而法学院是否该为学生提供未来执业做准备也成为了法学界思考的一个问题。在这一情况下，一些法学院开始借鉴医学院利用诊所培养医学院学生的经验，引入了所谓的诊所教育模式。在诊所法律教育中，法学院的学生在法律援助"诊所"教师（多数为执业律师）的指导下，办理法律援助案件，使学生掌握办理案件的技巧和技能，了解执业律师应遵循的规则，逐步养成职业道德。参加法律援助"诊所"项目的学生符合一定条件的，在"诊所"项目教师的指导下，可以出庭代理当事人。

（二）关于美国法律援助制度的简要评价

纵观美国的法律援助体系，刑事法律援助与民事法律援助是两个不同的体系。有研究者把美国的刑事法律援助名之为"包揽型"法律援助，把美国的民事法律援助名之为"资助型"法律援助。就美国刑事法律援助而言，从资金上讲，政府承担全部费用，设立公共辩护人办公室，雇用公共辩护人，承担刑事辩护案件的全部费用；从责任角度看，美国把刑事法律援助当成政府的责任，刑事法律援助是"政府行为"。刑事法律援助是作为保障公正司法和保障人权的必不可少的措施或者环节而存在的。就民事法律援助而言，从资金上讲，政府仅仅通过法律服务公司向民间法律援助机构资助项目费用，并未成立专门的公立机构具体实施法律援助，承办法律援助案件；从责任角度看，民事法律援助还不是完全的"政府行为"，不是国家或政府必须担负的责任。民事法律援助是作为"向贫困宣战"的措施而创立的。美国的法律援助可谓是"重刑轻民"。美国之所以形成了这样的法律援助体制与其人权观念、法治观念和政治生态是密切关联的。

法律"诊所"项目也是美国法律援助制度的特色之一。一定意义上讲，法律"诊所"项目成为了法学院教育模式与法律职业技能要求对接的桥梁。法律"诊所"项目与法律"诊所"教育实际是一个问题的两个方面。从美国的法律援助实践看，法律"诊所"项目已经成为法律援助的一支重要力量，而法律"诊所"教育借鉴医生培养的模式，使得学生获得了从事法律职业必不可少的实践技能，同时也培养了公益意识、职业道德。我国实施国家统一法律职业考试以来，法学教育要不要与统一司法考试相衔接，法学教育如何改革，成为法学界的热门话题。美国法律"诊所"教育也许能为我们提供一些思考和启发。

三、我国的法律援助

（一）我国法律援助的进展情况

1994年初，司法部正式提出建立和实施中国法律援助制度，并首先在一些大中城市开展了法律援助工作的试点。1996年底以前，全国只有四川、广东、北京3个省级法律援助机构。为有效实施国家法律援助制度，我国建立了中央、省（自治区、直辖市）、地（市）、县（区）四级构架的中国法律援助机构体系。

截至2009年6月，全国共设立法律援助工作站55229个。依托司法所设立工作站36542个，大部分省（区、市）建站率（依托司法所设立法律援助工作站的数量占司法所总数的比例）达90%以上，江苏、广东等省的建站率达97%，浙江达100%。在工会、共青团、妇联、老协、残联等社会组织和信访部门、高校、监狱、劳教所等设立法律援助工作站18687 个。①

为了保障法律援助工作有序进行，各地在积极探索的基础上，在法律援助法律化、制度化建设方面取得了一定的成绩。如深圳市、郑州市、珠海市均以政府令的形式，颁布了《法律援助实施办法》。1999 年，青岛市发布第一个地方性法律援助法规《青岛市法律援助条例》。同年，杭州、武汉、厦门等都颁布实施了《法律援助条例》。2003 年，国务院发布施行《法律援助条例》，标志着我国法律援助制度正式建立。

（二）法律援助范围

《法律援助条例》明确界定了法律援助的范围：

公民对下列需要代理的事项，因经济困难没有委托代理人的，可以向法律援助机构申请法律援助：依法请求国家赔偿的；请求给予社会保险待遇或者最低生活保障待遇的；请求发给抚恤金、救济金的；请求给付赡养费、抚养费、扶养费的；请求支付劳动报酬的；主张因见义勇为行为产生的民事权益的。

刑事诉讼中有下列情形之一的，公民可以向法律援助机构申请法律援助：犯罪嫌疑人在被侦查机关第一次讯问后或者采取强制措施之日起，因经济困难没有聘请律师的；公诉案件中的被害人及其法定代理人或者近亲属，自案件移送审查起诉之日起，因经济困难没有委托诉讼代理人的；自诉案件的自诉人及其法定代理人，自案件被人民法院受理之日起，因经济困难没有委托诉讼代理人的。

其他。公诉人出庭公诉的案件，被告人因经济困难或者其他原因没有委托辩护人，人民法院为被告人指定辩护时，法律援助机构应当提供法律援；被告人是盲、聋、哑人或者未成年人而没有委托辩护人的，或者被告人可能被判处死刑而没有委托辩护人的，人民法院为被告人指定辩护时，法律援助机构应当提供法律援助，无须对被告人进行经济状况的审查。

（三）我国法律援助制度的简要评价

我国法律援助制度的发展至今已有近 20 个年头，无论是法律援助的机

---

① 司法部：《2009 年上半年全国法律援助工作统计分析》，http://www.legalinfo.gov.cn/moj/flyzs/2009－08/27/content_1144496.htm。

构、法律援助人才、援助案件数量等都取得了一定的成绩。以援助案件数量为例，仅 2009 年上半年，全国法律援助机构共受理案件 278330 件，比 2008 年同期的 227108 件增长 22.6%。刑事案件、民事案件和行政案件分别占案件总数的 21.4%、78.0% 和 0.6%。民事案件在案件总数中所占比例比 2008 年同期上升了 4.4 个百分点。涉及农民工的案件数为 102789 件，比 2008 年同期增长 36.0%；涉及妇女的案件数为 64382 件，增长 31.4%。已办结案件数为 203097 件，同比增长 27.0%。①

　　但是，在实施过程中也暴露出以下问题：一是供需矛盾突出。随着法律援助宣传力度的加大，很多公民都申请法律援助。同时，由于人力、财力的有限，加之一些地方律师义务办案的体制不健全，有限的法律援助力量不能满足社会的需要，供需矛盾日益突出。二是法律救援资源分布不均，现在已成立的法律援助机构、开展法律援助服务的地方，主要仅限于一些大中城市，县级地方设立机构的极少。从我国城乡二元结构的现状来看，县级地方对法律援助的潜在需求量很大。如何满足县级地方的法律援助需求，是法律援助工作面临的一个重点问题。

---

① 司法部：《2009 年上半年全国法律援助工作统计分析》，http://www.legalinfo.gov.cn/moj/flyzs/2009 - 08/27/content_1144496.htm。

本 章 小 结

医疗救助是指政府和社会通过提供各种资源的支持（如资金、技术等）来对在医疗领域陷入困境的贫困人口进行专项救助的一种社会救助项目。医疗救助的救助对象的确立是医疗救助的关键环节。医疗社会救助的对象即为贫困人群。由于现实中种种原因所限，医疗救助一般难以全面覆盖贫困线以下的实际贫困人群，无论是何种方式来确定医疗社会救助的对象，都需要考虑比例问题、流动性问题、性别公平性问题以及以收定支等问题。我国医疗救助制度较发达国家相比起步较晚。20 世纪 80 年代，医疗救助的概念和做法仅见于农村扶贫的或加强农村初级卫生保健的政府文件中。随着我国经济体制改革的逐步深入，城市中的下岗职工数量越来越多，城市贫困问题日益凸显。为了缓和城市贫困人群的医疗问题，很多地方都颁布了政策性的法规来开展医疗救助。我国的医疗救助制度的建立和完善经历了从个别城市的尝试到全国性试点再到全面完善的过程。由于我国城乡二元结构的差异，我国城市医疗救助制度和农村医疗救助制度存在内容上的差异。但是，经过多年的努力，我国的医疗救助制度建设已经逐步完善，具体来说，已经就医疗救助的对象范围、救助标准、救助内容、救助程序、经办管理和资金监督形成了比较完整的制度体系。

教育救助是指国家、社会团体和个人为保障适龄人口获得接受教育的机会，从物质和资金上对贫困地区和贫困学生在不同阶段所提供的援助。无论是残障学生、贫困家庭的学生、女性学生、流动人口子女、少数民族地区学生，以及农村、城镇贫困家庭成员及其他可能在接受教育方面处于困境的成年人都属于"教育困境者"，都有权利享受教育救助。我国的教育救助包括义务教育阶段贫困学生的"两免一补"、高校和中职贫困学生的"奖贷助补减"。

住房救助是指政府向低收入家庭和其他需保障的特殊家庭提供现金补贴或直接提供住房的一种社会救助项目。住房救助的对象主要是住房困难群体。各地根据国家的政策制定出符合各地实际的住房救助政策，确定救助对象。住房救助主要有向居民提供福利保障性的廉租房、以低于市场价的价格出售经济适用房和发放住房现金补贴三种方式。国家从 1998 年出台廉租房政策至今，廉租房制度经历了一个从试点探索到全国实施的过程。目前，在实施过程中，主要存在供应机制、准入机制、控制机制方面的不足。自 1999 年起，在随后几年，经济适用房如雨后春笋般快速发展，由于房价的相对低廉，逐渐成为中低收入家庭住房的重要选择。而近几年，住建部对于保障性住房的政策也有所调整，在该部 2011 年工作要点中，提出要健全以公共租赁住房为重点的住房保障体系，并完善配套政策。

　　法律援助是指在司法制度运行的各个环节、层次上，对因贫困及其他因素导致的难以通过一般意义上的法律手段保障自身基本权利的社会弱者，通过减免收费、提供法律帮助的方式，实现其司法权益的一项法律保障制度。作为一项司法救助制度和专项社会救助制度，法律援助为世界各国普遍采用。

重 点 名 词

医疗救助　　法律救助　　教育救助　　住房救助　　"两免一补"
"奖贷助补减"　　经济适用房　　廉租房

复习思考题

1. 医疗救助的对象如何界定？需遵循哪些原则？

2. 医疗救助的方式有哪些？

3. 简述外国医疗救助的发展状况。

4. 简述我国医疗救助制度的发展历程及存在的问题。你对"新医改"方案中的医疗救助内容有何认识？

5. 美国法律援助制度是怎么样的？有何启示？

6. 我国法律援助制度是怎样的？

7. 我国的助学贷款是怎么样的？生源地贷款有何新的特点？

8. 英国的大学生资助政策是怎么样的？与我国的有什么异同？

9. 美国的住房救助政策是如何从公共住房为主演变为租金补贴为主的？对比公共住房，租金补贴有何优势？

10. 廉租房制度是如何建立的？取得了哪些成效？

11. 经济适用房是如何建立的？取得了哪些成效？

12. 结合现实生活案例，谈谈你对廉租房和经济适用房的认识。

第八章 慈善事业

【学习重点】

1. 慈善事业相关的基本概念；
2. 我国慈善事业的现状；
3. 我国慈善事业的前景。

第一节 慈善事业的理论解析

一、基本概念

在中国的传统文化典籍中，"慈"是"爱"的意思。孔颖达疏《左传》有云："慈者爱，出于心，恩被于物也"；又曰："慈谓爱之深也。"许慎的《说文解字》也解释道："慈，爱也。"它尤指长辈对晚辈的爱抚，即所谓"上爱下曰慈"。《国语·吴》中"老其老，慈其幼，长其孤"的"慈"即是此意。"慈"亦可用做子女对父母的孝敬供养。如《礼记·内则》中说："父母皆异宫，昧爽而朝，慈以旨甘"，此处的"慈"即是"爱敬进之"。"善"的本义是"吉祥、美好"，即《说文解字》中所解释的"善，吉也"。后引申为和善、亲善、友好，如《管子·心术下》中所说："善气迎人，亲如弟兄；恶气迎人，害于戈兵"即是此意。"慈善"二字合用，则是"仁慈"、"善良"、"富于同情心"的意思，如《北史·崔光传》中所讲："光宽和慈善。"①

---

① 郑功成、张奇林、许飞琼：《中华慈善事业》，广东经济出版社1999年版，第32—33页。

在英文中有多个表示"慈善"的词。例如，"philanthropy"源于古希腊文，表示"善心"、"博爱"之意；"charity"表示"博爱"、"宽容"、"慈善事业"等意思；"beneficence"表示"慈善"、"善行"、"捐款"等意思；"benevolence"也表示"仁慈"、"善行"、"捐款"等意思。"西方立国在宗教"，西方的宗教与慈善密切相关，如佛教胸怀大慈大悲，将"行善"定为信徒"对待亲友"的五事之一；伊斯兰教也将慈善作为信徒的五种义务或五个"支柱"之一；基督教更是将慈善由义务阐释为"爱"，耶稣宣扬"爱人如己"。

可见，无论是东方还是西方，无论是中国传统文化中的"推己及人"还是耶稣的"爱人如己"，对"慈善"的理解和表达有共通之处，即慈善是一种美德、善行和爱心，是人类最需要，也是最应当具备的基础性道德。作为一个古老的概念，慈善不能简单地被理解为上对下的恩赐和富对穷的施舍，而是人类善爱之心的表现与标志。[①]

基于传统的解读和慈善的发展，现代社会对慈善的定义更加丰富和科学。我们认为，慈善是指用于公共目的的私人捐赠。这里讲的"公共目的"比较抽象和模糊，其物化形式是公共物品，因此慈善的本质是公共物品的私人提供。它有三个含义：其一，慈善同其他提供公共物品的渠道特别是政府存在竞争和/或互补的关系；其二，慈善是一种私人行为，具有独立性、志愿性和自治性；其三，慈善不是一种纯粹的利他主义行为，公共物品的提供也存在"搭便车"的情况，因此参与慈善需要有动力驱动。应该指出的是，无论如何界定慈善，也不论慈善如何发展，其基础和结果体现的仍然是人类的善爱之心，这与传统文化和宗教教义的解读并不矛盾。

为了进一步明确和理解慈善的定义和特点，我们有必要辨析两个概念：慈善组织与非营利组织（Nonprofit Organization，NPO）。首先，慈善组织是NPO的一种，而且是NPO的主体[②]，因此慈善组织必须符合NPO的一条基本原则——"非分配性约束"（Nondistribution Constrain），也就是说

---

① 郑功成、张奇林、许飞琼：《中华慈善事业》，广东经济出版社1999年版，第5—6页。

② 美国93%的非营利性工作岗位、91%的非营利性支出和94%的非营利产品都是慈善组织的。Gabriel Rudney，"The Scope and Dimensions of Nonprofit Activity"，in Walter W. Powell ed.，The Nonprofit Sector，Yale University Press，1987，p. 55。

慈善组织的成立完全出于非营利目的，其经营主要为达到规定的非营利目的。其次，慈善组织又不是一般的 NPO。NPO 除慈善组织外，至少还包括互助性组织（Mutual Benefit Organization）和压力集团等两类组织。按美国《国内税收条令》（Internal Revenue Code），互助性组织同慈善组织一样是可以享受免税的，但两者有着明显的区别。慈善组织提供的是公共产品，而互助性组织只为其成员谋福利。因此，在税收待遇上也有区别。最显著的区别在于，个人和公司向慈善组织的捐赠可以扣除一定比例的所得税（《国内税收条令》170 条款）、财产税和赠与税（《国内税收条令》2055 条款、2522 条款）。而对互助性组织捐献是不能扣税的，除非符合《国内税收条令》501（c）（3）条款描述的用途，方可申请减免所得税。因此，根据有关税法给予慈善组织的税收待遇可以将慈善组织定义为：收入无需交税，而且其捐献者因其捐款而获得税收减免的组织。[①]

美国联邦税法还对慈善组织进行了细分。1969 年以来，联邦税法将慈善组织分为两类：私人基金会和公共慈善组织。私人基金会是指通不过《国内税收条令》509 条款所设条件检验的所有机构。典型的私人基金会是由一个家庭、一家商业机构、数名核心捐赠者或捐赠基金投资收入来资助的。[②] 凡是符合《国内税收条令》170（b）（1）（A）（i）到（ⅵ）条款规定、通过 509 条款检验的学校、教会、医院（或与医院有关的研究机构），以及由公众资助的任一机构都可以获得公共慈善组织的地位。与公共慈善组织相比，私人基金会要受到更多的法律制约，它除了要遵守有关慈善组织的所有法律条款外，还要遵守 4940—4946 技术性条款的规定。而私人基金会按工作性质又可分为两类：运作型基金会和非运作型基金会（又称筹资型基金会）。运作型基金会最重要的法律特点就是它必须将 85% 的收入用于慈善项目的实际运作中。同时，运作型基金会享受的税收待遇比非运作性基金会更有利。

从以上分类不难看出，从互助性非营利组织到慈善组织，从公共慈善组织到私人基金会，从运作型基金会到筹资型基金会，监管的压力越来越

---

① Betsy Buchalter Adler：《美国慈善法指南》，NPO 信息咨询中心译，中国社会科学出版社 2002 年版，第 4 页。

② Betsy Buchalter Adler：《美国慈善法指南》，NPO 信息咨询中心译，中国社会科学出版社 2002 年版，第 23 页。

大，包括监管的范围、严格程度、处罚的力度和对公开性的要求都是累进的。但就税惠的程度来讲并不完全是累进的。①

济贫是慈善组织传统的服务领域，同时也是慈善组织最重要的服务领域，包括组织各种扶贫济困活动，参与政府扶贫计划的实施和社会救济、抚恤等工作，它是人类的传统美德和人道主义精神最直接的体现。此外，紧急救助、发展教育、传播宗教和卫生、环保、科学等其他公益目的也是慈善组织的主要服务目标。

在明确了慈善与慈善组织的基本涵义后，不难对慈善事业做出界定。慈善事业是以私人捐赠为基础，以慈善组织为实施主体，以提供公共产品、服务公共目标为目的，以扶危济困为重点领域，规范化、制度化、社会化的公益事业。为了区分慈善事业与其他公益事业，我们强调慈善事业的三个特点：

第一，私人捐赠是慈善事业的经济基础。尽管慈善事业的发展并不排斥政府的财政资助，甚至一些国家或地区的慈善事业主要依靠政府的财政支持，但慈善财政的本源是基于自愿原则的私人捐赠。公共财政不能也不可能完全取代私人捐赠，否则就失去了慈善事业的本色。公共财政的适度支持不仅不会挤出私人捐赠，反而会激励私人捐赠。

第二，慈善组织是慈善事业的组织基础。慈善事业以慈善组织为实施主体，具体负责慈善的计划和施行，是慈善事业区别于单个施舍行为和官办济贫或其他公益事业的重要特征。这里要避免两种倾向，一是个体直接的善行，这样做既没有效率，也很难将慈善做大，形成一种事业；二是政府将慈善事业变成政府工作，政府包办或过多干预可能改变慈善事业的性质并违背捐赠者的意愿，妨碍慈善事业的正常发展。

第三，规范化、制度化和社会化是慈善事业的发展基础。慈善事业可持续发展的"活水"来自社会成员普遍而持续的参与，而慈善事业的规范化、制度化和社会化有助于营造良好的慈善氛围，培养社会成员的慈善意识，培育慈善文化，提高慈善事业的公信力，是提升社会成员参与意愿的重要保证。

---

① 张奇林：《美国的慈善立法及其启示》，《法学评论》2007 年第 4 期，第 103 页。

二、慈善事业的公共性

从公共性的角度对慈善事业进行理论解构，研究和认识慈善事业公共性的特点，有助于揭示慈善事业的发展规律，倡导尊重和遵循慈善发展规律的公共政策。

公共性的本质是公共生活、公共利益和公共精神。公共利益的实现有两种基本路径：一是公民与政府、社团达成"委托—代理"的契约关系，一种则是公民的亲身参与。一个民主的良善的政府，既要体现自身的强公共性，又要避免公共权力向社会公共领域的扩张，导致公共领域的异化。只有政府、社团、民众以及其他独立的利益主体能在一个公开的、公正的和自由的机制下进行利益表达、利益诉求、利益协商与妥协，才能达到公共利益的最大相容。

（一）慈善事业公共性的表现

社会捐赠是慈善事业的立身之本。成熟的慈善事业应有引导社会捐赠的思想基础、组织基础和实施基础。从慈善思想、慈善组织和慈善行为机制三个维度来看，慈善事业具有明显的公共性。

1. 慈善思想及其价值观的公共性

慈善思想是伴随着人类文明的开化而萌发的。在最初的原始时代，互助友爱的意义仅仅是体现在战胜蛮荒自然和维持种族生存繁衍之上。之后，随着理性的出现，人道理想和关爱价值也不可阻止的萌发开来。这些思想和价值观直接在中古神权国家到君权国家再到如今的现代社会中生根发芽，孕育了一个庞大的公共领域，财富从普通民众手中汇集，然后流入到不同的公益事业中。因此，从这种意义上讲，慈善思想及其价值观从一开始便是为"公共领域"服务的，具有不可否认的公共性。而且，慈善思想与慈善观念的形成是一个历史的过程，历史的即是公共的。

2. 慈善组织的公共性

规范意义上的慈善组织是独立于政府和企业的。慈善组织依托"志愿机制"，把公众捐赠的包括金钱和时间在内的社会财富，投入到一定的具有公益性质的领域之中。许多国家在界定慈善组织，以此给予税收优惠的时候，往往要考察慈善组织的宗旨和目标，而这些宗旨和目标大多明确指向于反贫困、环保、教育、健康等公共领域。

3. 慈善行为机制的公共性

慈善行为机制是指慈善资源如何筹集、分配和反馈的过程与形式。认为慈善行为只是简单的捐赠和受助的观点是肤浅的，慈善行为绝不仅仅是一种经济活动，也是一种社会活动和政治活动，从更高层次上讲，它体现了市民社会的公共性存在，即通过私域和公域的互动，实现公共利益的旨趣和取向，反映了市民社会的特质和对公共政治生活的参与。

（二）慈善事业公共性的特点

1. 利他性

慈善是一种典型的利他主义行为，不管慈善的动机如何，利他都是慈善的结果与归宿。同时，只有亲身参与才能实现利他，从此意义上讲，慈善赋予公共性以鲜明的实践主义特征。

2. 主体性

所谓善爱之心是平等的，个体是独立的，参与是自愿的，慈善活动体现了人所具有的主观能动性的特点，这是慈善得以开展的基础。

3. 公开性

公开性有两层含义，一是公开以便于监督，从而提高慈善事业的公信度和社会认同；二是公开也意味着开放，就是以宽广的包容性吸纳尽可能多的人参与慈善。公信度和参与性是慈善事业发展的生命线，从此意义上讲，慈善事业对公开性有更高的需求和要求。

4. 民间性

作为私人部门提供公共物品的典型代表，慈善事业的分配功能和社会功能带有明显的民间性。从分配功能来看，慈善事业具有不同于政府的调节收入分配的机制和作用，是一种独特的混合型的收入分配方式①。从社会功能来看，慈善事业的目的主要是通过慈善救助来解决部分社会成员的生存困境或特殊困难，从而起到保障民生的作用。因此，慈善事业是对政府职能的重要补充，是政府之外的重要的社会治理主体。

---

① 慈善作为一种利他主义行为，其经费主要来自三个渠道：一是企业或其他市场主体的捐献，它通常计入捐献者的生产经营成本，属于社会产品的初次分配范畴；二是政府财政对慈善的拨款或资助，它通常纳入财政预算，属于社会产品的再分配范畴；三是社会成员的个人捐献，它是社会成员通过社会产品的初次分配和再分配而获得相应份额后自愿付出的部分，属于社会产品的第三次分配。不管经费来自何处，也不管分配的属性如何，最终实现分配功能的机制是慈善。

5. 多样性

主要体现在：慈善参与动机的多样性、慈善实现形式的多样性和慈善发展模式的多样性。

慈善事业在利他性、主体性、公开性、民间性和多样性方面所表现出来的强公共性特征给我们以下几点启示：一是大力发展慈善有其内在合理性；二是在尊重慈善自愿原则的前提下，引导更多的人参与慈善；三是坚持慈善事业的民间本色；四是公开信息，加强监督，提高慈善的公信度；五是提高慈善的包容性，创新慈善发展模式。

慈善事业所表现出来的强公共性特征也决定了慈善公共性的悲剧，即容易遭到公共权力的侵蚀与破坏，出现公共性异化的现象。在我国主要表现为慈善组织的独立性弱、动员性与强制性志愿活动普遍等。加强立法和制度建设，明确政府与慈善组织的关系，规范慈善活动，激励慈善发展，已成当务之急。

三、影响慈善事业发展的因素[1]

（一）道德因素

慈善是一个道德范畴。当然，这并不是说所有的捐献者都出于道德的驱动，或具有较高的道德境界，但没有道德基础的慈善事业是不可想象的。特别是在市场经济的条件下，道德对于现代慈善事业的发展，意义就更为重大了。因为发展现代慈善事业的首要任务是培养公众的慈善意识，而慈善意识的培养又取决于一个社会的道德水准。道德是一种经过历史积淀的行为规范，具有导向性和约束力。尽管恩格斯在《反杜林论》中指出："道德始终是阶级的道德"，[2] 但在人类历史上不乏优良的道德传统，这是我们应该珍视的文化遗产。它体现在慈善事业方面，则主要包括人类历史上丰富而久远的社会慈善思想和人道主义精神。

中华民族是一个热情仁爱、乐善好施的民族，敬老爱幼、扶贫帮困已成为一种约定俗成的道德规范。有人将此视为慈善事业的最早发萌。与此

---

[1]　张奇林：《论影响慈善事业发展的四大因素》，《经济评论》1997 年第 6 期，第 79—84 页。

[2]　恩格斯：《反杜林论》，《马克思恩格斯全集》（第 20 卷），人民出版社 1971 年版，第 102—103 页。

相映成趣的是，我国的慈善思想渊源流长，先秦时期的诸子百家对此有过精辟的阐发。其中，儒家系统化的社会慈善思想（详见第四章）对中国传统社会的道德构建和慈善实践产生了深远影响。此外，另一有代表性的慈善思想是墨子的"兼爱"思想。墨子主张"兼相爱"，"交相利"，提倡"天下之人皆相爱，强不执弱，众不劫寡，富不侮贫，贵不敖贱，诈不欺愚"，"视人之家，若视其家；视人之身，若视其身"。① 进而，"多财，财以分贫也"，② "有力者疾以助人，有财者勉以分人，有道者劝以教人。若此，则饥者得食，寒者得衣，乱者得治"，③ 芸芸众生安居乐业，天下太平。墨子兼善天下、苦难力行的精神，体现了一种乐善好施、积极参与的慈善风范。

不难看出，以拯救世道人心，济贫扶弱为基本内容的中国传统的慈善思想的理论基础是建立在"仁爱"思想之上的人道主义精神。中国传统文化中的人道主义具有极其强烈的实践性特征。中国的历史典籍告诉我们：政府机构在救灾赈荒、抚恤病残等社会保障方面，居于主导地位，而民间慈善事业却不甚发达，这种历史的特殊性与儒家思想的若干特质相关联。政府机构所发挥的功能，无疑属于中国传统的人道主义实践的有机组成部分。也就是说，人道主义推动了中国慈善救济事业的发展，这是毋庸置疑的。

在西方，也有类似的慈善思想。古希腊的幸福论认为，幸福来自与人共享。因此，富人应该提供一些财富给穷人，这样才深觉愉悦。古罗马强调责任观，认为富者为穷人解决痛苦是宗教上一个重要的责任；同时，要使受赈者不失其尊严，富者也因施赈而益显尊贵。但真正对世界产生影响的是西方的人道主义，也就是我们现在在一般意义上所说的人道主义。它孕育于西方文化，尤其是欧洲文艺复兴以来法国启蒙思想家所揭橥的那一套思想理论。它强调以人为本位，肯定人的价值，维护人的权利，自由、平等、博爱的口号即是这种精神的反映或要求。人道主义在世界上广为传播，占据着思想领域的主导地位。在此基础之上，慈善事业走向世界才有

---

① 《墨子·兼爱》。

② 《墨子·鲁问》。

③ 《墨子·尚贤下》。

了可能，国际人道主义援助也得以开展。

需要指出的是，中国固有的人道主义思想体系与西方的人道主义虽然在许多具体原则上是相通的，但在文化形态上存在差异，二者在价值上互补但不可相互替代。我们提倡批判地继承人类历史上一切优秀的文化遗产，但坚持民族性是第一位的。同时，"一切已往的道德论归根到底都是当时的社会经济状况的产物"[1]。在社会主义的中国，如何重建社会主义的道德体系，用以指导和发展新时期的慈善事业，是一个不容回避的课题。

（二）宗教因素

在中外慈善事业史上，宗教对慈善事业的驱动成效显著。在中国，对慈善事业影响最大的宗教当属佛教。

佛教于东汉传入我国，佛教寺院乍一建立，济贫事业就发展起来。东汉时期佛教寺院的济贫事业相当发达，这是我国最早的民间慈善救济事业。寺院和僧侣用来从事慈善事业的寺院财产中最大的一个来源是社会人士的捐施，这说明佛教对世道人心的影响之大。佛教教义中蕴含着丰富而深刻的慈善思想。现择其要者叙述如下：

第一，布施。《大乘义章》十一回说："言布施者，以己财事分与他，名之为布。已惠人，名之为施。"这种宽宏大量，给人方便等于给己方便的做法，自己终会从中得到福报。第二，福田。它以农民播种于田，有秋收之利作比喻，劝导世人，只要多行善于前，将受诸报于后。福田观是佛教教义中最有影响力的思想，推动了中国传统社会的慈善实践。唐宋时期的悲田养病坊、福田院等慈善机构即因此而得名。第三，慈悲。所谓慈，梵文中为真实友情、纯粹亲爱之意；悲为哀怜、同情之意。《大智度论》曰："大慈与一切众生乐，大悲拔一切众生苦"。佛教劝导世人发大悲之愿而生救世之心，对于赈济、育英、养老、医疗等济世事业，常视为发大悲之心的外化行为。第四，放生，就是戒杀。它被演绎为平等说和轮回说，即一切众生平等，当不可杀；一切众生都可能是自己前生的父母兄弟姊妹，更不可杀。所以，放生之慈悲，可拔苦与乐。以此引申，其对于济贫扶倾、救灾救人视为当然之事。第五，报恩。佛教提倡四恩说，即三宝

---

① 恩格斯：《反杜林论》，《马克思恩格斯全集》（第20卷），人民出版社1971年版，第102—103页。

恩、父母恩、国王恩、众生恩，主张一切众生平等，与中国传统文化中的一些慈善观念，如"老吾老以及人之老，幼吾幼以及人之幼"的思想交相辉映。①

佛教慈善思想的核心是行善的功德论，有极其浓厚的"福报"、"修福"的观念，对社会上的一些富人有很强的吸引力。因此，汉唐佛教寺院的财产一直非常丰盈，寺院慈善事业长盛不衰，主要包括济贫、赈灾、医疗、戒残杀、宣传慈善事业等方面。宋代以前的民间慈善事业大多由寺院僧侣和佛教信徒从事。新儒学兴起后，这一状况才有所改变，个人慈善事业逐渐普及。

佛教推动了中国慈善事业的发展，对社会心理起到了一定的净化作用，但也产生了消极影响，那就是迷信思想的滋生，在人们的观念中培植了祸福之见。对此，有人一针见血地指出："中国之创为慈善事业者，类多由于迷信祸福之深"；"中国人先有一祸福之见存，而慈善之事业，实缘此祸福之心而起，故其为慈善之行也，恒以祸福为本位，而慈善之事业，乃不啻为此祸福之刍狗焉。"② 不可否认，这种祸福之见的消极影响至今仍未消弥，它是对佛教慈善思想的一种歪曲。也就是说，佛教教义中所蕴含的慈善思想本身无可指责，如果能正确引导，善加利用，将对当今的慈善事业产生积极作用。这就要求我们，一方面，在保护公民宗教信仰自由的同时，要注意培养理性的宗教徒；另一方面，要对不良的社会风气作坚决斗争，杜绝慈善资源的流失和浪费，保证慈善事业的健康发展。

在西方，宗教的影响更是无处不在，以至有学者指出："西方立国在宗教。"③ 基督教的经典《圣经》说："当爱你的邻舍"，就是劝人应当用善意爱众人，对遭遇不幸和生活困苦的人，均应施以怜悯的爱心；它还特别强调社会工作者应具有奉献的爱心与谦卑的态度。西方慈善事业的盛行与发达，与基督教的影响不无关系。现代意义上的慈善事业就始于教会慈善事业，至今仍有不少冠以教会名称的慈善机构。

---

① 参见徐震、林成亿:《当代社会工作》,台湾五南图书出版公司 1986 年版, 第 83—84 页。
② 《论慈善事业中外之不同》,《东方杂志》1904 年第 11 期。
③ 柳诒徵:《中国文化西被之商榷》,转引自《新华文摘》1996 年第 12 期, 第 29 页。

不论佛教，还是基督教，都提倡利他、奉献、博爱与救人救世的精神以及爱心助人和与人为善的风范，但它们对本国慈善事业的影响程度却不尽相同，这种差异是由文化形态的差异决定的。不管怎样，它们对于建立一个美好的世界都有一定的积极意义，我们应当吸收和继承。

（三）经济因素

经济基础是各项社会制度赖以存在和发展的基础。在宏大壮阔的政治运动和制度变革浪潮之下，总是可以审视到社会经济引导的暗涌之流。对于慈善事业来说，经济环境的变化所带来的影响是慈善需求和慈善供给两方面的变化。慈善需求是指社会有需要救助、捐助和扶持的个人和群体。慈善供给是指社会上提供慈善捐赠、慈善资金和进行慈善活动的个人、群体与组织。慈善事业是在慈善需求和慈善供给都存在的基础上产生和发展起来的。

关于慈善事业的产生，有一种观点认为，随着社会经济的发展和社会财富的增加，人们的收入差距开始拉大。当社会收入差距拉大时，对慈善事业的需要就出现了。也就是说，慈善事业是社会经济发展的产物。如前所述，慈善捐献是慈善事业存在和发展的前提，而慈善捐献又取决于社会经济的发展。只有当社会经济发展到一定程度，使一部分人能够拿出一部分财富去救助不幸的人群时，慈善事业才有可能产生。至于这部分人愿不愿意，或外部力量允不允许他们进行救助，那要视其他因素而定。所谓经济基础决定上层建筑，在这里也能找到注解。

近代典型的慈善事业产生于欧洲资本主义国家，与资本主义生产关系首先发萌于欧洲不无关系。新中国成立后，慈善事业发展迟缓，这一现象的产生，除思想认识上的误区外，社会生产力的低下和分配上的平均主义也是重要原因。改革开放以来，人们生活水平显著提高，社会收入差距也逐渐拉大，社会慈善事业应运而生。尽管社会主义本质是消除贫富分化，但我国目前尚处于社会主义初级阶段，而且在短时间内不可能消除贫富分化，这就决定了社会慈善事业必须长期存在，大力发展。同时，我国现阶段的国情国力还决定了我们在发展新时期的慈善事业时，既要学习国外的经验，更要坚持民族性和社会主义方向，走有中国特色的发展道路，充分发挥社会主义优越性。进入社会主义高级阶段和共产主义社会后，随着贫富分化的消除和共产主义道德的形成，慈善将成为人们的一种自觉行为。

一般来说，施惠者是社会经济发展的受益者，他们通过慈善的途径去救助不幸者，从而达到一种社会公平。这是效率与公平的理想关系。但实际上，在效率与公平的取舍中，往往是效率优先，兼及公平。经济利益对慈善事业的影响就说明了这一点。

慈善事业是一项充满爱心、不求回报的公益事业，但经济利益的驱动，有时使这项事业声名狼藉。在中国古代，常有一些官吏和社会人士借救济之机或管理常平仓、义仓之便，中饱私囊，造成恶劣的社会影响，它也常成为人们批判旧式慈善事业的有力证据。在基金会众多的美国，基金会的发展固然推动了社会福利和公益事业的进步，但难免鱼目混珠，一些私人基金会打着慈善事业的招牌为大资本家谋取私利。这些弊端遭到了社会舆论的严厉抨击，反对基金会"干坏事"的呼声日益高涨，一时间基金会成了万夫所指。

可见，利益驱动对慈善事业造成的不良影响，古今中外皆难以避免。但由此否定慈善事业，以致因噎废食，显然是不可取的。而且，现代慈善事业的发展，在一定程度上有赖于经济利益的驱动。因为，慈善事业是以社会成员的自愿捐献为经济基础，而在市场经济条件下，资本总是要追求利润最大化，要想让公众将财物从口袋中掏出来投向社会慈善事业，光靠道德的说教和宗教的劝导，显然是不够的，这就需要制定一系列的优惠政策，向慈善事业倾斜，使捐献者有利可图，从而将一部分社会财富投向慈善事业。可见，利益驱动既能推动慈善事业的发展，又可往慈善事业脸上抹黑，这就要求政府既要建立可行的激励机制以吸引捐献，又要有完备的约束机制来规范慈善事业的运作，这样才能用好利益驱动这把双刃剑，使慈善事业名副其实造福于民。

目前，一些国家和地区主要通过税收政策来吸引资金从事慈善事业，同时还建立了严格的审查和监督制度。在美国，非营利机构占全美机构总数的6%，美国政府认为，既然这些非营利机构是帮助政府为社会工作的慈善组织，经审定为免税机构后，都应予以免税。尽管私人性质的基金会和公共筹款机构同属联邦税务总局批准的免税组织，但根据有关税法，对公共筹款机构比对私人基金会的待遇要优越得多。同时，美国税法还规定，任何非营利组织，只要经营与该组织的慈善事业无关的活动或事业，就必须按照公司所得税法对其收入照章纳税。在香港地区，其税法规定：

如任何机构和个人每年慈善捐款超过 100 港元，则可在息税和利得税中扣除相等款数。为了防止少数人借慈善捐款之名行逃税之实，就需要对"慈善行为"进行严格界定。根据《香港法例》第 112 章"税务条例"规定，只有当受捐人是政府认可的慈善机构或信托团体时，捐款人才能享有相应的优惠。至于哪些机构属慈善团体，以政府每年在宪报上公布的名单为准。而要想成为慈善团体，则必须经过税务机关的严格评审，只有是以往的所有开支都被认定用于慈善事业时，该团体才有可能获评为慈善机构。在我国有些城市，也有类似的优惠政策。如上海市在税收上对慈善事业进行倾斜，政策规定，作为慈善捐款所得税个人可免 30%，这样，捐献者不仅能获得应有的社会声誉，还可以得到必要的经济补偿。目前，我国的慈善事业才刚刚起步，各项政策和制度尚不健全，采他山之石，发展本国的慈善事业，极有必要。此外，利益原则对慈善事业内部的资金投向也有很大影响。慈善事业是以捐献者的意愿为实施基础的，慈善组织在实施慈善项目时，必须遵循捐献者的意愿。换言之，捐献者有权力将其捐献的款物用于其指定的慈善项目甚至具体的救助对象，只要这些用途是正当的慈善行为。因此，捐献者对慈善项目的选择决定了慈善事业的资金流向。现代慈善事业的发展表明：利益原则对慈善项目选择的影响越来越大。在美国，私人基金会长期忽视对人文社会科学的资助，而将大量资金集中投向教育和科学技术领域，就是因为人文社会科学的许多项目很容易侵害基金会及其老板的利益。基金会对慈善项目的选择固然同其创建者、控制者的慈善观有关系，但最具决定意义的是利益原则。纯粹的利他主义在基金会中是不存在的。[①]

近十年来，公司慈善业成为一种时尚和趋势，它集中体现了利益原则对慈善事业的影响。所谓公司慈善业，就是将公司的慈善活动纳入公司肌体，使其成为公司经营战略的一个组成部分。在为社会进步做贡献的同时，也使公司的形象和利益得到改善。但值得注意的是，一些公司滥用这种方式，他们以慈善为幌子，参与一些公益活动，以转移政府和人民对公司某些不正当活动的注意。因此，只有树立"公司公民"的观念，坚持社会效益优先的原则，将社会利益真正融入公司的企业职能中，公司慈善业

---

① 王锦瑭等：《美国现代大企业与美国社会》，武汉大学出版社 1995 年版，第 221—222 页。

才能为社会进步做出有效的贡献。①

（四）社会因素

慈善，在传统社会就已经在弥补社会裂痕、救助贫苦急难、扶助弱势群体方面发挥了巨大的作用，是人类社会古已有之的宝贵文明财富。现代意义上的慈善事业，从产生到勃兴再到成熟，都与市民社会或者说公民社会的温床息息相关。在传统的威权主义社会，掌握社会资源分配权的往往只有一个强力的权力中心，比如说君主或者国家机器。在这种社会环境下，既不存在多元权力中心得以形成的经济基础，也不存在独立于国家和传统的社会结构之外以自治为特征的公民社会，既有的威权者更不会容许有新的资源控制者出现与之竞争。因此，在中国漫长的传统社会中，慈善在大多数情况下都表现为个体性的慈善行为，或者由政府以官方救助的形式提供给需求者。威权主义社会无法发育出达到一定规模和范围的慈善事业。而国家权力的削弱和分权则有可能带来慈善的繁荣。清末民初，正是由于缺乏一个强有力的威权中心来控制和分配社会资源，并且由于政局动荡、国家权力相对式微，这为民间力量介入社会慈善救助领域提供了契机。这一时期，本土的、舶来的慈善团体都相当的发达，并涌现出以盛宣怀、沈敦等为代表的一大批慈善家。②

新中国成立后，社会主义制度逐步建立和完善。但在建国初期很长的一段历史时期内，一方面，由于长期中央集权体制的影响，加之简单模仿苏联建立起来的高度集中的政治经济体制，使得国家权力辐射到社会的每一个角落；另一方面，社会民主环境还处于相当落后的状况，大多数国民的权利意识和民主意识还很缺乏，整个社会权力空间中，并没有一席之地留给民间组织来发挥作用。

随着改革开放的深入，中国社会发生了很多新变化，其中之一就是市民社会的发展。市民社会既是指人类社会的一个特定发展时期，又是指与"政治社会"相对应的私人活动领域，其中主要是私人的物质交往关系，③

---

① 张桁：《公司慈善事业——美国大公司的竞争新术》，《外国经济与管理》1994 年第 10 期，第 40 页。

② 周秋光、曾桂林：《慈善事业与近代中国的民族精神》，《湖南师范大学学报》2009 年第 3 期，第 116 页。

③ 韩克庆：《市民社会与中国慈善组织的发育》，《学海》2007 年第 3 期，第 74 页。

其"核心机制是由非国家和非经济组织在自愿基础上组成的"。① 从计划经济逐步过渡到市场经济，从市民意识的全然漠视到市民社会的逐步建立，从高度集中的权力分配模式到政府对社会的分权，中国社会处在日新月异的转型时期。在这个时期，市场与政府之间的关系逐步变成"小政府，大市场"，政府只处于间接管理的宏观调控的地位，市场则变成整个社会和国家发展的主导动力。政府域和市场域的分离推动了中国市民社会进入萌芽阶段。市民权力意识的萌发亟需一种中介组织来弥补政府域和市场域之间的空白，而这也成为 1988 年以来慈善组织"管涌"式发展的主要动力。

（五）政治因素

政治因素对慈善事业的影响，主要体现在政府对慈善事业的干预。由于种种原因，不同的政府或同一政府在不同时期，干预的形式和程度不尽相同。以美国为例，在现代基金会诞生后的近百年中，美国政府对基金会的政策作过多次调整，经历了从自由放任到鼓励、扶持，再到干预、限制的过程。目前，美国政府对慈善事业进行宏观控制的主要手段是税法。这一系列调整，一方面反映了美国慈善基金会的发展轨迹，另一方面也反映了美国社会对慈善事业认识的加深，要求政府对慈善事业加强管理。

慈善事业在近现代和当代中国的发展命运则更为典型地说明了政治因素对慈善事业的影响。随着欧美列强的入侵，近代慈善事业传入中国。由于近代中国社会性质的特殊性，中国的慈善事业从一开始便带有明显的半殖民地化特征，呈畸形发展态势。

新中国成立后，慈善事业被视为封建毒素和资产阶级的糖衣炮弹被扫地出门。对慈善事业的完全否定在"文化大革命"期间达到了极点。由于政治导向的失误和政治运动的冲击，慈善的概念逐渐淡化，慈善事业在人们的心目中俨然成了不那么慈善的东西，以至 40 多年来，慈善事业在我国一直无人问津。同时，由于公有制对民间慈善事业的排斥，慈善事业的功能则完全被政府所接纳和包办。因此，在慈善事业不复存在的岁月里，政府所办的社会福利事业却有了相应的发展。据统计，至 1993 年底，全国有社会福利院 969 所，社会儿童福利院 67 所，加上社会办的敬老院和其他收养性福利单位，合计共有机构 4218 个，收养人数达 601510 人，其中老人

---

① 哈贝马斯：《公共领域的结构转型》，学林出版社 1999 年版，序言第 29 页。

584070 人，少儿 17440 人。[1] 如此庞大的社会福利事业主要靠政府和集体来办，私人办的几乎没有。进入 20 世纪 90 年代，人们开始思考：这么多的事情只靠政府来办行不行？

改革开放后，思想认识的解冻和社会经济的发展为慈善事业的复兴提供了契机。有人研究，中国重新以慈善名义开展活动是 1992 年的事。近年来，慈善事业在我国的发展呈现方兴未艾之势。主要表现在：第一，社会慈善意识增强，各种慈善行为大量存在。第二，民间慈善组织增多。第三，政府不仅倡导、扶持慈善事业，一些政府机构还直接参与慈善事业，接受各界捐赠。目前，我国的慈善事业正在探索走一条有中国特色的发展道路。

在影响慈善事业的诸因素中，政治因素的作用最直接、最明显，甚至拥有生杀予夺的权力。由于政治的影响，导致慈善事业的畸形发展，乃至消失，是一件很不幸的事。

慈善事业是为了救助苦难的人群而发展起来的一种爱心事业，一般来说，一个社会慈善事业的发展水平反映了这个社会的发展状况。具体而言，它一方面反映了这个社会的社会问题的多少，另一方面又反映这个社会自我调节能力的大小。这两个因素的互动决定了社会的走向，也决定了慈善事业的地位和作用。综观人类社会的发展进程，慈善事业是一项不可或缺的社会事业，同时它又是合力作用下的产物，因而在时空上呈现出多样性。如何把握慈善事业的发展规律，正确引导和妥善利用影响慈善事业发展的诸因素，走一条既有民族特征又有时代特征的发展道路，是发展我国慈善事业需要解决的重大课题。

第二节　我国慈善事业的历史与现状

一、古代的慈善活动[2]

（一）发展阶段

中国古代的慈善救济活动可以分为三个阶段：

---

① 梅小京等：《慈善事业在中国——访中华慈善总会会长崔乃夫》，《中国青年报》1995 年 10 月 19 日。

② 郑功成、张奇林、许飞琼：《中华慈善事业》，广东经济出版社 1999 年版，第 34—40 页。

1. 汉唐时期的寺院慈善活动

东汉时期，佛教传入中国。佛教对世道人心的影响非常大。佛教慈善思想的核心是行善的功德论，有极其浓厚的"福报"、"修福"的观念，对社会上的一些富人有很强的吸引力。因此，佛教寺院乍一建立，济贫事业就发展起来。汉唐佛教寺院的财产一直非常丰盈，寺院财产中最大的一个来源就是社会人士的捐施。寺院和僧侣从事的慈善活动主要包括：济贫、赈灾、医疗、戒残杀、宣传慈善等。宋代以前的民间慈善事业大多由寺院僧侣和佛教信徒从事。新儒学兴起后，这一状况才有所改变，个人慈善活动零星出现，逐渐普及。

2. 宋元时期朝廷推动的慈善救济事业

封建王朝主办的慈善救济机构最早可追溯至南北朝时期的六疾馆和孤独馆。① 唐代，随着武宗废天下僧寺，济贫工作始由宗教团体转到政府手上。宋承袭唐旧制，并扩大了官办慈善机构的规模，出现了划时代的变化。所谓"宋之为治，一本仁厚，振贫恤患之意，视前代尤为切至"。宋代养老慈幼的专门设施有居养安济院、慈幼院、慈幼庄、婴儿局、举子包、举子田等，规模之宏远，计划之周密，设施之详尽，自西汉以来，历代封建王朝无一出其右者。以专门收养鳏寡孤独老弱废疾的苏州居养院为例，其规划"为屋六十有五，为楹三百有十，为室三十，长廊还础，对关列序，集癃老之无子妻、妇人无夫亲者分处之，幼失怙恃，皆得全焉。籍官民畴千六百六十亩，募民以耕，岁得米七百石有奇。旁者三廪，浚二井，苟舍蔬圃食用寓具举无一岚，又立僧坊，主其供病给医药，死给椽楱，入从塚以葬。民胥欢仰，道路歌祝，公贤明笃厚有志天下，士至于减苗斛之耗，蠲赋赏之负，严屠牛，禁网捕葺漏泽之费，增土以葬骨，其所施类如此。"② 宋代居养院规模之宏伟，经营之有法，可见一斑。另外，蔡京为相时，曾在全国普遍设立"安济坊"，以救治贫病老人，它取意于苏轼早年在杭州以私人捐款设置的义诊"安乐坊"。宋代在医疗方面还设有惠民药局提供义诊处方，此处方后改名为"太平惠民合剂局方"。为了埋

①　梁其姿：《明末清初民间慈善活动的兴起》，《食货月刊》1986 年第 15 卷第 7/8 期。
②　详见王德毅：《宋代的养老与慈幼》，《宋史研究集》第六辑，台湾国立编译馆 1986 年版，第 401 页。

葬贫病路倒无依者，宋代又有漏泽园之设。这样，从养老到慈幼，从医疗到送终，朝廷主办的慈善机构已是完备之极。元代最重要的发展在医疗方面。设官医提举司和广济提举司负责医疗救济；另在各地普设"医学"为医疗主管，惠民药局继续提供医疗救济。

3. 明清时期民间慈善事业的兴起

在明清之前，以捐谷赈灾、修路建桥为主要内容的个人慈善活动早已存在。即使是在管办慈善事业鼎盛的宋元时期，私人慈善活动也不乏见，如经常为人所提及的范仲淹的"义田"、刘宰的"粥局"、朱熹的"社仓"等，但这些慈善活动很难发展成为一种制度化的慈善事业。明末清初，在江南的武进、无锡、嘉善、太仓、昆山等地先后出现了同善会、广仁会、同仁会或善堂等民间慈善团体。它既不同于宋元时期国家干预的慈善事业，也有异于此前出现的民间慈善活动（包括宗教的和世俗的），它是中国历史上一种全新的非宗教性的、非宗族性的、持续的、志愿性的慈善救济事业，是现代慈善事业的萌芽。

同善会是最早的民间慈善组织。明万历 18 年（公元 1590 年），杨东明组织父老在河南虞城创立第一个同善会宗族，它随后在江南地区流行起来。同善会大都由地方绅士举办。经费主要依赖会员捐献。每次捐献的金额，以嘉善同善会为例，从银九分到九钱不等。随着申请救助人数的增多，每次筹集的捐献已入不敷出，于是同善会开始置办不动产——土地，以地租收入来维持同善会的运营。同善会定期举行聚会，一般是每年 4 次。聚会的目的有三：一是收集会员的善款；二是根据会员平时调查的情况，确定救济对象，讨论款项的具体分配；三是由主会人用通俗易懂的语言举行演讲，劝人行善，做安分守己的良民，共建"好风俗"。[①] 同善会的救济对象，首先是生活无着的孝子、节妇，其次是未被养济院收容而不愿以乞讨为生的贫病老者。这些人先要经会员推荐，再由同善会调查核实，才有资格领取善款。在同善会聚会讲演结束后，有时也对听讲的平民给予少量的施舍。[②]

民间慈善事业在清代有了进一步发展。主要表现在：

①　梁其姿：《明末清初民间慈善活动的兴起》，《食货月刊》1986 年第 15 卷第 7/8 期。
②　王卫平：《明清时期江南地区的民间慈善事业》，《社会学研究》1998 年第 1 期，第89 页。

第一，民间慈善组织数量增多。据有关专家统计，仅江南的苏州府、松江府、常州府、嘉兴府、湖州府等府县就有慈善团体 377 个之多。①

第二，慈善机构的种类更加齐全。有收容孤老贫病者的安济堂；有收容流浪者的栖流所；有收养婴儿的育婴堂、保婴堂、恤孤堂等；有救济贞女节妇的恤锡会、清节堂、儒寡会等；有管束不孝子弟的洗心局、归善局、迁善局等；有教育子弟的义塾；还有综合性救济机构芹香堂、同仁堂、博济堂等。可以说，清代的民间慈善机构种类已相当齐全，几乎涉及社会福祉的各个方面。

第三，经费充足。清代善堂的经费来源不断扩大，财力大为增强。除会员的捐献外，地方官员还发起募金资助善堂，有时还将没收田地划归善堂，许多士绅也捐献土地、房屋。清代善堂的不动产数量大增。一般的善堂所设置的土地从数十亩到数百亩不等，在得到官府资助的情况下，可能会达到数千亩之多。

第四，参与阶层广泛。清代以前，慈善救济活动主要由地方士绅主办。随着清代商品经济的发展，工商业者的力量逐渐壮大，他们开始成为慈善事业中一支重要力量，办理善事也成为会馆、公所的重要职能。

第五，清代善堂不受时间限制，随时施行救济，活动变得经常化。

（二）特点

综观中国古代的慈善救济活动，有这样几个特点：

第一，同丰富而久远的慈善思想和由政府推动的慈善救济工作相比，中国的民间慈善事业相对滞后。即使是在民间慈善事业相对活跃的明清时期，民间慈善活动也只局限于工商业发达的江南地区。这种状况的形成与儒家思想的羁绊有很大关系。在儒家看来，个人的慈善活动与政府的仁政是不能并存的。因为个人慈善活动的存在从一个侧面印证了政府的"不仁"，没有负起应当负担的责任，因而不是一个好政府。因此，以儒家思想作为统治思想的中国封建王朝对民间慈善活动有很大的排斥性。早期宗教团体从事的救济活动就不断遭到非议和政府的严格监督。唐代宋憬反佛教时，就举出了孔子禁止子路在卫国出私财济民的故事。当时孔子说："汝之民为饿也，何不白于君，发仓廪以赈之？而私以尔食馈之，是汝明

---

① 据王卫平前引文中有关数据汇总得出。

君之无惠,而见己之德美矣。"他指出了私人慈善活动可能会引起政治性猜忌。据此,宋憬说:"人臣私惠,犹且不可,国家小慈,殊乖善政。"①这样,在唐代以后,宗教团体的济贫工作逐渐被政府接管,民间慈善活动鲜有作为,直至明清之际江南慈善活动的兴起。

第二,中国古代的慈善事业基本上是一种精英事业或富人的事业。无论是朝廷推动的慈善救济工作,还是民间慈善活动,一般都由地方上有影响的士绅或官员主办,经费来源主要是少数富人的捐献,平民百姓很少参与,这主要是因为大多数老百姓在封建社会的超经济剥削下,普遍比较贫困。即使有少数日子好过些的老百姓想捐献钱物做善事,也要以当地某位名人的名义捐献,否则是得不到承认的。也就是说,从经济实力和社会地位两方面来看,士绅等所谓的社会精英享有独占社会慈善的特权,平民的参与只能是陪衬。因此,中国古代的慈善事业在缺少群众基础的土壤中是很难生根发展的。另外,在家长制盛行的中国古代,一些热心公益的士绅和官员很少采用社区组织的方式来推动慈善工作,大多是自己有钱自己来办。救济活动也主要是在逢年过节或有灾情发生的时候开展。

第三,中国古代的慈善活动基本上是一个内敛性的、封闭的系统,这与慈善事业开放性、社会化的实践特征是背道而驰的,因而制约了中国慈善事业的发展。中国古代的社会精英大多是儒学的接受者,儒家学说讲求个人修养,自我完善,注重修身、齐家、治国。在自我—家庭—国家的链条中,始终没有社团这个概念。慈善始于家是行善的最高原则,如果有能力但不先照顾家庭和家族成员,而行善于外,会被说成沽名钓誉。范仲淹的"义田"、朱熹的"社仓"都是为族人所设。宋代刘宰三设粥局赈济灾民,由于没有社团的帮助和支撑,最终也没有建立起永久的制度。从封建制度本身来看,为了维护封建统治的稳定,历代对民间结社都控制非常严。尽管在明清时期,士人喜好结社,但社团与社团之间很少联系。虽然政府欢迎士绅开展社区慈善工作,但是这些活动仅限于灾年开展。承平时期政府是不主张他们串联的,以免造反。清代的慈善机构大部分是"官督民办",多少也有点这个意思。

第四,中国古代的慈善事业除了救济功能外,还有社会控制的功能。

---

① 转引自梁其姿:《明末清初民间慈善活动的兴起》,《食货月刊》1986 年第 15 卷第 7/8 期。

这一点从明末清初的同善会看的非常清楚。嘉善同善会的条款规定：同善会以劝善为主。善款得优先发给孝子、节妇等无靠之人；其次为养济院不收，但又不愿沦为乞丐的贫老病人，所谓知廉耻者。而"不孝不悌、赌博健讼、酗酒无赖，即年少强壮、游手游食至赤贫者"，一律禁止救济。条规还列举了四种"宜助而不助"的人：一是衙门中人，因为这些人年轻时不劳而获，年老时如果贫困，只是"稍偿其孽"；二是僧道，因为他们不耕而食，而且可自行广募；三是屠户，因为这种人"仁心必短"；四是败家子，因为其败坏风俗。由此可见，同善会有特别明显的道德取向。封建士绅自幼接受儒家教育，胸怀"平天下"之志，当见到社会秩序混乱、人心道德败坏、民不聊生时，总是身先士卒，匡世济民，在一定程度上缓解了当时的阶级矛盾，稳定了社会秩序。同时，他们将慈善机构作为道德教化的场所，扮演了封建主义卫道士的角色，有利于封建王朝的社会控制。由于慈善组织有如此独特的社会功能，因此即使是在封建专制主义统治进一步加强的明清时期，封建统治者也能容忍民间慈善组织的存在和发展。

第五，慈善事业对一些人来说并非无利可图。中国历史上，无论是官办救济，还是民营慈善，因缺乏有效监督，贪污腐化之事不胜枚举。当然这不是中国古代慈善事业的主流。

二、民国时期的慈善事业[①]

民国时期，灾害频发，战乱连年，以致生灵涂炭，民不聊生。由于政府救济不力，大量的救济工作只得由慈善组织来承担。因此，慈善事业对于维系民国社会起了重要作用。这一时期也成为中国慈善事业发展的一个高潮。主要表现在：

第一，无论是慈善团体的数量，还是慈善家群体，在中国慈善事业史上都是首屈一指的。明清时期设立的民间慈善机构大都存续到了民国初期。以上海一地为例，明清以来创设的善堂济院有22所，延续到民国初年的就有18所。[②] 据1930年国民政府内政部调查江苏等18省的救济院和旧有慈善团体时统计的数据，总计566个县市共有1621个旧有慈善团体，占

---

① 郑功成、张奇林、许飞琼：《中华慈善事业》，广东经济出版社1999年版，第41—45页。

② 林万亿：《福利国家：历史比较的分析》，台湾巨流图书公司1994年版，第159页。

所有社会救济机构的 70%。1940 年以前，中国的民间慈善机构还处在一个新旧杂存的状态。又据国民党中央社会部 1946 年底的统计，全国 29 个省市共有救济机构 3045 个，其中私立的有 1011 个，约占 1/3。1948 年的《中国年鉴》披露：当时全国有 4172 个救济机构，其中私立者 1969 个，占 47% 强。① 这些数据虽因调查范围不同而有所差异，但民国时期的民间慈善救济机构一直数目众多却是不争的事实。影响较大的慈善救济机构有中国红十字会、中华慈幼协会、战时儿童保育协会、香山慈幼院、华洋义赈会等，主要开展养老、恤孤、育婴、助残、施医、丧葬、贷款、济贫、救灾、习艺等十几大项救济活动。

民国时期，主办社会慈善事业的主要有两部分人：一部分是外国传教士和外国绅商。这部分人在鸦片战争后大量来到中国。他们办理社会慈善事业的动机和目的各不一样。有的是为了在中国立足，借兴办社会慈善事业来取悦中国人；有的当然是出于帝国主义文化侵略的需要，以办慈善事业来欺骗中国人，所谓假慈善之名，行侵略之实。但是，也有相当一部分外国人确实是本着人道主义精神，把慈善当做一种国际主义的救援事业来实施的，是真心真意来帮助中国人的。如果我们撇开他们兴办社会慈善事业的目的和实际效用不谈，而仅从发展慈善事业的角度来看，外国传教士和外国绅商对于发展民国时期的社会慈善事业是有一定促进作用的。中国的旧式慈善事业向现代慈善事业的转变就是在这些人的影响和带动下实现的。另一部分人多系政府要员的家属、下野政界官僚、军界将领，或清朝的遗老遗少。这些人办慈善的动机也十分复杂。有的是为了博得一个好名声；有的是受传统文化的影响，为了积德行善；有的是受到外国人办慈善的刺激，觉得中国人应该有自己办的慈善事业，以免洋人笑话；还有的人是在下野后，对自己过去从政时做的一些对不起国家、对不起民族和人民的事情进行忏悔，从而以一种赎罪的心理来办理社会慈善事业的。这些人由于有一定的政治背景和社会影响，因此他们出面办理慈善，很快就能办起来，有的慈善机构的规模和水平甚至超过了外国人办的。但是，要想在兵荒马乱的岁月里长期维持下去，真正做一些救济百姓的善事，却不是那么容易。因此，民国时期的慈善事业可以用惨淡经营来形容。

---

① 转引自林万亿：《福利国家：历史比较的分析》，台湾巨流图书公司 1994 年版，第 164 页。

第二，民国时期的慈善事业对于民国社会的维系起着举足轻重的作用。一般来说，慈善事业是国家保障的补充。如果国家保障功能健全，慈善事业就相对萎缩；如果国家保障不堪重负，慈善事业就有相当的发展空间。这个规律可以从社会发展的历程中找到佐证。同时，历史经验也告诉我们，慈善事业对一个社会的发展起的仅仅是微调的作用，还没有哪一朝哪一代像民国这样，慈善事业的作用空前膨胀，有时甚至起到了决定性的作用。例如，1917 年夏秋之交，河北境内大雨连绵，山洪暴发，永定、大清、子牙、南运、北运五条大河同时漫溢，决口数百道，京畿一带顷成泽国，受灾 103 县，1.9 万村，灾民逾 600 万人，如此浩劫，为北方 50 年来所未有。这样一个大灾的救治，政府处理甚微，而主要依靠民间慈善机构和慈善家们的努力才得以完成。又如 1920 年秋，北方直隶、山东、河南、山西、陕西五省，发生特大旱灾，灾区面积广约 9 万里，济民达 3500 万人，较之 1917 年的水灾更为严重。这次大灾的救济靠的也是中外慈善家。当时，北方五省灾区协济会、万国救济会、顺直旱灾救济会、华北救灾协会、山西筹赈会等 18 个救灾团体联合组成了国际统一救灾会，就是依靠这个会的力量，才使五省的灾区得到救助和解危。

第三，我们也应该看到，由于近代中国特殊的历史背景，民国时期的慈善事业从一开始便带有明显的半殖民地化特征，呈畸形发展态势。主要表现在：首先，政府对慈善事业缺乏有效管理。尽管历届旧政府均设有机构管理慈善事业，但大都有名无实。其次，中国人开办的慈善机构大都来自外国人的影响，而且比外国人开办的少得多，水平也有一定的差距。再次，慈善组织大都是临时救济性的，缺乏长远发展目标，善款短缺，管理混乱，自生自灭，旋生旋灭。最后，一些慈善组织，特别是外国人开办的慈善组织，假慈善之名，干着不慈善的勾当。种种弊端，皆由当时的社会性质所决定。

三、新中国的慈善事业

慈善事业在新中国的发展一波三折，命运多舛。从新中国成立初期对旧慈善组织的改造到慈善事业被当成"封建遗毒"扫地出门，从 20 世纪 90 年代初《人民日报》为慈善正名到慈善事业被当成社会保障制度的重要组成部分写进党和政府的文件。新中国成立 60 余年来，慈善事业面临的政治环境、经济环境、社会环境和文化环境都发生了很大变化。环境的变迁决定了慈善事业的潮起潮落，也见证了慈善事业的兴衰荣辱。慈善事业的发展大致可以分为三个阶段。

（一）　第一个阶段：1949—1956 年

整个国民经济刚刚经历了战火硝烟的摧残和打击，残败凋敝，百废待兴。人民生活水平低下，相当数量的人口尚生活在绝对贫困线以下，很多民国时期遗留下来的慈善组织继续承担起了救助贫困伤残、扶助危难的责任，它们为维护社会安定、维持部分苦难人群的基本生活与尊严发挥了重要作用。为了将旧有的慈善机构进行改造，逐步纳入到国家保障和社会救助的体系中来，1950 年，时任政务院副总理的董必武做了《新中国的救济福利事业》的报告，阐述了中央政府对于民间慈善事业的态度，明确了将原有的民间慈善机构进行接管、改组，并入政府机构的政策方针。[①] 中国的慈善事业进入了国有化阶段。经过几年的休养生息和三大改造，中国政府逐渐建立了适合当时中国国情的政治制度和行政体制。这一阶段，在新中国发展史上被称为社会主义过渡时期，而政府对慈善事业和慈善组织的态度似乎也在"过渡"，即从支持利用转为改造接办。

（二）　第二个阶段：20 世纪 50 年代中期到 20 世纪 70 年代末

在完成社会主义三大改造之后，中国基本建立起社会主义制度。这一时期的鲜明特点是，高度集中和僵化的政治体制掌控了所有的社会资源，全能主义社会国家统包统揽了一切社会职能，官方的社会救济工作全面取代了民间慈善组织的职能。在这种体制下，曾经热闹一时的慈善事业立即在神州大地销声匿迹。造成这种状况的原因主要有：[②]

第一，对慈善事业的认识问题。应该承认，解放后对慈善事业的认识是片面的，甚至是极端的。一位曾在 20 世纪 20 年代的北平香山慈幼院任过职的教师，在解放后写的一篇文章中，是这样批评熊希龄及其创办的香山慈幼院的："这样的儿童教养院在反动统治的旧中国，不只是所谓慈善家们用来做沽名钓誉的场所，而且只能为统治阶级服务。"[③] 这样的观点是

---

① 罗雪挥：《中国慈善：漫长民间路》，《中国新闻周刊》2007 年第 30 期，第 30 页。
② 郑功成、张奇林、许飞琼：《中华慈善事业》，广东经济出版社 1999 年版，第 46—48 页。
③ 《文史资料选集》，第 31 辑，转引自周秋光：《民国时期社会慈善事业研究刍议》，《湖南师范大学学报》1994 年第 3 期。

很有代表性的。在当时的舆论宣传中，充斥着对旧社会慈善事业的揭露、批评和指责。"文化大革命"期间，对慈善的曲解和污蔑达到了更为夸张的程度。由于历史的切肤之痛和政治的狂热，人们不加分析地接受了对慈善的评价。在大多数人眼里，慈善事业是骗人的、伪善的东西，是历史的糟粕。慈善事业被当成封建毒素和资产阶级的糖衣炮弹被扫地出门。

第二，慈善事业的定位问题。在这一点上，历史出现了惊人的相似。如前所述，在儒家思想中，国家的仁政与民间慈善事业是不能并存的。那么，在社会主义新中国就更容不得社会慈善事业了，因为慈善事业的存在简直是往社会主义脸上抹黑，于是出现了所谓社会主义公有制对慈善事业的排斥问题。因此，在慈善事业不复存在的岁月里，政府办的福利和救济事业有了长足发展。政府实际上替代和承担了济贫扶弱的慈善功能。

第三，经济基础问题。慈善事业由慈善供给和慈善需求两方面构成。就慈善供给而言，虽然慈善事业不应是一种富人的事业，但有一点必须承认：慈善事业的前提是，只有自己养活自己绰绰有余，才有能力去接济别人。也就是说，只有当社会经济发展到一定程度，使一部分人能够拿出一部分财富去救助他人时，慈善事业才有可能产生。新中国成立后相当长一段时间里，较低的经济发展水平和平均主义的分配方式使全国人民的收入水平和生活水平普遍不高，各种物质短缺，有的还实行配给制，再加上家大口阔，人人自顾尚恐不及，接济别人就更困难了。很难想象，在这样的经济条件下会产生慈善事业。

第四，在以阶级斗争为纲的年代，人际关系非常紧张，慈善事业是没有发展空间的。20 世纪 70 年代初，上海的一位工人向安徽、贵州两地灾区的政府部门汇出了 200 元赈灾款。几个月后，他所在工厂的革委会根据这张汇款单批判他"居心叵测，动机不良"，"往社会主义脸上抹黑"。[①] 被妖魔化的慈善给人一种神秘感和邪恶感，民众避之尚且不及，遑论参与。

（三）第三个阶段：20 世纪 80 年代至今

经过"文化大革命"的十年浩劫，党和政府对建国以来的制度模式和各项政策进行了反思和总结，确立了以经济建设为中心，实行改革开放的发展战略。在意识形态领域，在继续坚持社会主义制度的原则下，提出了

---

① 朱林根：《二十六年前的捐款》，《新民晚报》1997 年 2 月 15 日。

社会主义初级阶段的基本理论，认识到贫穷不是社会主义，并开始形成一整套系统的中国特色社会主义发展理论。在逐步推行政治体制改革的大背景下，政府的各项公共职能开始重新组合和调整。在政策上开始允许民间力量投入到社会公益事业中，慈善组织的运作和发展获得了前所未有的宽松环境。

改革开放之后，邓小平提出"让一部分人先富起来"，国家对于社会资源的控制范围在缩小，力度在减弱，政府试图用放松经济管制、适度发挥市场机制作用的方式来激发和释放几十年来压抑在整个国民经济中的活力。建设社会主义市场经济的努力取得了显著成效，经济快速发展。而经济转型和快速发展的同时，震荡也在加剧。一部分人依靠对资源的掌控和经济敏感性成长为新富阶层，同时造就了大量被排斥在体制之外的弱势群体。收入分配的失调和贫富分化成为新的社会问题。政府在面对自然灾害、老龄化、失业、贫困和医疗等社会问题时已力不能逮。一方面，不断扩大的贫富差距孕育着巨大的慈善需求，为慈善事业提供了发挥能量和作用的空间；另一方面，政府开始意识到民间慈善力量对于补充政府救济职能的重要作用，鼓励和支持不断壮大的民间力量进入慈善领域。慈善需求和慈善供给正随着经济环境的变化而形成互动之势。

新时期慈善事业的发展是从 20 世纪 90 年代开始的。但如果没有思想解放的春风和改革开放的政策，也不会有慈善事业的春天。因此，我们将新中国慈善事业发展的第三个阶段划在 20 世纪 80 年代。尽管当时对民间力量的态度还非常谨慎，[①] 但人们善良的本性和对民族传统的回归是难以阻遏的。

1991 年的华东大水灾，成为推动民间捐赠活动迅速发展的契机。国内同胞和海外侨胞对灾区人民给予了极大的关怀，捐款达 20 多亿元。1993年，全国各地逐步开展了以援助孤儿和老人为主要特点的献爱心活动。1994 年以后，助孤活动进一步高涨。群众性的救助活动成了精神文明建设的一个新亮点，也使人们看到了组建慈善团体、发展慈善事业的社会基础。1993 年 1 月，全国第一家以慈善会命名的社会团体——吉林省慈善会

---

① 直至 20 世纪 80 年代末，人们还能感受到压力的存在。一次，某市遭受台风袭击，市民踊跃捐款捐物支援灾区，政府却发布文告，称政府有能力解决灾民的生活困难，要求市民不要再捐献了。时政新、朱勇主编：《中国社会福利与社会进步报告（1998）》，社会科学文献出版社 1998年版，第 222 页。

正式成立；1994 年 4 月 12 日，全国第一家综合性的民间慈善组织——中华慈善总会在北京诞生。它是全国所有民间慈善组织中唯一的一家全国性的联合性社团。社团登记管理部门赋予它在全国发展团体会员的权利。此外，基层社区的慈善组织也开始出现。仅天津红桥区就有 16 个。基层社区慈善组织不仅城市有，农村也有，江西赣南就建立了 149 个县级和乡镇级慈善会。基层社区慈善组织的建立是中国慈善事业向纵深发展的一个标志。他们从本社区筹款，直接服务于本社区的群众，深深扎根于老百姓之中。改革开放后重提慈善、率先冲破藩篱的就是这些民办的慈善机构。它们规模不大但数目不小，全国起码有数千家。至 2008 年底，在民政部门正式注册的慈善组织有 34 万多家，基金会 1843 个，其中公募基金会 1029个，非公募基金会 800 个。①

随着各类慈善组织的建立，以社会捐献为资金来源，以安老、慈幼、扶贫、助学为主要内容的经常化、社会化、规范化的民间慈善活动全面开展。1996 年 1—2 月，上海市慈善基金会在浦东开展了"一日捐"活动。这是新中国历史上第一个"一日捐"活动。所得捐款全部用于老人安养、弱智儿童培训、慈善教育、慈善医疗以及其他慈善福利设施之中。作为全国慈善事业的领头羊，中华慈善总会利用筹得的创始基金、专项基金和社会其他善款，推出了一系列见效快、影响大的慈善项目。如 1995—1996 年的孤儿康复项目、1997—1998 年的慈善雨水积蓄过程等。这些项目影响好、见效快、用钱省，便于筹资、实施和项目管理，并为慈善事业的进一步发展积累了宝贵经验。

2005 年之前，我国每年的慈善捐赠总量才数十亿元；2006 年，我国接收捐赠总量达到 100 亿元；2007 年，我国接受的国内公众与企业的捐赠额为 223. 16 亿元（其中企业捐赠为 191 亿元），加上接受的境外捐赠总额86. 09 亿元，总额达到 309 亿元；② 2008 年经历了特大雪灾、5·12 汶川大地震和青海玉树地震等几次灾难事件以后，我国慈善事业发展进入新阶段，全年接收国内外各类社会捐赠款物共计 1070 亿元，是 2007 年的 3. 5

---

① 《2009 年民政事业发展统计报告》，http://cws. mca. gov. cn/article/tjbg/201006/20100600081422. shtml。

② 《2007 年度中国慈善捐助情况报告》，民政部慈善事业协调办公室、中民慈善捐助信息中心，2007 年。

倍。① 企业捐款在其中发挥了重要作用，据统计，2008 年中国大陆地区企业捐款达 390.15 亿元，占捐款总额的 46%。② 除了捐款捐物，很多企业还捐赠服务。仅在汶川地震紧急救援和恢复阶段，各类企业就提供了交通运输、通信、保险等价值约 44.36 亿元的免费服务。③ 2009 年，全国接收国内外各类社会捐赠款物 332.78 亿元。境内捐赠中，企业是最主要的捐赠主体。2009 年全年国内各类企业捐赠总额为 131.27 亿元，占境内捐出款物总额的 58.45%。④ 2010 年中国社会慈善捐赠总额达 700 亿元人民币，比 2009 年的 542 亿元有大幅度增长。⑤

第三节　我国慈善事业发展的前景与对策

一、我国慈善事业发展的前景

（一）现实需要⑥

1. 各种不幸者和弱势群体的客观存在需要发展慈善事业

这些不幸者和弱势群体主要包括：一是约占全国总人口 6%，总数逾 8 千万的残疾人群体；⑦ 二是近 1.5 亿的城乡贫困人口；⑧ 三是各类灾民，每

---

① 《2008 年度中国慈善捐助报告》，民政部慈善事业协调办公室、中民慈善捐助信息中心，2008 年。

② 《2008 年度中国慈善捐助报告》，民政部慈善事业协调办公室、中民慈善捐助信息中心，2008 年，根据该报告计算得出。

③ 《2008 年度中国慈善捐助报告》，民政部慈善事业协调办公室、中民慈善捐助信息中心，2008 年。

④ 《2009 年度中国慈善捐助报告》，民政部慈善事业协调办公室、中民慈善捐助信息中心，2009 年。

⑤ 杨团：《中国慈善发展报告（2011）》，社会科学文献出版社 2011 年版。

⑥ 参见郑功成、张奇林、许飞琼：《中华慈善事业》，广东经济出版社 1999 年版，第 13—18 页。

⑦ 《最近二十年中国残疾人数量减少一千五百万》，http://news.163.com/07/1201/23/3ULQP9FJ000120GU.html。

⑧ 《中国将贫困标准提至 1500 元，贫困人口或将破亿》，http://news.163.com/10/1224/04/6OL2ERJQ0001124J.html；《中国城市贫困人口达 5000 万，未纳入扶贫救助范围》，http://business.sohu.com/20110823/n317149468.shtml。

年遭受各种灾害袭击的社会成员达 2 亿多人，其中需要援助者达 5000 多万。这些群体规模庞大，均需给予不同程度的现金援助、实物援助、医疗援助及相关服务援助。巨大的援助需求和援助工作，绝非政府所能全部满足和承担的。民间力量的参与，发展慈善事业成为必要。

2. 社会保障制度的改革迫切需要慈善事业来补充

虽然我国正致力于建设覆盖城乡的社会保障体系，但难以保证每一个社会成员都能得到相应的保障。而且，在公共社会保障计划"保基本"的原则下，相当一部分体制内、有保障的社会成员可能因保障不足而面临风险，这也需要民间慈善事业的配合和补充，来化解社会保障改革和制度建设所存在的风险。

3. 政府难以承受的财政压力需要通过发展慈善事业来纾缓

我们所处的这个时代既是发展的战略机遇期，又是矛盾多发期，各种矛盾集中释放，社会问题频现，社会需求巨大，既需要政府长远谋划，又需要及时应对和处理。虽然分税制改革后政府财力不断增强，但面对众多的社会问题和巨大的社会需求，难免捉襟见肘，力不从心，民间力量的参与正当其时。

4. 贫富差距的扩大迫切需要发展慈善事业

根据世界银行的最新报告，中国 1% 的家庭掌握了全国 41.4% 的财富，财富集中度远远超过了美国，[①] 成为全球两极分化最严重的国家之一。中国基尼系数[②]从 30 年前改革开放之初的 0.28 已上升到 2009 年的 0.47，目前仍在继续上升，在所公布的 135 个国家中名列第 36 位。这是社会利益共享机制发生严重断裂的显著信号。近年来，我国地区、城乡、行业、群体间的收入差距明显加大，其中城乡居民收入比达到 3.3 倍；行业之间工资差距日益明显，最高与最低相差 15 倍左右；不同群体间的收入差距也在迅速拉大，上市国企高管与一线职工的收入差距在 18 倍左右，国有企业高管与社会平均工资相差 128 倍。收入分配格局失衡，由此带来的诸多问题日

---

① 美国 5% 的人口掌握了 60% 的财富。

② 基尼系数是意大利经济学家基尼于 1922 年根据洛伦兹曲线提出的，是国际上用来综合考察居民收入分配差异状况的一个重要分析指标。基尼系数为 0，表示收入分配完全平均，基尼系数为 1，表示绝对的不平均。在这一区间，数值越小，社会的收入分配就越趋于平均；数值越大，表明收入分配的差距越大。

益成为社会各界关注的焦点。① 治理贫富差距是一项长期的工作，而且必须找到病因，对症下药。但不可否认的是，慈善事业在需要帮助的社会成员和希望反哺社会的社会成员之间架起了一座桥梁，是缓和贫富差距的重要途径。

5. 社会主义精神文明建设需要发展慈善事业

慈善事业是一项道德工程，以一定的社会道德水准为基础。反过来，慈善事业的发展又有助于社会的道德建设和道德水准的提高。改革开放以后，随着计划经济向社会主义市场经济的转型，市场经济的趋利性，弱化了以"仁义"为中心的传统道德意识，慈善事业赖以存在的"仁爱"精神和扶危济困理念也被社会边缘化。作为市场经济主体的企业和个人，倾向于把更多的资源投入到赚取私人利益上来，而忽视了以"家国"观念为核心的传统社会责任观，"为富不仁"俨然成了市场经济的标签。加强社会主义精神文明建设，以社会主义核心价值体系引领人们是时代所需，而慈善事业对于促进社会主义精神文明建设有积极意义。

（二）现实基础

1. 发展慈善事业的政治环境比较宽松

慈善事业的迅速发展和社会作用的逐步显现，引起了党和政府的高度关注和重视。从中共十六届四中全会第一次在执政党的重要文献里强调了慈善事业的发展和健全社会保障体系的关系，到十七大报告明确指出以慈善事业为补充，加快完善社会保障体系；从 2005 年"支持慈善事业发展"第一次写入政府工作报告，到 2010 年政府工作报告中再一次地强调"鼓励和支持慈善事业发展"，我国慈善事业的发展已经具备了坚实的政治基础。

2. 市场经济体制的确立为慈善事业的发展创造了良好的运行环境②

一是慈善资源的来源更加广泛了，慈善事业的财政基础更加厚实了。二是市场经济为慈善资源的有效运行提供了手段和场所，如慈善机构创始基金或累积的善款在市场经济条件下投资运营，可以保值增值，壮大善

---

① 夏业良：《中国的财富集中度超过美国》，http://news. ifeng. com/mainland/special/shourufenpeigaige/content－2/detail_2010_06/08/1598280_0. shtml。

② 郑功成、张奇林、许飞琼：《中华慈善事业》，广东经济出版社 1999 年版，第 24 页。

款；商业化经营也是目前慈善事业发展的一个趋向。三是市场经济是追求效率的经济形态，慈善事业既满足了富人"慈善"的需要，又使其资金发挥了最大效用，符合市场经济的精神；同时，慈善机构对慈善资源的运用是否高效，会受到社会各界的监督和评判，从而有利于慈善事业的规范运行和高效运行。

3. 社会成员的分化和贫富差距的拉大是慈善事业发展的社会基础

贫富差距的客观存在从供给和需求两个方面满足了慈善事业存在和发展的条件。也就是说，社会中有需要帮助的人，也有可以帮助别人的人。

4. 中华民族的传统美德是我国慈善事业发展重要的道德资源

从制度变迁的角度讲，成本最低的路径应该是最合理的。中华民族是一个乐善好施的民族，即使是在慈善事业被扫地出门的年代，人们私下的互助共济活动也从来没有中断过。对传统美德的歪曲和背离毕竟不是常态，重拾"爱人之仁"的价值观念，回归扶危济困的慈善美德，在当今中国社会产生了强烈共鸣。浴火重生的慈善事业显得弥足珍贵，中国社会孕育着极大的慈善热情。2008 年，带给中华民族空前劫难的"天灾年"成为这种热情宣泄的导火索，这一年也被命名为"中国企业社会责任元年"。爱心、良知、善行等价值理念已经慢慢在全社会形成一种文化氛围，推动慈善事业向前发展。

5. 国外慈善事业的经验和国内慈善组织的实践探索为我国慈善事业的发展做了知识、经验、人才、网络、舆论宣传等方面的准备，打下了较好的基础

二、慈善事业存在的问题及其原因

（一）慈善事业存在的问题

综上，中国慈善事业的发展有巨大的现实需求和良好的现实基础，前景非常广阔。但毋庸讳言，慈善事业的发展也存在诸多问题，严重影响慈善事业健康、可持续的发展。主要表现在以下几方面：

1. 慈善组织的独立性弱

一般认为，现代意义上的慈善组织作为公民社会的重要表现形式之一，至少体现着三个方面的文明内涵：一是基于"分权"的有限政府的理

念，二是市场经济体制的发育，三是以个人权利为出发点的权力制衡机构。① 但是，中国慈善组织的发展却有其独特性。20世纪90年代之后，中国慈善组织的重生与蓬勃发育，与政府的主动放权和诱导式培育分不开。改革开放后，由于传统福利模式的解体，政府面临着严重的资源短缺和治理危机，不得不尝试一切可能的方法来获取新的资源，同时又要实行有效的社会控制。资源获取需求和社会控制需求间的矛盾，使得政府采取"组织外形化"② 的方式发展慈善事业。因此，中国目前大多数慈善组织都有着官方或者半官方的背景，政府中退休的高级官员在这些组织中担任领导职务是普遍现象，而政府机构的官僚体制和运作风气也随之在这些慈善组织中惯性的发展。这在很大程度上致使慈善组织成为政府机构的附庸，或者本身就是变相的政府机构，甚至我国很多省市的慈善协会和该地的民政部门是"一个部门、两块牌子"，慈善协会的负责人也直接由现任的民政部门负责人担任。③ 这样的做法虽有其积极的一面，即能依靠政府有效获取社会资源和集中力量组织慈善活动，但其消极影响也不容低估。如果慈善组织从一开始就定位为政府的帮衬者或附庸，那么需要与政府做出不一致的选择时，慈善组织将无法坚持自己的原则和宗旨。这就是莱斯特·萨拉蒙所指出的三个危险：官僚化、仰人鼻息和失去独立。④ 如果慈善组织没有市民社会的根基，没有在公共生活中的独立精神，那么如何能够保持自己的公共性呢？

2. 动员性与强制性志愿活动多

慈善行为是一种自发性的志愿活动，否则它便失去了公共性的本真。因为社会责任和公共精神会使人们自发行动，参与慈善；同时，这种公共性的存在也成为国家和政府从外部去动员人们做出奉献的理由。这种动员是合理的，也是符合市民社会的良性互动精神的。但是，如果动员变成了

---

① 冯英、穆风龙、聂文倩等：《外国的慈善组织》，中国社会出版社2007年版，第15页。

② 所谓组织外形化是指，中国慈善组织（主要是官办慈善组织）在形式上极力宣称其民间慈善团体的性质，实际却是由政府在运作，采用政府的行动逻辑。参见田凯：《非协调约束与组织运作——一个研究中国慈善组织与政府关系的理论框架》，《中国行政管理》2004年第5期，第92页。

③ 田凯：《非协调约束与组织运作——中国慈善组织与政府关系的个案研究》，商务印书馆2004年版，第160—161页。

④ 冯英、穆风龙、聂文倩等：《外国的慈善组织》，中国社会出版社2007年版，第13页。

强制，自发与义务等同，后果则适得其反。在中国慈善事业发展的过程中，"摊派性募捐"是一个比较普遍的现象，尤其是在机关事业单位。这种做法的弊端至少有两个：一是严重打击了个人慈善捐赠的积极性。因为摊派性募捐在心理上给个人以受到强制的不满感，在行动上取消了个人自由选择的空间。人们难以感受到参与慈善的热情和高尚感，也很少人会去关心这些捐赠通过何种渠道、何种方式用于单位宣称的慈善目的。二是摊派性募捐之所以发生，在很大程度上是一种政绩思想和面子工程；并且，摊派性募捐常常是分"等级"的，即组织内部依据职位和资历来划分捐赠的数目，这实际上是把人们的同情心人为地等级化，超越层级的捐赠可能会被认为是挑衅组织的内部秩序。这种现象是不符合一个基于自由、平等和开放性的市民社会的公共精神的。这也在某种程度上体现了中国传统社会的公共性特征。我们要从这种公共性中认识到为了全体利益而压制个人自由的危险。公共参与与熟人社会的社会参与不同，与市场推动的维权活动不同，与采用国家动员方式的推动也不同。"公共参与一方面依赖于公共空间，一方面依赖于个体的独立意识和社会认同。"[①] 慈善的参与应以尊重个体的主体性为前提，以自愿为基础。

3. "慈善失灵"问题

慈善组织作为公共物品的提供者有着固有的缺陷，如慈善的供给不足、慈善的特殊主义、慈善的家长式作风、慈善的业余主义等，[②] 这就是所谓的"志愿失灵"或"慈善失灵"。慈善失灵的问题具有普遍意义，而非只是中国慈善组织所特有。但是，在中国，在政府与慈善组织特殊的关系模式下，会产生非典型的"慈善失灵"，如政府对慈善组织的选择性激励[③]、慈善组织公信力失败[④]等。因为慈善的公共性决定了慈善组织的财产

---

①　杨宜音：《社区公共参与：是否参与，谁来参与，如何参与》，收录于北京师范大学、北京市社会科学界联合会主编：《和谐社会：公共性与公共管理》，北京师范大学出版社 2005 年版，第 283 页。

②　莱斯特·M. 萨拉蒙：《公共服务中的伙伴：现代福利国家中政府与非营利组织的关系》，田凯译，商务印书馆 2008 年版，第 47—50 页。

③　主要表现在政府对不同的慈善组织给予不同的政治地位和经济激励，其结果是慈善资源向少数组织集中，而其他的慈善组织往往无力向社会提供更多的服务，慈善的多元性和竞争性受到抑制。

④　募捐机制不规范，公开性和透明度不高，社会监督缺失，慈善领域的欺诈案例时有发生；利用行政权力进行摊派性募捐的方式也严重打击了个人慈善捐赠的积极性。这些都是导致慈善组织公信力失败的重要原因。

具有公益产权和公有性质，政府会不自觉地利用和控制这些资源。这是行政权力控制经济资源的路径依赖对于慈善组织发展的影响。

（二）原因分析

以上问题是我国经济市场化、政治民主化过程中出现的问题，既受传统社会和传统文化的影响，也有慈善组织自身建设方面的原因。

1. 公民社会发展不成熟

中国市民社会起源很早，但获得实质性的发展是在近现代，尤其是在改革开放以后。公民社会的成长是政治体制和经济体制改革的产物，其特点是：国家管理下的公民社会参与国家事务。① 这种公民社会的缺陷，表现为不合理的社会组织结构和分配结构。长期以来，中国人习惯于集体行动而拙于独立行动，个体的独立精神被埋藏在"单位"的阴影之下。面对公共事务和公共社会，个体的行动往往从属于"单位"的意志，割裂了基于自由意志的公共性表达，甚至慢慢习惯于这种"被代表"式的表达。动员性的志愿活动、摊派式募捐正是在这种社会背景下生成的。

2. 市场经济体制不完善

市场经济体制的建立为中国的经济增长和居民收入水平的提高起到了助推作用，社会财富的增加是慈善发展重要的物质基础。但市场经济是把双刃剑，在有效配置资源，提高效率的同时，也带来了一些社会问题。特别是在市场经济体制建立初期，由于基本制度和配套措施的缺失，以法律管理经济的经验不足，导致经济主体行为失范，利益分化加剧，社会矛盾多发，影响和制约了慈善公共性的发挥。主要表现在：对经济主体参与慈善的激励不够，企业慈善纠结在公司战略和社会责任的选择矛盾上；对慈善行为和慈善过程缺乏规范和监管，慈善怪相频现，加剧了慈善失灵的问题。更值得关注的是，由于社会贫富差距拉大，慈善发展的社会环境恶化。可以接受的一定限度的贫富差距是慈善发展的社会基础，② 但贫富差距过大，社会结构不合理，会使社会出现断裂的危险，难以形成共同的利

---

① 公民社会与政治国家的关系有五种模式，即公民社会制衡国家、公民社会对抗国家、公民社会与国家共生共强、公民社会参与国家和公民社会与国家合作互补。与中国国情最为相符的是公民社会参与国家，但却不能完全反映中国的现实情况。中国公民社会的特点既反映了中国公民社会发展的不成熟，也告诫我们中国公民社会的发展不能盲目模仿和复制西方国家的道路。

② 郑功成、张奇林、许飞琼：《中华慈善事业》，广东经济出版社1999年版，第9页。

益诉求和公共性的要求，从而难以构建公共领域，阻滞社会公共性的发展。贫富差距过大所带来的社会分裂，在慈善方面最明显的表现是，普通民众对于富人行善的矛盾心态：一方面，由于长期的市场利益分配机制的缺陷，使得普通民众潜意识中生成一种"仇富"心理，在这种心理的驱使下，多数人认为富人做慈善是理所当然的，因此索捐现象在众多小企业和乡镇企业很普遍；另一方面，面对富人的高调慈善活动又心存疑虑，并且恶性质疑（陈光标即是一个案例）。

3. 中国传统慈善资本的内在矛盾

中国的慈善思想源远流长，是发展现代慈善可资利用的资本和宝藏，但中国传统慈善资本中有着难以调和的内在矛盾。作为个人慈善伦理动因的儒家仁爱思想提倡人们要常怀慈爱之心，多行善举，具有普世意义。但这种理念建构在以"差序格局"为特点的中国传统社会中，并通过宗法制度和礼法制度定型和强化，其价值已大打折扣。差序格局的社会是一个道德化社会，而不是一个功能化的社会。差序格局的不断自我复制和再生产，逐步模塑出一种差序化的价值取向。这种价值观认同私德，摒弃公德；信奉等级；强调自我救赎，所谓"君子求诸己，小人求诸人"；[①] 认为每个人固然有帮扶别人的道德义务，但帮扶的对象是严格按照血缘亲疏来认定的。因此，差序格局的社会所倡导的由近及远、推己及人的慈善观，实际上是内在地消解了慈善存在的合理性，也限制了慈善的发展空间，与现代慈善的开放性和包容性格格不入。这也在一定程度上解释了为什么中国有丰富的慈善思想，而慈善实践却相对落后。尽管封建宗法礼乐制度已不复存在，但传统社会和传统文化仍具有巨大的惯性和影响力，在相当长时间里会制约慈善公共性的进一步发展。

4. 慈善组织的自身建设问题

慈善组织是实施慈善的组织基础，是慈善公共性的见证者和践行者。因此，慈善组织的成熟程度关乎慈善公共性的发挥和实现。慈善在中国的命运可以通过慈善组织折射出来。我国慈善组织独立性差已是不争的事实，除了文化、体制等方面的原因外，慈善组织自身不够强大、不够规范也是重要原因。主要表现在：慈善组织的社会影响和社会动员能力比较

---

① 《论语·卫灵公》。

弱、创新意识和能力比较差、开展慈善活动和实施慈善项目的专业化程度不高、信息不够透明、慈善组织之间的合作与竞争较少等。诸多缺陷削弱了慈善组织的公信力，使得政府成为民众信任和求助的首选，慈善组织依赖政府获取资源①是题中之义。

三、发展我国慈善事业的对策

（一）正确处理政府与慈善的关系

政府和慈善两者的关系是公共权力领域和社会公共领域关系的缩影。公共物品的提供是两者的交集，也是两者公共性的集中体现。从公共利益最大化的角度讲，两者应是合作互补共赢的关系，而非对立关系，更非零和关系。合作伙伴关系的前提是平等的存在。首先，要强调的是"存在"，也就是要解决要不要发展慈善的问题。发展慈善是基于对慈善公共性价值的认同，也符合慈善公共性的特点。赋予慈善合法性，为慈善的发展营造宽松的环境，是回归和彰显慈善公共性的政治前提。其次，要减少公共权力对包括慈善在内的社会公共领域的侵蚀与控制。慈善组织衙门化和行政化，是政府科层制发展，导致社会公共领域严重异化的表现。政府要赋予慈善组织适当的行动权力空间，进一步转变政府职能，调整和规范业务主管单位和慈善组织的关系。业务主管单位要逐渐从直接管理活动中退出来，进行间接管理。通过治理，尽力减少慈善组织内部的官僚作风和不作为现象。促进慈善组织真正成为独立的、自主的、具有批判精神和公共价值的组织，成为公民参与公共生活的公共空间。

（二）要以社会主义核心价值体系为指引，培养社会的公共精神和慈善意识

这是实现慈善公共性的理性基础。公共性是相对于主体性而言的，同时也是在主体性的基础上建构起来的。人的善爱之心是平等的，参与慈善是自愿的。同时，慈善具有鲜明的实践性特征，只有参与才能实现利他。虽然参与慈善的动机多种多样，但慈善自觉不可或缺。慈善自觉的形成来自公共精神和慈善意识的培养。社会主义核心价值既包含了中华民族的传统美德，又体现了时代精神，是培养社会的公共精神和慈善意识的价值基

---

① 包括组织的合法性、经济资源、行政资源、社会的信任等。

础和思想基础，是实现多元主体趋同与共识的价值取向。

（三）加强制度建设，创新管理方式，完善政策工具，规范和激励慈善的发展

减少公共权力对社会公共领域的侵蚀与控制，并不是否认和反对政府部门的管理和规范作用。慈善是一项利他性突出的爱心工程和道德工程，慈善行为的失范和慈善市场的失序，会挫败社会的慈善爱心，降低慈善资源的使用效率。规范有序的制度环境是慈善事业良性运行的保证。制度既是一种资源也是一种约束。① 公共管理过一点是侵蚀，少一点是缺位，如何把握这个"度"是对管理者的政治智慧和管理能力的巨大考验。创新管理方式，最重要的就是完善政策工具的设计和使用。政策工具的选择既要考虑工具本身的特征，也要考虑所面对问题的性质；既要考虑政府的经验、偏好和路径依赖，也要考虑受众可能的反应；既要考虑政府的行政效率，也要考虑作为公共性的目标效率。从一般意义上讲，在国家能力强、政策系统复杂的条件下，首先要考虑的是非强制性政策工具或市场工具。② 从慈善公共性的特点和属性来看，慈善是一种私人行为，具有独立性、自愿性和自治性；同时，慈善不是一种纯粹的利他主义行为，公共物品的提供也存在"搭便车"的情况。因此，在政策工具的选择上既要尊重慈善的主体性，又要有激励性。从此意义上讲，非强制性政策工具的使用也具有合理性。具体来说，加快慈善立法，加强税法激励是我国的当务之急。以法律的形式，明确政府与慈善的边界，建立慈善的激励和监督机制，保障慈善的公信度。③

（四）加强慈善组织自身建设

包括建立和完善公开、透明的财务报告制度，建立慈善组织绩效评估机制，不断提高慈善组织的公信度，增强慈善组织的筹资能力，积极营造有利于慈善事业发展的社会舆论环境等。只有慈善组织足够健全和强大，堪称政府伙伴时，才有可能与政府建立合作伙伴关系。

---

① B. 盖伊·彼得斯、弗兰斯·K. M. 冯尼斯潘编：《公共政策工具：对公共管理工具的评价》，顾建光译，中国人民大学出版社 2007 年版，第 215 页。

② 迈克尔·豪利特、M. 拉米什：《公共政策研究：政策循环与政策子系统》，庞诗等译，三联书店 2006 年版，第 281 页。

③ 张奇林：《美国的慈善立法及其启示》，《法学评论》2007 年第 4 期，第 106 页。

本 章 小 结

慈善是指用于公共目的的私人捐赠。这里讲的"公共目的"比较抽象和模糊，其物化形式是公共物品，因此慈善的本质是公共物品的私人提供。它有三个含义：其一，慈善同其他提供公共物品的渠道特别是政府存在竞争和/或互补的关系；其二，慈善是一种私人行为，具有独立性、志愿性和自治性；其三，慈善不是一种纯粹的利他主义行为，公共物品的提供也存在"搭便车"的情况，因此参与慈善需要有动力驱动。慈善事业是以私人捐赠为基础，以慈善组织为实施主体，以提供公共产品，服务公共目标为目的，以扶危济困为重点领域，规范化、制度化、社会化的公益事业。

社会捐赠是慈善事业的立身之本。成熟的慈善事业应有引导社会捐赠的思想基础、组织基础和实施基础。从慈善思想、慈善组织和慈善行为机制三个维度来看，慈善事业具有明显的公共性。慈善事业公共性主要有利他性、主体性、公开性、民间性、多样性五大特点。影响慈善事业发展的因素主要有道德因素、经济因素、宗教因素、社会因素、政治因素。在影响慈善事业的诸因素中，政治因素的作用最直接、最明显，甚至拥有生杀予夺的权力。由于政治的影响，导致慈善事业的畸形发展，乃至消失，是一件很不幸的事。

慈善事业是为了救助苦难的人群而发展起来的一种爱心事业，一般来说，一个社会慈善事业的发展水平反映了这个社会的发展状况。具体而言，它一方面反映了这个社会的社会问题的多少，另一方面又反映这个社会自我调节能力的大小。这两个因素的互动决定了社会的走向，也决定了慈善事业的地位和作用。综观人类社会的发展进程，慈善事业是一项不可或缺的社会事业，同时它又是合力作用下的产物，因而在时空上呈现出多样性。如何把握慈善事业的发展规律，正确引导和妥善利用影响慈善事业发展的诸因素，走一条既有民族特征又有时代特征的发展道路，是发展我国慈善事业需要解决的重大课题。

中国古代的慈善救济活动可以分为三个阶段：一是汉唐时期的寺院慈善活动，二是宋元时期朝廷推动的慈善救济事业，三是明清时期民间慈善事业的兴起。综观中国古代的慈善救济活动，中国的民间慈善事业相对滞后，中国古代的慈善事业基本上是一种精英事业或富人的事业，中国古代的慈善活动基本上是一个内敛性的、封闭的系统，这与慈善事业开放性、社会化的实践特征是背道而驰的，因而制约了中国慈善事业的发展。民国时期，灾害频发，战乱连年，以致生灵涂炭，民不聊生。由于政府救济不力，大量的救济工作只得由慈善组织来承担。因此，慈善事业对于维系民国社会起了重要作用。这一时期也成为中国慈善事业发展的一个高潮。慈善事业在新中国的发展一波三折，命运多舛。新时期慈善事业的发展是从20世纪90年代开始的，但如果没有思想解放的春风和改革开放的政策，也不会有慈善事业的春天。

中国慈善事业的发展有巨大的现实需求和良好的现实基础，前景非常广阔。但毋庸讳言，慈善事业的发展也存在诸多问题，严重影响慈善事业健康、可持续的发展。为了促进慈善事业的发展，需要正确处理政府与慈善的关系，要以社会主义核心价值体系为指引，培养社会的公共精神和慈善意识；加强制度建设，创新管理方式，完善政策工具，规范和激励慈善的发展等。

重 点 名 词

慈善组织　非营利组织　公共性

复习思考题

1. 慈善事业有哪些特点？
2. 影响慈善事业的因素有哪些？
3. 慈善事业的公共性的表现有哪些？慈善事业的公共性的特点是什么？
4. 请简述我国古代和近代的慈善行为。
5. 结合现实案例，分析我国慈善事业的现状及存在的问题。

第九章　社会福利总论

【学习重点】

1. 社会福利的概念；
2. 社会福利的特征；
3. 社会福利和社会保障的关系；
4. 社会福利的理论基础；
5. 社会福利的供给与需求；
6. 社会福利的基金筹集与管理；
7. 我国社会福利制度存在问题与改革对策。

社会福利是现代社会广泛使用的一个概念，人们对其含义有着多样化的理解，同样对于社会福利与社会保障之间关系也有着多种理解。社会福利产生有其思想、理论基础和历史背景，它是人类社会实践发展到一定阶段的必然结果，也成为衡量一个社会文明程度的重要标志。社会福利有其构成要件和运行机制，社会化是社会福利发展的必然趋势。

第一节　社会福利概述

一、社会福利的概念界定

从古到今，社会福利与人类的生存发展都有着直接的联系，无论是最初的福利形式还是现代社会福利都影响到人类生存的状况和生活质量。同时，人类社会的经济水平、文化和道德传统、观念、意识形态等方面都影响着社会福利的发展。不同背景下形成了不同的福利模式，也导致人们对社会福利的内涵理解很不一致。古今中外，"福利"和"社会福利"都是使用非常广泛的词语，人们对其理解也是多样化的。

（一）福利的内涵

在目前通用的英语词典中，我们发现表示"福利"有四个单词：welfare、wellbing、benefit 和 interest，但是最常用的是 welfare。从英语词根上讲，"welfare"由词根"well"和"fare"组成，其中词根"well"表示"好；令人满意的"的意思，词根"fare"表示"进展；过活，生活"的意思，所以福利"welfare"的字面意思是"美好的生活"、"令人满意的生活或进展"。在《牛津现代英汉双解词典》中，对 welfare 的解释："wellbeing，happiness；health and prosperity（of a person or a community etc.）"，中文可以译为"（个人、集体或社会等的）安乐、幸福；健康和繁荣"。《韦伯斯特新世界大学词典》（Webster's New World college dictionary）指出，"福利（welfare）是一种健康、幸福和舒适的良好状态。"所以，从动态层面来看，"welfare"是指向着美好生活目标顺利发展的一种状态或过程；从静态层面来看，"welfare"是指一种美好、幸福的生活状态。①

其实，"福利"一词并非西方专有，在我国古代就有了。在汉语中"福利"一词是由"福"和"利"这两个字构成的，在汉语构词法中属于同义复合词，即"福"与"利"的意思相近。在《说文解字》中，"福，佑也。以示畐声。"②"福利"一词第一次出现在《后汉书·仲长统列传》中，"仲长统傅昌言理乱：是使奸人擅无穷之福利，而善士挂不赦之罪辜。"③ 这里的"福利"主要指物质方面的幸福利益。后来在韩愈的《与孟尚书书》中，"何有去圣人之道，舍先王之法，而从夷狄之教，以求福利也"，这里的"福利"主要指心理上的幸福和满足感。

古今中外，人类都孜孜以求幸福美好的生活。无论是在英语还是汉语里，"福利"一词的意思虽不完全相同，但其实质是一致，即表示人类的

---

① 田北海：《社会福利概念辨析——兼论社会福利与社会保障的关系》，《学术界》2008 年第 2 期，第 280 页。
② 许慎：《说文解字》，上海古籍出版社 2007 年版，第 3 页。
③ 王先谦：《后汉书解集》，中华书局 2006 年版，第 579 页。

一种安全、幸福的状态。

（二）社会福利的内涵

社会福利涉及社会学、经济学、政治学等多个学科，是一个多义词，在现实中被广泛使用，不同的学者对此有不同的理解，因此要进行重点分析。

从现有的资料来看，对"社会福利"一词的理解大致有五种不同的看法：

一是"社会政策"研究中的社会福利概念，大致与社会资源同义，包括一切有形无形的收入、财产、安全、地位、权利等，而所谓"社会政策"是"将我们在社会福利的生产、分配与消费中的社会的、政治的、思想的和制度的内容，放入到一个我们所期望达到的最具活力的道德与政治结合的标准框架中进行的探索"。这种对社会福利的界定是各种看法中意义最为宽泛的。

二是针对市场经济带来的不公平采取的一切维护社会公平的制度和措施，大致与我们目前使用的"社会保障"一词或西方福利国家所使用的"社会福利"一词同义。按照这种理解，"社会保障"是"社会福利"的一部分而不是相反，"社会保障"是实现"社会福利"的一种手段，它的资金来源于专门的社会保障税的收入，而社会福利的资金则来自一般的国家财政。

三是一切形式的由政府、社会、单位和他人等提供的高于基本生活水平的经济、政策和服务保障，在词义上与社会救助、社会保险相对应，指享受型而非生存型的社会利益。我国理论界所谓的"现代社会保障体系"，在含义上正是指这个意义上的社会福利、社会救助和社会保险三大部分或三大支柱。

四是由政府和社会提供的一切低于或高于基本生活水平的经济收入、政策扶持和服务保障等。以我国目前的政策为例，除了指通过民政部门提供的针对老年人、残疾人、孤儿、优抚对象的收入保障、政策优惠、福利服务以外，也包括建设、教育、卫生、司法部门提供的住房、教育、医疗、司法方面的救助，以及工会、妇联、共青团等社会团体采取的保护弱势群体的各种措施和服务等。

五是民政部门代表国家针对老年人、残疾人、孤儿、优抚对象提供的收入和服务保障，保障标准主要是基本生活。近年来，随着社会福利社会化的推进，也提供高于基本生活水平以上的个人付费的服务保障。这种社会福利的定义在含义上最为狭隘，因此也有人直接称这个意义上的社会福利为民政社会福利。①

在美国社会工作协会（NASW）1999 年出版的《社会工作百科全书》中是这样定义社会福利的："社会福利是一个宽泛的和不准确的词，它最经常地被定义为旨在对被认识到的社会问题做出反应，或旨在改善弱势群体的状况的'有组织的活动'、'政府干预'、政策或项目。……社会福利可能最好被理解为一种关于一个公正社会的理念，这个社会为工作和人类的价值提供机会，为其成员提供合理程度的安全，使他们免受匮乏和暴力，促进公正和基于个人价值的评价系统，这一社会在经济上是富于生产性的和稳定的。这种社会福利的理念基于这样的假设：通过组织和治理，人类社会可以生产和提供这些东西，而因为这一理念是可行的，社会有道德责任实现这样的理念。"② 可见，社会福利包括了理念、道德责任和制度实体等不同层次的含义。简言之，社会福利既可以指社会福利状态，也可以指社会福利制度。所谓社会福利状态指人类生活中的幸福和正常的状态。而贫困、疾病和犯罪等是"反社会福利"状态。所谓社会福利制度是为达到社会福利状态而做出的集体努力（包括政府的努力）。但是，社会福利制度会因时因地而发展变化，没有统一的定义，因此一般来说，社会福利制度指为促进人类幸福，疗救社会病态的慈善活动或者政府行为。③

日本学者康子认为④，社会福利一词使用范围非常广泛，在不同时代、不同国家和不同场合社会福利都有不同的含义。康子强调，福利不单单表现为心情等主观因素，而是作为一个人主动地追求人间幸福生活权力的基础、机会和条件，以及日常生活中所做的各种必要的努力，这才是福利的

① 参见多吉才让：《〈中国社会福利丛书〉总序》，载于孙炳耀、常宗虎：《中国社会福利概论》，中国社会出版社 2002 年版，第 2—3 页。

② Robber L. Barber ed. , *The Social Work Dictionary*, 4th Edition, Washington D. C. , NASW Press, 1999, p. 2206.

③ 尚晓援：《"社会福利"与"社会保障"再认识》，《中国社会科学》2001 年第 3 期，第 115 页。

④ 康子：《社会福利基础理论》，沈洁、赵军译，华中师范大学出版社 1998 年版，第 1—26 页。

含义。由此产生的来自社会的各项对应政策，可以被称为社会福利。1950年日本社会保障审议会提出的《关于社会保障制度的劝告》对社会福利的定义是："社会福利是指对于国家扶助的对象，如残疾者、儿童及其他需要援助的人，给予必要的生活指导、回归社会指导、生活保护等，以达到充分发挥他们的能力，走向自立为目的的事业。"康子认为，如果要对社会福利作一个极为抽象的概括，那么社会福利就是泛指解决有关"福利"问题的各种社会方法和政策。

《中国大百科全书·社会学卷》中对社会福利下的定义是："社会福利是国家和社会为增进与完善社会成员尤其是困难者的社会生活的一种社会制度。旨在通过提供资金和服务保证社会成员一定的生活水平并尽可能提高他们的生活质量。狭义的社会福利是指当社会成员因年老、疾病、生理或心理缺陷而丧失劳动能力出现生活困难时向其提供的服务措施；广义的社会福利是指为了改善和提高全体社会成员的物质生活和精神生活的各种社会服务措施。"① 郑功成教授认为："在中国，社会福利是专门指国家和社会通过社会化的福利设施和有关福利津贴，以满足社会成员的生活服务需要并促使其生活质量不断得到改善的一种社会政策。"②

虽然理论界对社会福利的内涵理解不完全一致，但是我们认为社会福利的内涵都应该包括如下方面：第一，提供社会福利的责任主体。提供社会福利的主体主要有国家和社会两大类，国家是主要的责任主体，它依照相关法律制度通过相关职能部门来履行责任，如民政部门、人力资源与社会保障部门等；社会主要指从事社会福利事业的各种社会团体，根据相关的制度提供社会福利。第二，享受社会福利的对象是法律和政策范围内的全体国民，而不仅仅是在生活、就医、教育等方面有困难的群体。第三，社会福利形式主要是现金、实物和服务，如现金补贴、免费的衣物、免费教材、义诊服务、残疾人康复服务等。第四，提供社会福利的方式是社会化，社会化的主体通过多种途径提供社会福利。第五，提供社会福利的目标有直接目标和终极目标。直接目标就是保证满足社会成员基本的生活需

---

① 转引自田凯：《关于社会福利的定义及其与社会保障关系的再探讨》，《上海社会科学院学术季刊》2001 年第 1 期，第 161 页。
② 郑功成：《社会保障学——理念、制度、实践和思辨》，商务印书馆 2000 年版，第 20 页。

求、保障其"生活权力"，① 不断提高、改善其生活质量，增强其自身发展的能力。终极目标是实现社会的公平正义，促进人的自由全面发展。

（三）社会福利的特征

1. 社会化

社会福利社会化，主要体现在：社会福利提供主体社会化，即既包括国家，也包括从事社会福利事业的社会团体；福利资金筹集的社会化，即既有国家按照有关法规筹集的福利资金，也有社会团体通过各种途径筹集的资金；社会福利提供途径和方式的社会化。

2. 享有社会福利的对象全民性和平等性

社会福利不同于社会保险、社会救助，享受社会保险的对象是缴纳了社会保险费的群体，享受社会救助的对象是生活等方面陷入困境而无力自救的群体，而享有社会福利的对象不是某个范围内的群体，而是一个国家法律和政策范围内所有的国民。因此，也可以说享有社会福利的对象具有普遍性和无选择性，无论年龄、民族、性别、地域、经济状况、职业等，只要是一个国家的公民就一律有资格享有社会福利。同时，所有的对象在享有社会福利待遇方面是平等的，即不会因为身份、年龄、职业职位、民族、收入等方面的差别而导致享有的社会福利待遇有所区别。这也是社会福利与社会救助的重大区别，社会救助分等级，困难程度越严重得到的救助就越多。

3. 权利义务的不对等

在社会保险中权利与义务是对等的，但是在社会福利中权利和义务是不对等的，具体讲就是只有权利而没有义务。现代社会福利理论认为，国民享有社会福利是一项法定的权利，而不是过去所认为的是接受"恩赐"或者"施舍"。享有社会福利不设任何门槛，既不用预先缴费也不用进行家庭状况调查，只要是一个国家法律和政策范围内的国民就有权利享有社会福利。因为社会福利的目的是国家通过国民收入的再分配来提高、改善国民的生活质量，完全没有必要对享有社会福利的对象进行筛选。

4. 福利待遇的高层次性

社会福利的待遇水平相对于社会保险和社会救助而言是高层次的，社

---

① 康子：《社会福利基础理论》，沈洁、赵军译，华中师范大学出版社 1998 年版，第 3 页。

会保险和社会救助都是仅仅满足基本的生存需求，而社会福利在保证基本生活的基础上不断的提高和改善国民的生活质量。因此，只有较高的社会福利待遇才能够做到不断提高和改善国民的生活质量。在一定意义上讲，提高国民生活质量是社会福利最最重要的内涵。当然，社会福利待遇是要以一国的经济实力为物质基础的，它主要由经济发展水平决定。

5. 社会福利供给形式多样性

由于社会福利对象的全民性，包括各种类型的群体，而且不同类型群体的需求也是各不相同，例如老年人需要老年服务、残疾人需要康复服务和就业服务、儿童需要受教育服务等等，这就决定了社会福利供给形式必须多样化。社会福利供给形式有现金、实物、服务，但最主要的是福利设施和福利服务。只有社会福利供给形式多样性，才能更有针对性地满足人们的各种不同福利需求。

6. 社会福利目标的多层次性

社会福利目标分直接目标和终极目标。社会福利的直接目标是通过国民收入的再分配来不断提高和改善国民的生活质量。社会福利在不断提高和改善生活质量的同时也逐步地增强国民自身发展能力，从而使其在社会上有更多的发展机会，"福利不单单表现为心情等主观因素，而是作为一个人主动地追求人间幸福生活权力的基础、机会和条件"[1]。同时，社会福利保障了作为一项基本人权的社会保障权利，"现代社会的'福利'，是每个人对自己权利的追求。在追求的过程中，其问题不断地深化、扩展，通过来自社会的努力和政策的调整，这一权利又会不断地得到充实和提高"[2]。只有国民的社会保障权利得到切实的保障，国民才有可能拥有更强的发展能力和更多的发展机会，才能更好的实现社会的公平正义，"公平是现代社会保障制度的核心价值取向"[3]。另外，社会福利是国民收入再分配的一种方式，有利于缩小社会的收入差距，有利于实现社会的公平与正义。所以说社会福利的终极目标是实现社会的公平正义和人的自由全面发展。

---

① 康子：《社会福利基础理论》，沈洁、赵军译，华中师范大学出版社1998年版，第2页。
② 康子：《社会福利基础理论》，沈洁、赵军译，华中师范大学出版社1998年版，第8页。
③ 郑功成：《中国社会保障改革和发展战略——理念、战略、目标和方案》，人民出版社2008年版，第18页。

7. 社会福利具有主观感受和主观评价色彩

在一定意义上，福利和效用是同义的，其量的大小和满足程度都涉及人的主观感受和主观评价。福利指人们的一种幸福美好的生活状态，与个人的主观感受和评价有关，如个人的心态、品位、修养等。社会福利具有主观感受和评价色彩，尤其是精神慰籍方面服务的效果更大程度上是靠主观感受来评判的，但是绝对不能把主观感受和评价作为社会福利的全部，正如康子所说"福利不单单表现为心情等主观因素"[1]，毕竟社会福利是以物质财富为基础，而且在很多方面是可以量化的，如衡量生活质量有许多具体量化指标。

二、社会福利和社会保障的关系

社会福利和社会保障之间的关系是理论界分歧较大的一个理论问题，其根本原因是对社会福利和社会保障概念的界定上的分歧。从目前情况看，"我国大部分理论工作者和实践工作者都将社会福利界定为社会保障的一个子系统"[2]。下面是三个有代表性观点。

其一，如1993年党的十四届三中全会通过的《中共中央关于建立社会主义市场经济体制若干问题的决定》指出，"社会保障体系包括社会保险、社会救济、社会福利、优抚安置和社会互助、个人储蓄积累保障六个方面"。1993年，劳动部课题组认为，一个具有中国特色的科学的社会保障体系应由四大部分组成：社会救助、社会保险、社会福利、社会优抚。郑功成认为，中国特色的社会保障体系由社会救助、社会保险、社会福利、军人保障和补充保障五大部分构成。[3] 之所以会得出社会福利是社会保障的一个组成部分，主要是因为把社会福利理解成为狭义的社会福利或者民政社会福利，即社会福利是由民政部门代表国家向社会的老、弱、病、残、孤寡等特殊群体提供的福利。

其二，随着我国社会保障实践的深入和学界对社会保障理论的不断发

---

① 康子：《社会福利基础理论》，沈洁、赵军译，华中师范大学出版社1998年版，第2页。
② 周良才主编：《中国社会福利》，北京大学出版社2008年版，第8页。
③ 郑功成：《中国社会保障改革和发展战略——理念、战略、目标和方案》，人民出版社2008年版，第43页。

展，部分学者①却认为社会保障是社会福利的一个子系统，而不是相反。尚晓援通过美国 1999 年版的《社会工作词典》来对社会福利和社会保障的概念进行比较②，"美国 1999 年出版的《社会工作词典》对'社会福利'的定义为：第一，一种国家的项目、待遇和服务制度，它帮助人们满足社会的、经济的、教育的和医疗的需要，这些需要对维持一个社会来说是最基本的。第二，一个社会共同体的集体的幸福和正常的存在状态。《社会工作词典》对'社会保障'的定义则为：一个社会对那些遇到了已经由法律做出定义的困难的公民，如年老、生病、年幼或失业的人提供的收入补助。在美国，'社会保障'一词指由'老年人、遗属、残疾人、健康保险'项目（OASDHI）和由'医疗照顾'项目提供的现金补助。在其他国家，这一概念亦包括对全体公民提供的医疗保健待遇和对全体儿童，无论其家长的收入水平如何，提供的现金待遇。"通过比较后，尚晓援得出结论：社会保障在国际社会政策的研究中有相对固定的、通行的含义，指由国家或由立法保证的、旨在增加收入安全的制度安排。社会福利的含义则宽泛和含糊得多，一般指作为人类社会，包括个人、家庭和社区一种正常和幸福的状态。广义的"社会福利"制度指国家和社会为实现"社会福利"状态所做的各种制度安排，包括增进收入安全的"社会保障"的制度安排。狭义的"社会福利"则指为帮助特殊的社会群体，疗救社会病态而提供的社会服务，它与"社会保障"的制度安排同为促进人类幸福的制度措施，只是针对不同的社会问题。因此，社会保障可以是一个国家社会福利制度的组成部分，但是反之并不亦然。

其三，也有学者对上述两种观点都不同意，认为社会福利和社会保障之间并没有必然的谁包含谁的问题。一方面，两者在内容上相互交叉，难以割裂；另一方面，学科视角的不同则是导致上述分歧的主要原因。③

---

① 主要代表有：田凯：《关于社会福利的定义及其与社会保障关系的再探讨》，《上海社会科学院学术季刊》2001 年第 1 期，第 157—165 页；尚晓援：《"社会福利"与"社会保障"再认识》，《中国社会科学》2001 年第 3 期，第 113—121 页；田北海：《社会福利概念辨析——兼论社会福利与社会保障的关系》，《学术界》2008 年第 2 期，第 278—282 页。

② 尚晓援：《"社会福利"与"社会保障"再认识》，《中国社会科学》2001 年第 3 期，第 114 页。

③ 陈良瑾主编：《社会救助和社会福利》，中国劳动社会保障出版社 2009 年版，第 84 页。

　　田凯把我国对社会福利内涵的理解分为三个不同层次：剩余性社会福利、混合性社会福利和发展性社会福利。[①] 他认为，在我国当前的国情之下，纯粹的剩余性社会福利和纯粹的发展性社会福利所占比例是非常小的，因为前者的外延太小，只是针对特殊群体的民政福利，已经不符合现实情况，后者在我国目前的条件下无法完全实现，更大程度上是一种社会福利发展的理念。所以，我国当前的社会福利就是混合性社会福利，或者称为广义的社会福利，即享受社会福利的对象不仅仅包括老、弱、病、寡、残等特殊群体，还包括其他普通群体，也就是全体国民了；另外，社会福利待遇也不仅仅是满足基本的生活需求，也要提高生活质量。

　　鉴于中央文件的精神，以及对我国制度实践和学术习惯的尊重，我们认为，作为本书的主题之一，社会福利是有明确内涵和外延的，即国家和社会通过各种形式提供现金、实物、服务以及权利和机会等，以满足社会成员的基本生活需求，改善其生活质量，增强其自身发展的能力。在我国，社会福利是一种具体的制度安排，是我国社会保障体系的一个重要组成部分。但同时也应该看到，社会福利的内涵确实有其更为丰富的一面，中外在社会福利概念的使用方面存有差异，我们应该正确对待这种差异。

三、社会福利的类别

　　依据不同的划分角度和划分标准，可以把社会福利划分为不同的类别。

（一）按照享受社会福利的对象划分

　　依据享受社会福利的对象不同，可以把社会福利分为残疾人福利、儿童福利、妇女福利、老人福利、军人及军属福利和普通群体福利。不同群体有不同的需求，满足他们不同的需求就形成了不同的社会福利类别。其实，如果依据享受社会福利的对象不同，从更加宏观的层面来划分，那么可以把社会福利分为特殊福利和公共福利。特殊福利是指特殊群体——妇女、儿童、老年人、残疾人、军人及军属等所享有的社会福利；公共福利是指特殊群体以外的普通群体所享有的社会福利。

---

① 田凯：《关于社会福利的定义及其与社会保障关系的再探讨》，《上海社会科学院学术季刊》2001 年第 1 期，第 160 页。

（二）按照提供社会福利的主体划分

依据提供社会福利的主体不同可以把社会福利划分为国家福利、社会团体福利。国家福利是由国家相关职能部门提供的福利，社会团体福利是由从事社会福利事业的社会团体提供的福利。

（三）按照社会福利供给形式划分

依据社会福利供给形式不同可以把社会福利划分为实物型福利、货币补贴型福利、服务型福利和公共设施型福利。实物型福利就是提供具体的实物作为福利，如提供衣物、药物、教材等。货币补贴型福利是提供现金补贴。服务型福利就是提供具体的服务，如残疾人康复服务、老年人服务等。公共设施型福利就是提供具体有形的公共福利服务设施，如健身器材、娱乐场所等。

（四）按照社会福利的内容划分

依据社会福利的内容不同可以把社会福利划分为教育福利、医疗卫生福利、住房福利、职业福利以及各种补贴福利。

四、社会福利的功能和原则

（一）社会福利的功能

1. 促进社会公平，有利于社会和谐发展

社会福利是国民财富的再分配，有利于缩小社会的贫富差距，促进社会的公平，缓和社会成员因收入差距过大而产生的心理落差和仇视社会的情绪。社会福利对老年人、妇女、儿童、残疾人等特殊群体予以物质方面和精神方面的照顾，使特殊群体感到没有被社会所排斥和抛弃，从而有利于社会成员之间关系和谐。随着经济社会的不断发展，国民各方面的福利需求越来越多，只有大力发展社会福利来满足国民的福利需求，不断地提高和改善其生活质量，增强其幸福感和对国家的归属感，才能保证社会稳定，促进社会的和谐发展。

2. 提高和改善国民生活品质，增强国民发展能力

在保障基本生存的基础上才能谈发展，而社会福利恰恰能够帮助国民做到这一点，因为社会福利在保障国民基本生活需求的同时不断提高和改善生活质量。随着经济的发展，国民物质层面的福利需求基本上得以满足，而精神文化层面的福利需求就凸显出来了。精神文化层面的福利对提

高生活品质和提高国民素质有比较大的影响。因此，要大力发展社会福利来满足国民多方面的福利需求，尤其是精神文化层面的福利需求，如继续教育、在职进修、文化娱乐等，使国民的身体素质、生活质量、业务素质等都有一定程度的提高，从而增强国民的发展能力。一旦国民发展能力得到提升，就能够抓住更多的发展机会，改善其经济状况，提高生活质量，进而促进其自身的发展，使其进入一种良性发展轨道。

3. 调节经济发展

凯恩斯在《就业、利息和货币通论》中就论述了社会保障如何调节国民经济发展。社会福利调节经济发展主要是通过福利基金的流动来实现的。当扩大和发展社会福利事业时，就有更多的福利基金流向市场，从而增加市场上的货币供应量，可以拉动投资需求和消费需求，进而促进经济发展；反之，有效需求不足，就会阻碍经济的发展。因此，根据调节经济发展的"逆风向"机制，当经济萧条时，国家可以通过大力举办社会福利事业，增加财政转移，扩大整个社会需求，促进国民经济发展；而当经济过热时，可以减少社会福利事业，缩小财政转移规模，抑制过旺的消费和投资，从而使经济发展速度慢下来。

（二）社会福利的原则

1. 适度原则

社会福利的适度原则主要体现在两个方面：一是社会福利待遇水平要与经济发展水平相适应，二是社会福利待遇水平要与国民福利需求相适应。国民经济是社会福利的物质基础，国民经济发展水平在很大程度上决定着社会福利待遇水平的高低。一般而言，国民经济发展水平越高社会福利待遇就会越高，国民经济发展水平越低社会福利待遇就越低。社会福利待遇水平要与国民经济水平相适度，是指社会福利支出水平在多大限度内国民经济能够承受，同时还能够发挥社会福利对经济社会的促进作用。社会福利待遇水平要与国民福利需求相适应是指社会福利既能够保障国民基本生活，又能够在一定程度上提高其生活质量，还能够最大限度地激发国民劳动的积极性，保证经济持续发展。现实中往往会出现两种不适度的情况：社会福利待遇水平过高和过低的情况。这两种不适度情况都会带来消极影响：社会福利待遇水平过高会削弱国民的劳动积极性，同时还必然会给国家财政带来过大的负担，从而影响国民经济的持续健康发展，出现

"福利危机";社会福利待遇水平过低,就无法最大程度地实现社会福利应有的作用,国民的生活质量没有得到应有的改善,无法最大限度的调动国民劳动的积极性,最终也会影响到经济社会的健康发展。

2. 公平原则

社会福利是面向全体国民的,因此要遵循公平原则,要惠及每一位国民,绝对不能因为民族、职业、地位、年龄等不同而区别对待。公平是社会福利的价值取向,任何时候都必须坚守。

3. 社会化、专业化、职业化原则

国民的福利需求不断增加。为了更好的满足国民的福利需求,必须遵循社会化原则。社会化原则要求福利资金筹集社会化、福利提供社会化,最大限度动员社会福利资源来满足国民福利需求。不仅国民福利需求总量在不断增加,而且福利需求的种类越来越多样化和专业化,这就需要有专业化的福利机构提供专业化的福利服务。例如,儿童、残疾人、老年人的生理和心理条件决定了其福利需求具有很强的专业性,为了满足他们的福利需求,福利机构就必须配套专业的服务设施和工作人员。社会福利需要职业化,建立职业资格标准,提供固定的职业岗位,拥有一支稳定的专业队伍。社会福利的专业化和职业化是相互影响的。没有社会福利的专业化发展就不可能有社会福利这个职业,就没有固定从事社会福利工作的人员。没有社会福利的职业化也就没有社会福利专业化。因为只有大量专门从事社会福利工作的人员和职位,才能更好的促进社会福利的专业化发展。总之,社会福利的社会化、专业化和职业化之间是相互作用的,共同促进社会福利企业的发展。

第二节　社会福利制度产生的理论基础和历史背景

福利活动自古就有,它伴随着人类社会的发展而发展,只不过在不同历史阶段提供社会福利的责任主体不同而已。亲属、宗教、工作单位、市场、互助和政府这六种制度在不同程度上都能提供社会福利,但在不同时期它们的地位和作用是不完全相同的。① 现代社会福利制度是以国家为主要的责任主体，国家和社会为了满足国民福利需求所做出的各项制度安排。社会福利制度是在一定的现实经济基础之上和相关理论指导之下逐步形成和发展起来的。

一、社会福利制度产生的理论基础

社会福利制度强调国家在社会福利中是主要责任主体，起到主要作用，因此其理论基础中来自于对国家在社会福利中的职责的阐述。

（一）德国的新历史学派理论

德国虽然不是最早开始工业革命的资本主义国家，但是最先实行比较全面的国家社会保障的国家。德国连续颁布了一系列的社会保障法令，如1883 年的《疾病社会保险法》、1884 年的《工伤事故保险法》、1889 年的《老年和残疾人社会保险法》。这三个社会保险法律的颁布说明工人、雇主和政府对整个社会福利计划有着发言权。又如，1911 年《职员保险法》、1923 年的《帝国矿工保险法》、1927 年的《职业介绍与失业保险法》，标志着德国政府开始担负其社会福利的责任。德国之所以能够颁布和实施这么多个社会保险法律，是因为政治上党派之间斗争的压力，更重要的是德国新历史学派充分认识到社会福利对资本统治的促进作用，并且统治阶级也接受新历史学派的观点。新历史学派的社会福利思想强调要发挥国家的行政职能作用，通过赋税政策实行财富再分配，为社会谋福利，全面负起社会福利的职责。其主张主要体现为：第一，国家的职能除了安定社会秩序和发展军事实力以外，还要加强干预和控制经济；第二，劳工问题是德国的主要问题，因此国家要采取一定的措施，如制定劳动保护、工厂监督、鳏寡老人救济等法律，改善公共卫生，改革财政赋税制度等，以缓和社会矛盾。1873 年成立了"社会政策学会"，该学会的改良主义主张被俾斯麦政府所接受，从而成为德国率先实施社会福利的理论依据。

（二）庇古的福利经济学理论

庇古（Arthur Cecil Pigou）被世人称为"福利经济学之父"，他的思想

---

① Neil Gilbert、Paul Tererell：《社会福利政策导论》，黄晨熹、周烨、刘红译，华东理工大学出版社 2003 年版，第 4 页。

为福利经济学的发展奠定了重要的基础。经济学界把福利经济学分为"旧福利经济学"和"新福利经济学",20世纪30年代以后出现的福利经济学统称为新福利经济学,在此之前的福利经济学都称为旧福利经济学,主要指的就是庇古的福利经济学。庇古1920年出版的《福利经济学》是其学说思想的主要载体,标志着旧福利经济学的诞生。

庇古福利经济学以边际效用价值论为基础,着重阐述了以下几方面内容:第一,对福利的分类。福利就是人们获得的某种满足或者效用,福利有广义和狭义之分,广义的福利指社会福利,狭义的福利指经济福利。经济福利能够用货币来量化,而社会福利是所有社会成员的福利总和,是难以具体量化的,因为涉及主观情感方面的内容,如幸福、快乐等。第二,个人的福利或者效用可以具体量化的,因此创立了基数效用论。人们追求的最大限度的满足是物的效用,而物的效用是可以通过单位商品的价格进行计算。第三,由于经济福利是可以用货币来具体量化的,而国民收入也是可以用货币来具体量化的收入,因此把经济福利同国民收入等同起来,对其中一个内容的表述就意味着对另一个内容的相应表述。第四,衡量社会福利总量大小有两个标准:一是国民收入的总量,二是国民收入在国民中分配的均等情况。要增加国民收入的总量,就要发展国民经济。在发展国民经济方面,庇古主张通过政府干预以达到最适度配置生产资源。国民收入总量增加是提高经济福利总量的前提,同时还要强调政府要调控国民收入分配,避免收入分配差距过大,应该做到收入分配均等化。依据边际效用递减规律:一个人收入愈多,货币收入的边际效用就愈少;反之则相反。例如,1英镑的收入从富人手里转移到穷人手里会比在富人手里具有更大的效用,可以增加总福利。如果国家通过税收机制把富人的收入转移到穷人手里,减低收入的不均程度,就会增加货币的效用,从而增加一国的经济福利。因此,庇古的结论就是一国的国民收入愈大、分配愈平均,则一国的经济福利愈大。

庇古主张通过征收消费税、累进所得税和遗产税等来实现富人收入的"强制性转移",然后通过直接转移和间接转移的途径向穷人转移这部分收入。直接转移就是建立社会保险和兴办一些社会福利设施,如提供免费教育、医疗保险、失业保险等,将货币收入从富人手里"转移"一些给穷人,使他们在患病、残疾、失业、年老时能得到适当的物质帮助和社会服务；间接转移就是政府通过补贴一些生产部门或企业、补贴工人住宅的建筑、补贴垄断性公共事业等，使穷人能够更多地消费这些物品。总之，凡是能够增加国民收入总量而又不减少穷人的绝对份额，或者增加穷人的绝对份额而又不影响国民收入的总量，这两种情况都能够增加社会福利的总量。

（三）贝弗里奇报告

被誉为"福利国家之父"的贝弗里奇（W. H. Beveridge）于 1942 年发表了《社会保险和相关服务》，即"贝弗里奇报告"。该报告不仅为英国同时也为世界描绘出了福利国家"从摇篮到坟墓"的福利蓝图，据此英国建成了世界上第一个福利国家，为后来其他福利国家的建立树立了榜样。报告具体构设了福利国家的社会福利制度体系，主要由三大块构成：社会保险、国民补助和自愿保险。提出了社会保险的六个基本原则，即保险给付一律平等、缴纳保险费一律平等、统一管理、保险给付要符合受益人的基本需求、社会保险的全面性、社会保险的分类，这些原则对社会福利制度的产生和发展都有着重要的影响。如保险给付一律平等的原则意味着不能因为收入水平、职业等不同而在待遇水平上有所区别，而是一律平等对待；保险给付要符合受益人的基本需求原则强调社会福利待遇水平要适度，待遇过高则容易使人产生依赖感，降低劳动和追求上进的积极性和动力，待遇过低则无法真正满足国民的福利需求，社会福利的功能没有完全发挥出来。

贝弗里奇认为贫困、疾病、愚昧、污秽、懒惰是社会的"五恶"，是阻碍英国社会发展的五大障碍。消除"五恶"首先要以最低生活保障为切入点，同时配套有助于人们摆脱困境、恢复劳动收入或者生活能力的相关措施。他认为社会福利是集体的责任，政府有责任也有能力来增加国民的福利。福利国家的基本目标是实现充分就业，保障国民有能力抵御各种风险，并根据具体情况的变化，适时扩大国家在社会福利领域的责任，不断提供国民的福利水平。可见，他把国家的经济职能和政治职能都包容在福利职能之中了。

贝弗里奇认为，社会保险和相关社会服务都是全民性社会福利，要靠政府与个人之间的密切合作才能更好地实现。这种理论对福利国家构建社会福利制度来讲有着重大的实践意义。它既强调国家在社会福利中的主要责任，同时也注重给个人适度的自由空间，以保护和激励国民在享受社会福利的同时还有劳动的积极性和追求进步与发展的动力，避免出现"养懒汉"现象和"福利危机"。

二、社会福利制度产生的历史背景

任何社会制度的产生都有其特定的社会背景，都是社会生产力发展到一定阶段的必然产物，社会福利制度也不例外。社会福利制度产生的历史背景概括起来说有两个：一是经济背景，二是社会关系背景。

肇始于 18 世纪下半叶的资本主义工业革命是社会生产力发展的必然产物，同时它又推动了社会生产力的进一步发展。工业革命加速了工业生产工具的改进与升级，进而带来了一系列的连锁变化。在英国，建立起了以纺织业为龙头的产业结构体系。产业革命是资本主义从工场手工业阶段向大机器工业阶段的过渡，因此原来工场手工业阶段的生产工具根本无法满足当时英国纺织业发展的需要，从而带动了机械制造业、交通运输业的发展。19 世纪中叶，英国成为了"世界工厂"，急需大量的原材料和劳动力来满足纺织业发展的需要。于是，发生"羊吃人"的圈地运动。随着工业革命的进行和圈地运动的发生，导致一系列的社会问题，如失业、贫困、住房问题等等。圈地运动后只有少数农民能够进入工厂成为工人，绝大部农民成为无地无业的流浪游民，或者沦为乞丐，食不果腹、住无定居的惨象随处可见。这种残酷的现实就要求必须有社会福利来保障这些弱势群体的基本生存问题。随着工人阶级对这种现状的不满，不断地与资本家进行抗争，英国政府为了维护统治和正常的生产秩序，逐步给工人阶级以一定的社会福利。

另外，在市场经济条件下，国民的福利需求日益凸显出来。市场经济是一种竞争经济，竞争机制是市场经济的一个重要机制。竞争的结果是优胜劣汰，会导致两极分化，富的越富、穷的越穷，形成"马太效应"。在激烈的竞争中被淘汰出局的社会成员都面临着失业、贫困等问题，失业和贫困群体数量太大对经济社会发展不利，会带来一系列负面影响，于是政府从社会稳定、经济持续发展的角度出发也会制定相应的社会福利措施，在一定程度上来满足这些群体的福利需求。

从历史上看，除了上述经济背景以外，阶级矛盾和斗争也是促使社会福利制度产生的一个重要因素。工业革命和圈地运动带来的严重社会问题就是社会出现严重的贫富分化现象，一端是财富日益积累的资本家，另一端是极端贫困的无产阶级。工人阶级的艰难处境必然导致与资产阶级之间关系的恶化，阶级矛盾和阶级斗争随之而来。工人阶级的抗争从最初的捣毁机器、怠工等原始方式逐步过渡到比较成熟的经济斗争和政治斗争，维护自己的各项权益。虽然无数的斗争最终都已工人阶级的失败而告终，但是这些斗争给资产阶级造成了一定的冲击，尤其是以马克思主义无产阶级革命理论为指导的斗争为最。因此，资本主义国家相继开始福利立法，出台相关的社会福利制度，予以工人阶级相应的福利待遇。

虽然当时资产阶级政府予以工人阶级一定的福利待遇更多的是从维护其阶级统治这个目的出发的，但是我们必须承认，在实践中，它对社会福利制度的产生和发展起到了重要的推动作用。

第三节　社会福利制度的运行机制

一、社会福利需求

社会福利制度的功能就是满足国民的福利需求，只有弄清什么是福利需求以及福利需求有哪些，才清楚社会福利应该提供什么以及应该如何提供，才能更加有效地满足国民的福利需求。

（一）社会福利需求的内涵

需求是基于需要基础之上形成的，不仅与满足需要的现实客观条件有关，而且与人类的主观因素也有关。福利和需求这两个概念都涉及多个学科，不同的学科有不同的界定，福利需求这个概念也如此。"一般认为，福利需求是指人们在所处的环境中，经过客观比较和主观感受，觉察在某些方面有所匮乏并产生危机感，但又缺乏通过经济解决的能力，因而需要政府或组织进行特定的行动干预，提供他们必需的物质或服务，以解决困难、摆脱困难，恢复或增进福利。"①

---

① 郭士征主编：《社会保障学》，上海财经大学出版社 2009 年版，第 318—319 页。

（二）社会福利需求的特征①

1. 社会福利需求的客观性和主观性

社会福利需求的客观性是指社会福利需求的存在和规范独立于个人偏好的特征。正是由于社会福利需求具有客观性，因此我们对需要的满足能够做出道德上必要的评判，也为国家提供社会福利提供了客观依据。社会福利需求的主观性是指个体福利需求的主观心理特征。可见，社会福利也不完全是客观的概念，还有着主观方面的含义：第一，自我幸福感，即个体对社会福利状态的感受；第二，生活满意感，即个体对自己生活满意与否的评价；第三，对社会的行为性评价，即个体必然会对环境做出一定的行为，这既是个体认识自我、评价生活的前提，也是他对生活和自我评价持肯定还是否定态度的重要标志。

2. 社会福利需求的普遍性和特殊性

社会福利需求的普遍性指由于人类基本需要是相似的，同时又处于相似的环境中，面临着相似的风险，而获得抵御或者化解风险的方式和内容也是相似的，因此福利需求具有共同性或者相似性。具体来讲，社会福利需求的普遍性源于社会危机：一是经济富裕与匮乏的相对性，二是风险社会的形成，三是复杂社会中弱势性的增长。但是，由于个体弱势性的差异、需要的特殊性和需求的界定方式不同，导致社会福利需求具有特殊性。

3. 社会福利需求的刚性和弹性

福利刚性是指国民对自己的福利待遇水平具有只能接受待遇提升而不能接受待遇下降的一种心理预期。福利刚性导致现实中出现社会福利改革只能增加福利项目、扩大福利规模，而不能减少福利项目或缩小福利规模的困境。但在基本福利需求得到满足之后，社会福利的需求和提供都有一定的调整空间，即有一定的弹性。

4. 社会福利需求的系统性

人的社会福利需求是多样化的综合，是一个有机整体，因此体现出一定的系统性特征。社会福利需求的系统性主要有两种情况：一是各种福利需求之间相互影响，有一定的非线性加合特征；二是各种福利需求之间呈

---

① 景天魁等：《福利社会学》，北京师范大学出版社 2010 年版，第 181—184 页。

现出一定的层次性。

二、社会福利供给

有社会福利需求就应该有社会福利供给，社会福利供给是社会福利制度运行过程中一个关键性环节，它是一个有机联系的系统，将主要解决由谁来供给、供给给谁、供给什么和如何供给四个方面的问题。

（一）社会福利供给主体

社会福利供给主体就是指具体由谁来为社会福利对象提供相关的社会福利产品，是解决“由谁来供给”的问题。随着社会福利实践的深入，社会福利供给主体也呈现多元化和社会化的特征。如果按照社会福利供给主体数量和规模大小来划分，那么就可以把社会福利供给主体分为组织主体和个人主体两种，但是组织主体是最主要的。具体来讲，组织主体包括国家（政府）、单位、社会团体和家庭。

1. 国家

国家作为一个公权组织，掌控着大量的社会公共资源，有权利也有义务为国民提供社会福利。从传统的社会福利向现代社会福利转变的过程中，国家在社会福利供给方面的责任经历了由小到大、由补缺到主导的过程。在福利国家中，国家是社会福利供给最主要的责任者，起最主要的作用。现代政府在社会福利供给中的责任主要有如下六个方面[1]：选择社会福利制度、制定社会福利法规、制定社会福利政策、提供社会福利资金、兴办社会福利设施和整合其他福利主体。国家通过有关职能部门来实现社会福利的供给，如我国的民政部门、人力资源与社会保障部门等。国家对社会福利的供给状况决定了一个国家的社会福利水平，国家作为社会福利供给主体具有稳定、可靠的特征。

2. 家庭

家庭是依靠婚姻关系、血缘关系建立起来的一个特殊组织和载体，人的一生都在家庭这个组织中度过，因此家庭天然地承载保护家庭成员的职能。在传统社会福利中，国家还没有成为社会福利供给的主要角色时，家庭是最重要的社会福利供给主体。在现代社会福利中，它仍然是一个重要

---

① 景天魁等：《福利社会学》，北京师范大学出版社 2010 年版，第 238—241 页。

的、必不可少的供给主体。因为无论现代社会福利社会化程度多高，国家承担的责任有多大，人们一旦面对风险、产生福利需求的时候，首先想到凭借家庭的力量来抵御和化解风险。家庭永远是人类最温馨的港湾，家庭所提供的福利具有伦理和情感的色彩，这种福利是人们最乐意接受的。

3. 单位

单位是依靠业缘关系建立起来的一种公共组织。无论过去还是将来，单位都会始终承担着一定的社会福利责任，即提供单位福利。单位福利是工作单位为职工所提供的各种福利，包括各种物质福利和精神福利，如实物补贴、在职进修、带薪休假等。单位福利能够改善职工的生活质量，增强职工的归属感，提高职工的凝聚力，激发职工的工作热情。

4. 社会团体

根据民政部的有关规定，社会团体是由中国公民自愿组成，为实现会员的共同愿望，按照其章程开展活动的非营利性民间组织。社团作为政府、企业以外的"第三部门"，能够弥补政府和企业在社会福利供给方面的不足，在现实中发挥着重大作用，如中华慈善总会、中国扶贫基金会、中国青少年发展基金会等。在社会福利社会化程度越来越高的趋势下，社会团体应该是一个仅次于国家（政府）重要的社会福利供给主体。

（二）社会福利供给客体

社会福利供给客体就是指社会福利的需求者、享用者，回答了"供给给谁"的问题。社会福利供给的客体是包括各种特殊群体在内的全体国民。国家要优先满足那些特殊群体的福利需求，如老年人、妇女、儿童、残疾人、军属等的社会福利。除此以外，国家还要满足特殊群体以外的一般国民的社会福利。因此，社会福利供给客体是全体国民。

（三）社会福利供给内容

社会福利供给内容回答了"供给什么"的问题。从社会福利发展史来看，社会福利供给内容具有动态性，与社会生产力水平、社会需求、文化传统、国家的政策等因素有关。就目前阶段而言，社会福利的供给内容主要有三大类：货币、实物和服务。货币补贴是最方便、最直接的福利内容，客体可以根据自己的实际情况来支配，但也有其局限性，即无法跟踪监督其使用方向，因此可能会导致货币没有用到最需要的地方。实物福利是最为常见的一种福利内容，如给灾民提供生活用品、给贫困学生提供教材等。但是实物福利有时不便于提供,尤其是交通不便的偏远山区,另外成本费用比较高,还常常出现传递系统内的"滴漏效应"。服务这种福利内容在现代社会福利体系中越来越受推崇,因为各种服务的针对性特别强,而且是现期享用的,如给需要康复的残疾人提供康复服务、给有心理困扰的老年人提供心理咨询服务等。

(四) 社会福利供给方式

社会福利供给方式是指社会福利供给的途径和手段,回答了"如何供给"的问题。社会福利供给方式主要有如下两种组合:官方供给与民间供给、定期供给与临时供给。官方供给是国家相关职能部门及其下属机构提供的社会福利,如民政部门以及国家全额财政拨款为事业经费的社会福利机构提供的社会福利。民间供给是指非官方组织或部门提供的社会福利,如各种慈善组织、家庭、社会团体提供的社会福利。定期供给就是已经形成制度化、固定的、持续的供给方式,如重大扶贫计划给贫困家庭提供的脱贫福利。临时供给就是不定期的、没有制度化、不可持续的供给方式,主要是针对各种灾害、事故,具有应急性特征。

三、社会福利资金筹集

社会福利资金的筹集是社会福利制度运行机制中的前提性和基础性条件。没有资金的筹集就不可能有社会福利的供给,资金筹集数量不足就无法满足国民社会福利需求。因此,社会福利资金筹集决定着社会福利的发展。

社会福利资金筹集要遵循的原则是公平性、多元性、适度性。社会福利资金的筹集属于国民收入再分配的一种方式,而且社会福利基金给付对象是全体国民,因此在资金筹集过程中始终要坚持公平性原则。筹资公平性是筹资顺利进行的前提,如果筹资缺失公平性,筹资就会陷入困境,甚至筹资中断。通过社会福利手段实现收入的再分配可以划分为纵向再分配和横向再分配,如果套用公平的概念来表述,就是纵向公平和横向公平。通过筹集社会福利资金,使高收入者的生活资料和购买力向低收入者转移,从而实现了纵向公平。通过向同一收入层面上的群体分散社会风险,按照一定的比例筹集社会福利资金,可以形成横向公平。

社会福利资金筹集的多元性就是指筹资是开放式的,包括多元的筹资对象、筹资方式与途径。随着国民福利需求越来越高，满足其需求所需的福利资金总量越来越多，唯有多元性的筹资才能更好满足总量的需求，才能提高筹资效率。

社会福利资金筹集的适度性原则主要是指筹资数量上的适度，主要体现为两个方面：一是要保证社会福利制度的正常运行，二是要保证国家经济的正常运行。资金筹集是保证社会福利制度正常运行的前提条件，必须为社会福利制度运行提供足够的资金，衡量标准是"收支平衡，略有结余"。同时，要兼顾到国家的积累和消费之间的比例关系。因为资金的筹集相当于削弱当前的消费，筹集到的资金中有部分会积累起来，如果筹集额度过大，则影响到国民的消费，必然会影响到经济的发展；如果筹集的额度过小，则无法完全发挥社会福利的功能。

社会福利资金筹集的渠道有：国家税收、慈善捐款、服务收费、福利彩票、基金运营收入和国际援助。众所周知，税收是国家依法征税所得的收入，是国家的主要财政来源，而国家的财政拨款是社会福利资金的主要来源。国家税收具有统一性、稳定性和强制性特征，因此是社会福利资金固定的、最主要的筹资渠道。

慈善捐款是社会上有爱心的组织或者个人向有需要救助的组织和个人捐献的善款。慈善捐款是社会福利资金筹集的一个重要的渠道，尤其在慈善事业发达的国家和地区。根据 Giving USA 基金会的统计，2005 年美国慈善捐款资金总额达到 2602.8 亿美元，约占其当年 GDP 的 2.1%，其中民众捐款占总捐款额的 85% 左右。在美国，75% 的美国人为慈善事业捐款，每年有 30% 的慈善捐款直接从工资中划出，平均每个家庭捐出年收入的 3%—4%。[①]

服务收费是部分社会福利服务实行有偿消费，根据市场行情向消费者收取一定的费用，以筹集社会福利资金，解决资金短期问题。这种筹资渠道主要是那些民营福利机构为了维持或者壮大发展而采用的，不是社会福利资金筹资的主要渠道。

福利彩票对社会福利资金的筹资有直接和间接的作用。直接作用就体现在它直接为社会福利筹集资金。一般规定，福利彩票筹资的福利资金不

---

① 黄晨熹：《社会福利》，上海人民出版社 2009 年版，第 192 页。

低于发行额的30%。福利彩票对福利资金筹集的间接作用体现在它对经济发展所做的贡献，如拉动消费、促进经济发展、增加国家税收。

基金运营收入是指社会福利基金在各项投资中所获得的赢利收入，这部分收入转化为社会福利资金。随着金融市场的不断完善，加上基金投资科学性不断提高，基金运营收入对社会福利资金的贡献会越来越大，是一个重要的筹资渠道。

国际援助不是一个重要的社会福利资金筹集渠道，但在发生重大灾难的条件下它也是必不可少的。因为按照国际惯例，只有当一个国家或者地区发生特别重大的灾难时才会有国际人道主义援助，是临时性的。

四、社会福利基金管理

通过各种渠道筹集到的社会福利资金形成了社会福利基金，国家要对其进行严格、规范和有效的管理。社会福利基金管理要达到如下目标：一是确保基金完整和安全；二是防止基金的贬值，实现基金的保值，争取基金增值；三是满足给付的需要，避免支付危机；四是保持高效率。其中，维护基金安全是基金管理中最重要的目标，也是最基本的目标。社会福利基金管理要遵循如下原则：一是依法管理；二是规范管理，必须按照规范的程序与方式来管理；三是坚持收支两条线，征收系统和支出系统应当保持分离；四是实行预算管理；五是杜绝漏洞，严格基金的收支手续和责任制度。①

社会福利基金管理就是对社会福利基金流动的所有环节进行管理，具体包括社会福利基金筹集管理、社会福利基金投资管理和社会福利基金支出管理三个方面。

社会福利基金筹集管理就是对社会福利基金筹集的原则、资金来源、筹集额度和筹集方式等方面进行选择与管理。社会福利基金投资管理也称社会福利基金运营管理，是对基金投资运营过程的若干环节进行管理，主要是确定社会福利基金投资运营的原则、选择投资去向和运营机构。社会福利基金投资运营要遵循如下原则：安全性、增值性、组合性和可变现性。安全性原则是社会福利基金投资运营的首要原则，追求增值的目标要

---

① 郑功成：《社会保障学——理念、制度、实践和思辨》，商务印书馆2000年版，第352页。

以基金安全为前提。这是由社会福利基金的性质所决定的，社会福利基金是用来帮助国民抵御和化解各种风险的，而风险的发生具有不可预测性和不确定性，因此基金必须在任何时候都要安全、完整，以备用来及时的抵御和化解风险。增值性原则是指社会福利基金投资运营的目标就是要增值。国家对社会福利基金负有确保保值和争取增值的义务，而且以增值为目标。要实现基金增值就必须让基金流动起来，也就是要进行投资。基金投资有多种选择，为了实现收益最大化，不能把基金全部投资在一种项目上，而要进行适当的组合，以分散基金投资的风险，这就是基金投资运营的组合性原则。基金投资运营的组合性原则要求基金投资时要兼顾投资风险和投资收益二者之间的关系。社会福利基金投资运营的可变现性原则是指基金投资所形成的资产在保值的前提下根据需要可以随时变现为现金。由于社会风险发生的不可预知性和不确定性，因此在基金投资组合上一定要考虑投资项目的可变现性因素，不能为了追求收益的最大化而把基金全部投资到可变现性差的项目。

根据上述社会福利基金投资运营原则，社会福利基金投资的项目主要有如下三种类型①：第一类是把基金存入金融机构，或者购买国家和地方政府发行的债券。这类投资具有简便易行、安全可靠的优点。相比之下，购买政府债券比投资银行还更有优势，因为政府债券是以政府的信誉做担保的，而且收益一般要高于银行利息，所以政府债券应该是基金投资的最可靠项目。这类投资也有其缺点，如收益偏低，万一碰上通货膨胀率高于利息和债券利率的话，保值的目标都无法实现。但是，由于各种原因，这类投资是社会福利基金投资必选的项目。因此，这类投资被称为间接的、被动的、保守的，但又是必要的投资选择。第二类投资项目是直接从事商业证券投资和实业投资，如购买股票、开办企业、兴建公共设施等。这类投资具有风险高、收益高的特点，因此被称为直接的、激进的、风险型投资。第三类是委托投资，即把基金委托给经验丰富、信誉好的投资公司进行投资，如投资基金。这类投资与前两类相比处于中间，即收益要比第一类高，风险要比第二类低，因此被称为平稳型投资。当然，基金投资要坚

---

① 郑功成：《社会保障学——理念、制度、实践和思辨》，商务印书馆 2000 年版，第 365—366 页。

持一条经验，即不要把所有的鸡蛋放在一个篮子里，在充分权衡安全性、增值性、风险性、可变现性等因素的情况下，对投资项目进行合理的组合。社会福利基金投资管理的主要内容之一就是要对基金投资项目进行合理选择。

社会福利基金支出管理就是对社会福利基金支出的各种资格条件进行审核和监督。例如，对社会福利基金给付对象的年龄条件、身份条件、给付标准、给付周期等进行审核。

五、社会福利水平

（一）内涵和特征

社会福利水平是指一定时期内一个国家的国民所享有的社会福利待遇的程度，是质与量的统一体。社会福利水平具有历史性和动态性、刚性、主观性三个特征。

社会福利水平的历史性和动态性是指社会福利水平在不同的历史时期会呈现出不同的水平。最主要原因是，社会福利水平主要是由社会生产力水平决定的。人类社会的生产力水平是不断发展变化的。同时，随着社会生产力水平的变化，社会的各个方面都会发生相应的变化，如人口结构、经济社会发展所处的阶段、各项社会制度的成熟完善程度等等，这些变化也会影响到社会福利水平。总体而言，经济发展水平越高，社会福利制度越完善，社会福利水平就越高。

社会福利水平刚性特征是指社会福利水平的总体趋势是不断地向上增长。这与社会生产力不断发展、社会福利制度不断完善有关。另外，与国民具有一种只能接受福利水平提高而不能接受福利水平下降的心理预期有关。因此，在社会福利改革中政府只能不断地扩大福利范围、提高福利水平。一旦福利改革缩小福利范围，降低福利水平，就会遭到国民的反对。

社会福利水平的高与低可以通过一系列标准来测量，这是它客观的一面。同时，它还有主观的一面，即受到国民主观感受与评价的影响，这与福利的主观性特征有关系。国民过去所享受的福利水平、对当前福利水平的期望以及生活品位、对幸福的理解等方面的因素都会影响到他们对社会福利水平的主观感受和评价。

（二）衡量指标

衡量社会福利水平的通用指标是社会福利总支出占 GDP 的比例。社会福利总支出是指一定时期内（通常是一年）一国实际支出的各项福利费用的总和。但是，社会福利总支出占 GDP 的比例并不是衡量社会福利水平的唯一指标，也不是绝对性的指标，因为仅用这一指标并不能完全客观地衡量出福利水平的高低。由于各个国家所处阶段和福利模式不完全相同，具体实施的福利项目、人口结构等方面不相同，因此仅靠社会福利总支出占 GDP 的比例来衡量并不科学，还要考虑到人均社会福利水平、社会福利覆盖面、社会福利自身的制度结构等因素。

（三）社会福利水平的"度"①

1. 内涵

社会福利水平是质和量的统一体，有其质的规定性和量的规定性。社会福利水平量的规定性是一定时期内（通常是一年）社会福利总支出占 GDP 的比重；社会福利水平质的规定性是指社会福利水平要与国民经济发展相适应，即既要保障国民的基本生活，又要激励国民积极劳动创造，推动社会经济的持续健康发展。度是保持事物性质的范围，超过一定的度，事物的性质就发生了根本变化，就会变为另外一种事物。所以，社会福利水平的"度"就是保持某一社会福利水平的质和量的限度和幅度，即社会福利支出水平在多大幅度内既能够保障公民的基本生活又能够激发国民的劳动积极性，保证经济的持续发展。

2. 测量社会福利水平的度的标准

第一，既能保证社会稳定，又促进经济发展。如果一个国家的社会福利制度在实施过程中能够做到既保障了国民的基本生活需求，又能改善国民的生活质量，被国民广泛接受，同时还能促进经济社会的发展，那么可以判断为这种社会福利水平是适度的。

第二，既有利于社会公平，又有利于提高效率。社会福利制度在运行过程中始终要面对效率与公平这对矛盾，对这对矛盾处理的结果就是评判社会福利水平是否适度的一个重要标准。社会福利是一种国民财富再分配的手段，能够有效缩小社会收入差距，促进社会公平。但是，如果为了提

---

① 陈银娥主编：《社会福利》，中国人民大学出版社 2009 年版，第 79—86 页。

高社会福利水平而征缴过多的社会福利资金，那么就会影响到国民的有效需求，从而影响到经济效率。因此，适度的社会福利水平是能够很好的兼顾到效率与公平的关系。

第三，既能保证国民的基本生活，又能激发国民的劳动积极性。社会福利水平不适度的两种表现：社会福利水平过高和过低。社会福利水平过低就无法完全保障国民的基本生活，更不用说提高和改善国民的生活质量了；社会福利水平过高，就容易出现"养懒人"的情况，国民对社会福利产生依赖心理。因此，适度的社会福利水平能够兼顾到二者，即既能保证国民的基本生活，又能激发国民的劳动积极性。

3. 社会福利水平不适度的后果

由社会福利水平过高或过低所导致的社会福利水平不适度都会给经济社会带来消极的影响。社会福利水平过低对社会的影响首先是无法完全保障国民的基本生活需求，更不用说提高和改善其生活质量，进而影响到社会的稳定和国民的素质，最终影响到经济的发展。社会福利水平过高所带来的负面影响集中体现为"福利危机"，具体来讲：一是"养懒人"，过高的社会福利水平和过高的个人所得税边际税率使得部分国民宁愿自愿失业，靠社会福利过日子；二是社会福利支出占用 GDP 比重过大，对资本积累产生较强的"挤出效应"，从而造成社会投资资金不足，影响经济的健康持续发展；三是容易导致财政危机；四是过高的社会福利水平往往会提高社会保障税，从而会增加企业的生产成本，最终影响到企业的市场竞争力和企业主投资生产的积极性。

4. 制约社会福利水平的因素

制约社会福利水平的因素可以从供给和需求两个层面来分析。供给层面的因素主要是指一个国家在一定时期内能够供给福利资金的能力，社会福利水平直接取决于社会福利资金总量的大小，间接取决于一国经济发展水平。一般而言，经济发展水平越高，筹集到的社会福利资金就越多，社会福利水平就越高。需求层面的因素主要有一国的人口数量和结构、社会福利项目的数量和保障的程度。

第四节　社会福利制度的发展与改革

一、我国社会福利制度的发展历程

（一）创立和初步发展期：新中国成立到"文革"前

我国于 1951 年颁布了《中华人民共和国劳动保险条例》，对职工及其直系亲属享有相关待遇做了规定。但开始时只是在部分企业实行，于是在 1953 年对《中华人民共和国劳动保险条例》进行了修改，主要是扩大了实施的范围和提高了部分保险项目的待遇标准。《中华人民共和国劳动保险条例》对职工福利费用的来源作了明确的规定：国家提供的基建投资中的非生产性投资；按照企业职工工资总额的 2.5% 提取福利费；工会经费中的一部分；单位企业管理费中的职工福利开支；福利设施本身活动的收入。国有企业为职工提供了相关的职工福利，如住房福利、教育福利以及各种福利设施、各项福利补贴等。在机关事业单位职工福利方面也出台了一些规定，如 1952 年的《关于人民政府、党派、团体及所属事业单位的国家机关工作人员实行公费医疗预防措施的指示》、1955 年的《国家机关工作人员退休处理暂行办法》。

新中国成立初期，我国的社会福利和社会救济是结合在一起的，统称为救济福利事业，到 20 世纪 50 年代中后期社会福利和社会救助才分开，逐步形成各自的体系。1956 年的《高级农业合作社示范章程》对农村的老弱病残等特殊群体的社会救助进行了规定，标志着农村的"五保户"制度开始形成；1957 年颁布的《关于职工生活若干方面问题的指示》标志着我国社会福利制度基本建立起来。但是，在 1958 年"左"的思想的影响下，盲目追求社会福利的规模，导致部分国有企业的社会福利待遇水平过高，脱离实际，社会福利发展遭遇挫折。直至 1963 年国家实施"调整、巩固、充实、提高"政策，社会福利状况才有所改善。

（二）停滞期："文革"十年

1968 年底，国家撤销了主管救灾救济、社会福利等事务的内务部，许多社会福利设施被占用、合并或者撤销，福利生产企业也被撤销或者合并到有关工业部门内，福利机构难以维持，政府举办的社会福利越来越少。1969 年，财政部发布的《关于国营企业财务工作中的几项制度的改革意见》，使劳动保险开始失去统筹功能，作为企业职工劳动保险统筹部门的工会也被停止工作。"文革"十年期间，我国的社会福利基本上处于一种停滞状态，造成了严重的损失。

（三）调整和转型期："文革"后到 1999 年

"文革"结束后，国家及时地对社会福利进行了恢复和调整。1979 年 11 月召开的全国城市社会救济福利工作会议标志着社会福利开始全面恢复，对"文革"结束后一段时间内社会福利工作作了规划。残疾人的社会福利首先得到恢复，1980 年 4 月，中国盲人聋哑人协会召开会议并通过了《中国盲人聋哑人协会章程》，为后来残疾人社会福利事业蓬勃发展奠定了基础。1984 年，财政部、国家税务总局颁布《关于残疾人员个体开业给予免征营业税照顾的通知》。另外，国家对假肢的研究、生产、服务等方面都予以高度重视，残疾人的社会福利状况得以改善。

1984 年在福建漳州召开的全国社会福利事业单位改革整顿工作经验交流会标志着我国社会福利事业转型的开始。在这次会议精神的指导下，城市社会福利事业的发展出现了"五个改变"局面，即改变了社会福利事业由国家包办的体制，出现了社会福利社会办的新局面；改变了单纯救济和恩赐的观点，确立了全心全意为收养人员服务的思想；改变了只重视社会效益、忽视经济效益的观念，开辟了自我积累、自我发展的新路子；改变了单纯供养的做法，实行供养与康复相结合；改变了封闭办院的模式，开展了社会化服务活动。在社区社会福利和社会福利企业方面也发生了改变，1993 年颁布的《关于加快发展社区服务业的意见》为社区社会福利事业发展作了明确的规定，推动了社区社会福利事业的快速发展。国家在税收减免等方面给予社会福利企业很大支持，使得社会福利企业出现了良好的发展势头。

（四）全面改革推进期：2000 年至今

全面改革推进主要是指我国进行社会福利社会化改革与实践。这项改革源于 2000 年 2 月民政部、国家计委等 11 部门联合颁布的《关于加快实现社会福利社会化的意见》。《关于加快实现社会福利社会化的意见》建立在充分分析我国国情深刻变化的基础上，揭示我国社会福利社会化的必要性和可能性，并提出了我国社会福利事业发展的指导思想和总体目标、思路，是我国加快推进社会福利社会化进程的行动纲领和政策保证。紧接着，2000年4月民政部在广东召开了全国社会福利社会化工作会议，把《关于加快实现社会福利社会化的意见》精神转变为具体的发展战略、政策措施，第一次掀起了全面改革推进社会福利事业发展的高潮。根据我国国情的新变化以及社会福利事业发展的状况，民政部于2005年出台了《关于支持社会力量兴办社会福利机构的意见》。民政部这个新的举措旨在进一步推进我国社会福利社会化进程，实现满足国民日益增长的福利需要，努力促进社会福利由补缺型向适度普惠型转变。国家对社会力量参与社会福利事业、兴办社会福利机构方面给予了大量的优惠扶持政策，如规划、用地、税收、用电等。

二、我国社会福利制度改革与完善①

（一）我国社会福利制度取得的成就

我国社会福利制度从无到有，从不完善到比较完善，经历了60多年的历程，取得了一定的成就，概括起来主要有以下几方面：第一，法制建设取得重要进展，制度安排逐步走向规范。虽然我国目前还没有专门的社会福利法，但是已经制定了多部与社会福利有关联的法律，如《中华人民共和国老年人权益保障法》、《中华人民共和国残疾人保障法》、《中华人民共和国未成年人保护法》、《中华人民共和国妇女权益保障法》等。我国社会福利体系框架已经基本形成，包括老年人福利、妇女福利、儿童福利、残疾人福利、住房福利、教育福利等，并打破了原来单位割据、条块分割、混乱失范的状况，逐步走向规范化。第二，社会福利事业的社会化程度不断提高，体现在社会福利资源社会化、设施社会化、管理与经办社会化。第三，经费来源多渠道化，福利彩票成为重要且稳定的来源。第四，社区服务日渐受到重视，成为整个社会福利事业发展的重要平台。

（二）我国社会福利制度存在的问题

1. 存在"重保险、轻福利"的倾向

我国社会保障改革与建设主要以社会保险为主体，具体讲就是以养老

---

① 郑功成：《中国社会保障30年》，人民出版社2008年版，第200—217页。

保险、医疗保险和失业保险为主体，而社会福利事业被人为的降低其在社会保障体系中的重要性和地位，通常被认为是不需要急切处理的事情。因此，人们能够接受公共财政对社会救助和社会保险的投入，但是很少人主张要加大对社会福利事业的财政投入，习惯了社会福利是单位内部的事情，导致政府的财政补贴无法满足社会福利事业发展的需要。

2. 缺乏统筹考虑，分割与脱节现象较为严重

主要表现在：一是社会福利事业管理部门之间的脱节，缺少协调与联动；二是制度之间也缺少衔接与联动，如养老保险与老年人福利之间缺少统一规划；三是举办社会福利事业的主体之间存在分割与脱节现象，如官办福利机构与民办福利机构之间是彼此独立的系统，在福利资源配置、管理政策等方面都不完全相同。

3. 社会福利法制建设仍然落后

虽然我国相继出台或者修订了一系列的法律规章，但是这些法规实质上只是一种促进法，缺乏刚性约束。另外，现行的有关法规在社会福利事务实施、管理和监督方面存在着模糊性，更有甚者在实践中并没有得到真正的贯彻。

4. 社会福利事业总量供给不足

社会福利事业无法完全满足国民社会福利需求，也无法与经济社会发展相适应。总量供给不足主要体现为社会福利机构数量不足，社会福利服务设施短缺与利用率不高并存。例如，2007 年全国收养性单位的床位仅有251.3 万张，而收养的老年人仅 200 万人，这并非是老年人没有需求，而是未能充分有效的配置有限的社会福利资源。

5. 对民办福利事业缺乏实质支持

我国在政策层面上并未体现出对民办福利事业的歧视与排斥，但是在社会福利政策执行过程中对民办社会福利机构的制约的现实因素太多，如要求民办福利机构必须有挂靠单位；民办福利机构与官办福利机构责任相同但权利不同，如民办福利机构无法与官办福利机构享有同样的公共福利资源。

（三）我国社会福利制度的改革

1. 改造政府福利

一方面，对政府举办的现有福利项目进行改造，使之与新型福利项目接轨。如保留残疾人福利，以原有的社会收养和相关福利待遇为基础，分

别转化为老年人福利、儿童福利和妇女福利项目；将财政性价格补贴转化为社会津贴项目；将教育福利纳入统一的社会福利体系，以促使整个社会福利体系转型。另一方面，打破封闭，将政府举办的各项福利设施向全社会开放，使之真正成为社会性的福利，以满足国民的福利需求。

2. 实现社会福利与劳动就业相分离

遵循市场经济的一般规律，将就业者与用人单位的关系简化为较为单纯的劳动工资与职业福利关系，将国有单位原有的实质上承担着社会福利的福利设施或相关的福利项目改由社会公益事业团体或社会机构承办，使之成为社会化的福利设施和福利项目。这样，职工在付出劳动的同时，只从用人单位获取相应的工资报酬并享受相应的职业福利，对其福利服务方面的需求主要通过社会化的福利设施或项目获得满足。

3. 采取多种措施扩大社会福利资金来源

主要可以通过四个途径来扩大社会福利资金的来源：增加政府投入、扩大彩票发行规模、鼓励民间捐献与投资、实行低收费补贴。

4. 重视社会福利的法制建设

首先要对现存的法规、政策进行改造，通过法规制度来明确国民的福利权益和国家、社会的责任，明确各社会福利项目的实施、管理和监督等，以便为社会福利事业发展提供基本的法律依据。其次，要根据社会福利事业发展的需要制定新的法规，保证社会福利事业依法规范运行。

5. 努力推进社会福利事业社会化

社会福利事业社会化是社会福利制度持续发展的必由之路，社会福利资源社会化和福利设施社会化，不仅仅能够扩充社会福利的物质基础，也能够促使福利设施的快速发展，可以促使福利设施的功能得到更为全面的发挥。另外，还要把社会福利服务队伍职业化和专业化，志愿者队伍制度化和规范化。

三、国外社会福利制度的发展历程[①]

（一）初建期：1883 年至 20 世纪 20 年代

众所周知，英国 1601 年颁布了《济贫法》，并于 1834 年进行了修改，

---

① 如前所述，国外"社会福利"的概念要比我国宽泛许多。

颁布了《济贫法修正案》，开始由政府代替教会承担起对国民济贫的责任。但这仍然是传统的济贫方式，而且得到政府济贫的人还必须接受非常苛刻的不平等条件。因此，这不能算是真正意义的福利。一直到 1883 年德国颁布世界上第一部社会保险法——《疾病社会保险法》，才标志着现代社会保障制度的建立，也标志着传统的救济方式开始让位于现代福利制度。随后，德国颁布了一系列社会保障法律，初步建构起德国的社会福利制度。虽然德国的社会福利制度尚未十分完善，但是自此之后，英国、意大利、法国等国家纷纷效仿德国，相继出台了社会保障法。英国于 1911 年颁布了《失业保险法》，意大利于 19 世纪末 20 世纪初出台了《老年残废保险法》、《老龄年金保险法》等，法国也于 1910 年颁布了《劳动者农民年金保险法》。可见，这一时期，主要资本主义国家先后建立社会福利制度。

（二）快速发展和成熟期：20 世纪 30 年代至 20 世纪 70 年代

1929—1933 年发生了一次震惊世界的资本主义经济危机，危机推动了社会福利制度的快速发展。危机给资本主义国家带来了非常严重的社会问题：经济大幅下降，大量企业倒闭，造成大量的失业工人，社会保障压力极大；工人运动频发，劳资关系紧张，劳资矛盾非常尖锐，影响到社会的稳定。当时美国的失业人口占总人口的比例是 25% 左右，英国的失业人数也创历史新高，达到 375 万人。为了更加有效的解决危机背景下的社会保障问题，美国和英国都颁布了社会保障法律。1935 年美国通过了《社会保障法》，要求政府除了要建立养老、失业等社会保险以外，还要为老人、儿童建立多种社会福利保障。英国于 1933 年和 1934 年先后颁布了《失业工人法》和《国民健康保障法》。1942 年贝弗里奇发表了《社会保险和相关服务》，为 1848 年英国建成世界上第一福利国家奠定了基础。在英国的影响和示范下，加上第二次世界大战结束后资本主义世界经济恢复发展，进入经济发展的"黄金时期"，这个时期资本主义国家的社会福利制度的发展也进入了"黄金时期"，社会福利状况得到极大改善。"从实际开支角度来衡量，福利国家在 20 世纪 60 年代以及 20 世纪 70 年代早期的增长是史无前例的。到 1975 年，西欧国家投入公共福利的平均开支占国内生产总值（GDP）的比例达 1/4 左右，美国的比例则超过 18%。"①

---

① Neil Gilbert、Paul Tererell：《社会福利政策导论》，黄晨熹、周烨、刘红译，华东理工大学出版社 2003 年版，第 46 页。

（三）改革期：20 世纪 70 年代至今

随着经济"黄金时期"的结束，社会福利制度的"黄金时期"也随之终止。社会福利的快速发展是建立在经济的高速发展基础之上，尤其是实行高福利政策的福利国家。随着 20 世纪 70 年代世界"石油危机"的爆发，资本主义国家经济下滑，福利国家的问题也充分地暴露出来了。此时，各国都开始对社会福利制度进行改革。对福利国家社会福利制度进行改革主要围绕两大模式进行：多元型社会福利制度和第三条道路。在社会福利制度发展的"黄金时期"，主要资本主义国家实行的社会福利制度是普遍型社会福利制度，即福利国家所宣称的让国民普遍享有社会福利，其特征是：项目全、范围广和高标准。现实已经证明，普遍型社会福利制度对资本主义国家经济发展是不利的，因此英国于 1979 年率先探索多元型社会福利制度。多元型社会福利制度与普遍型社会福利制度相比较而言，更加强调社会福利与社会经济之间的和谐发展，强调国家责任和个人责任之间的合理分担。显然，多元型社会福利制度更加适合资本主义国家，因此社会福利得到了新一轮的发展。但是，人们逐步发现多元型社会福利制度又带来了新的问题：贫富差距明显扩大，民怨增多。到 20 世纪 90 年代人们开始对多元型社会福利制度进行改革，于是"第三条道路"粉墨登场。第三条道路，顾名思义是区别于纯粹的市场化和纯粹的政府调控这两种模式，而是在二者之外的另一条道路。因此，它的核心观点就是要对市场和政府的作用辩证看待，要看到二者在社会福利供给方面的利与弊。认为国家在社会福利供给方面要起主导作用，负主要责任，但反对国家提供过多的社会福利，同时要发挥市场的作用。也就是说，最后的均衡应该由政府、非政府组织和个人共同提供福利，而且国家应该提供的是选择性的而非普遍性的的福利服务，同时主张把私人的和志愿的福利服务作为补充。在第三条道路理论的影响下，各国都致力于变"消极福利"为"积极福利"，变"福利国家"为"社会投资国家"。

四、国外社会福利制度的改革与完善

（一）国外社会福利制度存在的问题

1. 社会福利支出占财政支出比重过大，阻碍经济持续健康发展

福利国家普遍实行高福利政策，社会福利支出占财政支出比重过大。

同时，20 世纪 70 年代经济滞胀，导致财政赤字增加。例如，美国联邦政府社会保障支出占 GDP 的比重不断上升，1950 年占 8.8%，1970 年占 14.7%，1980 年占 18.6%，1990 年占 19.2%，[①] 其他福利国家也面临类似的情况。一个国家积累和消费二者的关系必须均衡合理才会推动经济的持续发展，如果社会福利支出占的比重过大，就表明消费偏大，而积累偏小，影响到再生产所需资金，必然会导致经济发展后劲不足，影响经济持续发展。

2. 失业危机

西方福利国家由于科学技术的快速发展，造成了工业化福利国家内部大规模的工业换代，使知识和技术陈旧的工人和教育不足的青年都成了这种转型换代的失业者。除此以外，西方工业国家的经济萧条也使创造就业机会的努力效果不佳。失业大军的存在使失业福利支出居高不下，失业人群信心大减，造成了福利国家的失业危机。虽然西方国家采取了一系列措施来缓解失业造成的压力，但效果不佳，高失业率在社会上形成了巨大的潜在不稳定因素。[②]

3. 国民劳动积极性下降

由于要支撑高水平的福利待遇，福利国家的个人所得税边际税率都很高，导致部分国民感觉去工作不合算，宁愿在家休息也不愿去工作。当然，与此相关的还有另外一个影响因素，那就是福利国家都实行高福利待遇，靠社会福利就可以过日子。例如，瑞典的社会福利待遇与劳动收入的差距逐渐缩小，它的社会保险给付甚至相当于一般工人工资的 50%。这样，国民就很容易产生一种对社会福利的依赖心理，劳动积极性大大下降，追求发展的动力不足，最终影响到国家的经济发展。由于部分国民不工作，成为靠社会福利过日子的懒人，这对正在努力工作、创造社会财富的国民来讲是一种伤害，因此这两个群体会对立起来，进而加剧社会矛盾。

4. 社会福利实施、管理成本过高，效率低下

福利国家的社会福利制度设计是比较繁杂的，涉及的机构和领域多，

---

① 邓大松：《美国社会保障制度研究》，武汉大学出版社 1999 年版，第 233 页。
② 潘胜文、杨丽艳：《西方社会福利制度的改革及启示》，《武汉大学学报（哲学社会科学版）》2005 年第 6 期，第 846 页。

设立的福利项目数量众多。例如，美国在 20 世纪 60 年代已经形成一套包括 300 多种保障项目的社会保障体系。这么庞大的社会福利系统，运转起来效率低下，同时还要投入大量的人力、物力和财力。例如，英国的健康与社会保障部共有 8000 名工作人员，还有上百万雇员分布在全国各地的服务机构，仅机构管理费用每年就高达 16 亿英镑。另外，由于机构过于庞大，管理上容易出问题。例如，福利诈骗行为频发，导致福利基金大量流失。

（二）国外社会福利制度的改革

1. 弱化政府作用，适度的私有化

多元型社会福利制度和第三条道路理论都强调要在适当的范围内弱化政府在社会福利中的作用，强调政府和个人的共同责任，但政府仍然是主要的责任主体。国民的福利需求具有刚性特征，对福利待遇要求越来越高，单靠政府难以满足国民的福利需求，因此要在适度的范围内让私人福利机构参与进来。国家不必完全包揽所有的福利项目，国家只要抓住主要的、影响全局的而且私人部门可能做不好的项目就可以了，可以根据国情把其他福利项目转由私营机构提供。但是，国家必须提供很好的平台，并加强对私营机构的服务与监管。只有这样，才能保证在弱化政府作用的同时不会降低国民的社会福利待遇，不会对社会福利制度造成破坏。以瑞典为例，社会福利一直是以国家福利为主，20 世纪 70 年代以来，开始提倡和支持企业在国家福利的基础上开展补充保险、经营保险和行业保险，提倡和鼓励社会保险向"私有化"、"资本化"和"市场化"发展。

2. 提高社会福利供给能力

福利国家问题的症结就是财力无法承载过高的福利水平，因此提高社会福利供给能力实质就是要广纳财源，增强财力。增强财力最根本的办法就是促进经济发展。强调开源的同时也要节流。各个福利国家采取的主要措施是提高缴纳社会保险费的上限，甚至取消上限；提高社会保险费率，包括提高职工的保险费率和雇主的保险费率；征收社会保障所得税，对退休金、疾病保险金、残疾补贴、失业救济金都收取一定的税。另一个有效措施是提高劳动者的退休年龄。例如，美国规定 67 岁退休，法国、意大利规定 65 岁退休，瑞典将原退休年龄 60—65 岁延长到 65—67 岁。

3. 引入"工作福利"制度

"工作福利"是指凡接受政府福利补助者，必须接受政府或立法规定的与工作有关的特定义务。例如，澳大利亚规定，失业救助金领取人必须努力寻找就业机会，并接受政府安排的再培训计划，否则剥夺救助金领取资格。引入"工作福利"制度后，社会福利金就由无偿给付转变为有偿领取。"工作福利"制度能够避免高福利下的福利依赖心理，用资格条件来激发国民的劳动积极性。

4. 降低管理成本、提高管理效率

降低管理成本、提高管理效率的前提是整合社会福利制度，降低制度的繁杂程度，加强相关部门的协作。改革社会福利的管理体制，完善社会福利的运行机制，使社会福利的行政管理、事务经办、监督控制三者分开。针对各种福利诈骗，要严格审查社会福利给付的资格条件。

5. 注意社会福利制度与经济社会之间和谐发展

社会福利制度与经济社会之间是相互作用、相互制约的，经济社会的发展为社会福利制度的发展奠定了物质前提，而合理的社会福利制度也会对经济社会发展有一种促进作用，不合理的社会福利制度会对经济社会发展有一种阻碍作用。因此，在社会福利制度改革中既要考虑国民福利待遇问题，也要考虑国家经济社会发展问题，要做到两者同时兼顾。

五、社会福利制度的发展趋势

社会福利制度的发展趋势是福利社会（Welfare Society）。福利社会亦称福利多元化（Welfare Pluralism）、混合福利经济（Mixed Economy of Welfare）、福利组合（Welfare Mix），是指国家不应该作为福利供给的唯一主体，而应该有多个主体，如志愿部门、私营部门和非正式部门等，以弱化政府在社会福利中的作用。福利社会是福利国家之后的一个必然趋势，主张国家在社会福利中仍然是主要责任主体、发挥主导作用和占主体地位，但是国家不能对社会福利进行垄断，而应该由多个部门来参与。甚至，有的国家在实行"大社会、小政府"的改革思路。有学者认为，福利社会，即福利多元化的两大趋势是地方化和私营化。私营化是指通过市场机制将原来由政府承担的福利转移给私营部门，通常的做法是政府通过与私营机构或者志愿部门签订协议，直接从那里购买福利服务。这样，政府的角色就由福利提供者转变为协议签订者。地方化是中央政府把社会福利管理权利下放给地方政府，由地方政府因地制宜地制定政策进行自我管理。中央政府依据一定的福利标准对地方政府实行财政包干，中央政府只提供一般性的指导意见，具体社会福利的实施、管理由地方政府自主掌握。①

---

① 黄晨熹：《社会福利》，上海人民出版社 2009 年版，第 39—40 页。

本 章 小 结

　　福利和社会福利都是多义词，理论界有不同的理解。一般认为，福利是一种幸福、美好的生活状态；社会福利是指国家和社会通过社会化的福利设施和有关福利津贴，以满足社会成员的生活服务需要并促使其生活质量不断得到改善的一种社会政策。社会福利与社会保险、社会救助不同，有它的特点。社会福利可以根据不同的标准进行分类。中外对社会福利概念的使用有较大差异。从我国的制度实践来看，社会福利是社会保障体系的重要组成部分。

　　现代社会福利制度是在相关理论的支持下逐步发展起来的，如庇古的福利经济学理论、德国新历史学派理论和贝弗里奇报告。当然，任何一项制度都有其产生的历史背景。现代社会福利制度产生的历史背景分为经济背景和社会关系背景。

　　社会福利制度的运行机制涉及社会福利供给与需求、社会福利资金筹集与管理、社会福利水平的衡量等方面。社会福利供给集中解决四个方面的问题：由谁来提供、为谁提供、提供什么和如何提供。社会福利资金筹集是社会福利制度运行的物质基础，社会福利基金管理包括资金筹集、基金运营和基金发放三个环节，是保证社会福利制度良好运行的关键因素。社会福利水平要适度，衡量社会福利水平是否适度有具体的标准，不适度会给经济社会带来负面影响。

　　我国和世界其他国家的社会福利制度都经历了一个历史发展过程，并取得了一定的成就，但是也存在一些问题，因此要根据实际情况对社会福利制度进行改革。

重 点 名 词

福利　社会福利　新历史学派　庇古福利经济学　贝弗里奇报告　社会福利基金筹集　社会福利基金管理　社会福利水平　社会福利需求　社会福利供给

复习思考题

1. 社会福利的特征有哪些？
2. 社会福利的基础理论有哪些？
3. 社会福利具有哪些功能？
4. 如何对社会福利基金进行管理？
5. 什么是社会福利水平的度？为什么社会福利水平要适度？
6. 我国社会福利制度存在哪些问题？应该如何去改革？
7. 国外社会福利制度存在哪些问题？应该如何去改革？

第十章　住房福利

【学习重点】

1. 住房公积金制度；
2. 外国住房福利制度；
3. 我国住房福利制度存在的问题及改革措施。

党的十七大提出要实现"住有所居"，住房福利对国民有着非常重要的意义，它是满足国民基本生存条件的最重要保障之一，也是我国目前改善民生的一项重要内容。我国正在努力构建具有中国特色的住房福利制度。

第一节　住房福利概述

一、住房福利的内涵

住房福利就是国家通过国民收入再分配来保障国民基本住房需求和改善国民居住条件而采取的措施和政策。在市场经济条件下，住房不仅仅是一种投资品，更是国民安身立命、国家社会稳定的重要物质基础，是一种生活必需品，因此国家有责任帮助国民实现"住有所居"。

二、住房福利的实施原则①

（一）住房福利与国家财力相适应原则

住房福利和其他福利一样是以国家财政为物质基础的，福利水平要与国家的财力相适应。住房福利是国家通过转移支付的方式实现国民财富的再分配，使国民享受到国家发展的成果，保障和改善国民的居住条件。为了保障住房福利制度和经济社会发展的可持续性，住房福利的范围和水平都应该在国家财力可承受的范围之内。

（二）住房福利水平的层次性和福利实现手段的多样性

由于住房福利对象的收入水平各不相同，对住房的货币支付能力也就各不相同，因此住房福利水平也应该是依据福利对象收入水平的不同而不同，具有层次性。住房福利水平的层次性决定了福利实现手段的多样性，不同的福利实现手段对国家财力、对市场、对满足国民住房需求的影响是不同的，分别适用于不同的经济政策安排、不同的住房发展阶段和不同的国民需求。

（三）住房福利和市场机制之间和谐共处

住房福利本来就是对市场化分配住房机制的一种补充，绝对不能取代或者破坏市场机制。国家干预、调控住房市场目的是要弥补或者修正市场机制的缺陷，从而更好的发挥市场对住房资源配置的基础性作用。同时，国家住房福利制度的设计也要尽可能的借助市场机制的力量来提高住房福利实现的效率。因此，住房福利和市场机制之间是不对立的，应该和谐共处，相互补充。

三、我国住房福利制度的发展历程

（一）改革开放前

在改革开放之前，我国实行的是计划经济体制，住房由国家和单位统包建设，职工可以享受实物福利分房，象征性的缴纳租金，具有浓厚的国家福利色彩。计划经济体制下，住房是非商品化的，所有住房福利其实就是当时分配体制下的有机构成部分。

---

① 孙光德、董克用主编：《社会保障概论》，中国人民大学出版社 2008 年版，第 332 页。

（二）改革探索期（1980—1992 年）

改革开放之后，住房的商品化程度越来越高，住房福利改革也逐步提上日程。1980 年中共中央、国务院在批转《全国基本建设工作会议汇报提纲》时提出"准许私人建房、私人买房，准许私人拥有自己的住房"，这标志着政府开始允许实行住房商品化政策。随后，各试点地区开始向城镇居民以土建成本价销售住房，即全价售房。从此我国住房福利改革拉开了大幕。1988 年初，国务院召开第一次全国住房制度改革工作会议，并在印发的《关于在全国城镇分期分批推行住房制度改革实施方案》中提出要把住房改革正式纳入中央和地方的改革计划，分期分批推行。住房制度改革方案分两步走：第一步是通过全面提高住房租金，以租养房，促进购房，以实现住房资金的良性循环；第二步是通过理顺分配关系，逐步提高职工的经济消费能力，进一步实行住房的商品化、社会化和专业化。1991 年 6 月，国务院颁布了《关于继续积极稳妥地进行城镇住房制度改革的通知》，要求通过进一步的住房改革来缓解城镇居民住房难的现状，改善居民的居住条件，并逐步实现住房的商品化，发展房地产业。但是，由于当时经济发展水平不高，国民的消费能力不强，住房的商品化程度不高，在住房福利改革过程中遇到了一些挫折，如多次刮起低价售房之风。可见，这一时期的住房福利改革主要是起步期和探索期，重点在于推进住房的商品化。

（三）改革的深入期（1993 年至今）

1992 年召开了党的十四大，明确了我国经济体制改革的目标是建立社会主义市场经济体制，这为后来我国住房福利改革奠定了政策基础，改革的进程和深度是前所未有的。1993 年党的十四届三中全会通过的《中共中央关于建立社会主义市场经济体制若干问题的决定》，明确提出要加快推进住房制度改革。后来，在第三次全国住房制度改革工作会议上，李铁映提出了要建立住房公积金制度。1994 年，国务院颁布的《关于深化城镇住房制度改革的决定》中对深化住房制度改革的相关配套体制都作了比较详细的规划。1995 年的《转发国务院住房制度改革领导小组国家安居工程实施方案的通知》开启了我国安居工程的大幕，标志着住房福利制度改革的深入。安居工程主要是为了解决国有大中型企业职工和大中城市居民的住房困难状况，对住房福利影响重大。1998 年 7 月国务院颁布的《关于进一步深化城镇住房制度改革加快住房建设的通知》标志着我国住房由福利分配制转向货币化的住房分配制，在住房制度改革中具有里程碑意义。这个通知还把国民收入划分为高、中低、最低三档，并针对不同的档次提出了住房改革的措施：高收入家庭购买、租赁商品房，中低收入家庭购买经济适用房，政府或单位为最低收入家庭提供廉租房。2003 年和 2004 年国家分别颁布了《城镇最低收入家庭廉租房管理办法》和《经济适用房管理办法》，加强对廉租房和经济适用房的管理。2007 年 8 月，国务院颁布的《关于解决城市低收入家庭住房困难的若干意见》，根据廉租房制度实施以来的情况进一步完善该制度，如扩大保障范围、增加房源、合理确定受益对象。2007 年 12 月，原建设部等七部委联合颁布了新的《经济适用房管理办法》，旨在保证经济适用房制度能够更加公平；建设部等部门颁布了《关于印发〈关于改善农民工居住条件的指导意见〉的通知》，对如何改善农民工居住条件作了详细的规定。我国计划在"十二五"期间建设保障性住房 3600 万套，2011 年建设 1000 万套。保障性住房以公租房和廉租房为主，再加上棚户区改造房，住房覆盖率将达到 20%。

第二节　住房福利制度的构成

一、国外住房福利制度的模式[①]

根据政府对住房福利的干预程度和市场作用的大小来划分，总体上可以分为三种模式：政府公房建设模式、住房建设补贴模式、租房租金补贴和购房税收优惠模式。

（一）政府公房建设模式

政府公房建设模式出现于住房短缺时期，政府发挥土地、资本等资源优势，在生产环节干预住房市场，直接建造住房提供给居民，从而在较短的时间内增加住房供应总量。英国的议会住房（Council Housing）就是这

---

① 孙光德、董克用主编：《社会保障概论》，中国人民大学出版社 2008 年版，第 333—334 页。

种模式，由地方政府投资建造议会住房提供给居民，从第二次世界大战结束到 20 世纪 80 年代，英国平均每年建造 14.3 万套公房。

（二）住房建设补贴模式

政府通过提供优惠贷款、补偿贷款利息等优惠政策，支持营利性房地产企业和非营利性机构发展低租金、低成本的住房，同时对建成住房的出租或者销售做出限制，规定通过享受优惠政策建成的住房必须按照成本价格出租或者销售给符合政策规定的家庭。德国和美国是向营利性房地产企业提供住房建设补贴的代表性国家，在土地供给、税收、贷款等方面予以优惠政策。

（三）租房租金补贴和购房税收优惠模式

这种模式是最常见的，几乎所有国家都实行这种福利模式，就是根据居民的收入状况不同程度地发放租房租金补贴或者实施购房税收优惠，以帮助住房支付能力有限的低收入家庭能够在市场上租到或者买到合适的住房。例如，美国规定在总租金中，低收入的住户支付的部分不超过自身收入的 1/3，其余部分由政府以租金证明或租金优惠券的形式给房主补齐。

二、我国住房福利制度的构成

改革开放以来，我国通过对住房福利制度不断的探索与改革，形成了具有中国特色的住房福利制度，具体包括以低收入家庭为对象的廉租房制度、以中低收入家庭为对象的经济适用房制度和面对城镇职工以个人强制储蓄、单位补贴为主要内容的公积金制度。因廉租房制度和经济适用房制度以中低收入家庭为保障对象，既带有住房福利的性质，更带有住房救助的性质，因此本书将这两种住房保障制度放入第七章"专项救助"中介绍。本章着重介绍住房公积金制度。

（一）住房公积金制度的发展历程

住房公积金，是指国家机关、国有企业、城镇集体企业、外商投资企业、城镇私营企业及其他城镇企业、事业单位、民办非企业单位、社会团体及其在职职工按《住房公积金管理条例》（国务院令第 350 号）缴存的长期住房储金，住房公积金归职工个人所有。我国从 20 世纪 90 年代开始探索建立住房公积金制度。首先是上海市于 1991 年借鉴新加坡的经验率先建立起住房公积金制度，随后其他省份也纷纷效仿。1994 年国务院制定的《关于深化城镇住房制度改革的决定》中对各地推行的住房公积金政策予以肯定，并明确提出要全面推行住房公积金制度。财政部等部门联合颁布的《建立住房公积金制度的暂行规定》中对我国住房公积金制度进行了全面的设计，勾画出宏观框架。随后，相关部门又陆续制定相关规定来完善住房公积金制度。例如，1996 年颁布的《关于加强住房公积金管理的意见》规范了公积金的运行，明确按照"房委会决策、中心运行、银行专户、财政监督"的管理原则；1999 年 4 月实施的《住房公积金管理条例》将公积金管理纳入规范化轨道，2002 年对此条例进行了修改，并颁布了《关于进一步加强住房公积金管理的通知》；2005 年财政部联合有关部门出台了《关于住房公积金管理若干具体问题的指导意见》，进一步规范公积金在具体实施过程的各种管理行为，提高了住房公积金使用的规范性和效益。

（二）住房公积金制度的特征

1. 缴费的强制性

2005 年原建设部、财政部、中国人民银行制定的《关于住房公积金管理若干具体问题的指导意见》规定："国家机关、国有企业、城镇集体企业、外商投资企业、城镇私营企业及其他城镇企业、事业单位、民办非企业单位、社会团体及其在职职工，应当按《住房公积金管理条例》的规定缴存住房公积金。有条件的地方，城镇单位聘用进城务工人员，单位和职工可缴存住房公积金；城镇个体工商户、自由职业人员可申请缴存住房公积金，月缴存额的工资基数按照缴存人上一年度月平均纳税收入计算。"可见，目前住房公积金缴费的强制性主要是针对国家机关、国有企业、城镇集体企业、外商投资企业、城镇私营企业及其他城镇企业、事业单位、民办非企业单位、社会团体及其在职职工而言的，而对城镇单位聘用进城务工人员、城镇个体工商户和自由职业人员并没有强制要求。《住房公积金管理条例》将公积金的推行上升到法律的高度，违反规定的单位和职工都要受到法律的制裁。

2. 使用的专项性

住房公积金虽然是由职工个人和单位共同缴纳的，但是住房公积金归职工个人所有，个人只能在规定的情形下使用住房公积金，而不能挪作他用。2002 年对《住房公积金管理条例》进行了修订，对住房公积金的提取和使用做了明确规定。《住房公积金管理条例》第二十四条规定："职工有下列情形之一的，可以提取职工住房公积金账户内的存储余额：（一）购买、建造、翻建、大修自住住房的；（二）离休、退休的；（三）完全丧失劳动能力，并与单位终止劳动关系的；（四）出境定居的；（五）偿还购房贷款本息的；（六）房租超出家庭工资收入的规定比例的。"第二十六条规定："缴存住房公积金的职工，在购买、建造、翻建、大修自住住房时，可以向住房公积金管理中心申请住房公积金贷款。"第二十八条规定："住房公积金管理中心在保证住房公积金提取和贷款的前提下，经住房公积金管理委员会批准，可以将住房公积金用于购买国债。"

3. 功能的互助性

按规定，国家机关、国有企业、城镇集体企业、外商投资企业、城镇私营企业及其他城镇企业、事业单位、民办非企业单位、社会团体及其在职职工都应当按《住房公积金管理条例》缴存住房公积金，而无论其是否需要使用公积金来解决住房问题。购买住房支付能力较弱的职工可以使用自己缴纳的住房公积金，也可以通过抵押的形式进行公积金贷款，这就发挥了住房公积金的互助功能。不需要利用公积金来解决住房问题的职工仍然按照规定缴纳公积金，这些资金其实就形成公积金贷款的一个资金来源，具有互助的功能。

4. 范围的区域性

范围的区域性表现在两个方面：一是公积金缴纳标准具有区域性。国家只给出一般性的指导意见，如规定单位和职工缴纳比例不应低于 5%，原则上不高于 12%，但是具体执行标准各地都不完全相同，主要与各地的经济实力有关，如广州最高达 20%，北京市基础公积金的比例为 10%，加上补充公积金的最高比例 10%，二者相加也到 20%，天津、成都等城市最高在 15%。二是住房公积金使用的属地化原则，公积金的归集和使用是在一个城市范围内自行平衡，不存在城市之间的流动与调剂。

（三）住房公积金制度的运行

1996 年 8 月，国务院办公厅转发国务院住房制度改革领导小组制定的《关于加强住房公积金管理的意见》，规范和指导各地住房公积金制度改革，明确提出住房公积金要按照"房委会决策、中心运行、银行专户、财政监督"的原则进行管理。虽然此后国家也不断出台住房公积金新的管理规定，但"房委会决策、中心运行、银行专户、财政监督"的管理原则没有改变，只是在某一具体方面有修订或者完善而已。所以，目前我国住房公积金制度仍然按照这个原则运行。

1. 房委会决策

按照《住房公积金管理条例》的规定，直辖市、省会城市以及其他设区的市、地、州、盟（以下统称设区城市）要设立住房公积金管理委员会，作为住房公积金管理的决策机构。每个设区城市只能设立一个住房公积金管理委员会。住房公积金管理委员会以住房公积金缴存人代表为主组成，其中：人民政府负责人和建设、财政、人民银行等有关部门负责人以及有关专家占1/3，工会代表和职工代表占1/3，单位代表占1/3。住房公积金管理委员会委员由设区城市人民政府聘任，主任应当由具有社会公信力的人士担任。住房公积金管理委员会通过建立严格、规范的会议制度（每季度至少召开一次会议），实行民主决策。住房公积金管理委员会履行以下职责：依据有关法律、法规和政策，制定和调整住房公积金的具体管理办法，并监督实施；拟订住房公积金的具体缴存比例；确定住房公积金最高贷款额度；审批住房公积金归集、使用计划；审议住房公积金增值收益分配方案；审批住房公积金归集、使用计划执行情况的报告。此外，住房公积金购买国债比例的确定，以及住房公积金年度公报的公布事宜，也由住房公积金管理委员会审议批准。

2. 中心运行

直辖市、省会城市以及设区城市应当按照精简、效能的原则，设立一个住房公积金管理中心，负责住房公积金的管理运作。县（市）不设立住房公积金管理中心。住房公积金管理中心是直属城市人民政府的不以营利为目的的独立的事业单位。住房公积金管理中心履行下列职责：编制、执行住房公积金的归集、使用计划；负责记载职工住房公积金的缴存、提取、使用等情况；负责住房公积金的核算；审批住房公积金的提取、使用；负责住房公积金的保值和归还；编制住房公积金归集、使用计划执行情况的报告；承办住房公积金管理委员会决定的其他事项。

3. 银行专户

住房公积金管理委员会应当按照中国人民银行的有关规定，在工商银行、农业银行、中国银行、建设银行和交通银行五家商业银行（以下简称受委托银行）范围内指定办理住房公积金金融业务。住房公积金管理中心应当与受委托银行签订委托合同，委托受委托银行办理住房公积金贷款、结算等金融业务和住房公积金账户的设立、缴存、归还等手续。其中，受委托办理住房公积金账户设立、缴存、归还等手续的银行，一个城市不得超过两家。

4. 财政监督

设区城市的财政部门要对住房公积金管理和使用的全过程监督。住房公积金管理中心要严格执行财政部有关规定，按时向财政部门报送住房公积金财务收支预算和管理费用预算，并严格按财政部门批复的预算执行。住房公积金管理委员会在审批住房公积金归集、使用计划和计划执行情况的报告时，必须有财政部门参加。住房公积金管理中心年终编制住房公积金财务收支决算和管理费用决算，要报同级财政部门审批并抄报同级审计部门。

第三节　国外的住房福利

一、美国的住房福利

（一）廉租房

美国解决贫困家庭住房难问题主要通过税收优惠或者降低住房租金或者发放住房租金补贴来实现。美国 1986 年颁布的《住房法案》提出要为新建住房提供补贴的政策，主要通过给建造住房的开发商提供税收、贷款利率等方面的优惠，使之能够以低于市场正常租金价格为困难家庭提供住房。美国常常以发放租金补贴的方式使经济困难家庭租得起住房，它的租金补贴计划分为租金证明计划（Rent Certificate Program）和租金优惠券计划（Rent Voucher Program）。联邦政府按照住房市场一般租金水平确定补贴金额，地方政府住房局确认租约后直接以租金证明或租金优惠券的形式向房主支付一部分租金。在总租金中住户支付的部分不超过自身收入的 1/

3，其余部分由政府给房主支付。①

（二）住房金融政策

美国联邦政府的住房金融机构对住房金融市场进行有效调控的手段之一是建立联邦住房贷款银行系统，例如 1932 年美国制定《联邦家庭贷款银行法》，实行财政部发行债券集资，然后再以低息贷款方式借给银行，使其发放住房贷款。这样，成员银行既然得到了低息的资金，再发放住房贷款，利息也就会跟着下降。1934 年美国又制定了《联邦住宅法》，其主要职能是为低收入者住房贷款提供按揭保险。这项名为"203b 按揭保险"的政策一直持续到现在：凡购买中低价位的自住用房的人都可以申请这项保险，从而大大降低购房首付，最低可达房款的 3% 。②

二、英国的住房福利

英国作为世界上第一个福利国家，政府在社会福利中的主要职责体现得淋漓尽致。例如，英国政府把保障低收入家庭住房权利当成公民权利的重要组成部分，把满足低收入家庭住房需求作为政府的重要职责。英国首先通过立法来保障国民的居住权利，例如 19 世纪 80 年代制定了《住房法》。由于战争的破坏，大量的社会成员住无所居，因此英国开始大力发展福利性住房。英国主要是通过建造大量的议会住房来满足低收入家庭的住房需求，例如第二次世界大战后的 30 年里，地方政府每年投资建造 14.3 万套议会住房提供给经济困难的群体。

另外，英国在通过多种抵押贷款优惠来促进社会成员购买住房方面很有特色。抵押贷款偿还周期长，一般是 15—25 年，最长的还可以达 30 年，而且贷款档次众多、方式多样，能够满足不同收入层次的群体的需要。贷款占房价的比例非常高，一般都可以达到 80% ，如果有保险公司担保的情况下甚至还可以达到 100% 。英国政府还大力扶持具有互助性质的建房社团，即政府人为的阻止银行等金融机构进入个人住房抵押领域，使得建房社团能够在住房金融市场中独占鳌头。但建房社团不是营利性组织，它所赚到的钱又以某种方式返回给存款人和借款人，从而增强了社会成员购买

---

① 详见本书第七章。

② 胡务主编：《社会福利概论》，西南财经大学出版社 2008 年版，第 191 页。

住房的支付能力。

三、日本的住房福利[①]

虽然日本的土地大多都是私有的，但是日本政府遵循"保低放高"的原则，通过采取有效的调控政策，实现了绝大部分国民"居者有其屋"。所谓"保低放高"是指政府为中低收入的国民提供廉价住房或优惠住房贷款，保证其能买得起房或者能租得起房，而高收入国民的住房问题则完全按照市场机制来解决。日本政府为中低收入的国民提供的住房在日本叫"公营住宅"，就相当于我国的"经济适用房"。日本中央政府以提供大量资金支持的方式来鼓励地方政府兴建住房和收购住房，然后再以较低价格出售或出租给中低收入的国民，以满足中低收入群体的住房需求。日本《公营住宅法》规定，中央政府要为地方政府新建住房补贴 50% 的费用，为翻修住房补贴 1/3 的费用。

1955 年，日本政府出台了《住宅公团法》，规定中央政府要出资组建住宅公团。住宅公团是一个不以营利为目的的组织，负责在大城市及其周边地区进行城区改造和建设住房，并出售或出租给一般收入的国民。1960年日本又制定了《居民区改造法》，规定必须对地方政府的城区改造给予财政补贴。例如，中央政府对拆除危房、搭建临时住宅补贴 50% 的费用，对新房建设、收购平整土地补贴 2/3 的费用。

日本政府也采取了优惠的金融政策来鼓励国民购买或建设住房，如1950 年制定了《住宅金融公库法》。该法规定由国家出资成立住宅金融公库，对购建住房的个人和单位实行低利率和长周期的做法，即贷款利率相当于普通银行的 1/3 左右，还贷期限一般为 35 年，特殊困难人群还能在原期限基础上再延长 10 年。1955 年，日本还颁布了《住宅融资保险法》，对金融机构发放住房贷款提供保险服务。另外，日本政府还通过减免所得税、赠与税和房屋登记许可税等政策措施，鼓励国民购房。

---

① 刘浩远：《日本"保高放低"，保障居者有其屋》，《经济参考报》2007 年 5 月 29 日。

第四节　我国住房福利制度的改革

一、取得的成就

我国住房福利制度经过几十年的不断探索、改革与完善，取得了很大的成就。

首先，我国已基本建立起包括廉租住房制度、经济适用住房制度和住房公积金制度在内的住房福利制度体系。

其次，在很大程度上改善了国民的居住条件，提高和改善了国民的生活质量。虽然到目前为止仍然有许多社会成员居住在棚户区或者住无所居，但是不可否认的一个客观事实是，我国国民的住房福利状况有了非常大的改观。其中一个重要的衡量指标是人均居住面积持续上升。有资料显示：1978 年我国城镇居民人均住宅建筑面积仅为 6.7 平方米，到 1989 年上升为 13 平方米，2000 年为 20.3 平方米，2005 年为 26.1 平方米，2007 年为 27 平方米。[①]

最后，推动了我国经济社会的不断发展。住房条件的改善和生活质量的提高，提升了国民素质和劳动积极性，得以创造出更多的社会财富。同时，住房条件改善、生活质量提高有利于稳定社会秩序，促进社会的和谐发展。另外，通过建造廉租房和经济适用房带动相关产业，以及住房公积金对经济发展的拉动，能创造更多的 GDP。

二、存在的主要问题

（一）资源供不应求

住房福利资源供应不足分为两种类型：一种是"数量"的不足，另一种是"质量"的不足。数量上供应不足最主要的体现就是住房福利实际覆盖的范围太有限，农村居民和城镇中大量的流动人口都不在范围以内。例

---

① 中国统计数据库：《中国历年城乡居民家庭人均消费支出和住房情况统计（1978—2007）》。

如，住房公积金缴纳只是对国家机关、国有企业、城镇集体企业、外商投资企业、城镇私营企业及其他城镇企业、事业单位、民办非企业单位、社会团体及其在职职工作了硬性规定，而对进城务工人员、个体户、自由职业者没有硬性规定，实际上是没有包括在内；而廉租房和经济适用房享受资格条件都比较苛刻，即使是符合条件的也无法保障每一个都能够享受，"僧多粥少"。到2006年底，全国仅有54.7万人享受到廉租房的待遇，房源稀少导致大量的人"排不上队，买不上号"。覆盖范围有限直接导致"夹心层"的产生：既不符合享受廉租房条件，又没有经济能力购买经济适用房；既不符合购买经济适用房条件，也买不起商品房。质量上供应不足主要是指住房福利所提供的住房在质量、价格、地理位置和房屋设计等方面不完全符合实际需求。很多地方的廉租房和经济适用房为了节约成本导致质量上都或多或少有问题，所在地理位置都偏离中心城区，经济适用房价格偏高，房子设计不合理、不适用，因此出现一方面是数量上的不足，另一方面是有建好的廉租房和经济适用房无人去承租和认购。据《钱江晚报》报道，2004年底，杭州市多次出现经济适用房认购人数远少于房源数量的奇怪现象，主要是因为经济适用房距离杭州市区有15—20公里的路程，而且户型设计不合理、不适用。

（二）监管不到位，操作缺乏规范性

对住房福利监管不到位，操作缺乏规范性是存在的主要问题，主要体现在：第一，对住房公积金的缴纳、使用、运营监管不到位。对公积金的缴纳监管不到位主要体现在一些单位应该建立住房公积金制度但是并没有建立，像城镇私营企业、外商投资企业。另外，对住房公积金的使用和运营监管比较薄弱。住房公积金余额大量沉淀，投资运营的渠道和受益不够明确，甚至还存在违规挪用的现象。第二，对廉租房和经济适用住房建造质量监管不到位。有些建筑单位为了降低建筑成本，购买不合格的原材料，在施工过程偷工减料，在验收环节敷衍了事，甚至贿赂验收机构。第三，对享受廉租房和经济适用住房的资格条件监管不当和操作失范。如果资格审核这一关监管不严，那么就无法保证廉租房和经济适用房能够真正被最需要住房的人所享用。在很多地方流传这样一种说法，"经济适用房是关系房"，也就是经济适用房成了那些"关系户"、"特权户"瓜分的肥肉，他们通过暗箱操作，权钱交易，购买到经济适用房，而大量的中低收入者却没有买到。另外，对城镇低收入者的评估标准和方法也存在着操作性差的问题，容易出现操作失范。

（三）进城务工人员等流动群体和农民实际成为制度外群体

现行的住房福利制度主要是面向城镇居民的，而在城镇工作的进城务工人员和在农村务农的农民还没有被包括在制度范围以内。虽然现在国家已经制定了面向进城务工人员的住房福利政策，如《住房公积金管理条例》规定，有条件的地方，城镇单位聘用进城务工人员，单位和职工可申请缴存住房公积金；2007年原建设部等部门专门针对农民工的居住问题颁布了《关于印发〈关于改善农民工居住条件的指导意见〉的通知》。但是，可以说在政策层面上进城务工人员等流动群体和农民成为了制度内群体，但由于现实情况的制约，就总体而言他们实际上还是制度外群体，几乎没有享受到住房福利。

（四）法律缺失

我国住房福利制度中所存在的问题除了与制度设计不完善有关以外，与法律缺失也有着重要关系。目前，我国还没有住房方面的法律，住房制度的运行只是靠国务院及有关部门制定颁布的各种政策、规章来维系。但是，这些现行的政策和规章的约束力较弱，不具备法律的强制性和约束力，不能有效的防范和遏制各种违规、违法行为的发生。

三、改革措施

（一）加大住房福利的供给能力

要提高住房福利的供给能力，就必须增加福利资金的供给。首先，最根本的是要不断地发展经济，同时提高社会福利资金在社会总支出中所占的比重，以便有更多的财政补贴。其次，对住房公积金而言，国家要加强监管，对应该建立住房公积金制度的单位要求必须建立，并保证及时足额提供补贴部分；积极创造条件，让城镇单位及其聘用的进城务工人员缴存住房公积金；城镇个体工商户、自由职业人员可申请缴存住房公积金，月缴存额的工资基数按照缴存人上一年度月平均纳税收入计算；要不断提高住房公积金投资运营的收益能力；不断扩大住房公积金覆盖范围，扩大住房公积金的来源，增加公积金的总量，提高国民购房的支付能力。再次，拓展廉租房和经济适用房建设资金来源渠道，要形成以财政预算安排为主、多方筹资为辅的筹资机制。多渠道增加房源，在发挥国家主导作用的同时要培养、发展住房租赁市场，以优惠政策鼓励房地产开发商开发建设中小户型住房，并以低于市场价格的价格让低收入家庭承租或购买，以满足更多低收入家庭的住房福利需求。

（二）加强监督力度，规范制度实施

首先，要加强对住房公积金缴纳、使用和投资运营的监管力度。缴纳应该做到该缴必缴，绝不遗漏；使用方面应该提高使用率，用好和用活公积金，以免过多资金沉淀，充分发挥公积金在提高存缴人尤其是中低收入群体的居住支付能力方面的作用；投资运营应该在确保资金安全的情况下，明确投资的去向和领域，提高收益程度。其次，对廉租房和经济适用房要加强对住房的建筑质量的监管，确保是老百姓的"放心房"。同时，还要加强对住房价格的监管，让价格与中低收入家庭相适应，确保真正的"廉租"和"适用"。最后，要严格审核廉租房和经济适用房保障对象的资格条件，严把人口关。同时，要严格按照《城镇最低收入家庭廉租住房管理办法》和《经济适用房管理办法》中规定的申请程序操作，实行动态管理和退出机制，争取做到应保尽保。

（三）加快立法，为住房福利制度提供法律保障

从现实情况看，中央政府及地方政府所制定、颁布的各项规章制度对住房福利中相关利益主体的权利和义务都作了明确的规定，问题出在没有专门的法律来保障其合法权益、促使其履行义务，因此在制度实施过程中出现了各种异化现象和失范行为。根据外国住房福利制度实施的经验，一般都是通过立法来明确各方的权利和义务，保障国民的居住权，满足其住房需求。如英国早在19世纪80年代就制定了《住房法》来保障国民的居住权利，政府把保障低收入家庭住房权利当成公民权利的重要组成部分，把满足低收入家庭住房需求作为政府的重要职责。另外，外国一般在实施一项具体的政策前都会有专门的立法，以确保政策的顺利实施。例如，在日本，政府为了实施住宅金融公库政策，于1950年制定了《住宅金融公库法》；1955年，政府为了实施住宅公团政策，出台了《住宅公团法》；1960年为了实施城市居民区改造政策，又制定了《居民区改造法》。而我国的情况则相反，出台、实施了许多政策，也没有出台一部法律，导致政策实施走样。根据我国住房福利制度改革的实践和借鉴外国住房福利立法的经验，我国应该开始着手制定《中华人民共和国住宅法》，用以规范住房建设、供给、管理、监督等方面的工作，促进我国住房福利制度的健康发展。

（四）加快统筹城乡住房发展

我国目前的住房福利制度是面向城镇居民的住房福利制度，农民尚未享受到此项福利。这并非说农民的住房条件都非常好，或者说农民能够自己解决住房问题而不需要享受国家的住房福利。其实部分农民，尤其是贫困农民的住房条件是非常简陋的，甚至住的是危房。现行的住房福利制度把农民排除在外是不公平的，国家同样有保障农民住房权益的义务。因此，国家应该从促进社会公平、缩小城乡差距、改善农村民生状况的角度出发，结合当前贯彻实施科学发展观和建设社会主义新农村的伟大实践，加快统筹城乡住房发展。统筹城乡住房发展是逐步消除城乡二元结构和构建社会主义和谐社会的有效途径。

（五）整合住房福利供给制度，理顺三位一体的住房供应体系①

我国现行的廉租房、经济适用房和住房公积金政策运用的都是公共资源，但又是选择性的制度安排，而真正意义上的国家住房保障制度应该是公共房屋加上住房救助。要在现行的住房福利制度框架内进行制度整合和资源整合都会面临着较大的挑战和难度，其出路是理顺三位一体的住房供应体系。三位一体的住房供应体系是指政府主导的公共房屋、市场主导的商品房屋、用人单位职业福利中的房屋福利部分，它们构成了三个层次，分别满足不同社会群体的居住需求。政府主导的公共房屋是整个住房供应体系的基石和满足居民起码居住条件的底线保障，遵循公平与公正的原则，并附带一定的限制条件和退出机制，主要满足低收入家庭的需要。市场主导的商品房屋是通过市场机制来配置的，包括通过市场购买或者租赁房屋，它主要满足中高收入家庭的住房需求。用人单位的房屋福利是职工职业福利的组成部分，它是单位或者雇主利用自有资源来改善职工的居住条件，可以作为公共房屋和商品房屋的必要补充。政府的责任主要是保障低收入家庭的住房需求，而需要改善居住条件的只能通过商品房屋和职业性的住房福利来实现。在三位一体的住房供应体系中，关键还在于住房公共房屋的定位与满足程度，应当将廉租房、经济适用房和住房公积金制度进行整合，形成统一的公共房屋供应体系，同时确保最低住房保障标准。

---

① 郑功成：《中国社会保障30年》，人民出版社2008年版，第248—251页。

本 章 小 结

　　住房福利是保障"住有所居"的一个有效途径，是国家通过国民收入再分配来保障国民基本住房需求和改善国民居住条件而采取的措施和政策。住房福利要与国家的财政支付能力相适应，采取多种方式来满足不同群体的住房需求。

　　我国的住房福利制度主要包括住房公积金制度、经济适用房制度和廉租房制度，它们都有各自的特点和运行机制。外国住房福利制度模式主要有三种：政府公房建设模式、住房建设补贴模式、租房租金补贴和购房税收优惠模式。

　　我国住房福利制度经过几十年的不断探索逐步完善，取得了一定的成就，如住房福利制度体系基本建立起来，国民的居住条件有了很大的改善，但还存在一些问题，如住房福利供不应求、运作不规范、缺乏法律保障等。为了更好的保障国民的住房福利，需要根据最新形势对住房福利制度进行改革，如提高住房福利的供给能力、加强监管、统筹发展城乡住房福利制度、加快住房立法等。

重 点 名 词

住房福利　住房公积金

复习思考题

1. 我国住房福利制度包括哪些？
2. 住房公积金有什么特征？

3. 我国住房福利制度存在的问题有哪些？你对住房福利制度改革有什么建议？

4. 国外住房福利制度的模式有哪些？

第十一章　医疗卫生福利

【学习重点】

1. 医疗卫生福利内涵；
2. 城镇职工医疗保险制度；
3. 城镇居民医疗保险制度；
4. 新型农村合作医疗制度；
5. 公共卫生服务；
6. 我国医疗卫生福利制度的存在问题和改革对策。

第一节　医疗卫生福利概述

一、内　涵

医疗卫生福利是国家和社会为了改善和提高国民健康水平而向国民提供的基本医疗卫生和保健等方面的福利，包括医疗费用的减免和补贴、医疗保健设施和服务等。

二、原　则

（一）保障生命权和健康权为最高原则

生命对于人而言是最为宝贵的，因为每个人的生命只有一次。如果人没有了生命，那么其他一切对其而言都没有任何意义。人的生命权和健康权是最基本的权利，是其他权利存在和实现的前提。因此，医疗卫生福利的最高原则应该是保障国民的生命权和健康权。

（二）医疗卫生福利待遇水平要与国力相适应

由于以生命权和健康权为人类最高权利，政府非常重视医疗卫生福利，加上现代疾病谱和医学技术的变化，医疗成本不断上升，因此往往会出现医疗卫生福利待遇水平超过国力的情况。医疗卫生福利首先要保障国民的基本医疗，然后在国力能够承受的基础上再逐步提高福利水平。总之福利水平要与国力相适应。

（三）普遍性的原则

人类每时每刻都面临着疾病风险。疾病风险的发生具有不确定性，包括发生时间的不确定性和对象的不确定性，具有非选择性特征。同时，医疗服务是专门用来预防疾病、治疗疾病和康复的特殊商品，能够保障人的健康权和生命权，因此是一种需求弹性很小的商品。也就是说，无论收入水平如何，人一旦患病都会产生消费医疗服务的需求。因为疾病风险发生具有非选择性和医疗服务的低弹性，所以医疗卫生福利应该是普遍性的，即覆盖国民的整个生命周期。

三、作　用

（一）保障国民生命权和健康权，改善国民健康素质，提高国民生活质量

虽然人们对什么是健康或者健康的标准有不同的认识，但是人们希望自己的生命权和健康权得到保障永远是一致的。保障国民生命权和健康权是国家义不容辞的一项重要职责，国家有义务向国民提供医疗卫生福利。国民通过享受医疗卫生福利服务，疾病治疗得到很好的保障，健康素质得到改善。可见，医疗卫生福利具有保障国民生命权和健康权，改善国民健康素质，进而提高和改善国民生活质量的作用。

（二）缓解贫困程度

现实中的贫困家庭基本上都陷入了"贫病交加"的恶性循环之中，一方面因病致贫、因病返贫，越病越贫困，另一方面越贫困就越容易患病，患病风险越高，即越贫越病。国家提供医疗卫生福利能够在一定程度上提高国民健康水平，改善国民健康素质，降低患病的风险。同时，国家还对疾病治疗提供资金补贴，即报销部分医药费，从而减少国民治病的开支，

使其有更多的资金用于生产投资和生活消费。国民健康素质提高之后，劳动产出也会随着增加，国民创造社会财富的能力也相应提高。实践证明，医疗卫生福利能够在很大程度上缓解贫困程度，成为反贫困的一个必不可少的有效手段。

第二节　我国的医疗卫生福利

一、我国医疗卫生福利的发展进程

（一）计划经济时代的医疗卫生福利

1. 劳保医疗

劳保医疗是企业劳动保险制度中的重要组成部分，由企业自主筹集资金为企业退休人员、职工及其家属提供医疗卫生福利。中央人民政府政务院①第七十三次政务会议通过并于 1951 年 2 月 26 日公布的《中华人民共和国劳动保险条例》（下文简称为《条例》）对劳动保险制度实施范围、享受资格和待遇、劳动保险资金的筹集、管理和支配、劳动保险事业执行与监督等方面都做了规定，如规定实施范围暂定为"雇用工人与职员人数在一百人以上的国营、公私合营、私营及合作社经营的工厂、矿场及其附属单位与业务管理机关；铁路、航运、邮电的各企业单位及附属单位"，但是与"临时工、季节工与试用人员"的劳动保险待遇有区别。另外，《条例》对劳保医疗的相关项目的待遇也有规定，如因工负伤、残废待遇，以及疾病、非因工负伤、残废待遇。经过试点，加上当时国内外形势的变化，1953 年 1 月 2 日政务院第一百六十五次政务会议通过《政务院关于〈中华人民共和国劳动保险条例〉若干修正的决定》，并规定从 1953 年 3 月 1 日起实施修订后的《条例》。修订主要体现在两个方面，一是实施范围有所扩大，在原来实施范围的基础上增加工厂、矿场及交通事业的基本建设单位和国营建筑公司；二是提高了劳动保险待遇，如"废止停工医疗以六个月为限的规定，适当提高职工疾病医疗期间待遇标准，规定贵重药

---

① 政务院是国务院的前身，1954 年 9 月改名为国务院。

费的酌情补助，增加养老补助费，放宽养老条件，其他如生育待遇、丧葬费、丧葬补助费、非因工死亡家属救济费亦酌量增加"。新《条例》的实施，标志着我国劳保医疗制度的正式确立。

"文革"期间，财政部发布的《关于国营企业财务工作中几项制度的改革建议（草稿）》对福利资金来源进行了调整，把企业医疗卫生费、福利费和奖励基金整合为"企业职工福利基金"，按工资总额的11%提取，列入成本范围，如果还入不敷出，还可以从税后利润中提取补足。到20世纪80年代，劳保医疗进行了一些改革，如引入对供需双方的约束机制，具体是让保障对象自付一部分费用或者把全部费用包干给保障对象。随着城镇职工基本医疗保险制度的建立，劳保医疗逐渐退出了历史舞台。

2. 公费医疗

公费医疗是医疗卫生福利的一个重要组成部分，是国家为政府机关和事业单位职工提供的一定范围内的免费预防、医疗和康复服务。1952年6月27日，中央人民政府政务院颁布了《关于全国各级人民政府、党派、团体及所属事业单位的国家工作人员实行公费医疗预防的指示》，对享受公费医疗的对象和形式做出了规定。公费医疗的享受对象为"全国各级人民政府、党派、工青妇等团体、各种工作队以及文化、教育、卫生、经济建设等事业单位的国家工作人员和革命残废军人"；享受公费医疗的形式有三种，即门诊、住院和发给医药费。该文件还规定了公费医疗实施的时间和步骤：从1952年7月起，分期推广。1952年8月30日卫生部颁布了《国家工作人员公费医疗预防实施办法》，对享受公费医疗预防的对象、机构及人员配置、经费预算等方面做出了具体的规定，标志着我国公费医疗制度确立了。随后，国家又陆续颁布了一些相关的政策，对具体某一方面的问题做了规定。例如，1953年卫生部《关于公费医疗的几项规定》对经费来源作了规定，并扩大了享受公费医疗的范围，如增加了乡干部（每乡增加干部3名）及大学和专科学生；1956年1月卫生部《关于办理各国在华专家公费医疗预防几项规定》对具体负责的职能部门、经费来源和经费报销予以了明确；同年颁布的《国家机关工作人员退休后仍应享受公费医疗待遇的通知》和《关于高等学校工作人员退休后仍应享受公费医疗待遇的通知》，分别对国家机关和高校两个领域中退休人员享受公费医疗的经费来源和提供医疗服务的机关作了具体规定。到20世纪80年代，公费医疗像劳保医疗一样进行了一些改革。目前只有部分机关事业单位仍然实行公费医疗制度。

3. 农村合作医疗制度

农村合作医疗始于农业合作化高潮时期的 1955 年。1969 年 11 月，卫生部在山西省稷山县召开全国农村卫生工作会议。会后，卫生部党组向中央上报了《关于全国农村卫生工作山西稷山现场会议情况的报告》及附件《关于人民公社卫生工作几个问题的意见》，肯定了人民公社社员集体保健医疗制度。1965 年 6 月，毛泽东同志做出"把医疗卫生工作的重点放到农村去"的指示。1965 年 9 月 21 日，中共中央批转卫生部党委《关于把卫生工作重点放到农村的报告》，强调加强农村基层卫生保健工作，极大地推动了农村合作医疗的发展。1968 年，毛泽东同志亲自批示了湖北省长阳县乐园人民公社举办合作医疗的经验，称赞"合作医疗好"。从此，合作医疗在全国蓬蓬勃勃地发展起来。1976 年，全国有 90% 的生产大队举办了合作医疗。1978 年的《中华人民共和国宪法》还提出国家要逐步发展合作医疗。1979 年 12 月 15 日，卫生部、农业部、财政部、国家医药总局和全国供销合作总社联合下发通知，发布《农村合作医疗章程（试行草案）》，要求各地结合本地区实际情况参照执行。这个时期农村合作医疗的发展达到了顶峰。但是，随着 20 世纪 80 年代初期农村家庭联产承包责任制的实行，集体经济在许多地方削弱甚至解体，合作医疗失去了主要的经济来源，迅速走向衰落并趋向解体。1989 年，实行合作医疗的行政村只占全国行政村总数的 4.8%。[①] 在此后相当长一段时间里，农村的医疗卫生福利几乎是一片空白，直至 21 世纪初新型农村合作医疗制度的建立。

（二）走向全民医保的医疗卫生福利

1. 城镇职工基本医疗保险制度

1993 年 11 月中国共产党第十四届三中全会通过的《中共中央关于建立社会主义市场经济体制若干问题的决定》，明确提到："城镇职工养老和医疗保险金由单位和个人共同负担，实行社会统筹和个人账户相结合。"

---

① 汪时东、叶宜德：《农村合作医疗制度的回顾与发展研究》，《中国初级卫生保健》2004 年第 4 期，第 10 页。

1994 年国务院颁布了《关于职工医疗制度改革的试点意见》，开始在"两江"① 进行试点。"两江"试点的实质就是探索社会统筹和个人账户相结合的模式是否可行，试点之后产生了所谓的"两江模式"。在总结试点经验和教训的基础上，1998 年 12 月国务院颁布了《关于建立城镇职工基本医疗保险制度的决定》，对改革的任务和原则、覆盖范围和缴费办法、建立基本医疗保险统筹基金和个人账户、健全基本医疗保险基金的管理和监督机制、加强医疗服务管理、妥善解决有关人员的医疗待遇和加强组织领导七个方面作了明确规定，标志着我国城镇职工医疗保险制度基本建立起来。根据经济社会发展形势的变化，我国还陆续颁布了一些有关政策，对特殊群体的医疗保险问题予以明确，如《关于城镇灵活就业人员参加基本医疗保险的指导意见》、《关于推进混合所有制企业和非公有制经济组织从业人员参加医疗保险的意见》和《劳动和社会保障部办公厅关于开展农民工参加医疗保险专项扩面行动的通知》。

2. 新型农村合作医疗制度

20 世纪 90 年代农村合作医疗进入恢复和重建时期。1993 年，国务院政策研究室和卫生部提出《加快农村合作医疗保健制度的改革与建设》的研究报告。不久，卫生部与世界卫生组织在 7 省 14 个县开展了合作医疗试点。到 1996 年底，合作医疗行政村的覆盖率上升至 17.59%。② 1997 年 1 月下发的《中共中央、国务院关于卫生改革与发展的决定》中辟专条讲到合作医疗，同年 5 月，国务院批转了卫生部、国家计委、财政部、农业部、民政部《关于发展和完善农村合作医疗的若干意见》，对农村合作医疗予以肯定并提出进一步发展的举措。进入 21 世纪，我国提出实施新型农村合作医疗制度。2002 年 10 月，《中共中央、国务院关于进一步加强农村卫生工作的决定》明确指出要"逐步建立以大病统筹为主的新型农村合作医疗制度"，2003 年 1 月，卫生部、财政部、农业部《关于建立新型农村合作医疗制度的意见》对新型农村合作医疗制度实施的原则、组织管理、筹资标准、资金管理、医疗服务管理和组织实施等方面予以具体化，并提出从

---

① 即江西省的九江市和江苏省的镇江市。
② 汪时东、叶宜德：《农村合作医疗制度的回顾与发展研究》，《中国初级卫生保健》2004年第 4 期，第 11 页。

2003 年开始试点。此后，国家又陆续出台一系列相关政策来改进、完善和推进新型农村合作医疗制度。

为了更好地保障农民健康和更好地推进新型农村合作医疗制度的发展，筹资标准一直在做调整。根据 2009 年卫生部、民政部、财政部、农业部和中医药局联合下发的《关于巩固和发展新型农村合作医疗制度的意见》，从 2010 年开始，全国新型农村合作医疗筹资水平提高到每人每年150 元，其中中央财政对中西部地区参合农民按 60 元的标准补助，对东部省份按照中西部地区一定比例给予补助；地方财政补助标准相应提高到 60元，确有困难的地区可分两年到位。地方增加的资金，应以省级财政承担为主，尽量减少困难县（市、区）的负担。农民个人缴费由每人每年 20元增加到 30 元，困难地区可以分两年到位。温家宝总理在《2011 年政府工作报告》中提出，2011 年新型农村合作医疗财政补助标准将提高到每人200 元。

3. 城镇居民医疗保险制度

随着城镇职工基本医疗保险制度和新型农村合作医疗制度的建立，加上原有的公费医疗，我国大部分人口已能享受到公共医疗保险计划所带来的医疗卫生福利。但仍有部分人口被排除在外，那就是城镇非从业居民。为了实现全民医保的目标，保障城镇非从业居民的健康权益，2007 年 10月国务院颁布了《关于开展城镇居民基本医疗保险试点的指导意见》，并从当年开始试点城镇居民医疗保险制度。

城镇居民医疗保险制度覆盖对象包括：不属于城镇职工基本医疗保险制度覆盖范围的大中小学阶段的学生、少年儿童和其他非从业城镇居民。城镇居民基本医疗保险以家庭缴费为主，政府给予适当补助。参保居民按规定缴纳基本医疗保险费，享受相应的医疗保险待遇，有条件的用人单位可以对职工家属参保缴费给予补助。国家对个人缴费和单位补助资金制定税收鼓励政策。对试点城市的参保居民，政府每年按不低于人均 40 元给予补助，其中中央财政从 2007 年起每年通过专项转移支付对中西部地区按人均 20 元给予补助。在此基础上，对属于低保对象的或重度残疾的学生和儿童参保所需的家庭缴费部分，政府原则上每年再按不低于人均 10 元给予补助，其中中央财政对中西部地区按人均 5 元给予补助；对其他低保对象、丧失劳动能力的重度残疾人、低收入家庭 60 周岁以上的老年人等困难居民参保所需家庭缴费部分，政府每年再按不低于人均60元给予补助，其中中央财政对中西部地区按人均30元给予补助。中央财政对东部地区参照新型农村合作医疗的补助办法给予适当补助。温家宝总理在《2011年政府工作报告》中提出，2011年城镇居民基本医疗保险财政补助标准提高到每人200元。财政补助的具体方案由财政部门与劳动保障、民政等部门研究确定，补助经费要纳入各级政府的财政预算。

（三）公共卫生服务

根据《WTO和公共卫生协议案》，公共卫生包括传染病控制、食品安全、烟草控制、药品和疫苗的可得性、环境卫生、健康教育与促进、食品保障与营养、卫生服务八类工作。公共卫生服务是典型的公共产品，具有正外部性，受益群体普遍而广泛。这类服务主要由国家来提供，是医疗卫生福利的重要构成部分。设在卫生部中的疾病预防控制局是管理我国公共卫生事务的职能部门，负责全国疾病预防控制和爱国卫生工作。

近年来，我国在公共卫生领域投入了大量经费。根据2009年4月6日发布的《中共中央、国务院关于深化医疗卫生体制改革的意见》（即"新医改方案"），国家基本公共卫生服务项目所需费用纳入政府预算安排。2009年人均基本公共卫生服务经费标准不低于15元，2011年不低于20元；2009年中央财政基本公共卫生服务专项补助资金104亿元。2009年我国先后启动了6项重大公共卫生服务项目和9项国家基本公共卫生服务项目，促进基本公共卫生服务逐步均等化，改善和提高我国公共卫生水平。这6项重大公共卫生服务项目是：（1）15岁以下人群补种乙肝疫苗项目。计划用三年时间，在全国范围内对1994年至2001年出生的未免疫人群实施乙肝疫苗接种，进一步降低该人群乙肝病毒感染率和乙肝表面抗原携带率。2009年全国需接种2330万人，占应接种人群的31%。（2）农村妇女乳腺癌、宫颈癌检查项目。2009年，在全国200个左右的县启动试点，完成宫颈癌检查200万人，乳腺癌检查40万人，通过试点，总结经验，进一步探索适合基层的"两癌"检查服务模式和优化方案，逐步形成制度化和规范化的工作机制。（3）增补叶酸预防神经管缺陷项目。对全国农村妇女孕前和孕早期进行免费补服叶酸，降低我国神经管缺陷等发生率，提高出生人口素质。（4）实施"百万贫困白内障患者复明工程"。利用3年时间，对目前全国现有和当年新发的贫困白内障患者进行复明手术，力争使每例符合手术条件的贫困白内障患者能得到及时的手术治疗。2009 年计划完成 20 万例贫困白内障患者手术。（5）在贵州、云南等六省实施消除燃煤型氟中毒危害项目，扩大地氟病区的改炉改灶覆盖范围。2009 年完成 87 万户的炉灶改造任务，同时加强已完成改炉改灶病区的后期管理和防治效果评价监测。（6）实施农村改水改厕项目。为农户进行无害化厕所建设，改善农村环境卫生。2009 年计划完成 411 万户，同时开展农村饮水安全集中供水工程水质监测 12 万份，保障农村饮水安全。

2009 年 7 月 10 日，国务院深化医药卫生体制改革领导小组办公室又召开电视电话会议，启动并部署 9 项国家基本公共卫生服务项目。这 9 项国家基本公共卫生服务项目将免费为城乡居民提供。按人群和疾病划分，这 9 个项目可以归为三大类：一是针对全体人群的公共卫生服务任务，如为辖区常住人口建立统一、规范的居民健康档案；向城乡居民提供健康教育宣传信息和健康教育咨询服务。二是针对重点人群的公共卫生服务，如为 0—36 个月婴幼儿建立儿童保健手册，开展新生儿访视及儿童保健系统管理；为孕产妇开展至少 5 次孕期保健服务和 2 次产后访视；对辖区 65 岁及以上老年人进行健康指导服务。三是针对疾病预防控制的公共卫生服务，包括为适龄儿童接种乙肝、卡介苗、脊灰等国家免疫规划疫苗；及时发现、登记并报告辖区内发现的传染病病例和疑似病例，参与现场疫点处理，开展传染病防治知识宣传和咨询服务；对高血压、糖尿病等慢性病高危人群进行指导，对确诊高血压和糖尿病患者进行登记管理，定期进行随访；对重性精神疾病患者进行登记管理，在专业机构指导下对在家居住的重性精神疾病患者进行治疗随访和康复指导。

二、我国医疗卫生福利存在的主要问题

（一）碎片化严重

医疗卫生福利的碎片化、多元化现象相当严重，大碎片中套着小碎片。当前我国的医疗卫生福利主要是根据户籍来划分和供给的。城乡居民实行不同的制度，城镇居民中又分出城镇职工基本医疗保险和城镇居民基本医疗保险，而且各项制度封闭运行；即使是同一项制度，在不同地方又不完全相同，五花八门。医疗卫生福利的碎片化会给制度运行带来多方面的负面影响：福利待遇不公平，不利于社会稳定；影响劳动力的正常流

动；影响制度的运行效率；不利于福利基金的运营；不利于医疗保险的扩面工作；不利于制度的可持续发展。

（二）福利待遇不公平[①]

"十一五"时期我国医疗卫生福利取得了巨大成就，一个重要体现就是社会医疗保险参保人数创了新高。目前已覆盖城乡 12.57 亿居民，其中全国城镇参保人数达到 4.32 亿人，新型农村合作医疗参加人数达到 8.35 亿人。[②] 但是，全国还有 8000 万人没有享受任何形式的社会医疗保险，如果扣除其中重复参保的部分，那么没有享受任何形式的社会医疗保险的人数还要大一些。由于历史原因和现行医疗卫生福利的碎片化，出现了福利待遇不公平的现象。目前，没有进行医疗卫生福利改革的中央国家机关和部分省市的国家机关及事业单位继续实行公费医疗制度；新型农村合作医疗的筹资水平不足城镇职工基本医疗保险筹资水平的 1/13，城镇职工基本医疗保险待遇明显好于城镇居民基本医疗保险待遇和新型农村合作医疗的待遇。

（三）制度不完善

新型农村合作医疗和城镇居民基本医疗保险都仍然坚持自愿参加的原则和保大病的目标，必然会诱发逆向选择，不利于发挥保险互助共济的功能。同时，现行政策是患者看病时先垫付医疗费后报销，这样会导致贫困群体因没有能力先行垫付医药费而无法享受保险待遇，从而基本医疗补偿基金实际上流向了看得起病的富裕群体。这与保险的宗旨背道而驰，结果会产生新的不公平，把贫富差距进一步拉大。

（四）"看病难、看病贵"问题仍然突出

不可否认，21 世纪以来我国医疗保障覆盖的人口越来越多，国民看病就医的状况有了很大的改善，但是"看病难、看病贵"现象并未完全解决。由于医疗卫生资源在城乡之间、区域之间分布很不平衡，呈现"倒三角"结构，优质的医疗资源更多地集中在发达的城区，而农村非常缺乏，导致"看病难"的问题仍然突出。当前，整个医疗保障制度的保障程度依

---

① 何文炯、杨一心：《"十二五"医疗保障：更加公平更为有效》，《中国医疗保险》2011 年第 1 期，第 12 页。

② 温家宝：《2011 年政府工作报告》。

然很低，居民个人仍然是医疗费用的主要承担者，加上看病就医的成本不断上升，"看病贵"更为突出，导致部分国民生病后无法得到及时救治。

三、改革措施

（一）加快制度间的过渡与衔接，去碎片化

城镇居民基本医疗保险制度、城镇职工基本医疗保险制度和新型农村合作医疗制度之间的分割状况已经被强化，有很强的制度惯性，因此要把这三个制度整合、衔接和去碎片化必然要经历一个较长的过程。郑功成教授认为，从多元医疗保障到统一的国民健康保险要实施三步走战略：第一步（2008—2012年）：建设覆盖全民的多元化医疗保障体系，扩大现行制度的覆盖面，尽可能推进城镇居民基本医疗保险与新型农村合作医疗的并轨，实现人人享有不同程度的疾病医疗保障，同时完善监督管理与实施机制，从根本上缓解"看病贵"、"看病难"现象，免除国民的疾病医疗恐惧。第二步（2013—2020年）：建立区域性统一的国民医疗保险制度。要在一定区域范围内实现多元医疗保障制度的全面整合，构建统一的国民医疗保险制度，同时完善医疗服务购买机制，控制医疗费用，实行公立医院与私立医院并行，在公立医院全面推行"管办分离"，提高医疗服务质量，较充分地满足国民的基本医疗保障需求。第三步（2021—2049年）：建立公平、普惠的国民健康保险制度。要在全国范围内统一制度安排，实现医疗保障的社会公平，满足国民多样化的基本医疗服务保障需求。[①]

（二）进一步扩大覆盖面和完善制度，缓解"看病难、看病贵"状况

加大扩面力度，争取实现从制度全覆盖走向人员全覆盖，真正实现全民医保。重点要放在以下群体：未参保的职工、城镇居民，尤其是流动就业人员，农村进城务工人员及其子女、配偶，农村中的特困家庭。要加大财政支持力度，尽快把他们纳入社会医疗保险体系。新型农村合作医疗和城镇居民基本医疗保险要适当提高统筹层次和参保的强制性，以增强抗风险能力，减少逆向选择的发生。此外，要调整制度的目标定位，兼顾"保大病"与"保小病"，实行多种补偿方案，以增强制度的可及性，使参保

---

① 郑功成：《中国医疗保障改革与发展战略——病有所医及其发展路径》，《东岳论坛》2010年第10期，第14—16页。

人员都能真正得到医疗保障。例如，新型农村合作医疗，开展住院统筹加门诊统筹的地区，要适当提高基层医疗机构的门诊补偿比例，门诊补偿比例和封顶线要与住院补偿起付线和补偿比例有效衔接；开展大病统筹加门诊家庭账户的地区，要提高家庭账户基金的使用率，有条件的地区要逐步转为住院统筹加门诊统筹模式；扩大将慢性病等特殊病种大额门诊医药费用纳入统筹基金进行补偿的病种范围；结合门诊补偿政策，合理调整住院补偿起付线，适当提高补偿比例和封顶线，扩大补偿范围，让参加新型农村合作医疗的农民得到更多实惠，缓解"看病难、看病贵"状况。

本 章 小 结

健康权和生命权是最基本的人权，医疗卫生福利保障国民的健康，实现"病有所医"的目标。医疗卫生福利是国家和社会为了改善和提高国民健康水平而向国民提供的基本医疗卫生和保健等方面的福利，包括医疗费用的减免和补贴、医疗保健设施和服务等。医疗卫生福利能够保障国民健康，提高国民健康素质，有利于缓解贫困。我国医疗卫生福利包括城镇职工医疗保险、城镇居民医疗保险、新型农村合作医疗和公共卫生福利四个方面。

当前，我国医疗卫生福利制度还不够完善，制度碎片化严重，待遇不公平，国民"看病难、看病贵"的问题仍然没有得以解决。为了改善国民的医疗卫生福利，必须对我国医疗卫生福利制度进行改革：完善制度，扩大覆盖面；整合现有医疗保障制度，去碎片化，提高制度的效率，降低制度成本。最终要从根本上解决国民"看病难、看病贵"的问题。

重 点 名 词

医疗卫生福利　城镇职工医疗保险制度　城镇居民医疗保险制度　新型农村合作医疗制度

复习思考题

1. 医疗卫生福利有哪些功能？

2. 当前我国医疗卫生福利包括哪些构成部分？各部分是如何运行的？

3. 我国医疗卫生福利制度存在哪些问题？应该如何改革？

第十二章　教育福利

【学习重点】

1. 教育福利的概念；
2. 国家奖学金政策；
3. 国外教育福利制度。

第一节　教育福利的概念和内容

一、教育福利的概念

教育对提高国民各方面素质以及国民生活质量都有着重要的影响。教育能提高劳动者的文化素养和劳动熟练程度，从而提高人们参与社会生活、参与社会竞争的能力。教育可以提高国民素质，扩大人们对职业和前途的选择范围，是国民增进自身福利的一条途径，从而增进整个社会的福利水平。教育的本质是保障人的发展权，人们只有通过接受教育，才能实现自我的发展。

所谓教育福利就是国家和社会为了保障国民受教育的权利，给国民提供免费教育或者给国民教育提供各种优惠条件和服务等。

二、我国教育福利的主要内容

我国目前的教育福利主要有如下四种：义务教育的"两免一补"、奖学金、助学金和特殊教育。此外，还应包括政府兴办教育基础设施的投入、对教师员工队伍的培训，以及对教育机构的管理和监督等。由于"两免一补"、国家励志奖学金和助学金都是为了解决家庭经济困难学生的就学问题而提出来的，本书将其作为教育救助的主要内容已在第七章中作了介绍，此处仅介绍国家奖学金、特殊教育及其他教育福利的情况。

（一）高等学校奖学金制度①

奖学金是对学生在德、智、体、美、劳等各个方面或者某一领域表现出色的一种肯定和奖励，是教育福利的重要组成部分。奖学金的种类非常繁多，既可以由国家、学校、企业等组织提供，也可以由个人提供。由国家设立的奖学金包括两种：国家奖学金和国家励志奖学金。其中，国家励志奖学金是为激励普通本科高校、高等职业学校家庭经济困难学生勤奋学习、努力进取，在德、智、体、美等方面全面发展而设立的。本书已在第七章中作了介绍，此处仅介绍国家奖学金。

1. 奖励对象

国家奖学金由中央政府出资设立，用于奖励高校全日制本专科学生中特别优秀的学生。中央高校国家奖学金的名额由财政部商有关部门确定，地方高校国家奖学金的名额由各省（自治区、直辖市）根据财政部、教育部确定的总人数，以及高校数量、类别、办学层次、办学质量、在校本专科生人数等因素确定。在分配国家奖学金名额时，对办学水平较高的高校、以农林水地矿油核等国家需要的特殊学科专业为主的高校予以适当倾斜。每年总共奖励5万名学生。

2. 申请条件

第一，热爱社会主义祖国，拥护中国共产党的领导；第二，遵守宪法和法律，遵守学校规章制度；第三，诚实守信，道德品质优良；第四，在校期间学习成绩优异，社会实践、创新能力、综合素质等方面特别突出。

3. 待遇

国家奖学金的奖励标准为每人每年8000元，每年评选一次。

4. 评审办法

每学年评审一次，实行等额评审，坚持公开、公平、公正、择优的原

---

① 参见2007年5月国务院颁布的《关于建立健全普通本科高校、高等职业学校和中等职业学校家庭经济困难学生资助政策体系的意见》和2007年6月国家财政部和教育部颁布的《普通本科高校、高等职业学校国家奖学金管理暂行办法》。

则。高校学生资助管理机构具体负责组织评审工作，提出本校当年国家奖学金获奖学生建议名单，报学校领导集体研究审定后，在校内进行不少于5个工作日的公示。公示无异议后，每年10月31日前，中央高校将评审结果报中央主管部门，地方高校将评审结果逐级报至省级教育部门。中央主管部门和省级教育部门审核、汇总后，统一报教育部审批。教育部于每年11月15日前批复并公告。

（二）特殊教育和其他教育福利措施

所谓特殊教育是指国家专门对某个特殊群体开展相关的教育活动。它体现的是国家对特殊群体的一种照顾与优惠，是教育福利的一个组成部分。现在实施的特殊教育形式很多，如免费师范生教育、残疾人教育、农民工培训等。

其他教育福利制度包括"绿色通道"、减免学费。所谓"绿色通道"是指为保证考入大学的贫困家庭学生顺利入学，2000年教育部、原国家计委、财政部要求，各公办全日制普通高等学校都必须建立"绿色通道"制度，即对被录取入学、家庭贫困的新生，一律先办理入学手续，然后再根据核实后的情况，采取相应的措施予以资助。从此以后，教育部每年都要发一个关于认真做好当年高等学校新生入学"绿色通道"等有关工作的通知，结合当年的实际情况提出更有针对性的措施，使"绿色通道"制度不断的完善，以便更好的保证贫困的大学新生能够顺利入学。减免学费是根据1995年教育部发布的《关于对普通高等学校经济困难学生减免学杂费有关事项的通知》要求，对普通高等学校部分经济特别困难的学生实行减免学杂费，具体减免额度由各高校依实际情况而定。1998年劳动和社会保障部等六部门联合发出《关于加强国有企业下岗职工管理和再就业服务中心建设有关问题的通知》，要求对生活特别困难的下岗职工子女就学，学校要酌情减免学费。

第二节　国外的教育福利

一、印度的教育福利

印度作为一个发展中的大国，在教育领域有一个鲜明的特色，那就是高福利低收费，让穷人也能够上得起学。因此，印度在教育领域的投入是非常巨大的，在 2003 财政年度，印度用于教育方面的投入为整个财政支出的 13.17%，在整个国民生产总值中的比例为 5%；2004 年 5 月国大党执政后，明确提出力争在今后几年将公共教育支出提高到国民生产总值的 6%。①

（一）印度的初等教育福利②

印度初等教育采取的是"10 + 2"的教育体系，其中 1 年级到 5 年级为小学，6 年级到 8 年级为初中，9 年级到 10 年级为高中，另外 11 年级和 12 年级为"后高中"阶段，只会在一些重点学校或规模较大的学校里设置，这两年一般被看成是进入大学接受高等教育之前的"预备阶段"。在 12 年教育当中，1 年级到 8 年级为义务教育，在义务教育阶段，学生唯一需要负担的费用是每月 12 卢比③的"政府福利基金"，学生此项收费一般也不必上交给政府，而是学校自主在诸如小规模的维修校舍、举办文体活动中使用。除此之外，学校不会向学生收取任何学费，教材也是由政府专门拨款购置并向学生免费提供的。另外，每位在校的学生每年还可以免费领取冬、夏以及春秋季三套校服。在小学阶段，每个学生还可以有一份政府提供的 2 卢比的免费午餐，6 年级以上的学生不再享受此待遇。

近年来，为了控制印度人口中男女性别比例失衡的问题，印度南部一些经济较为发达的邦还规定：一是为独生女的家庭提供孩子从小学到研究生阶段的免费教育，还会从高中起给这些独生女儿发放奖学金。二是对于那些只有两个孩子并且都是女儿的家庭，政府也将免除其中一个女儿的全部教育费用。

（二）印度的高等教育福利④

印度公立高校一直实行低收费政策，把高等教育视为社会福利事业，收费标准上调幅度很小，有的学校则几十年没有调整标准。印度高校按科类、专业和层次实行差别收费。印度有四类大学：中央大学、邦立大学、国家级学院和准大学。中央大学由印度大学拨款委员会直接拨款，像尼赫

---

① 陈继辉：《印度中小学每年只收 30 元》，《环球时报》2006 年 1 月 2 日，第 13 版。
② 陈继辉：《印度中小学每年只收 30 元》，《环球时报》2006 年 1 月 2 日，第 13 版。
③ 每月 12 卢比，一年才 144 卢比，折合人民币还不到 30 元。
④ 李建忠：《印度：福利制度下的低收费政策》，《中国教育报》2006 年 9 月 22 日，第 6 版。

鲁大学和德里大学。例如，尼赫鲁大学2006—2007学年本科生和硕士生年学费为216卢比（5.8卢比约合1元人民币），杂费114.5卢比。据印度2005—2006年度政府工作报告，印度人均年收入为17823卢比，学杂费占人均收入的1.8%。印度理学院是"准大学"类型的高校，2006—2007学年硕士生年学费为4000卢比，但每个学生每月都享受5000—10000卢比的奖学金，缴费也只是象征性的。印度强调高等教育机构要坚持教育非产业化、非营利性办学宗旨和原则，不得乱收费和高收费。

印度高等教育除了低收费以外，还对经济困难的学生，特别是表列种性和表列部落学生提供多种形式的资助，保证其能够完成学业。第一，免除学费。印度理学院和德里工学院等学校规定免除表列种性和表列部落学生的学费。第二，部分免除杂费。印度理学院规定除全额免除表列种性和表列部落的学费外，适当减免部分杂费，如医务费，普通学生收150卢比，表列种性和表列部落学生只收一半，杂费减免部分占普通学生杂费的10.7%。第三，免除住宿费。如果表列种性和表列部落学生没有申请到奖学金，并且家庭年收入低于7.5万卢比，可免除住宿费。第四，奖学金。拉吉夫·甘地国家研究奖学金计划每年定向给予表列种性和表列部落学生2000个研究奖学金名额。另外，各校还设有多种多样的优异奖学金。第五，贷款。印度政府和印度储备银行及印度银行联合会联合实施了"教育贷款计划"，以保证学习优异的贫困生不被剥夺受高等教育的机会。每个贫困生最高可贷款75万卢比，如果贷款不超过40万卢比可享受一些优惠条件：无需缴纳保证金，利率不超过最高贷款利率的10.5%，毕业后有一年的宽限期，在5—7年内偿还完贷款，还贷利息可从以后个人所得税中扣除。

二、加拿大的教育福利

加拿大是世界上实行高福利的国家之一，各方面的福利制度非常完善和成熟。例如，具有完善的教育福利制度，无论是从学前教育到义务教育，再到高等教育，还是从公共大众教育到特殊教育，都有很好的福利保障。这里主要介绍其中两种：12年免费教育福利和助学贷款制度。①

---

① 姜峰：《加拿大社会福利制度对教育的保障作用》，《外国中小学教育》2007年第12期，第56—58页。

（一）12 年免费教育福利

加拿大法律规定，国家对本国的任何一个公民或移民实行 12 年的免费教育，12 年中分为两个不同的阶段：义务教育阶段和普及教育阶段。义务教育阶段从小学 1 年级（或幼儿园）直到 10 年级（相当于高中一年级）（一般为 16 岁），普及教育为 11—12 年级（相当于高中二三年级）。在这12 年的教育中，学生无需缴纳任何费用，像学费、教科书费以及为完成教学大纲所需要的试验费、空调费等都由政府承担。由于学生不用缴纳任何费用，不会出现因贫困交不起学费而辍学的现象，因此加拿大义务教育的入学率和巩固率都非常高，全国 16 岁学生的在校率是 90%，中学生毕业率为 78%。18 岁以上未完成高中学业的学生则需转入成人教育机构完成学业，费用依然由政府负担。由于国家要承担 12 年免费教育中的所有费用，必须每年都把大量的财政资金投入到教育领域，以 2000 年为例，其教育经费占全国 GDP 的 6.6%，是世界上教育投资最高的国家之一，居七大工业国之首。

（二）助学贷款制度

在加拿大，有奖学金、学生贷款和助学金等多种形式来资助学生完成高等教育，其中助学贷款是对经济困难学生进行资助的一种重要方式。加拿大的学生贷款由联邦政府和省政府通过财政预算或发行债券等办法筹集资金，按照 6∶4 的比例共同分担。享受助学贷款资助的资格条件是其父母年收入不超过 70000 加元。在加拿大，近一半的大学生依靠这种贷款来完成高等教育，其中超过 50% 的大学女生依靠这种贷款完成学业，因此加拿大大学的女生人数超过男生。

在加拿大的教育福利制度中还有一种不需偿还的助学金，资助对象是有特殊需要的学生，如某些学生在其获得的贷款不足以维持其生活和学业的情况下可以申请这种助学金。受资助的学生至少必须满足如下条件中的一项：有终身残疾的学生、有抚养负担的学生、攻读某些专业（如工程、科学类学科）的女博士生、高资助需求的兼职学生、既经济困难又有终身残疾的学生。

三、美国的教育福利

美国的助学贷款制度最开始并不是资助大学生就学的，而是为了激励军人提高文化素质而设置的一项福利形式。1944 年，美国国会颁布了历史上有名的《军人权利法案》，为在第二次世界大战期间服役的军人读大学提供学杂费、书籍费和生活费用等。1958 年 9 月，美国国会通过了《国防教育法》，设立了国防学生贷学金，其目的也不是资助贫困学生，而是鼓励学生参加国防建设。可见，《军人权利法案》和《国防教育法》主要都不是资助在校贫困学生完成学业的，但它却是美国助学贷款政策的早期形式。直到 1965 年美国国会颁布的《高等教育法》才是美国历史上第一次以经济困难的大学生为资助对象和资助重点，从此，美国的助学贷款制度正式启幕。美国的助学贷款制度经常处于变革之中，其制度最为繁杂，学生贷款的项目多种多样，美国将之统称为"联邦家庭教育贷款"，主要的贷款项目有：①

斯泰福贷学金。它一直以来是美国最大最重要的的学生资助项目，约占联邦担保学生贷款总额的 4/5，资助对象是有经济资助需要的学生。这种贷学金由联邦政府提供担保，由商业银行提供贷款，一般年利率在 8.25% 以下。它具体分为两种：政府贴息贷学金与无贴息贷学金。政府贴息贷学金是指学生学习期间及还贷宽限期的利率由联邦政府支付的一种贷学金，它是针对家庭经济收入低的比较贫困的学生而设立的，而且在资助资格审查过程中需要对学生的家庭经济收入情况进行调查。无贴息贷学金是指政府不为学生支付在校期间的利息，完全由学生自己承担利息的一种贷学金，它资助的对象主要是中产阶级家庭的学生。

学生家长贷学金。它是根据《高等教育法 1980 年修正案》而设立的，资助对象是有子女在大学学习并有良好银行信贷信誉的家长。由政府进行担保，由商业银行提供贷款并负责管理，利率不固定，一般小于 9%，低于普通商业贷款利率，利息在贷款发放 60 天后开始计算，偿还期限为 5—10 年。本科生家长贷学金的贷款并没有固定额度，但是年最高贷款额为"教育成本"减去借款人子女所获得的任何资助款额之差。

补充学生贷款。它是根据《高等教育法 1986 年修正案》而设立的，主要是面向经济独立于父母的学生。这种贷款实行弹性利率，最高年利率

---

① 朱立华：《美国的助学贷款制度及其启示》，《商场现代化》2007 年第 1 期（上旬刊），第 257 页。

不超过 11%。贷款额度为高等教育的个人成本减去该生所获得的其他经济资助，本科生贷款总额为 23000 美元，研究生贷款总额为 73000 美元，研究生年贷款最高额为 10000 美元。

联邦直接贷学金。1993 年美国国会通过了《学生贷款改革法》，规定从 1994 年 7 月开始实施该贷款计划。参加联邦直接贷款计划的高校可从美国教育部直接获得贷款资金，并向符合条件的学生发放贷款，实行浮动利率。学生在大学申请贷款，毕业后按照合同直接向教育部还款。这样，学生就不必向商业银行贷款，省却了银行、担保等一些中间环节，这样既便捷又可以大大降低贷款的成本。

本 章 小 结

教育是国家的基础，事关国民素质的提高和经济社会的发展，具有举足轻重的作用。教育福利就是国家和社会为了保障国民受教育的权利，给国民提供免费教育或者给国民教育提供各种优惠条件和服务等教育方面的福利。我国的教育福利主要包括四个部分："两免一补"政策、国家奖学金政策、国家助学金政策和特殊教育政策。"两免一补"政策是保障义务教育阶段公立学校学生能够顺利完成义务教育；国家奖学金是对优秀大学生的嘉奖；国家励志奖学金是对贫困优秀大学生的激励和帮扶；国家助学金是对大学和中专贫困学生的资助，保证其顺利完成学业；绿色通道政策是保证大学新生能够及时、顺利入学。

国外教育福利制度发展比较成熟，并且教育福利水平比较高。印度虽然是发展中国家，但是它实行的是"高福利、低费用"的模式。加拿大是经济发达的工业国家，实行 12 年免费教育制度，同时还有各种助学政策。美国的助学政策比较齐全，能够很好地满足各种学生的需要。

重 点 名 词

教育福利　国家奖学金　特殊教育

复习思考题

1. 我国教育福利制度由哪些部分构成的？各部分的主要内容是什么？
2. 你还了解国外哪些教育福利制度？
3. 结合自身实际情况谈谈教育福利的重要性。

第十三章 社区福利

【学习重点】

1. 社区概念和社区构成要素；
2. 社区福利概念；
3. 社区福利和社会福利的关系；
4. 我国社区福利的内容；
5. 外国社区福利的内容；
6. 我国社区福利的存在问题和改革对策。

第一节 社区和社区福利概述

社区与社会、社区福利与社会福利在文字表述上比较相近，在使用中很容易混淆。因此，为了更清楚地认识和界定社区福利的内涵，有必要对这几个概念进行辨析。

一、社区概述

（一）内涵

社区的内涵非常广泛，国内外学者对社区的理解和界定不完全相同，因此目前有关社区的界定五花八门。1955年美国学者 G. A. 希来里统计发现一共有94种不同的社区概念，到1981年杨庆堃统计发现有140多种社区概念。尽管如此，学界对社区的理论渊源还是有共识的。"社区"这个概念最早出现在德国社会学家滕尼斯（Ferdinand Tonnies）于1887年出版

的名著 *Gemeinschaft und Gesellschaft* 中，其英文版翻译为 *Community and Society*。在德语中"Gemeinschaft"是"社区"或者"共同体"（Community）的意思，"Gesellschaft"是"社会"（Society）的意思。滕尼斯认为，从传统社会向现代工业社会转型的过程中，人类社会必然要经历从社区到社会的历史发展过程。社区是具有共同习俗和价值观念的同质人口组成的关系密切、共同体意识浓厚的一种社会团体；而社会则是由不同习俗和价值观念的异质人口组成，人们之间关系相对疏远，依靠契约来维持其正常运行。在我国首次出现社区这个概念是在 20 世纪 30 年代，当时费孝通等人在翻译美国社会学家帕克（Rorber E. Park）的论文时把"community"翻译为社区，从此社区一词在我国学术界慢慢流行。因为学界对社区的概念界定不一，所以我们使用我国政府文件中对社区内涵的界定。2000 年《民政部关于在全国推进城市社区建设的意见》中提出："社区是指聚居在一定地域范围内的人们所组成的社会生活共同体。"

（二）构成要素

1. 主体要素：人口

人口是构成社区的主体性因素，没有人口也就不存在社区。人口是社区中的行为主体，因为人口既是社区物质财富和精神财富的创造者，同时也是社区各种服务的消费者和享受者，可以说没有人口存在，社区也就没有存在的前提和基础，也没有存在的意义。当然，社区中的人口是社会人，必定依靠一定的社会关系来维系而形成一个有着密切联系的群体。社区中的人口要素也包括多个方面，如人口的数量、人口的年龄结构、人口的素质、人口的职业等，这些方面在不同的社区会有所不同。人口要素是决定不同类型社区的重要因素之一，它也会影响到社区的发展质量。

2. 空间基础：地域范围

地域是构成社区的空间要素，是社区存在和发展的空间基础，也就是说社区必然要以一定的地域为空间载体。地域是有一定界限的，意味着社区具有一定的地域性和封闭性，因此可以根据地域不同从空间角度划分不同的社区。在现实中，不同的社区在发展过程中会有各自的特点。社区的地域性会影响到社区的发展，因为在不同的地域范围内的社区除了受自然地理环境影响以外，更重要的影响因素是人文因素。社区的地域范围是具体的，它是街道辖区下的一个基本单位。

3. 物质基础：硬件设施

社区构成的有形要素之一是各种硬件设施，这是社区居民开展生产生活活动的媒介。例如，为各种特殊群体提供服务的各种设施，像无障碍通道、残疾人康复中心；为普通居民提供各种便民利民服务的设施，像住房、商店、文化、体育、娱乐设施和场所；社区党组织和自治组织实施管理活动的办公场所等等。

4. 运行中枢：管理组织和机构

要保证社区生产生活正常有序进行，就必须有相关的组织和机构进行协调和管理。首先，要有相关部门来制定用来引导和规范社区居民行为的规章制度，否则"没有规矩，不成方圆"。其次，进行社区建设和提供各种社区福利服务都要涉及多个部门和环节，需要有关部门进行有效的协调与管理。最后，需要有相关组织对各种日常事务进行管理，如邻里之间的矛盾与纠纷的调解。可见，管理组织和机构也是社区的必要构成部分，是维系社区正常有序运行的组织保障。

5. 社区纽带：文化

人口、地域、硬件设施和管理机构都是社区的有形构成要素，而文化则是社区无形的构成要素。社区作为众多人口聚居在特定的地域范围内所组成的社会生活共同体，不是一盘散沙，而是依靠特定的文化所维系的一种稳定的组织。文化具有凝聚力，能够把社区成员凝聚起来按照一定的规则体系去进行生产生活。社区成员不是简单机械地群居在社区这个空间范围里，而是对社区文化有着共同的理解，对社区有着共同的认同感和归属感。社区文化必须经过很长时间的积淀，它一旦形成就会相当的稳定，而且时刻都引导着社区居民的言行举止。社区文化是一个社区的灵魂和质的内涵，是区别不同社区的最深层次的标准。

二、社区福利概述

（一）内涵

社区福利由"社区"和"福利"两个词构成，"社区"和"福利"都具有非常广泛的内涵，学界对二者没有一致的界定，所下的定义多种多样。但是，社区福利的概念在政府文件和理论研究中极少论及。江立华的定义有一定的代表性。他认为："社区福利是指在政府相关部门的指导下，以社区为基础，发挥社区自主性，充分利用社区内外的一切资源，为解决社区居民生活问题及提高居民生活质量所采取措施的总和。"① 在政府文件和理论研究中经常提及"社区服务"和"社区建设"这两个概念。1993年民政部等十四个部委联合颁布的《关于加快发展社区服务业的意见》指出："社区服务业是在政府倡导下，为满足社会成员多种需求，以街道、镇和居委会的社区组织为依托，具有社会福利性的居民服务业。社区服务业由社区福利服务业、便民利民服务业和职工社会保险管理服务业组成，是社会保障体系和社会化服务体系中的一个重要行业。社区服务业具有福利性、群众性、服务性、区域性四大特点。……社区服务作为新时期探索社会福利社会办和职工福利向社会开放的一条新路子，……有利于经济的发展，社会的安定，人民生活质量的提高。"2000年民政部在《关于在全国推进城市社区建设的意见》中对社区建设作了界定："社区建设是指在党和政府的领导下，依靠社区力量，利用社区资源，强化社区功能，解决社区问题，促进社区政治、经济、文化、环境协调和健康发展，不断提高社区成员生活水平和生活质量的过程。"通过比较社区福利、社区服务和社区建设三者的内涵，我们能够体会到三者之间的关系：社区服务是社区福利的直接载体，社区建设要以社区服务为重点，而社区福利是社区服务和社区建设的目标和归宿。

（二）特点

1. 区域性和封闭性

社区的一个显著特点就是地域性，因此社区福利必然具有区域性特点。在区域性的基础上衍生出封闭性。区域性和封闭性主要体现在如下方面：首先，体现为社区福利对象是特定社区范围内的所有成员，具有封闭性、特指性和排他性。其次，社区福利资源的区域性和封闭性。社区福利虽然可以通过调动社区内外的一切福利资源来满足社区成员的福利需求，包括多元化的福利供给主体和多样化的福利资源来源渠道，但是主要还是以社区福利资源为基础，发挥社区自主性，社区福利供给会受到社区福利资源总量的制约。最后，社区福利的供给方式具有区域性和封闭性。社区

---

① 江立华：《论我国城市社区福利的建设及运作机制》，《江汉论坛》2003年第10期，第109页。

是一个由众多成员所组成的稳定和长久的社会生活共同体，在社区文化的熏陶下，社区成员会有许多共同点，如比较一致的生活方式和需求、比较一致的文化认同、对事物有着比较一致的审美和评价，因此会对社区福利服务提供的方式、途径等方面有着比较一致的偏好。

2. 个性化

社区福利个性化使社区福利能够更好的满足社区成员的福利需求，提高社区福利资源的效能。可以根据社区成员的年龄结构、职业、社区所处的区域以及其他服务供给的状况不同来采取更加有针对性的措施供给社区福利。例如，有的社区就是一个单位的职工居住，而且老年人比例比较高，这样就可以在老年人福利方面有所侧重；有的社区距离城市比较远，生产生活所需服务可得性比较差，这时要侧重于便民利民方面的社区福利，等等。个性化是社区福利的一个特点，也是一个优势。因为能够根据特定范围内特定群体的特殊福利需求供给福利服务，更加贴近社区居民生活，如对特殊的个体可以进行"一对一"的帮扶，有利于提高居民的生活质量，也有利于减少福利资源的损耗程度，节约福利资源。总之，个性化特点能够做到社区福利服务与社区居民福利需求之间更加准确地匹配。

（三）社区福利与社会福利的关系①

很显然，社区福利和社会福利是两个不同的概念，其内涵和外延都不相同。社会福利的内涵和外延比社区福利更加丰富和宽泛，社区福利只是社会福利一个构成部分或者一个实现形式。

首先，社区福利和社会福利的目标层次不相同。社会福利的目标更加宏观。社会福利旨在改善和提高所有国民的生活质量，具体的福利服务由不同的部门来提供，具有宏观政策性和条状特征。而社区福利旨在改善和提高社区居民的生活质量，虽然其福利服务可以由多元主体提供，福利资源可以有多样化的来源，但是主要以社区为主体，强调以社区为基础，具有块状特征。同时，社区福利更加注重福利服务，更加贴近居民的福利需求，解决比较微观具体的问题，因此还具有微观服务性。

其次，社区福利和社会福利在社会福利体系中所扮演的角色不相同。社会福利主要充当福利的宏观资金支持者和政策制定者、提供者的角色，

---

① 江立华、沈洁等：《中国城市社区福利》，社会科学文献出版社2008年版，第34页。

而社区福利则充当政策的具体执行者和项目的开拓者的角色。社区福利是社会福利在社区层面的实现形式和体现方式，是社会福利落实的结果。可见，这两种角色不是相互冲突的，而是相互补充的。

总之，社区福利和社会福利是既有区别又紧密联系的关系。但是，社会福利和社区福利并不是简单的宏观和微观的对应关系，而是独立个体间出现部分交叉的关系。两者的配套工作一方面是交叉部分的相互对应，另一方面是两者发挥各自特色和优势，相互弥补缺陷，相互补充。

（四）我国社区福利的内容

2000 年《民政部关于在全国推进城市社区建设的意见》中提到："社区服务主要是开展面向老年人、儿童、残疾人、社会贫困户、优抚对象的社会救助和福利服务，面向社区居民的便民利民服务，面向社区单位的社会化服务，面向下岗职工的再就业服务和社会保障社会化服务。"可见，社区福利旨在提高和改善包括老、弱、病、残等特殊群体在内的所有社区居民的生活质量，因此其内容主要分为两大类，一是专门面向老年人、残疾人等特殊群体的社会福利，二是面向社区普通居民的社会福利。

第一，专门面向老年人、残疾人等特殊群体的社会福利。这应该是社区福利的主要内容。对老年人、残疾人等弱势群体而言最需要的是社区照顾，首先要解决他们的日常生活困难。国家和各种社会组织要大力提供各种免费或者低费用的院舍服务，以社区内机构提供的院舍服务为主。社区内机构提供的院舍服务主要包括国家、集体或个人为收养社会上丧失劳动能力、无依无靠、无法定义务抚养人的孤老残幼和家庭无力照管的老人、孤残儿童、精神病人而举办的社会福利院、养老院、儿童福利院、残疾人福利院、精神病人福利院、老年公寓、SOS 儿童村以及各种类型的康复中心等社会福利服务机构提供的服务。[①]

第二，面向社区普通居民的社会福利。这主要包括一些便民利民服务和提高生活质量的服务。社区的便民利民服务与居民生产生活联系紧密，影响重大，要坚持福利性原则，实行免费或者低费政策。最能体现福利性原则的社区便民利民服务有两个：一是社区医疗卫生服务。社区医疗卫生

---

① 江立华：《论我国城市社区福利的建设及运作机制》，《江汉论坛》2003 年第 10 期，第109 页。

服务坚持政府主导、社会力量参与，建立健全以社区卫生服务中心（站）为主体的社区卫生和计划生育服务网络，以妇女、儿童、老年人、慢性病人、残疾人、贫困居民等为重点，为社区居民提供预防保健、健康教育、康复、计划生育技术服务和一般常见病、多发病、慢性病的诊疗服务。大力培养社区卫生服务技术和管理人员，加强对社区卫生服务的监督管理，保证服务质量。实施国家政策规定的计划生育基本项目免费服务，完善社区卫生服务运行机制，发挥社区卫生服务的健康保障功能，努力实现社区居民人人享有初级卫生保健的目标。二是社区文化、教育、体育服务。发展面向基层的公益性文化事业，逐步建设方便社区居民读书、阅报、健身、开展文艺活动的场所，如图书室、休闲活动中心等，加强对社区休闲广场、演艺厅、棋苑等文化场所的监督管理与引导，兼顾社会效益和经济效益。调动社区资源和力量，支持和保障社区内中小学校开展素质教育和社会实践活动，为青少年健康成长创造良好的社区环境。统筹各类教育资源，充分发挥社区学校、市民学校的作用，面向社区居民开展多种形式的教育培训和科普活动，建立覆盖各类人群的多渠道、全方位的社区学习服务体系。培育群众性体育组织，落实《全民健身计划纲要》，配置相应的健身器材和场所，不断增强居民体质。

第二节　国外的社区福利

一、加拿大的社区福利

加拿大是西方七大工业国之一，是实行高福利政策的福利国家，社会福利制度比较成熟和完善。在社区福利方面，为社区居民提供妇女儿童保护、合作建房、避难所、精神健康、就业指导、法律咨询、新移民服务、预约乘车、养老服务等各种福利服务。但是，政府并不直接向社区居民提供社区福利服务，而是通过非营利机构来进行。加拿大社区服务的管理与运作机构主要有官办的社区中心与民办的邻舍中心。[①] 以温哥华市为例，

---

① 有关"社区中心"和"邻舍中心"的内容参见张大维：《加拿大社区服务机构的管理与运作》，《社区》2010 年第 6 期（上），第 56—57 页。

一般情况下，社区中心是政府出资建设、由公园局和社区委员会共同管理的；由于社区中心的年度运作经费大多由政府承担，市政府的公园局主要负责运作，因此一般认为这类社区中心具有官方性质。而邻舍中心一般是由社区居民根据需要自发组织形成的，虽然也会以专项项目申请的形式从政府获得诸如场所、资金等资助，但毕竟是有限的，而且此类邻舍中心在运作上具有更大的自主性，不受政府部门的直接约束，因此一般认为这类邻舍中心具有民间性质。当然，社区中心和邻舍中心都不以营利为主要目的，邻舍中心的非营利性更加突出，从它们提供的各种服务就可以看出。邻舍中心提供的服务项目或服务设施主要有：老人日间护理及特价午餐服务、学前教育及儿童托管服务、移民政策与社区融入服务、老人与儿童代际沟通活动、私密空间和公共空间聊天室等。社区中心提供的服务项目或服务设施主要有：文化教育、休闲娱乐、艺术指导、适应计划、育儿服务、咨询服务、康乐服务、青年服务、专业培训（课程包括健美操、舞蹈、游泳、溜冰、球类、文化语言、儿童保健、老人照料、艺术工艺等）等服务，以及相应的服务设施。社区居民可以根据自己的意愿参加社区的各种文体娱乐活动和社区中心开设的多种培训课程。这些服务项目一般都坚持低偿的原则，收取较少的费用，对儿童、老人等特殊人群提供更加优惠或者免费服务。另外，政府还在社区提供各种低费或者免费的便民利民服务。邻舍中心和社区中心一样，智障人士服务、安老养老服务等专业性、福利性的社区服务一般由专业性的民间机构提供。

这里着重介绍加拿大社区福利中的社区养老服务。[①] 在老龄化程度不断提高的趋势下，加拿大政府应对养老问题比较成功的做法是，加大对民间养老机构的扶持力度和政府购买养老服务。以温哥华市为例，其养老服务的方式主要有居家养老、社区服务和机构养老。在居家养老方面，由专业的社会工作者提供养老服务，政府会为那些经过严格审查符合条件的老人提供一定的费用资助；在机构养老方面，政府几乎没有自己的养老机构，而是通过资助非营利性民间机构提供养老服务。非营利性养老机构主要有三种形式：一是日间护理中心（日照室），二是养老公寓，三是安老

---

① 参见张大维：《加拿大的社区养老服务和智障服务》，《社区》2010年第7期（上），第55—57页。

院（养老院）。这三种形式分别满足自理能力不同老人的养老需求。日间护理中心专门为那些生活能够自理但需精神慰藉的老人设置，养老公寓为那些生活能够基本自理但需就餐医护等服务的老人设置，安老院是为那些生活自理难度较大的老人设置。为了说明这三种养老方式的具体运作，下面就每种形式选择一个实例。

（一）钱梁秀容日间护理中心

该中心设施主要有厨房、饭厅、会议室、健身室及静室等，另外还有33 个受资助的支援式生活房间。它主要为老人提供健康检测、治疗活动、康乐活动、营养餐饮、护理计划、康复健身等服务，并提供参与社交活动的机会等，以及少数自费服务，如足部护理、理发等。该中心周一至周五每天上午 9 点至下午 3 点为约 20 个符合标准的老人提供免费服务，以及每天最多只能接受 1—2 名不合免费标准的老人前来享受服务，并收取一定的费用。每天来这里的老人均接受中心提供的 4 加元一顿的特价营养午餐、康乐活动、健康监察、医疗讲座等服务。

（二）乐群苑养老公寓

该养老公寓的房屋是以 1 元的象征性租金从政府租用的，内设 14 个睡房、19 个开放式房间，全部房间设有雪柜、全套煮食炉、洗碗碟机、洗机和干衣机，其他家居用品及家具均住客自备。乐群苑也设有比较完善的餐房，需要就餐服务的老人可到餐厅就餐，此餐厅还可作为康乐活动的场地。乐群苑提供福利性服务的资金是政府资助的，因此入住者需要在就近卫生局社区健康中心获得入住资格，并要向政府缴纳一定的费用。具体缴费标准是，入住乐群苑的单身老人需将个人税后 70% 的收入按月上缴政府，此费用包括每月租金、基本家务协助费、个人护理服务；以夫妇身份入住的老人需以两人税后 70% 的共同收入按月上缴政府。入住老人所缴纳的费用远远低于养老公寓运作成本。

（三）李国贤护理安老院

安老院的硬件设施要比日间护理中心和养老公寓高级，以便更好的满足老人的需求。它由 5 个家庭式单位组合而成，设有 93 间附有浴室的单人套房以及 5 间双人套房，共 103 张床位，其中有 21 张床位是专门为认知性有损害的老人提供特别护理的，其余则是提供复杂护理。每个单位都设有宽敞的客厅饭厅、活动室、浴室和厨房。另外，还建有花园、静室、治疗室、理发室和行政部等。该院全年全天候为住客提供所需的专业性护理服务，其中医疗服务由个别的家庭医生提供。该安老院得到不列颠哥伦比亚省1450万加元的资助，因此入住享受其服务的老人需要经过申请和严格筛选。其申请程序一般包括：首先需要经过护士的评估，决定是否适合居住安老院，如果合适，然后就与就近的卫生局下属的社区健康中心联络，由其派出个案经理探访受护理人，确认其是否具备入住资格；如果具备入住资格，个案经理就和受护理人或家属一起选出合适的安老院。入住安老院的老人要缴纳一定的费用，具体标准是以个人除税后70%的收入按月上缴政府。实际上，安老院每人每天的运转成本是160加元，而老人所缴纳的费用远远小于成本，可见安老院是福利性质的。

二、美国的社区福利

美国的社区福利开始于20世纪50年代，它是对美国现实问题的积极回应和其他福利国家影响下的产物。1951年美国纽约市曼哈顿区建立了12个社区规划委员会，委员会由12—15个委员组成，他们协助区长对本地区的发展进行规划，这意味着美国开始社区建设了。20世纪60年代，美国联邦政府为了应对"反对种族歧视，争取公民权运动"和为了消灭贫困，于1964年开始实施《经济机会法》，明确提出社区要发展社区福利。英国作为世界上第一个福利国家，其社区福利政策相对成熟，尤其是社区照顾政策。在它的影响下，许多国家纷纷效仿，美国也不例外。美国于1963年颁布了《社区精神保健中心法》，主张对精神病患者和智障者给予社区照顾。从此以后，社区福利得到政府的重视，并在不断改革中取得进展。这里着重介绍美国的社区照顾和社区学院。

（一）社区照顾①

社区照顾政策最早产生于20世纪60年代的英国，而且在英国的实践取得了很好的成效，被其他国家借鉴实施。美国很早就进入了老龄化社会，2010年美国65岁以上的人口比重达13%。对老年人的照顾是一个艰巨的任务。美国当前社区照顾的效果得到国民的认可，如美国约50%的年

---

① 李志建：《美国老年人"社区照顾"调研简报》，《中国物业管理》，2010年第9期，第32—34页。

龄55—85岁之间或以上的老人们更愿意居住在生活社区或其他社区机构。美国的社区照顾是一种非官方的社区自理模式，政府不直接干预，只是提供协助，主要是发挥社区的主导性，发动社区居民积极参与。根据李志建对美国社区照顾的实地调查，美国目前的社区照顾服务体系主要由如下几种社区照顾模式构成：

1. 独立居住社区

顾名思义，独立居住社区就是接收年龄在55—64岁之间，生活还能自理的活跃长者（Active Adult）居住。这些老年人想保持自己独立的生活习惯，很少或基本不需要社区的帮助。社区也不能提供过度的帮助，否则会削弱老人的自理能力，但是要提供各种项目帮助老人做力所能及的工作，要创造条件让老年人能够在社区内与其他人士交往，使其成为社区的一份子，让老年人过最大程度的独立自主的生活，并发挥其退休后的自身价值。美国日升老年人社区中心——福克斯·希尔社区（Sunrise Senior Living，Fox Hill Community）就是这样一个典型的能让老年人独立生活的大型社区。

2. 活跃长者社区

活跃长者社区是专门为年龄在55岁左右，非常活跃、喜欢参加各种文体活动的老年人建立的。这类社区的面积较大，各种文化娱乐设施齐全，如俱乐部、湖泊、游泳池、图书馆、高尔夫球场、散步和自行车路径、网球场、饭馆、礼堂等设施及场所供社区居住者使用。另外，老年人还可以参与到由社区提供的一系列教育课程、艺术、手工、演出等社区活动中来。老年人住宅是社区照顾的重要组成部分，因为住宅的设计与对老人照顾的效果是紧密联系的。位于弗吉尼亚道明山谷的Regency社区就是以活跃长者为消费群体的典型社区，是由一些能够出售给老年人居住的独栋房子、联排公寓或别墅构成。Regency社区居住建筑既能够保证老年人自由独立的生活，又能够提供必要的协助，但是又不能一切包办，否则会降低老年人的活动能力、加速老化过程。

3. 护理居住社区

护理居住社区也称为专业护理中心、康复之家、长期照料社区等。护理居住社区是专门为那些已经丧失生活自理能力，并且身体需要长期医疗康复护理的老年人设置的。社区为康复期病人以及慢性和长期患病的人们提供全天候护理照料的服务，如常规的医药监督和康复治疗。不同的护理居住社区各有专长。护理居住社区必须满足美国联邦、各州政府的标准，如在人员配置方面规定有专业的管理人员、注册护士、有执照的护士、心理医生、护工和其他人员。护理居住社区的资金来源有私人资金、Medicaid、长期照料保险。绝大多数护理居住社区都参加了 Medicaid 和 Medicare 项目。

4. 协助居住社区

协助居住是介于独立居住和护理居住二者之间的一种老年人社区照顾方式，主要适合那些既不能完全生活自理又不是完全不能生活自理的老年人。他们只需要必要的日常生活活动（Activities of Daily Living）协助，并不需要持续的、固定的医疗照顾，同时希望能继续独立居住。协助居住社区提供的服务包括：就餐、洗衣、清理房间、医药管理、日常生活活动帮助，如洗澡、进食、穿衣、行走、上厕所等。协助居住模式中老人虽然也是独立居住，过的是"准独立"生活，但是他们只能租赁房屋，不能购买相关物业。因为协助居住模式中有许多帮助老年人身体康复治疗的专业设施，这些设施价格昂贵，并非每个老年人都消费得起。同时，设施的使用需要具有专业资格证书的工作人员的指引。该社区的资金来源是：个人资金、社会保险收入补充、长期照料保险。同时，美国的一些州政府还会提供一定的医疗援助。

5. 持续照顾退休社区

持续照顾退休社区（Continue Care Retirement Community，CCRC）与其他养老模式的区别在于，它是综合性的，设有不同的居住形态，如独立居住、协助居住和护理居住等，服务种类和服务设施齐全。老人只要每月支付一定的服务费用，社区就能为老年人提供从最初的退休享乐到最后临终关怀的"一站式"终生退休养老服务。既提供了持续性的生活照顾，包括住房、社交活动支持、健康照顾、住户环境安全，同时还满足了老年人生理和心理等各方面的需求。该社区模式开发周期短，容易形成连锁经营的格局，实现规模效应，在美国当地具有普遍性。

（二）社区教育

社区教育是社区发展的重要内容，是指基层社区组织或社区工作者以社区为依托，依靠社区力量，动员社区资源，对社区成员开展形式多样的教育，旨在提高社区成员的整体素质，进而改善社区成员生活质量的一种社会教育活动。在美国，社区学院（Community College）是社区教育的中坚力量。美国的社区学院起源于 19 世纪末的初级学院，20 世纪 40 年代初级学院或者社区初级学院改名为社区学院。二战后社区学院飞速发展。尤其是 20 世纪 60 年代以后，美国逐步形成了一种"社区组织"的工作传统，强调国家、地方和社区各种服务机构的协调和联合，把社区福利服务作为一个主要目标。同时，随着工业化、城镇化程度的提高，也带来了一系列的社会问题，如贫穷、失业、吸毒、犯罪等，美国在实践中把社区教育作为解决这些社会问题的一种重要手段。所以，美国社区学院得到了迅速发展，规模和职能不断扩大。

美国的社区学院指最高可授予副学士文凭的一般公立、私立两年制大学及技术职业学校，不包括地区职业学校、成人教育中心以及由国家贸易与技术学校协会认可的私人营利商业贸易学院。[1] 社区学院也称为人民的学院、机会学院、人人学院等。人们之所以这么称呼社区学院与它开放性办学、低门槛招生政策有关。98% 的社区学院都是免试入学，实行宽进政策，只要年龄满 18 岁的社会成员不分年龄、性别、民族皆可以入学学习。因此，社区学院的学生层次是多样化的，也体现了社区学院的包容性，60% 的学生年龄在 21 岁以上，30% 的学生是少数民族，将近一半的学生有全职工作，另有 15% 的学生有兼职工作。[2] 社区学院身兼五种综合使命：转学教育、职业生涯教育、一般教育、补偿教育和社区教育。转学教育是社区学院的一个主要使命，因为许多学生在完成两年社区学院的教育后要转入四年制的大学深造；职业生涯教育主要体现为社区学院中的技术教育和职业教育，为了提高学生的职业技能，以便更好的适应工作岗位的需要；一般教育是相对于职业生涯教育而言的，主要强调对各个方面的基础知识的掌握，起到搭建知识、能力框架的作用，为提升职业技能奠定基础；补偿教育是为那些在学习上对于学院层面的课程准备不足的人而专门设置的。社区教育包括很多方面的内容，如成人教育、继续教育、合同培

---

① 侯钧生、陈钟林编著：《发达国家与地区社区发展经验》，机械工业出版社 2004 年版，第 46 页。

② 徐琦：《美国社区学院研究》，中国社会出版社 2008 年版，第 4 页。

训和社区服务等，这些教育的方式比较灵活，可以是一个小时的专题报告，也可以是整个学期的课程，因此就有相应的非学分和学分课程之分了。社区学院为了完成好五大使命，其办学具有灵活性、针对性和社区性的特点。

由于社区学院是开门办学的，学生的情况千差万别。为了照顾到各种学生的情况，学院在教育时间的选择上具有灵活性特点，也就是说学生可以根据自己的实际情况来选择受教育的时间段。学习方式可以是全日制的，也可以是非全日制的。有37%的学生是全日制的，63%的是非全日制的。学院一年有三个入学时间段，学生根据自己的情况而定，只要在规定的时间内完成自己的学习计划就可以了。具体授课的方式也可以供学生选择，有面授方式和远程教学方式。

根据学生原有的知识基础和学院的使命，学院开设的课程都具有很强的针对性。例如，为了帮助那些基础薄弱的学生，学院专门设置了一些补习课程。由于学生的层次参差不齐，课程的设置也是多层次性和综合性的，课程涉及的门类非常之多，以满足不同学生的需求。例如，密歇根州的克拉玛祖社区，人口20多万，其社区学院在1997—1998年度内开设的课程多达680多种，涉及会计、金融等45个学科门类。① 此外，社区学院还会提供一些针对性的配套服务，例如设有托儿所，方便带小孩的学生安心就读；残疾人专用设施和服务等。

社区学院姓"社"② 应该是社区学院最为突出的一个特点，也是它与其他高等教育最主要的区别了。社区学院以社区为依托，社区与学院相互交融。学院的教学资源向社区居民开放，如体育场馆、图书室、娱乐场所等，社区也力所能及的为学院办学提供各种便利条件。同时，社区学院的职能之一就是为社区发展服务，满足社区居民的需要。例如，为当地居民提供教育。社区学院除了为当地青年提供两年高等教育外，还为成年人提供各种教育。这既能满足失业人员、家庭主妇和退休老人的学习需要，也能提供就业机会和提高文化修养，减少老人孤寂之感，提高生活质量。

---

① 徐琦：《美国社区学院研究》，中国社会出版社2008年，第10页。
② 徐琦：《美国社区学院研究》，中国社会出版社2008年，第9页。

三、日本社区福利

日本社区福利服务按照服务方式分为家庭福利服务体系和社区设施服务体系两种，下面分别作简要介绍。

（一）家庭福利服务体系①

在日本，家庭福利服务是专门为那些没有条件入住或者不愿入住福利机构接受福利服务的人们所提供的一种居家福利服务，它包括居住空间服务、家政服务、医疗保健服务、社会参与、社会交往服务和经济生活保护服务。具体来说，居住空间服务是为单身老人、残疾人等特殊群体提供居住福利，包括合适的居住空间及相关的配套服务，如紧急联络服务、附带残疾人设备住宅、维修和提供特殊设备等。家政服务是保障日常基本生活的相关服务，如饮食、环卫、护理、购物等服务。医疗保健服务是指专业人员上门为行动不便的人提供专业的医疗和护理服务，以及提供常规的巡回护理、定期检查、康复训练服务，对家属进行相关的培训。社会参与、社会交往服务是指创造条件，如举办文化娱乐活动、社会志愿活动、劳动等，让照顾对象能够参与社区事务，增强其归属感，同时又与其他人进行交往，以满足其心理需求。经济生活保护服务就是社会福利经纪人根据相关政策的要求，由专业社会工作人员提供相关服务，如协助居民办理最低生活保障金手续、日常生活用具租借、就业斡旋等。

（二）社区设施服务体系

社区设施福利服务就是借助社区内特定的福利设施来提供相关的协助服务，以满足各种不同群体的福利需求。按照设施服务对象的不同来划分，社区福利设施可以分为如下几种类型②：一是老人居住型的养老设施。二是残疾人福利设施，如福利院、残疾人工厂、残疾人康复中心等。三是医疗保健设施，如老年人医院、康复中心、社区保健所和老年人关怀医院等。四是儿童福利设施，如保育所、儿童福利院、课外儿童馆、儿童食堂等。五是文化教育设施，如图书馆、文化馆、老年大学、博物馆等。六是

---

① 江立华、沈洁等：《中国城市社区福利》，社会科学文献出版社 2008 年版，第 317—318 页。

② 江立华、沈洁等：《中国城市社区福利》，社会科学文献出版社 2008 年版，第 320—321 页。

信息、咨询服务设施，如医疗保健咨询站、福利服务利用咨询站、生活信息咨询站等。

日本社区老年服务是社区设施服务的综合体，因为社区老年服务包括居住、医疗保健、文化教育服务等，是综合使用多种福利设施所提供的综合性服务。社区老年服务的主要内容有三个方面：一是访问指导工作。对于卧床病人等，社区服务人员定期上门了解病因、康复手段、对事物的理解能力、言语表达能力、精神状况、视力与听力障碍以及生活自理程度等情况，并作详细评估记录。同时，还要全面了解家属的照顾情况，并给予饮食、活动、康复锻炼等方面的指导。二是访问护理服务。包括对家中老年人提供生活护理、输液、注射、换药、送药品、病情观察等多项服务。三是机能训练。服务对象包括因疾病或负伤导致肢体功能低下、有孤独症倾向者。在指定时间和地点，服务人员将他们组织起来进行体格检查、功能锻炼和各项娱乐活动等，锻炼服务对象的身体机能，更重要的是促进病人的心理健康。社区老年服务形式可分为四种：一是以政府力量为主，服务人员由政府人员与民政人员组成。二是政府资助下的民间组织，如社会福利协会、社会福利商社等。三是志愿者，主要是家庭主妇、大学生或部分健康老人。四是企业式养老服务，是通过企业以保险方式获取资金，以低收费服务老年人。①

四、英国的社区福利

英国作为世界上第一个福利国家，也是率先倡导发展社区福利的国家之一。社区福利作为一种社会思潮兴起于 20 世纪 20 年代，标志性事件就是当时英国社会工作专业委员会向政府提交了一项关于被收容的精神病患者生存状态的报告书。这份报告引起了社会和政府的高度关注，政府决定创造条件让大部分患者从收容机构返回社区和家庭。这是英国发展社区福利的初衷。20 世纪 60 年代英国开始提出社区照顾。1968 年推出的 "Seebohm Committee: Report of the Committee on Local Government and Allied Personal Services" 报告则是对社区照顾政策进行全面表述的经典性文献。20 世纪 90 年代，英国政府发布了《国民保健服务法》和《社区照顾法》，明

---

① 仝利民：《日本社区老年服务》，《中国人口报》2007 年 11 月 7 日，第 3 版。

确了社区照顾改革的基本方向。①

社区照顾是英国社区福利的核心部分。1987 年英国政府颁布《公众照顾》白皮书，对社区照顾下的定义是："社区照顾是指为那些年长的、有精神疾病的、智力残障的人们提供服务和支持，使他们尽可能独立地生活在他们的家庭或家庭所在的社区。"可见，英国的社区照顾包括"社区内照顾"（Care in the Community）和"由社区照顾"（Care by the Community）两种方式。"社区内照顾"就是指以社区为依托，由社区内的各种小型的、专业化的机构提供的照顾服务。这种照顾服务是根据老年人的需求提供的，更加接近于老年人的日常生活。"由社区照顾"是指以社区为依托，由老年人的亲友、邻居和志愿者提供的照顾服务，这种照顾服务虽然是非正式的，但它能够提供一些正式机构不能提供的照顾服务。

英国社区照顾服务是通过如下几种方式来实现的：②

（一）社区活动中心

这是英国政府出资兴建、具有综合性功能的社区服务机构。中心的经费由政府提供。因此，给老年人、残疾人和儿童提供的基本都是免费服务。具体服务包括：给老年人提供娱乐和社交场所，对行动不便的还有车接送；对残疾人提供康复训练服务，参加简单的手工劳动等；为儿童提供玩具和配备专业教师，提供学习和娱乐的平台。

（二）老人公寓

该公寓服务的对象是具有生活自理能力且无人照顾的经济上困难的老人。其收费低廉，具有社区福利性质，但必须经过政府审核合格才能享受。公寓面积不大，主要是满足对老人日常生活的照顾，设置有洗衣房、活动室，还配备有与社区控制中心相连的"生命线"紧急呼救装置，24 小时与老人保持联系，以便在老人发病时得到及时救治。

（三）家庭照顾

这是英国政府为了鼓励那些生活不能自理的老年人、长期卧床的病人和残疾人留在家庭由家人照顾而实行的一项政策。即政府对在家居住、接

---

① 沈洁：《从国际经验透视中国社区福利发展的课题》，《社会保障研究》2007 年第 1 期，第 56—57 页。

② 夏学銮：《社区照顾的理论、政策与实践》，北京大学出版社 1996 年版，第 141—143 页。

受家属照顾的这些人提供津贴，具体标准与住院舍一样。这项政策既保证了特殊群体能够得到照顾，也减轻了家庭的经济负担。

（四）暂托处

顾名思义，就是为有需要的群体提供暂时性托管照顾服务的场所。家庭照顾中的家属往往会因某种原因而无法照顾需要护理的家人，此时可以把需要护理的家人送到暂托处，并由其工作人员代为提供短期照顾服务。暂托处代为照顾的时间可以是几个小时，但最长在一个月内不得超过两周，两周以内的短期照顾是免费的，但超过两周就要收费，从政府支付的补贴中扣除一半。

（五）居家服务

由居家服务工作人员给在家居住的有部分生活自理能力的老年人提供洗衣、送餐、购物、陪同看病等服务，这些服务是免费的或者是低收费的，像送餐服务仅仅按照成本价收费。居家服务工作人员既有政府雇佣的，也有社区志愿者。

（六）老人院

该机构专门收养那些没有生活自理能力又无人照顾而且不适合于上述五种服务形式的老人。不过，现在英国的老人院不再是早期那种大型集中的院舍，而是分散在社区中的小型院舍。

第三节　我国社区福利的改革

一、存在的主要问题

（一）社区服务的福利性淡化

在 1993 年民政部等十四个部委联合颁布的《关于加快发展社区服务业的意见》中对社区服务的定位是："社区服务业是在政府倡导下，为满足社会成员多种需求，以街道、镇和居委会的社区组织为依托，具有社会福利性的居民服务业。社区服务业由社区福利服务业、便民利民服务业和职工社会保险管理服务业组成，是社会保障体系和社会化服务体系中的一个重要行业。社区服务业具有福利性、群众性、服务性、区域性四大特点。"2000 年民政部《关于在全国推进城市社区建设的意见》中则规定社区服务要坚持社会化、产业化的发展方向。这样，在政策层面上让社区服务左右为难，处于一种"一主二仆"或"一身二用"的尴尬境地：既把社区服务定性为福利性和公益性的社会服务事业，又将其视为便民利民的第三产业。① 在这样的政策背景下，导致在实际操作过程中一些地方频频出现"假福利性社区服务之名，行营利性社区服务第三产业之实"。直接的后果就是福利性的社区服务严重短缺，如专门为老年人、残疾人等弱势群体提供的社区福利服务严重不足。相反，为普通社区居民提供的营利性的社区服务供给充足。这些现象逐步固化了社区服务的偏离福利性的定位。社区服务的福利性淡化，最终导致最需要社区福利的特殊群体的福利需求无法得到满足。

（二）社区福利供求不匹配

现实中，无论规模大的还是规模小的社区都存在这样的现象：一方面是社区居民经常抱怨许多社区福利需求得不到满足，另一方面是社区也经常抱怨有些社区福利过剩。这种现象其实就是社区福利供求不匹配。社区福利供求不匹配的情况有：第一，供给的社区福利根本不是居民所需的，导致居民福利需求得不到满足，同时供给的社区福利实际上没有发挥作用，造成福利资源浪费；第二，提供了居民所需的社区福利，但是由于各种原因居民并没有享用到，导致"供过于求"；第三，供给的社区福利太少，居民的福利需求没有得到满足，导致供小于求。其实，导致社区福利供求失配的深层次原因是社区福利的供给没有真正从居民的福利需求出发。究其原因，一是社区居民很少参与社区福利供给的相关决策，导致社区并不了解居民的福利需求；二是在市场力量或者行政力量的影响或者干预下，社区无法按照居民的需求提供福利服务。可见，社区福利供求不匹配的原因是"双低"——居民参与度低和社区主体性低。

（三）社区居民参与度低

社区居民参与社区建设的意识非常淡薄，并没有意识到参与社区建设其实也是对自身利益的关心，更没有意识到自己对社区发展有知情权等权

---

① 徐永祥：《论社区服务的本质属性与运行机制》，《华东理工大学学报（社科版）》2002 年第 4 期，第 52 页。

利，反而觉得参与是一件麻烦事情，多一事不如少一事。缺少居民参与，居民的意志没有充分表达，政府甚至社区也不可能完全清楚居民的真实想法，因此在具体决策过程中可能会出现政策失灵，造成资源浪费。从有关调查看，当问及"本社区居民在社区活动中的参与情况"时，认为居民"经常参与"的占 9.6%，"偶尔参与"的占 33.1%，"从不参与"的占 23.7%，另有 33.6% 的居民回答"不知道"。① 另据统计，截至 2000 年底，全国共有各种社区服务组织 6.6 万个，志愿者 377.2 万人，但是相对于许多发达国家 50% 左右的参与率而言，还是相当低的。况且这样的数据还有一定的水分：一方面，有些社区服务组织只是搭了一个架子，建立了志愿者名册，以备检查，并非真正地常年开展活动；另一方面，有些社区志愿服务是在政府统一部署下开展的，具有浓厚的行政色彩。②

（四）社区服务专业化、职业化程度低

社区服务的专业化指社区服务有专业化的组织、专业化的工作队伍及专门的资金来源。从事社区服务的工作人员的数量和专业程度直接决定着提供服务的数量和质量。从现实情况看，社区服务中专业要求低一些的服务供给比较充足，从事的人员也比较多，如环卫保洁等，这类服务基本上都是靠体力和经验就可以胜任的。但是，像问题青年的行为矫正、弱智儿童辅导、刑释人员的社区辅导等专业性非常强的服务提供的比较少，因为这方面的专业人才相对要少。截至 2010 年 12 月，国内共有 253 家高校开设社会工作本科专业，58 家高校招收社会工作专业硕士，在校社会工作本科生、研究生约 4 万人，每年毕业生 1 万到 1.2 万人；中国社会工作教育协会副会长徐永祥表示，根据我国中长期人才规划，未来 10 年需要社会工作人才两三百万人，但就目前高校培养能力，还远不能满足这一需求。③由于"社会工作者"是国家劳动和社会保障部 2004 年才正式确定的国家新职业，并于同年 7 月 1 日作为第九批新职业正式向社会颁布国家职业标准，因此目前这个职业在我国大陆地区的就业环境还不是很成熟，很少人

---

① 江立华、沈洁等：《中国城市社区福利》，社会科学文献出版社 2008 年版，第 117 页。

② 王国枫：《我国社区服务体系建设中存在的问题及解决对策》，《学术交流》2005 年第 3 期，第 143 页。

③ 徐瑞哲：《全国将有 58 所高校加快社会工作专业硕士生培养》，《解放日报》2010 年 12 月 17 日。

选择这个职业。另外，"社会工作师"是2007年民政部经劳动和社会保障部批准推出的全国专业技术人员职业资格，目前参加这个资格考试并获得资格证书的人数并不多。因此，我国社区服务的专业化、职业化程度还比较低。

二、改革措施

（一）突出和强化社区服务的福利性

首先，国家政策应该明确社区服务的福利性，不能出现冲突性的政策规定。其次，要坚决把中央政策有关社区服务福利性的要求真正贯彻到实际社区福利工作中，要始终坚守住社区服务福利性和公益性的核心价值理念。要真正实现社区服务的福利性，其前提条件是要把社区服务中的商业性服务和福利性服务划清界限。当前，社区服务中这两种类型服务并没有明确界限，甚至出现"脚踩两只船"或者"假福利之名，行营利之实"的现象。这并不否定发挥市场机制在社区服务配置方面的积极作用，而是说不要让市场化、营利性占主导地位而超过福利性。在保证社区服务福利性的基础上，依然要坚持社区服务供给的多元化和多样化，尽可能发挥市场机制的积极作用，提高社区服务供给效率。总之，要让社区福利回归福利性、公益性和非营利性。

（二）提高社区福利供给的效率

提高社区福利供给效率的前提是要充分发挥社区和居民的自主性和积极性，就是社区要真正为居民福利负责任，不为市场利润所诱惑也不畏行政力量。居民要积极参与到社区的各项事务中，充分表达意志。在此基础上再采取相关的配套措施才可能有效果。第一，建立以需求为导向的社区福利供给模式。只有以需求为导向，才能提供合适的社区福利，避免造成无效供给或低效供给。尤其要根据各种特殊群体的需求提供福利服务，如重点是开展面向老年人、儿童、残疾人、社会贫困户、优抚对象的社会救助和福利服务，使他们成为最大的受益者。第二，建立多元化的供给模式。一是有偿服务。像社区服务中的面向全体社区成员的服务，诸如美容理发、日用百货等采取商业化供给模式，通过市场机制来提供服务。二是低偿服务。对外部性较低、处于"有效"需求和"无效"需求之间的所谓"边缘"私人需求，宜由各类非营利和非政府的社会组织来提供，即准商业化的供给模式。三是代偿服务。对具有一定外部性的"无效"私人需求（无支付能力的非经济性需求），可以采取消费者与付费者分离条件下的准福利化供给模式，即由各类商业化的业者或非商业的社会组织来提供服务，但由政府来买单，亦即实行政府代购服务。四是无偿服务。对外部性最高的"公共"需求则采取公益化、福利化的供给模式，即由政府向全体社区居民无偿提供这部分服务。①

（三）培养社区居民参与意识，提高参与积极性

社区居民参与社区建设对社区福利发展有着非常重要的意义。居民参与社区建设是社区发展的原动力，社区发展的好坏在很大程度上与社区居民参与程度有关。从宏观的社区发展规划到微观的社区福利项目的实施、服务的提供和设施的维护等都离不开社区居民的积极参与。只有社区居民的参与，社区才能成为真正的共同体。社区居民是否愿意参与社区建设，这是居民参与意识问题；能否参与和参与的广度与宽度，这是参与能力和水平的问题，但前者是前提。因此，首先要培养居民的参与意识。是否愿意、是否乐意参与涉及居民对自己社区的认同与评价，因此培养居民对社区的认同感和归属感是培养其参与意识的关键所在。认同感和归属感都是人们对事物的一种比较稳定的主观心理反应，属于意识层面，是源于客观实在的。所以，培养居民对社区的认同感和归属感首先必须让居民对自己所在的社区的情况有比较全面的了解，以便对社区做出评价。其次，要经常创设具体的情景吸引居民的参与，让其慢慢感受到自己是社区的主人，增强其归属感。只有当居民有了强烈的归属感之后，才会主动的参与社区事务。再次，社区管理要民主，给居民留出适当的参与空间，使其能够充分展示自我，体现主人翁地位。另外，要培育社区文化。社区文化是社区的灵魂，对社区居民起着引领作用，能够增强其对社区的认同感和归属感。最后，在空间上营造相对封闭的社区空间：② 社区地理空间的紧密程度与居民的福利项目评价之间存在着一定程度的相关性，当社区地理空间比较封闭时，会给居民制造一种空间的认同范围，进而也创造了心理认同

---

① 暨南大学社区服务研究课题组：《按中央"十二五"规划建议构建社区服务多元化供给模式》，《特区经济》2011年第1期，第20页。

② 江立华、沈洁等：《中国城市社区福利》，社会科学文献出版社2008年版，第124页。

范围和心理归属载体。地理上较为封闭的空间构造、社区成员的同质性程度和社区居民的生活面向都较为显著地影响到对社区福利的评价。

（四）社区服务专业化、职业化

社区服务专业化、职业化是社区发展的必然趋势。要实现社区服务专业化和职业化就必须有专业化和职业化的社会工作人才。因此，目前首先要解决的问题是培养社会工作专业人才。自从党的十六届六中全会提出"建设宏大的社会工作人才队伍"后，我国社会工作人才队伍建设全面启动。但目前社会工作人才严重短缺，供不应求。不仅数量不足，而且在质量上也不足——专业性不强。有学者评价说，我国社会工作目前是"行政性、半专业化"状态。① 因此，要从三个层面来提高社会工作人才的专业性：一是社会工作价值与理念层面上的专业化，二是社会工作理论与知识层面的专业化，三是社会工作实务与技能层面上的专业化。社会工作人才队伍的专业化是其职业化的基本前提。"建设一支宏大的社会工作人才队伍"，不是指一支非职业化的人才队伍，而是从职业化的角度来说的。要实现社会工作的职业化，就必须做好以下几个方面的工作：一是建立社会工作者职业资格认定制度，二是设置社会工作者职业岗位，三是构建社会工作职业及薪酬体系，四是建立社会工作者培训制度和管理机构。当然，加大对专业化和职业化的社会工作人才的培养只是提高社区服务专业化和职业化程度的必要非充要条件，还要配以专业的服务机构和专门的资金来源。

---

① 文军：《社会工作人才队伍专业化与职业化建设》，《新资本》2007 年第 1 期，第 85—88 页。

本 章 小 结

社区和社区福利都是多义词。社区是指聚居在一定地域范围内的人们所组成的社会生活共同体。它的构成要素包括人口、地域、组织机构、硬件设施和文化。社区福利是指在政府相关部门的指导下，以社区为基础，发挥社区自主性，充分利用社区内外的一切资源，为解决社区居民生活问题及提高居民生活质量所采取措施的总和。社区福利是我国社会福利的重要组成部分，发展社区福利对改善我国社会福利状况有重要的促进作用。社区福利和社会福利之间既相互区别又紧密联系，二者相互补充。我国社区福利主要包括两类：一是专门面向老年人、残疾人等特殊群体的社会福利，二是面向社区普通居民的社会福利。

外国的社区福利很有特色。加拿大社区服务管理与运作机构是官方的社区中心和民间的邻舍中心相结合，社区养老中的非营利性养老机构有三种形式：日间护理中心、养老公寓和安老院。美国的社区照顾和社区学院办得很成功，社区照顾根据对象的不同设置不同类型的社区：独立居住社区、活跃长者社区、护理居住社区、协助居住社区和持续照顾退休社区。日本社区福利服务分为家庭福利服务体系和社区设施服务体系两种。英国是社区照顾的发源地，社区照顾形式多样：社区活动中心、老年公寓、家庭照顾、暂托处、居家服务和老人院。

我国社区福利存在福利性淡化、供求不匹配、居民参与度低、专业性和职业性程度低等问题，要从如下几方面进行改革：强化社区服务的福利性，提高社区福利的供给效率，提高居民参与社区建设的积极性，提高社区服务的专业化、职业化。

重 点 名 词

社区　社区福利　社区照顾　社区学院

复习思考题

1. 社区的构成要素有哪些?

2. 社区福利和社会福利是什么关系?

3. 我国社区福利的内容有哪些?

4. 国外社区福利包括哪些? 对我国有什么启示?

5. 我国社区福利存在哪些问题? 你认为应该如何改革?

第十四章　老年人福利

【学习重点】

1. 老年人福利的内涵；
2. 老年人福利需求产生的现实原因；
3. 我国老年人福利的内容；
4. 外国老年人福利的内容；
5. 我国老年人福利存在的问题及改革措施。

第一节　老年人福利概述

一、老年人福利的内涵

（一）老年人的界定

我们可以从不同的角度或者不同的标准对老年人进行界定，但最主要的是依据年龄标准来界定。年龄标准又分为以下几种：日历年龄、生理年龄、心理年龄和社会年龄。在《中华人民共和国老年人权益保障法》中对"老年人"的界定是指"60 周岁以上的公民"。但是，我们认为，把老年人界定为 60 周岁以上的公民不是很合适，应该界定为按照日历年龄标准计算达到退休年龄以上的公民。这么界定的理由是：从我国和世界其他国家实施老年人福利的具体实践看，享受相关福利项目和服务的年龄条件都是以退休年龄为界。世界各国对退休年龄的规定各有不同，总体而言发达国家规定的退休年龄要比发展中国家要高一些，如美国规定男女都是 65 岁退休，英国规定男性 65 岁、女性 60 岁退休，印度规定男女都是 55 岁退休，我国规定男性职工 60 岁、女性干部 55 岁、女性工人 50 岁退休。

（二）老年人福利的内涵

老年人福利就是在政府的领导下，在社会各方力量的参与下，根据老年人的特点和需求，为其提供养护、医疗、康复、娱乐等多方面的福利设施或服务，旨在提高和改善其生活质量，实现"老有所养、老有所医、老有所为、老有所乐"的社会目标。

由于我国过去经济发展水平比较低，以及传统养老观念的影响，老年人福利主要是面向那些无劳动能力、无生活来源、无法定赡养人的"三无"老人，而且主要是政府为他们提供供养、医疗、康复、娱乐和教育等服务，是一种补缺型的福利。但是，随着我国经济实力的不断提高以及国民养老观念的改变，目前老年人福利对象逐步从"三无"老年人向全体老年人过渡。

二、老年人需求及老年人福利的产生

（一）老年人需求

老年人需求与老年人的特定年龄段、生活环境、生理心理变化等因素有关，是主观因素和客观因素综合作用的产物。

1. 经济收入需求

老年人从劳动者转变为退休人员，经济收入会相应的减少，但是相关的开支却在增加，如医疗保健开支会增加，这样就产生了一个经济上的收支矛盾和心理上的变化。老年人的经济来源主要是已有的积蓄或者子女的支持。因此，国家要多渠道保障老年人的生活，如发放老年人津贴、养老金等。

2. 居住需求

居住是人生存的必备条件，而且老年人更加愿意在家安享晚年。但是，有部分老年人没有属于自己的住房，是租房一族，或者有自己的住房，但非常破旧，居住条件非常简陋。无论是租房还是维修都要花一大笔资金，对老年人来说无疑是个大的经济负担。为了保障居住，改善生活质量，政府有必要予以房租补贴，或者提供廉租房。

3. 健康需求

健康是高生活质量和高幸福指数的必备要件。但是，随着年龄的增大，老年人生理机能大大下降，各种疾病威胁到健康，进而影响到生活自理能力，所以老年人非常迫切希望得到健康保障。

4. 情感交往需求

老年人从工作岗位上退下来，会带来一系列的变化，如社会地位下降，收入减少，与人接触交往的机会和途径减少，加上角色转换不到位，子女又不在身边，很容易产生孤单寂寞的感受。孤单寂寞的情绪对老年人健康和生活质量有着重要影响，所以老年人都希望有更多与人交往、倾诉的机会和平台。

5. 教育需求

老年人退休后一般没有正式的工作，有更多自由支配的时间，希望通过学习来充实生活，减少寂寞。当然，还有的老年人想通过学习进一步发展自己的兴趣、爱好，也有想通过继续学习，掌握一些技能，更好的为社会做贡献。在信息社会，终身学习也是提高生活质量的一个途径。

6. 娱乐需求

"老有所乐"是所有老年人追求的目标。虽然每个老年人的乐趣不同，有的以奉献为乐，有的以学习为乐，有的以工作为乐等等，但是每个老年人都希望在晚年找到自己的乐趣，提高生活质量。

（二）老年人福利产生的现实原因

1. 人口老龄化

人口老龄化是指老龄人口比重不断上升，并达到一定水平时的人口结构状态。国际上通用的衡量老龄化指标是 60 岁以上人口占总人口的 10%或者 65 岁以上人口达到总人口的 7%。我国是世界上人口最多的国家，而且老龄化进程很快。1999 年我国 60 岁及以上人口的比重已经达到 10%，这标志着我国已经进入老龄化社会。据统计，2007 年我国 60 岁及以上的人口 1.49 亿，占总人口的 11.3%；65 岁及以上人口达 1.06 亿，占总人口的 8.1%，人口老龄化年均增长速度达到 3.28%，约为总人口增长率的 5 倍。据人口学家预测，2010 年至 2040 年将是我国人口老龄化速度最快的时期，65 岁及以上人口占总人口的比重在 2040 年将达到 22%，2055 年达到25%，此后将在24%—26%之间徘徊。① 老龄化进程加快必然带来老年人抚养比②的不断提高，1982年为7.97%，2000年为9.99%，2007年达到11.17%。③ 另据民政部资料显示，截至2009年底我国老年人口1.67亿人，占人口比重12.5%；预计到2015年老年人口将达到2.15亿，约占人口比重15%，2020年达到2.43亿人，占总人口18%。④ 同时，我国是发展中国家，人均收入还不高，人口老龄化呈现"未富先老"、高龄化和"空巢"化的特征。在这样的背景下，老年人的福利问题就更为突出了。

2. 家庭结构和家庭养老功能的变化

传统社会中家庭结构是主干家庭或者联合家庭，家庭成员比较多，规模较大，家庭成为解决老年人福利最重要的组织。在主干家庭或者联合家庭中，成员都居住在一起，感情更加亲近，照顾更加周到，老年人有着更强的安全感和依赖感。而随着家庭结构从主干家庭向核心家庭转变，成员少，规模小，照顾负担加重，如独生子女所组成的"四二一"型家庭，2个年轻人要照顾4个老年人和1个小孩。况且，现在家庭中的女性也走出家庭，从事社会工作，照顾老年人的人力减少了。现代社会，节奏快，压力大，年轻人都忙于自己的事业，一般也不与老年人居住在一起，很少有时间和精力来照顾老年人，出现了"空巢"老人现象。家庭养老功能已经弱化，照顾老年人的平台由家庭向社会组织过渡。

3. 社会转型——工业化

老年人福利是工业化发展的必然结果。工业化之前的传统农业社会，家庭不仅是生活单位，也是生产单位，土地是最主要的劳动对象。而且，整个家庭从事的是同一种产业，老年人具备丰富的生产经验，同时还控制家庭的所有资源，从而备受晚辈敬重，老年人的风险在家庭内部就可以得到很好的解决。但是，工业化之后，土地、家庭的地位和作用都有所下

---

① 王金营、梁俊香：《未来人口发展失衡引发社会保障制度的战略思考》，《河北大学学报（哲学社会科学版）》2008年第6期，第19页。

② 老年人抚养比也称老年人口负担系数，是指某一人口中老年人口（65岁及以上）数与劳动年龄人口（14—64岁）数之比。

③ 郑功成：《中国社会保障改革和发展战略——理念、战略、目标和方案》，人民出版社2008年版，第120页。

④ 王秀强：《建没有围墙的养老院》，《21世纪经济报道》2011年3月8日。

降，而老年人所要面临的各种风险增加了。另外，随着经济发展，老年人的各种需求也越来越多，要求越来越高，仅靠家庭无法完全满足老年人的福利需求。因此，老年人的福利问题就迫切需要国家和社会予以解决。

三、我国老年人福利的发展历程

新中国成立后，我国一直在不断地探索一条适合国情的养老道路，想方设法实现"老有所养"的社会目标。我们把整个探索过程分为两个大的阶段，即改革开放前和改革开放后。

（一）改革开放之前

1951 年政务院发布了《中华人民共和国劳动保险条例》，标志着企业职工养老制度的确立。1955 年国务院颁布了《国家机关工作人员退休处理暂行办法》和《国家机关工作人员退职处理暂行办法》等政策，标志着国家机关和事业单位工作人员退休养老制度的确立。在这两种养老制度中，个人都不用缴纳养老费用，分别由企业和国家财政来承担。而 1956 年颁布的《高级农村合作社示范章程》以及 1962 年的《农村人民公社工作条例修正草案》中对农村老年人福利作了规定，对"五保"老人实行由国家和集体供养。1958 年国务院颁布了《关于现役军官退休处理的暂行规定》，明确规定军官的养老由民政部门和军队政治机关共同负责。1966 年，第二轻工业部和全国手工业合作总社联合颁布了《关于轻、手工业集体所有制企业职工、社员退休统筹暂行办法》和《关于轻、手工业集体所有制企业职工、社员退职暂行办法》，对集体所有制职工的养老问题做出了具体规定。在"文革"十年期间，养老制度不同程度的受到了破坏，这项事业处于停顿甚至倒退的状态。1978 年 6 月，国务院颁布的《关于安置老弱病残干部的暂行办法》和《关于工人退休、退职的暂行办法》中提出了一条新的养老待遇政策——离职休养。从上述政策可以看出，我国的老年人养老福利主要是面向城镇老年人，具有国家包办、单位负责、封闭运行等特点。

（二）改革开放之后

1991 年国务院颁布了《关于企业职工养老保险制度改革的决定》，提出养老金由国家、企业和个人共同承担，筹资模式具体为个人缴纳养老保险费、养老保险基金实行社会统筹和部分积累。1993 年又颁布了《国家公务员暂行条例》和《机关工作人员工资制度改革实施办法》，1994 年人事部发出《关于印发〈关于机关、事业单位工资制度改革实施中若干问题的规定〉的通知》对机关和事业单位工作人员的退休养老待遇作了明确规定。1992 年民政部颁布了《县级农村社会养老保险基本方案（试行）》，规定农村养老保险试行个人缴费为主、集体补贴为辅的筹资模式。20 世纪 90 年代是企业职工养老保险制度改革的活跃期，养老资金的筹集从社会统筹向统账结合转变。1997 年国务院颁布的《关于建立统一的企业职工基本养老保险制度的决定》对改革的目标、账户的建立、缴费标准和发放办法等都予以明确，标志着改革进入了新的时期；而 2005 年《关于完善企业职工基本养老保险制度的决定》进一步把这项制度推向深入。

相对于企业职工养老保险制度改革而言，公务员和事业单位职工养老保险制度改革就比较平静。例如，在 2000 年的《关于完善城镇社会保障体系的试点方案》中提出"公务员（含参照国家公务员制度管理的事业单位工作人员）的现行养老保险制度仍维持不变"。2006 年开始实施的《中华人民共和国公务员法》规定"国家建立公务员保险制度"，指出公务员退休金所需经费要列入财政预算，指明了经费来源。2008 年 2 月国务院常务会议讨论并原则通过的《事业单位工作人员养老保险制度改革试点方案》提出筹资模式是个人和单位共同承担，待遇与缴费相关，逐步实现省级统筹，建立职业年金和实行社会化管理等内容。

相对于企业、机关和事业单位养老保险制度改革而言，农村养老保险制度改革则更为平静和缓慢。2003 年劳动和社会保障部颁布的《关于当前做好农村社会养老保险工作的通知》和 2006 年劳动和社会保障部发布的 1 号文件都要求把积极稳妥地开展农村养老保险工作列为重点工作。并且，政策上也有变化：由"个人缴费为主、集体补助为辅，国家扶持"转变为"个人、集体和政府"三方共同承担。2009 年颁布的《国务院关于开展新型农村社会养老保险试点的指导意见》是新时期农村养老保险的纲领性文件，明确了新型农村养老保险基金筹资模式是"个人缴费、集体补助、政府补贴"。

第二节 我国老年人福利的内容

老年人福利的内容与一个国家的经济发展水平、文化传统、福利制度、政府施政理念、所处的地理环境以及国民的福利需求等都有着密切的联系，我国现阶段国情决定了老年人福利主要是面向城镇老年人，农村老年人福利发展还比较滞后，福利内容相对简单。

一、老年人经济收入保障

老年人由于退休之后原来的劳动收入中断了，生活来源自然成为老年人福利首要的和核心的问题。老年人经济收入性福利主要是养老金和各种普惠性的老年补贴，对于低收入的老年人还有国家提供的各种救助金，如低保救助金、医疗救助金等。对于农村普通老年人而言，其经济收入来源于家庭收入，一是还有劳动能力的老年人自己的劳动所得，二是其他家庭成员的劳动所得。而对于农村特殊的老年人而言，如低收入的老年人和五保户，他们的经济收入福利来源于国家和集体的补贴。另外，城市老年人还能享受到各种免费待遇，如免费乘坐公交车。

二、老年人基本照顾服务

老年人基本照顾服务是老年人福利中的最主要部分，主要包括养老照顾和医疗保健照顾。因为随着年龄的增长，养老需求和医疗保健需求最为迫切。

（一）养老照顾

我国目前对老年人养老照顾的方式有三种：居家养老、机构养老和社区养老。三种养老方式各有利弊，但它们之间相互补充，构成了我国养老服务体系。

1. 居家养老

2008年民政部等十部委联合发布了《关于全面推进居家养老服务工作的意见》，指出居家养老服务是指政府和社会力量依托社区，为居家的老年人提供生活照料、家政服务、康复护理和精神慰藉等方面服务的一种服务形式。还把居家养老定位为是对传统家庭养老模式的补充与更新，是我国发展社区服务、建立养老服务体系的一项重要内容。居家养老是我国目前最主要的养老方式，非常适合当前的国情。一是适合我国"未富先老"的国情。居家养老兼备家庭养老和社区养老的优点，以老年人现有住房为基础，既不用在养老机构购买床位，又能通过政府和社会提供的福利服务解决基本的养老需求。这样降低了养老成本，适合当前的收入水平。二是符合我国传统养老观念。孝敬父母是中华民族的优良传统，老年人居家养老给家庭成员践行这种光荣传统提供了平台。对老年人而言，居家养老既能充分享受天伦之乐，享受亲情，又方便生活照料，因此老年人在物质和精神方面都能得到最大程度的满足。

正是基于居家养老的这些优势，2008 年的《关于全面推进居家养老服务工作的意见》中对发展居家养老服务做出了规划：坚持政府主导和社会参与，不断加大工作力度，积极推动居家养老服务在城市社区普遍展开，同时积极向农村社区推进。力争"十一五"期间，全国城市社区基本建立起多种形式、广泛覆盖的居家养老服务网络，使社区居家养老服务设施不断充实，服务内容和形式不断丰富，专业化和志愿者相结合的居家养老服务队伍不断壮大，居家养老服务的组织管理体制和监督评估机制逐步建立、健全和完善。农村社区依托乡镇敬老院、村级组织活动场所等现有设施资源，力争80%左右的乡镇拥有一处集院舍住养和社区照料、居家养老等多种服务功能于一体的综合性老年福利服务中心，1/3 左右的村委会和自然村拥有一所老年人文化活动和服务的站点。

2. 机构养老[1]

机构养老是一种让老年人离开自己的家，到养老机构去生活，其生活照料和护理由养老机构负责提供服务的养老方式。我国的机构养老兴起于20 世纪50 年代后期。农村主要的养老机构是敬老院，集中供养五保户；城市主要的养老机构是社会福利院，收养城市中的"三无老人"。但是，近年来，全国各地兴办的养老院都是要收费的。

机构养老为满足老年人的养老服务需求和为年轻人解决照料老人的后顾之忧发挥了积极作用，而且发展潜力巨大，成为我国主要的养老方式之

---

[1]　周良才主编：《中国社会福利》，北京大学出版社 2008 年版，第65—68 页。

一。机构养老具有如下特点：第一，养老服务由专门机构提供。提供养老服务的专门机构通称为养老服务机构，主要有：老年社会福利院、敬老院、养老院、老年护理院、老年公寓、托老所和老年服务中心等。第二，养老服务由专业人员提供，呈现专业化特点。为了提高服务质量，满足老年人的养老需求，养老服务机构必须聘用专业化和职业化的工作人员，提供专业服务。专业人员能够根据不同老年人的不同需求提供适合的服务，尤其是进行专业性非常强的社会工作服务，如心理疏导。第三，必须缴纳一定的费用。养老服务机构能够享受到国家的有关优惠待遇，如减免税收等，但是为了维持正常运转还需要向入住的老年人收取少量费用。

3. 社区养老

社区养老指让老人住在自己家里或者所在社区，在继续得到家人照顾的同时，由社区的有关服务机构提供上门服务或托老服务。它以家庭养老为基础，以社区为依托，以充分的社区资源为保障，从而创建一种满足老年人生活照料、医疗保健、精神文化、权益保障等多种需求的服务方式。社区养老不等同于家庭养老和机构养老，它兼有二者的优点：不出社区却能享受到专业的养老服务。福利性是社区养老最首要的性质。社区养老服务是在政府的倡导和政策引导下，为提高老年人生活质量而提供的服务。社区养老服务包括日常生活服务，如送餐、陪伴就医、代办服务等；医疗保健服务，如常见的日常疾病预防、突发病的急救、慢性病的照护等；精神生活服务，如举行各种形式的文化娱乐活动，让老年人参与其中，还有心理咨询等。

社区养老具有它的优势：一是地缘优势。《中国大城市老年人状况抽样调查》表明，城市老年人一年中经常在居住地附近活动的占50.1%，在家门口活动的占32.9%，经常在市内活动的占15.6%，而经常离开本市到外地活动的仅占1.4%，这充分说明了社区是老年人生活的主要场所。老年人在社区生活了大半辈子，对社区是有着深厚感情的，对社区的各个方面都非常熟悉，熟人多，交往比较频繁，这样能够减少老年人孤单寂寞的程度，能够保持精神愉悦。二是减轻家庭照顾的负担。社区养老能够为老年人提供托老服务和上门服务，托老服务是提供白天照顾老年人的服务，专门是为了那些白天没有时间照顾老年人的家庭，只需早上送进托老所，晚上接回家，这样能够做到上班和照顾老年人两不误。上门服务主要是面向那些有部分生活自理能力的老年人，给他们提供打扫卫生、做饭、陪伴外出或者陪聊天。三是低成本。入住养老机构所需成本较大，不是每位老年人都能承受得起的。社区养老与机构养老相比，成本就低得多了，适合当前我国的居民收入水平。

（二）医疗保健照顾

随着年龄的增长，老年人身体各个器官的基本功能逐步衰退，各种疾病相继出现，尤其是各种慢性病，因此老年人医疗保健照顾是老年人福利中又一项重要的内容。城镇享受离退休待遇的职工通常可以继续享受相关的医疗保健待遇；对没有这方面待遇的老年人，地方政府应该制定相关的福利政策保障老年人的健康；对低收入的老年人要让他们免费参加现行的医疗保险制度；对没钱治疗的要进行医疗救助，保证他们及时得到救治；在医院日常服务中要多照顾老年人，如优先挂号、看病和取药的"三优先"服务。更重要的是，国家应该拨款资助医学教育和研究机构开展老年医学的基础和实用研究。另外，还要合理配置医疗保健服务设施，如国家出资建设康复医疗机构供老年人免费或者低费使用。

三、其他福利形式

其他福利形式主要是满足老年人精神文化方面的需求。这方面的福利也是非常重要的，它影响到老年人的生活质量。其实，许多老年人在身体还比较健康、生活完全能够自理的情况下还是非常愿意参加社会公益活动的，参与社会发展。因此，社区要多从这些方面来满足老年人的需求。例如，开办老年大学，开设各种课程，让不同兴趣爱好的老年人都能够参加学习，既能够满足其兴趣爱好又能够让其学到一技之长继续服务社会；还可以开设老年人再就业服务中心，让老年人做一些力所能及的工作，既解决生活来源问题又能够充实生活。尤其是许多老年人刚刚从工作岗位上退下来，还不习惯退休生活，角色转换不到位，通过一段时间的再就业，有助于其顺利完成角色转换。总之，多为老年人提供一些这方面的福利，让他们过得充实，精神愉快，既有助于健康又有利于提高生活质量。

四、社区老年福利服务星光计划

为了应对我国人口老龄化的挑战，加快发展老年福利事业　更好的满足广大老年人的福利需求，2001 年民政部开始实施旨在资助城市社区的老年人福利服务设施、活动场所和农村乡镇敬老院的建设的"社区老年福利服务星光计划"（简称"星光计划"）。2001 年民政部在《"社区老年福利服务星光计划"实施方案》中对"星光计划"的总体要求、原则等方面做出了规定。

（一）总体要求

实施"星光计划"的总体要求是：立足我国社会主义初级阶段的基本国情，以"三个代表"重要思想为指导，以满足社区老年人的需求为出发点，以福利金的资助为手段，充分依靠区、县政府的组织领导，广泛动员社会参与，大力挖掘社区资源，建立和完善社区老年福利服务网络，为居家养老提供支持，为社区照料提供载体，为老年人活动提供场所。

在城市，以社区居委会为重点，新建和改扩建一大批社区老年人福利服务设施和活动场所，逐步形成社区居委会有站点、街道有服务中心的社区老年人福利服务设施网络。社区居委会的老年人福利服务站、点要突出实用性特点，以活动场所为主，因地制宜，力求方便实用、灵活多样，不搞小而全。新建和改扩建的街道级社区老年人福利服务设施要突出综合性特点，从当地老年人急需的服务项目入手，逐步具备多种功能。

在农村，以乡镇敬老院为重点，新建和改扩建一批乡镇老年人福利服务设施和活动场地，逐步形成县（市）有中心、乡镇有敬老院的老年人福利服务设施网络。农村新建、改扩建的敬老院要逐步具备住养、入户服务、日间照料、文体活动等功能，并向综合性、多功能的社会福利服务中心发展。

在确有需要的地方，有控制地建设少量示范性、综合性的老年人社会福利机构。同时。对原有一些设施条件很差的老年人社会福利机构进行必要的改造。

（二）实施原则

1. **方便适用**

社区老年人福利服务设施应当位于交通便利、环境良好、方便社区老人就地、就近享受服务的地方，让广大老年人看得见、摸得着、用得上。

2. **小型多样**

建设社区老年人福利服务设施必须坚持从本地经济社会发展状况及老

年人实际需求出发，因地制宜、因陋就简、形式多样、小型分散地发展适应当地特点的服务项目。

3. 功能配套

社区老年人福利服务设施应当从满足社区老年人的急需入手，逐步拓展项目，扩大服务内容。社区居委会的站、点和街道的中心要相辅相成，互成网络，服务内容要逐步覆盖住养、入户服务、紧急援助、日间照料、保健康复、文体娱乐等多种项目。入户服务的内容要逐步覆盖家务整理、生活照料、送餐服务、陪护服务等方面，并通过入户服务，为老年人建立福利服务档案，为有需求的老年人提供方便快捷的服务。同时，适当兼顾面向残疾人和孤残儿童的服务功能。

第三节 国外的老年人福利

一、瑞典的老年人福利

瑞典被誉为福利国家的"橱窗"，其实行的是"从摇篮到坟墓"的社会保障，是典型的高福利国家。下面主要介绍瑞典的老年人照护服务、医疗保健服务和退休养老金制度。

（一）老年人照护服务

瑞典于 1956 年颁布了《社会福利立法》，取代原来的《济贫法》。1982 年又颁布了《社会服务法》。这两部法律对老年人福利都做出了具体规定。公共照护服务主要面向那些家庭无法照护或者没有亲属照护的老年人。在瑞典大约有 8% 的未婚老年人和 18% 的没有子女的老年人，他们是公共照护的主要对象。老年人可以居住在自己家里，享用由专业工作人员提供的家庭帮助服务。家庭帮助服务曾在 20 世纪 60 年代迅速发展起来，到 1975 年已经覆盖了 18% 的 65 岁以上老年人和 38% 的 80 岁以上的老年人，到 1997 年覆盖了 8% 的 60 岁以上老年人和 20% 的高龄老年人。家庭帮助服务在刚开始的时候只涉及家务劳动，如购物、做饭、搞卫生、洗衣服等。到后来家庭服务用于个人护理的时间越来越多，主要是提供给高龄老人和病人。目前，大概 50%—80% 的家庭服务时间用来进行个人护理，如帮助没有生活自理能力的老年人起床、洗澡、如厕等。

在瑞典，亲属照护还是占主体，接受公共照护的基本上都是孤寡老人。一是瑞典老年人的后代愿意照护而且也能够照护老年人，有部分老年人是和子女居住在一起，有部分老年人居住在离子女家不远的地方，都方便亲属照护。二是政府对亲属照护有专门的援助计划。政府对老年人亲属进行援助的方式有两种：直接援助和间接援助。直接援助是为老年人雇佣家庭护理员或者提供给亲属护理所需的现金补助。大约7000人被雇佣为家庭护理员，一个星期护理的时间大约20小时，也有大约7000名老年护理员收到现金补助。但1998年改革之后，政府对老年人亲属支持的力度越来越小，有的甚至没有支持了。间接援助就是通过家庭帮助和每日护理这两项计划提供的资金来支持老年人的亲属。

（二）医疗保健服务

瑞典于1953年通过了《国民健康保险法》。1983年实行新的《卫生与理疗服务法案》，对老年人医疗保健福利做了规定。老年人在公立医院或者牙科医院享受免费治疗服务；领养老金的老年人可以免费参加健康保险；如果是患慢性病需要长期护理的老年人，可以享受家庭护理，由本社区的专业工作人员提供相关服务，国家提供家庭护理补贴；医院设有老年病科，需要长期住院治疗的老年人，可以住疗养院治疗；在社区为老年人设置康复中心，并配备专业的医生和技师提供专业服务。

（三）退休养老金制度

瑞典法律规定年满65岁者退休，但根据本人情况可提前至60岁或推迟到70岁。65岁前，每提前1个月退休，退休金减少0.5%；65岁后，每推迟1个月退休，退休金增加0.6%。

退休金主要分三部分：基本养老金、公共附加退休金和部分退休金。所有公民包括从未工作过的人都可享受基本养老金。65岁以上的单身退休者可得到相当基数95%的养老金，夫妇都退休者每人可得基数的77.5%。公共附加退休金只有工作过一年以上的才能获得，大约相当于其15个最好收入年头平均收入的60%。附加退休金很少或根本没有的老人，还可以再得到相当基数45%的附加养老金。如其配偶是尚未到退休年龄的家庭妇女，或还有16岁以下小孩，还可以得到其他补助。年满60岁而在45岁以后工作了十年以上的职工，可以根据自己情况把工作时间减到每天4—6小时，保险局负责补足其由此而减少的收入之 50%，这叫做部分退休金。目前约有 23% 的适龄者享有此项待遇。一般说来，各类退休金加在一起可相当于职工退休前工资的 70% 左右。仅靠养老金和附加养老金生活的老人可免除所得税，其房租补贴也大体相当于房租额。

二、俄罗斯的老年人福利①

俄罗斯的老年人福利集中体现在基本养老福利方面。俄罗斯从 1965 年开始实行全民养老保障制度，但是随着苏联解体，原来的全民养老制度难以适应经济社会发展的需要，因此进行了转型，实行以"积累原则"为基础，多种形式并存的养老保障制度，逐步从国家养老和企业养老向社会养老保险转变。例如，在叶利钦执政时期，1991 年俄罗斯政府颁布了《退休养老基金法》，确立了国家社会保险的基本原则，养老金制度从完全由国家拨款的退休金分配制逐渐过渡到由国家、企业和个人共同承担的养老金分配制，旨在建立起同市场经济原则相适应的养老保险制度。俄罗斯养老金有两种：一种是劳动养老金，是社会保险性质，凡参加养老保险，又达到一定年龄和工作年限的俄罗斯公民皆可享受；另一种是社会优抚金，属于社会援助项目，凡是工作不足 5 年的，可以领取相当于基本养老金 2/3 的社会优抚金。国家对一直没有工作的老年人（男性 65 岁、女性 60 岁）发放数额相当于三级残疾金的社会优抚金。

苏联解体转型后，俄罗斯的经济慢慢恢复，因此又对养老保险制度进行了改革。1995 年，俄罗斯政府同意采纳世界银行的"三支柱"养老保险制度改革思路，并于 1997 年公布了调整后的"三支柱"养老保险制度。第一支柱是社会养老保险，仅提供给无力缴纳养老保险费的特困人群，其资金由政府财政提供。第二支柱是强制养老保险，它是养老保险体系中最为核心的组成部分。国家为所有退休工人建立个人账户，提供养老保险，其资金来源于投保者的缴费以及基金的收益。第三支柱则是补充养老保险，它是私人管理的退休计划，所有工人都可以自愿参加。但是，由于受到亚洲金融危机的影响，俄罗斯的经济状况更加糟糕，加上苏联的养老保

---

① 肖来付：《经济与社会转轨过程中的俄罗斯老年人福利政策》，《社会福利》2007 年第 9 期，第 55—57 页。

险制度的惯性，俄罗斯政府无法真正落实"三支柱"养老保险改革的具体内容。在此期间，为了保持社会的稳定，政府出台了一些社会福利措施，主要面向退休者和低收入人群、功勋者及伤残人员、警察等特殊职业者。例如，圣彼得堡市为了保障老年人的基本生活，为老年人提供了广泛的免费服务，如免费住宿、免费医疗、免费水电、免费交通，做到了老有所养。同时，对于不同时期的老英雄、老战士还给予特殊政策，对老功臣分四类进行养老。第一类是政府养老院，入住对象是二战英雄，这部分人基本由国家包下来。第二类是社会养老院，老人把自己的住宅交给国家，采用交换的形式入住社会养老院，自带家具与用具集中养老。第三类是生活不能自理的老人，入住封闭式的护理院，费用由国家全额负担。第四类是白天集中居住、晚上回家的托老所式的养老院，这些老人都保持了与原工作单位的联系，其养老费用由原单位提供，单位免费提供房子，并在条件许可的情况下用出租房屋所得收入及其他收入不定期帮助这些老人。

普京执政期间对俄罗斯的社会福利进行货币化改革，2004 年国家杜马通过了《关于以津贴取代优惠》的法案。该法案规定自 2005 年 1 月 1 日起，3200 万老龄和弱势人口的福利待遇将被取消，取而代之的将是政府以卢布现金形式发放的补贴；自 2006 年起，受益者还可以自愿选择继续接受现金补贴，或把基本补贴转换为一揽子社会福利包，其内容包括免费使用市政交通、医疗保险的有限免费药品及疗养等。俄罗斯各地相继建立了一批"社会服务中心"，中心的护理人员为老年人提供一些生活服务，如洗澡、理发、购物等，还照顾卧病在床的孤寡老年人，提供老年人社会交往的场所。

三、日本的老年人福利[1]

日本是世界人口平均寿命最长的国家之一，也是亚洲典型的人口老龄化国家。面对人口老龄化带来的各种挑战，日本在老年人福利方面走出了一条具有特色的道路。日本老年人福利体系的建立具有比较完整的法律体系：《国民年金法》、《老人保健法》、《老人福利法》和《介护保险法》四部法律构成了日本老年人福利体系的法律基础，分别从经济收入福利、医

---

① 贾晓九：《日本的老年人社会福利事业》，《社会福利》2002 年第 6 期，第 50—54 页。

疗保健福利、养老福利和生活护理福利等方面做出了法律规定。

（一）老年人经济收入福利：国民年金制度

1959 年，日本政府颁布了《国民年金法》，建立国民年金制度，并于 1961 年正式实施缴费型的国民年金，从此日本进入"国民皆年金"的时代。日本所有达到 65 岁的老年人都能够领到养老金，解决了老有所养的问题。年金制度采取社会保险的方式，年金支出由国家财政负担 1/3，保险费用负担 2/3。年金分为基础年金（国民年金）和职业年金两种。在职人员退休后可获得双重经济保障，即可从国民年金和职业年金中领取双份养老金。

日本还专门建立了农民年金制度。随着日本经济进入高速增长期，为了适应工业化、城市化的要求，1970 年日本政府又颁布《农业劳动者年金基金法》，并于 1971 年 1 月 1 日开始实施，这标志着日本建立起专门的农民年金制度。《农业劳动者年金基金法》鼓励农民离开土地。依自愿性原则，农民因进城或者满 65 周岁而转让土地经营权后，政府在支付其国民年金的基础上进一步支付农民年金，作为国民年金制度的重要补充。财政补助的比例根据参保者的年龄及参保年限实行不同的标准。加入农民年金必须满足以下三个要件：年龄在 20 岁至 55 岁之间，具有一定规模以上土地的名义权，必须是国民年金的加入者。可见，日本老年人可从国民年金中领取养老金，从而使晚年生活有了最基本的经济保障。

（二）基本养老福利

1963 年颁布实施的《老人福利法》被称为"老人宪章"，它确立了日本现行老年人社会福利制度的基本框架。该法规定了老人福利的原则、国家和社会在老年人社会福利方面应该承担的责任、老人福利的执行机关的职责等内容，还明确规定了国家和社会应该提供老人福利服务的内容，包括：开展家庭福利服务；组织派遣家庭服务员协助老人处理入浴、饮食、排泄等生活问题；兴建托老所和保健训练中心，为居家养老的老人提供福利服务；开展向老人捐赠或租借保健护理器械和生活用品的服务；大量建立老人福利院为有困难的老人提供收养、护理和康复等服务；开办各类学习讲座，组织老人俱乐部，充实老人的精神生活，活跃老人社交活动。

在日本，收养型老人福利机构大体上可以分为三种：老人养护之家、老人特别养护之家和低费老人福利院。老人养护之家收养 65 岁以上的贫困老人和没有住房、不能自立生活的老人。这种设施的规模一般要求能够接纳 50 人以上，50 人配备管理人员 15 人，每人平均居住面积为 7.5 平方米左右，一室 1—2 人。生活费和设施利用费原则上根据本人及扶养者的收入状况征收，生活水准在贫困线以下者可以减免征收。设施的运行费用由国家和地方政府各承担一半。

老人特别养护之家在老年福利设施中发展最快、规模最大，全国共有 3000 多所，收养生活不能自理、家庭中无力看护且需要长期护理的老人。尽管老人特别养护之家以每年平均增加 200 所的速度发展，但还是供不应求，每年大约有 2 万多名的高龄老人等待入院。日本政府正在采取一系列的措施，加大发展力度，要求各地方政府按照每年增设 1 万张床位的目标发展。根据法律规定，接纳 50 人的设施要配备专业人员 23 人，比老人养护之家多出 1/3，因为它的主要服务功能是护理。

低费老人福利院的接纳对象原则上是 60 岁以上的低收入夫妇，或因无子女、经济以及家庭住房困难等原因不能居家养老者。低费老人福利院强调国家和个人共同承担的原则，生活费和设施利用费全部由个人负担，事务管理费原则上由个人负担。设施设备运行费用国家承担 1/2，地方政府和经营者各承担 1/4。

1980 年，日本《高龄老人保健福利推进十年战略计划》开始实施，该计划又称"黄金计划"，其主要目的是建立和完善社区照顾服务体系，依托社区建立多种服务设施，开展家庭看护服务，使老年人能够在社区和家中安度晚年。日本的社区照顾服务体系包括设施服务和家庭看护服务。设施服务是利用在社区的设施为居家养老的老年人提供休息、娱乐、保健、康复和护理等服务。这类设施主要有：老人福利中心、老人之家、保健和康复训练中心以及高龄老人福利中心。

（三）医疗保健福利

1982 年颁布的《老人保健法》对保健事业的种类、业务范围、实施规则、与医疗的关系等作了详细的规定，并强调在确保医疗服务的同时，加强疾病预防、治疗及功能训练等综合性保健，使日本逐渐形成了以积极预防为主的老年人医疗保健服务体系。通过设立老人病院、发展预防保健事业、建立老人保健设施和实行上门看护服务等措施，为老人提供了全面的医疗保健服务。1997 年，日本颁布了《介护保险法》，建立了介护保险制度，将原来由医疗保险支付的介护费用单独分离出来，并通过社会保险的方式支付老年人生活护理所需的费用。参保对象从 40 岁开始缴纳保险费用，65 岁以上可以享受介护保险，但个人必须支付 10% 的费用。需要护理的老人可以在自己的家中享受所需要的综合性福利服务和医疗服务，也可以到机构居住。在家中享受的服务包括上门服务，由厚生部门选派保姆、护士、康复专职人员、入浴组定期到老人家中，分别进行生活护理、看护、康复和入浴生活护理的巡回探访；也包括日托服务，老人可每周数次往返于服务中心享受机能训练、饮食、入浴等服务，或每周数次往返于康复中心享受老年保健服务；老人可以到老人特别养护之家或老年人保健机构暂住，享受短期入院服务；还包括租借、添置福利用具和住宅改建服务，在寓所生活的老人可以向福利机构租借轮椅、特护床等福利用具，并由所在地的厚生部门为其支付坐式便池、入浴专用椅等福利用具的购置费和安装专用扶手、取消阶梯等住宅改建费。

第四节　我国老年人福利的改革

一、取得的成绩与存在的主要问题

近年来，我国的社会养老服务体系建设取得了长足发展。养老机构数量不断增加，服务规模不断扩大，老年人的精神文化生活日益丰富。截至 2009 年底，全国各类收养性养老机构已达 4 万个，涵盖福利院、养护院、敬老院、荣军养老机构、老年公寓等多种类型；养老床位达 289 万张，比 1999 年增长了近 2 倍。社区养老服务设施得到进一步改善，社区日间照料服务逐步拓展，已建成含日间照料功能的综合性社区服务中心 1 万个，留宿照料床位 1.5 万张，日间照料床位 3 万张。居家养老服务从无到有，从点到面，取得了较好进展，一个以保障高龄、独居、空巢、失能和低收入老人为重点，借助专业化养老服务组织，提供生活照料、家政服务、康复护理、医疗保健等服务的居家养老服务网络初步形成。①

---

① 民政部：《社会养老服务体系建设"十二五"规划》（征求意见稿），http://www.mca. gov. cn/article/zwgk/mzyw/201102/20110200133797. shtml。

但是，我国社会养老服务体系建设仍然处于起步阶段，还存在一些问题，主要有如下方面：

第一，缺乏相关立法。我国当前只有一部1996年颁布的《中华人民共和国老年人权益保障法》，没有专门的配套法律，如老年人医疗保健法、老年人服务法等。况且，这部法律颁布已经有十几年的时间了，当时我国老年人福利还刚刚起步，经过十几年的发展，现实已经发生巨大变化，有些法律规定已经不适合现实状况。除此以外，指导我国老年人福利事业的都是政府各个部门制定颁布的各种政策性文件，如通知、决定、指导意见等，缺乏应有的强制性和约束力。

第二，老年人福利供给不足，供需矛盾突出。随着我国老龄化进程的加快，以及老年人养老观念的转变，更多的老年人愿意到养老机构安享晚年，使得原来就供不应求的状况更为突出。国家在老年人福利方面投入的资金有限，主要靠地方财政承担，而民间资金投入也有限，导致老年人福利服务的软件和硬件都满足不了老年人的需求。根据《中国城乡老年人口状况追踪调查》的测算，对机构养老的潜在需求量从2000年的1821万张上升到2006年的2261万张。但我国各类养老机构只有床位数149万张，尚不及需求量的1/12，与发达国家的5%—7%的机构供养率相比，相差甚远。

不仅是服务总量上供不应求，而且服务设施陈旧、简陋，服务机构功能单一，无法满足老年人养老的需求。由于过去我国的养老机构主要是收养"三无"老人，硬件设施仅仅提供吃、住等最基本的生活服务，而现在老人的各方面需求和要求都比较高，原来的服务设施无法提供高质量的服务。

第三，布局不合理，城乡之间、区域之间发展不平衡。由于我国城乡二元社会结构还没有消除，城乡之间的经济社会发展仍然存在较大差距，因此老年人福利也呈现二元特点，城乡之间发展不平衡。城镇老年人福利资源相对而言要充足一些，无论是硬件设施还是服务质量，城镇都要比农村好。根据2007年公布的《中国城乡老年人口状况追踪调查》的统计数据：老年人领取退休金（养老金）的比率，城市老年人为78.0%，农村为4.8%；城市享受退休（养老）金的老年人平均月退休金为990元，农村684元；城市老年人享受各类医疗保障的占74.1%，不能享受任何医疗保障的为 25.9%，农村老年人享受各类医疗保障的有 44.7%，不能享受任何医疗保障的为 55.3%。实际上，农村老年人福利少得可怜，基本上都是靠家庭供养，福利水平完全取决于家庭的经济状况，只有低收入老人和五保户能够享受到国家的一些福利待遇。另外，63.9% 城市老年人领取了老年优待证并享受到了各种优待，相比之下只有极小部分的农村老年人领取了老年证，并且老年证在农村并不起实质性优待作用。可见，城乡老年人福利待遇水平差距很大。老年人福利除了城乡之间的差距以外，城镇内部也存在着差距。如机关事业单位、企业和城镇居民之间以及效益好的单位与效益差的单位之间的老年人福利差距，也是非常明显的。

由于我国原有的老年人福利基础薄弱，现在要加快发展养老服务业就需要投入大量的资金。目前我国发展养老服务业的资金主要由各级地方财政负担，因此养老服务业发展的程度就直接取决于地方经济实力。显而易见，经济条件较好的东部沿海地区，养老服务业发展较快，效果初显；而经济欠发达的中西地区除部分省会城市外，养老服务业发展缓慢，困难重重。

第四，服务队伍专业化程度不高。目前，老年人基本服务方面专业化程度很低，导致这种状况的原因有两个：一是专业人才数量太少，二是现有的专业人才的专业化程度不高。在老年人护理服务领域中，实际从业人员中绝大多数是没有专业资格证书的，仅靠工作经验开展工作，提供专业含量不高的服务，像最基本的洗衣、做饭、打扫卫生等。其实，老年人护理服务的专业要求是非常高的，要根据老年人的生理、心理特征提供有针对性的服务是非常不容易的，如心理咨询、医疗康复等，不是一般的非专业人员就能够胜任的。迫于专业人员数量严重不足的情况，非专业人员也当成专业人员来使用。全国有近 3000 万老年人需要程度不同的养老护理，需要专业养老护理人员近 1000 万以上，但当前能够持证上岗的护理人员只有 2 万多，远远不能满足市场需求。[①] 而且，我国当前在这方面的人才培养还不够成熟，培养出来的人才专业性不强，如社会工作者的培养。专业性不强体现在专业理念不强、专业理论不成熟和专业技能不高三个方面。

---

① 中国发展研究基金会：《中国发展报告 2008/09：构建全民共享的发展型社会福利体系》，中国发展出版社 2009 年版，第 77 页。

因此，虽然是专业人员，但是也无法提供专业的、高质量的服务。

二、改革措施

（一）完善立法

修订完善《中国人民共和国老年人权益保障法》，加快制定相关的专门法律，如《老年人医疗保健法》、《老年人福利法》和《老年人养老法》等。改变目前行政规章约束力低的现状，用法律来规范和引导老年人福利的各种活动，明确政府、养老机构和老年人的权利和义务，保障老年人的福利能够得到更好的满足。由于没有相关法律强有力的约束，出现了国家的政策没有得到完全的贯彻实施，养老机构各种不规范活动的现象。因此，有必要从法律的层面来进行监督和约束，违者必须承担相关的法律责任。我国可以借鉴发达国家的成功经验，例如日本，它制定了完整的法律体系来保障老年人福利各项活动的依法有效实施。

（二）增强老年人福利供给能力

老年人福利事业是一项重要的具有福利性质的社会公共事业，政府理应处于主体地位和起到主导作用，要形成"政府主导、社会参与、全民关怀"的格局。老年人福利供求矛盾突出，最根本的原因就是投资于福利生产的资金严重不足，体现为中央财政投入有限，地方财政能力有限，吸纳民间资金不够。现阶段，在我国老年人福利服务市场发育还很不成熟、民间资金参与度低的情况下，增强老年人福利供给能力的最有效办法是增加中央财政的投入。首先，要确立政府作为老年人福利投资主体的地位，设立老年人福利的专项基金，并多渠道筹集资金。政府可以用专项基金来补贴老年人福利服务提供者，以便使老年人能够享受到免费或者低偿的各种福利服务。其次，政府要加强福利服务硬件设施的升级和建设。养老机构的建设要做到多层次性，满足不同程度的需求，如可以建设供养型、颐养型、护理型和临终关怀型的养老机构。想方设法增加养老床位的供给，解决"一床难求"的困境。另外，政府还要发挥引导作用。兴办老年人福利事业是一项高投入的项目，仅靠政府的投入是远远不够的，要引导、整合和利用社会民间资源。要动员社会力量来投入，国家必须在规划用地、用水、用气、税收等方面出台优惠政策。最后，要逐步形成比较均衡的老年人福利供给格局。也就是要逐步的消除城乡之间、区域之间、行业之间老年人福利的差距，要有步骤地向农村地区、欠发达地区和经济效益差的行业倾斜，加大扶持力度，以改善这些领域老年人福利待遇。

（三）完善老年人福利体系

随着我国国民经济的持续发展，国民收入逐步提高，老年人在吃、穿、住、用、行等方面的基本物质生活需求基本上得到满足，进而产生了更高层次的精神需求。因此，老年人福利不要仅仅停留基本生存的层面上，要更加注重老年人的精神文化福利。政府要加大文化娱乐设施的建设，提供丰富的精神文化方面的福利服务，如"流动图书馆"进社区、健康讲座进社区、建立老年人活动中心等。享受继续教育是老年人的一项重要权益，老年人有着较高的学习愿望和需求，因此要制定满足老年人发展需求的福利措施，如建立社区教育体系，开办社区学院等。社区学院要开设多层次、多类别的课程，既能够满足老年人陶冶情操的需求，又能学习简单的技艺服务社会。另外，要注重老年人的心理健康和精神慰籍，开设心理健康咨询室，由专业的心理咨询师提供专业的咨询服务。总之，老年人福利服务是要让老年人健康、快乐、充实地安享晚年。

（四）老年人福利服务的专业化和职业化

老年人福利服务专业化、职业化是老年人福利发展的客观需要。要实现老年人福利服务专业化和职业化就必须有专业化和职业化的社会工作人才。国家提出要"建设一支宏大的社会工作人才队伍"，要从专业化和职业化两个层面来建设。要从职业理念、专业知识和业务能力三个方面来提高社会工作者的专业性，从设置社会工作者职业岗位、社会工作职业及薪酬体系和建立社会工作者培训制度和管理机构三个方面来提高社会工作者的职业性。

本 章 小 结

我国已经步入老龄社会，老年人社会福利成为一个迫切需要解决的问题。老年人福利需求是多方面的，如经济收入需求、居住需求、情感交流需求等，这些福利需求的产生具有必然性，如人口老龄化、社会转型和家庭养老功能的弱化等。我国老年人福利主要包括两大方面：一是老年人经济收入福利，二是老年人基本照顾服务。老年人基本照顾服务包括养老照顾和医疗保健照顾。我国为了应对人口老龄化的挑战，从 2001 年开始实施"星光计划"，取得了很好的成效。

在国外，像瑞典、俄罗斯和日本等国家在老年人福利方面有着成功的做法，如日本的年金制度、瑞典的老年人照顾服务，都取得了很好的效果。我国老年人福利也取得了一定的成就，但目前还存在一些问题，如专门法律的缺失、供求矛盾突出、发展不均衡、专业化和职业化程度低等。因此，要实施有针对性的改革，如制定专门的法律、提高老年人福利的供给能力、均衡发展、提高老年人福利的专业性和职业性。

重 点 名 词

老年人福利　人口老龄化　居家养老　社区养老　星光计划

复习思考题

1. 老年人有哪些福利需求？

2. 我国老年人养老方式有哪些？各种养老方式有何优势与局限？

3. 外国老年人福利有哪些内容？

4. 我国老年人福利存在哪些问题？应该如何改革？

第十五章　妇女福利和儿童福利

【学习重点】

1. 妇女福利的内涵；
2. 妇女福利的内容；
3. 妇女福利取得的成就、存在问题及改革对策；
4. 儿童福利的内涵；
5. 儿童福利的内容；
6. 儿童福利取得的成就、存在问题及改革对策。

第一节　妇女福利

一、妇女福利的概念

妇女福利的内涵可以从广义和狭义两个层面来概括。广义上的妇女福利是指政府或者其他组织为保护妇女的基本权利和满足妇女的基本需求而制定的各种政策法规和向妇女提供的各种社会服务的总和。狭义的妇女福利是指向妇女提供的各种特殊的福利待遇和社会服务。广义的妇女福利包括两个方面：一方面是保护妇女的经济和社会权益，即保障妇女在教育、就业、收入等方面享有与男子平等权利的政策规定和相应的保护性措施；另一方面是向妇女提供专门的福利服务，即根据妇女特殊的需求而在医疗卫生、社会保障、劳动保护等方面为妇女提供的特殊待遇和专门化服务。①

---

① 陈良瑾主编：《社会救助和社会福利》，中国劳动社会保障出版社 2009 年版，第 236 页。

可见，广义的妇女福利包括狭义的妇女福利。妇女作为我国社会成员中的女性群体，与男性群体一样平等地享有我国所有的社会福利，但是由于妇女特殊的生理状况及其肩负着特殊的社会责任所产生的特殊的福利需求，国家正是基于妇女的特殊情况而单独提供相关的特殊福利。因此，本书所讲的妇女福利是狭义上的妇女福利①。

二、我国妇女福利的发展进程

1951 年政务院颁布的《中华人民共和国劳动保险条例》第十六条对妇女生育福利就有明确规定："女工人与女职员生育，产前产后共给假五十六日，产假期间，工资照发。女工人与女职员小产，怀孕在三个月以内者，给假十五日；在三个月以上不满七个月者，给假三十日，产假期间，工资照发。产假期满（不论正产或小产）仍不能工作，经医生证明后，均应按第十三条疾病待遇规定处理之。女工人与女职员或男工人与男职员的配偶生育时，由劳动保险基金项下付给生育补助费，其数额为五尺红市布，按当地零售价付给之。"1955 年国务院颁布的《关于女工作人员生育假期的通知》对机关、团体、事业单位的女职工生育福利待遇作了明确规定；1956 年的《高级农业合作社示范章程》规定：让女社员在产前产后得到适当的休息，女社员生育时酌情给予物质帮助。"文化大革命"期间，由于特殊的历史时期，妇女福利一定程度上受到了破坏。如 1969 年把妇女生育保险改为企业保险，由企业负责妇女生育福利，但是由于企业负担过重，许多企业没有真正落实妇女生育福利，甚至为了避免负担生育费用而排斥女性。

改革开放之后，我国妇女福利事业重新步入正轨。1986 年国务院颁布的《女职工保健工作暂行规定》和 1990 年劳动部发布的《女职工禁忌劳动范围的规定》，明确了女职工的禁忌劳动，以及女职工在"四期"② 期间的劳动保护。1992 年制定、2005 年修订的《中华人民共和国妇女权益保障法》是中国第一部专门以妇女为主体，全面保护妇女合法权益，促进男

---

① 妇女、儿童和残疾人由于其特定的生理状况，都是我国特别照顾的特殊群体，因此妇女福利、儿童福利和残疾人福利都是从狭义层面来定义的，即国家专门为这些特殊群体提供的特殊福利待遇，在下文论及儿童福利和残疾人福利时不再重复解释。

② "四期"指经期、孕期、产期和哺乳期。

女平等的基本法律。1994 年颁布的《中华人民共和国劳动法》为妇女在市场经济条件下争取平等的劳动权利奠定了法律基础。1994 年通过、1995 年实施的《中华人民共和国母婴保健法》，明确规定了医疗保健机构应当为育龄妇女和孕产妇提供孕产期保健服务。1995 年和 2001 年国务院分别颁布了《中国妇女发展纲要（1995—2000 年）》和《中国妇女发展纲要（2001—2010 年）》两个妇女福利发展史上的纲领性文件。《中国妇女发展纲要（1995—2000 年）》的实施进一步改善了我国妇女生存和发展的社会环境，维护了妇女的合法权益，加速男女平等，妇女在政治、经济、教育和健康等方面取得全面进步。《中国妇女发展纲要（2001—2010 年）》确定了六个优先发展领域，即妇女与经济、妇女参与决策和管理、妇女与教育、妇女与健康、妇女与法律、妇女与环境，并把促进妇女发展的主题贯穿始终；并明确了 21 世纪头十年中国妇女发展的总目标：贯彻男女平等的基本国策，推动妇女充分参与经济和社会发展，使男女平等在政治、经济、文化、社会和家庭生活等领域进一步得到实现。保障妇女获得平等的就业机会和分享经济资源的权利，提高妇女的经济地位；保障妇女的各项政治权利，提高妇女参与国家和社会事务管理及决策的水平；保障妇女获得平等的受教育机会，普遍提高妇女受教育程度和终身教育水平；保障妇女享有基本的卫生保健服务，提高妇女的健康水平和预期寿命；保障妇女获得平等的法律保护，维护妇女的合法权益；优化妇女发展的社会环境和生态环境，提高妇女生活质量，促进妇女事业的持续发展。

三、我国妇女福利的内容

（一）妇女生育福利

妇女生育福利就是在生育事件发生期间对妇女给予收入补偿、医疗服务和生育休假等各种福利的总称。其内容一般包括：（1）生育津贴，即在法定的生育休假期间对生育者的工资收入损失给予经济补偿；（2）医疗护理，即承担与生育有关的医护费用（包括产前检查费）；（3）生育休假，即产假。1952 年国际劳工大会通过的《生育保护公约（修订）》（第 103 号）、《生育保护建议书》（第 95 号）和国际劳工大会此前通过的《生育保护公约》（第 3 号）为世界各国制定妇女生育福利政策提供了政策框架。妇女生育福利的宗旨就是要确保妇女在产前产后及婴儿得到照顾。

产假是妇女生育福利的重要内容之一。1988 年，国务院颁布《女职工劳动保护规定》，规定女职工产假至少 90 天（其中产前休假 15 天），略低于联合国 1999 年第 88 届世界劳工大会新修改的 14 周标准。但是，产假也分具体情况而定。《女职工劳动保护规定》只做了至少 3 个月的下限规定，即正常产假是 3 个月。而难产的增加产假 15 天；多胞胎生育的，每多生育一个婴儿，增加产假 15 天。产假是妇女依法享有的一种带薪假期，1994 年颁布的《企业职工生育保险试行办法》第 5 条规定：女职工生育按照法律、法规的规定享受产假，产假期间的生育津贴（也称为"产假工资"）按照本企业上年度职工月平均工资计发，由生育保险基金支付。我国生育津贴为工资的 100%，高于联合国在《生育保护公约》（103 号）中所建议的最低标准——国际劳工组织所规定的生育保险工资替代率为 67%。

产前产后的保健福利，具体包括妇女在产前和产后所享受到的各种检查、保健的服务和津贴。如 1998 年《劳动部关于女职工生育待遇若干问题的通知》规定：女职工怀孕，在本单位的医疗机构或者指定的医疗机构检查或分娩时，其检查费、接生费、手术费、住院费和药费由所在单位负担，费用由原医疗经费渠道开支。可见，与生育有关的费用，应由单位承担，而不是由个人承担。如果产前检查占用工作时间，单位既不能够按考勤记录算作迟到或旷工，更不允许扣发工资。因为在《女职工劳动保护规定》中明确指出：怀孕的女职工，在劳动时间内进行产前检查，应当算做劳动时间。

（二）妇女教育福利

妇女教育福利就是国家为了保障妇女受教育的权利，提高妇女素质而制定的政策和采取的措施。妇女教育福利的核心是保障妇女享有与男子平等的文化教育权利。《中华人民共和国妇女权益保障法》明确规定：第一，学校和有关部门应当执行国家有关规定，保障妇女在入学、升学、毕业分配、授予学位、派出留学等方面享有与男子平等的权利。学校在录取学生时，除特殊专业外，不得以性别为由拒绝录取女性或者提高对女性的录取标准。第二，学校应当根据女性青少年的特点，在教育、管理、设施等方面采取措施，保障女性青少年身心健康发展。第三，父母或者其他监护人必须履行保障适龄女性儿童少年接受义务教育的义务。除因疾病或者其他特殊情况经当地人民政府批准的以外，对不送适龄女性儿童少年入学的父母或者其他监护人，由当地人民政府予以批评教育，并采取有效措施，责令送适龄女性儿童少年入学。政府、社会、学校应当采取有效措施，解决适龄女性儿童少年就学存在的实际困难，并创造条件，保证贫困、残疾和流动人口中的适龄女性儿童少年完成义务教育。第四，各级人民政府应当依照规定把扫除妇女中的文盲、半文盲工作，纳入扫盲和扫盲后继续教育规划，采取符合妇女特点的组织形式和工作方法，组织、监督有关部门具体实施。第五，各级人民政府和有关部门应当采取措施，根据城镇和农村妇女的需要，组织妇女接受职业教育和实用技术培训。第六，国家机关、社会团体和企业事业单位应当执行国家有关规定，保障妇女从事科学、技术、文学、艺术和其他文化活动，享有与男子平等的权利。

国家为了保障妇女，尤其是贫困地区女童能够平等的接受教育，实施了一系列专项扶持政策，如"巾帼扫盲行动"、"春蕾计划"等，并取得了较好的效果。国家继续大力推进妇女教育福利，在《中国妇女发展纲要（2001—2010 年）》中规定了妇女教育的主要目标：保障女童接受九年义务教育的权利；小学适龄女童的净入学率达到 99% 左右，小学 5 年巩固率提高到 95% 左右，基本杜绝小学适龄女童失学；初中女童毛入学率达到 95% 左右；高中阶段教育女性毛入学率达到 75% 左右，高等教育女性毛入学率达到 15% 左右；成人妇女识字率提高到 85% 以上，其中青壮年妇女识字率提高到 95% 左右；提高妇女的终身教育水平；妇女平均受教育年限达到发展中国家的先进水平。这些目标基本都已实现。

（三）妇女就业和劳动保护福利

妇女由于其生理和心理的特殊性以及肩负着特定的社会责任，在就业和劳动方面与男子相比处于弱势，因此国家专门提供相关福利。1988 年《女职工劳动保护规定》和 2005 年修订的《中华人民共和国妇女权益保障法》都有明确规定：

首先，国家保障妇女享有与男子平等的劳动权利，并实行男女同工同酬。要求各单位在录用职工时，除不适合妇女的工种或者岗位外，不得以性别为由拒绝录用妇女或者提高对妇女的录用标准。在录用女职工时，应当依法与其签订劳动（聘用）合同或者服务协议，劳动（聘用）合同或者服务协议中不得规定限制女职工结婚、生育的内容，不得因结婚、怀孕、产假、哺乳等情形，降低女职工的工资，辞退女职工，单方解除劳动（聘用）合同或者服务协议。妇女在享受福利待遇方面享有与男子平等的权利，在晋职、晋级、评定专业技术职务等方面，应当坚持男女平等的原则，不得歧视妇女。

其次，为了提高妇女就业的竞争力，国家专门为妇女举办各种就业培训班，提高其业务水平。

最后，任何单位均应根据妇女的特点，依法保护妇女在工作和劳动时的安全和健康，不得安排不适合妇女从事的工作和劳动。禁止安排女职工从事矿山井下、国家规定的第四级体力劳动强度的劳动和其他女职工禁忌从事的劳动。妇女在经期、孕期、产期、哺乳期受特殊保护：（1）女职工在月经期间，所在单位不得安排其从事高空、低温、冷水和国家规定的第三级体力劳动强度的劳动。（2）女职工在怀孕期间，所在单位不得安排其从事国家规定的第三级体力劳动强度的劳动和孕期禁忌从事的劳动，不得在正常劳动日以外延长劳动时间；对不能胜任原劳动的，应当根据医务部门的证明，予以减轻劳动量或者安排其他劳动。怀孕七个月以上（含七个月）的女职工，一般不得安排其从事夜班劳动；在劳动时间内应当安排一定的休息时间。（3）女职工产假为90天，其中产前休假15天。难产的，增加产假15天。多胞胎生育的，每多生育一个婴儿，增加产假15天。（4）有不满一周岁婴儿的女职工，其所在单位应当在每班劳动时间内给予其两次哺乳（含人工喂养）时间，每次30分钟。多胞胎生育的，每多哺乳一个婴儿，每次哺乳时间增加30分钟。

（四）保健福利

1994年颁布并于1995年实施的《中华人民共和国母婴保健法》、2001年颁布的《中华人民共和国母婴保健法实施办法》和2001年颁布并于2002年开始实施的《中华人民共和国人口与计划生育法》将妇女保健工作推向了法制化轨道，为妇女保健工作提供了法律保障。国家重视满足妇女在生命周期各阶段的健康服务需求，提高妇女预期寿命，各级卫生部门把妇科病查治作为妇女保健的一项常规工作。国家不断增加妇幼保健资金投入，逐步完善妇女保健服务网络。政府重视青少年健康和老年妇女健康，在各类学校和社区大力开展性知识和艾滋病预防知识宣传教育，提高女性青少年的性健康知识水平，增强她们的自我保护能力。另外，随着城乡流动人口的不断增加，国家努力遵循公平对待、合理引导、完善管理、优质服务的原则，将流动人口孕产妇保健纳入流入地孕产妇保健范围，为流动妇女提供与户籍人口同等的计划生育优惠政策和技术服务，维护她们的健康福祉。

国家为了改善妇女保健福利，经常举办一些专项活动。例如，2004 年世界艾滋病日，全国广泛开展了"关注妇女，抗击艾滋"的主题宣传活动。同时，还大力支持非政府组织开展各种妇女健康项目，如全国妇联开展了"母亲健康快车"等项目，在 51 个艾滋病综合防治示范区开展以"预防艾滋病，健康全家人"为主题的妇女"面对面"宣传教育活动；中国计划生育协会在全国大中学校和流动青少年中广泛开展以同伴教育为主的预防性病和艾滋病项目，在农村把帮助妇女增加收入与妇幼保健和计划生育相结合，有效促进了妇女健康水平的提高。

四、我国妇女福利制度的改革

（一）取得的成就①

我国一直以来运用经济、法律、行政及舆论等多种措施，努力保障妇女在政治、经济、文化、社会和家庭生活等方面享有与男子平等的权利，不断促进妇女的全面发展，并取得了很大成就。

1. 就业福利

国家将保障妇女获得与男子平等的就业机会、共享经济资源和社会发展成果，作为推进妇女发展的首要目标和优先领域，制定并采取了一系列政策措施，确保妇女平等参与经济发展，平等获得经济资源和有效服务，增强妇女的自我发展能力，改善妇女的社会经济地位。2004 年底，全国城乡女性就业人数为 3.37 亿人，占全部从业人员的 44.8%；全国城镇单位女性就业人员为 4227 万人，占城镇单位就业人员总数的 38.1%；国有企事业单位专业技术人员中的女性比例达到 43.6%，比 1995 年的 37.3% 提高了 6.3 个百分点，其中高级、中级职务中的女性比例分别由 20.1% 和 33.4% 提高到 30.5% 和 42.0%。

---

① 参见中华人民共和国国务院新闻办公室：《中国性别平等与妇女发展状况》，http://news.xinhuanet. com/newscenter/2005 - 08/24/content_3395409_4. htm。

2. 教育福利

保障女性享有与男子平等的受教育权利和机会。我国的教育法、义务教育法和职业教育法等法律对女性受教育的权利和机会予以明确规定。政府也采取切实措施和行动，保障女童接受九年义务教育的权利，增加女性接受中高等教育的机会，重点扫除青壮年女性文盲，提高妇女的终身教育水平和平均受教育年限。最为突出的是保障女童受教育的权利和妇女扫盲行动。首先，政府致力于改善女童受教育的环境。2004 年，男女童入学率分别为 98.97% 和 98.93%，男女差距由 1995 年的 0.7 个百分点下降到0.04 个百分点。其次，创造条件让更多女童上学。中国青少年发展基金会和中国儿童少年基金会组织的"希望工程"和"春蕾计划"，资助了大量失辍学女童重返校园。最后，政府重视扫除妇女文盲，遏制女性新文盲产生，防止脱盲女性复盲，并重点推进贫困地区和少数民族地区妇女的扫盲教育。例如，全国妇联会同政府有关部门开展了以妇女为对象的"巾帼扫盲行动"。2004 年，全国城镇地区 15 岁及以上女性文盲率为 8.2%，比1995 年下降 5.7 个百分点；农村地区 15 岁及以上女性文盲率为 16.9%，比 1995 年下降 10.5 个百分点；全国青壮年妇女文盲率为 4.2%，比 1995年下降了 5.2 个百分点，超过总文盲率的下降幅度。

3. 保健福利

我国把妇女健康作为推进妇女发展的优先领域。首先，国家不断增加妇女保健资金投入，逐步完善妇女保健服务网络。到 2004 年底，已建成覆盖城乡的 2997 个妇幼保健机构，全国妇产科床位达 24.3 万张。其次，重视满足妇女在生命周期各阶段的健康服务需求，提高妇女预期寿命。各级卫生部门把妇科病查治作为妇女保健的一项常规工作，把它制度化和常态化，从经费和设施等方面予以保障。全国每年有 1/3 以上的 65 岁以下已婚妇女可以享受到妇科病检查，2004 年检查率为 37.3%。2003 年妇女平均预期寿命为 74 岁。最后，降低孕产妇死亡率，确保母亲安全。我国孕产妇死亡率逐步下降，由 1995 年的 10 万分之 61.9 下降到 2004 年的 10 万分之 48.3。

（二）存在的主要问题

1. 就业歧视和劳动保护难落实

虽然《中华人民共和国妇女权益保障法》等法律规章中明文规定妇女

与男子平等就业，公平竞争，同工同酬等，但是在现实中还是存在就业歧视。由于有人认为女性职工的工作能力没有男性强，或者由于妇女生理特点决定要经历"四期"，对工作肯定会带来一些负面影响，因此有些用人单位就不想招聘女性职工，在招聘条件中明确提出不招女性，或者在身高、相貌等方面作出限定。在劳动力供过于求的形势下，就业歧视更容易发生。女性是就业大军中的弱势群体，在私营企业等非公有制经济部门中妇女劳动保护很难得到落实。在签订的劳动合同中没有关于劳动保护的条款，即使有也仅仅是为了应付上级检查而已，在现实中根本没有相应的防护措施。

2. 家庭和人身财产权益受侵害

妇女的婚姻家庭、财产权益受侵害的现象越来越多。在妇联系统信访中婚姻家庭问题占信访总数的一半以上。在家庭方面，一方面是由于伦理道德的失范，配偶有婚外情现象；另一方面是妇女遭受家庭暴力。在财产权益方面，离婚中的财产分割、子女抚养费等经常受到侵害，如离婚妇女无住房、生活困难等问题比较突出。甚至在一些偏远的农村，传统的重男轻女观念还很浓厚，出现了剥夺妇女土地承包权的现象。另外，侵害妇女人身权利的现象时有发生，如家庭暴力、强奸、拐卖妇女，组织、强迫、容留妇女卖淫等。

3. 妇女生育保健政策不公平

现行的生育保健政策实际上主要是面向城镇中有工作单位的妇女，并没有做到覆盖全体妇女。例如，我国的"女职工生育保险"，制度设计的对象就是城镇女职工，而广大农村地区的妇女却没有这项福利。其实，城镇中的女职工也没有全部被覆盖。"非正规方式"就业的妇女，如个体户、钟点工、临时工、家庭保姆等等就没有被生育保险覆盖。即使是生育保险所覆盖的城镇女职工中，其保险待遇在不同行业、不同所有制单位、不同区域之间还是有很大差距的。另外，农村尤其是地处偏远地区农村的妇女保健状况堪忧，妇女保健服务利用率很低。原因是一方面农村妇女保健意识淡薄，不太重视保健；另一方面是保健设施和机构数量少，距离远，保健服务的可得性和可及性差。

4. 妇女受教育的状况有待改善

妇女总体文化程度不高，接受国民义务教育的年限不长。抽样调查结果反映，被调查的妇女，文化程度在小学毕业和初中二年级水平的占69.37%，高中（中专）的16.32%，大专以上的9.24%，文盲为5.07%。大多数妇女读到小学或初中之后就没有再继续升入高一级学校学习。城乡妇女人均接受教育的年限约为8.1年，男性人均为9.4年。女性受教育年限比男性低出1.3年，与全国的平均水平持平（全国人均水平为8.1年），有53.47%的妇女在15岁便停止受教育。① 城乡妇女受教育的程度存在十分明显的差异：城镇妇女受教育的程度要明显高于农村妇女。另外，由于妇女承担着养育子女和其他家庭事务的重任，因此妇女接受继续教育的机会没有男性多。

（三）改革措施

1. 完善政策，平等就业，监督落实劳动保护政策

真正落实"男女平等"政策，保障妇女的合法权益。建立健全女性就业的政府干预机制，加强《劳动法》等法律法规执行力度，严禁在招聘、招工中歧视女性，杜绝同工不同酬等情况出现。实行积极的劳动力市场政策，拓宽女性就业渠道，对下岗、失业、困难女性免费实行职前培训和在职培训。要加大《女职工劳动保护规定》等法规的宣传力度，逐步形成自觉维护女职工权益的社会环境。同时，要加大监督检查的力度，认真落实好劳动保护政策，保障妇女身心健康。

2. 加强法制教育，依法维权

鉴于部分妇女法制意识淡薄，不懂得运用法律武器来维权的情况，首先要加强对妇女进行法制教育。运用多种宣传教育手段加大对《妇女权益保障法》等相关法律法规的宣传力度，使广大妇女知法、懂法，能够运用法律武器来维护自身的权益。其次，充分利用社会各方资源，加大对妇女法律援助力度。加强与政法部门合作，建立、完善维权合议庭制度、妇女特邀陪审员制度、妇女法律援助制度、反家庭暴力联合救助制度等，帮助妇女有效维权。最后，充分发挥公安、民政、妇联等职能部门的作用，对侵犯妇女合法权益的行为予以坚决打击。另外，在强调法制的同时也不要忽视道德的作用，二者并不是冲突的，而是相互补充的。要大力弘扬社会

---

① 成都市妇联课题组：《城乡妇女教育比较分析——成都市城乡妇女教育与就业情况调查之一》，《中共四川省委党校学报》2003年第9期，第76页。

主义道德新风尚，倡导新型的婚育观和家庭道德观，倡导男女平等。妇联要建立家庭暴力投诉站，坚持"预防为主，调解在先"的方针，减少家庭暴力的发生，或者将家庭暴力消除在萌芽状态。

3. 扩大政策覆盖面，改善妇女福利

扩大生育保险政策覆盖面，争取覆盖全体妇女，并逐步消除城乡之间、行业之间、区域之间的差距，促进待遇公平。加大资金投入，改善福利服务设施，尤其要改善偏远农村地区服务设施，配备专业技术人员，提高医疗保健福利的供给能力。加大对贫困妇女的救助力度，提高她们的保健意识，保障其健康。另外，要妥善解决好在城乡之间流动的妇女的医疗保健问题，尤其要关注育龄期的妇女，做好相应的检查和保健工作，保证母婴健康。

4. 多举措改善妇女教育福利

为了加强妇女教育培训，提升妇女整体素质，全国妇联 2007 年发布了《全国妇女教育培训体系建设纲要（2008—2010 年)》，对妇女教育培训进行了阶段性规划。《全国妇女教育培训体系建设纲要（2008—2010 年)》中提出了一系列改善妇女教育福利的具体措施：第一，坚持党委和政府的领导，建立和完善妇女教育培训协调机制。第二，加强资源整合，提升妇女教育培训整体效益。第三，加强院校和基地建设，增强妇女教育培训发展后劲。第四，加强教育理论研究，提高妇女教育培训水平。第五，加强宣传教育，营造妇女教育培训良好环境。第六，广辟经费渠道，建立妇女教育培训投入机制。第七，开展检查评估，建立妇女教育培训激励机制。第八，健全工作机制，推动妇女教育培训体系建设。这些措施都有待贯彻落实。

第二节　儿童福利

联合国大会 1989 年 11 月 20 日第 44/25 号决议通过、1992 年 3 月 2 日全国人民代表大会批准并于 1992 年 4 月 1 日正式对中国生效的《儿童权利公约》规定："关于儿童的一切行动，不论是由公私社会福利机构、法院、行政当局或立法机构执行，均应以儿童的最大利益为一种首要考虑。"2001 年国务院发布的《中国儿童发展纲要（2001—2010 年)》坚持"儿童优先"原则，高度重视儿童福利建设。

一、儿童福利的概念

（一）儿童的界定

1989年第44届联合国大会通过的《联合国儿童权利公约》规定："儿童是指18岁以下的任何人，除非对其适用之法律规定成年年龄低于18岁。"《中华人民共和国未成年人保护法》所称的未成年人是指"未满18周岁的公民"。因此，本书中的"儿童"是指18周岁以下的公民，也称为未成年人。

（二）儿童福利的内涵

儿童福利亦称为未成年人福利，是指国家和社会根据儿童的生理和心理发育的特殊情况，为了保护儿童身心健康，维护其合法权益，促进其健康成长而专门提供的各种福利的总称。

二、我国儿童福利的发展进程

儿童是祖国的未来，是国家的栋梁，我国历来高度重视儿童福利问题。1951年政务院颁布的《中华人民共和国劳动保险条例》第十三条规定："工人与职员供养的直系亲属疾病时，得在该企业医疗所、医院或特约医院免费诊治，普通药费减半，贵重药费、就医路费、住院费、住院时的膳费及其他一切费用，均由本人自理。"这里的"直系亲属"理所当然包括儿童在内。1955年财政部、卫生部和国务院人事局联合颁布了《关于国家机关工作人员子女医疗问题的规定》，明确了国家机关工作人员子女医疗费用的两种解决方式："统筹医疗"或者"本人自理、补助困难"。后来，国家还制定了对全体儿童实行免费接种疫苗和定期检查的制度。此外，国家对儿童教育问题也开始提上日程。首先是启动托幼事业。1950年教育部、卫生部和内务部联合颁布了《关于托儿所、幼儿园几个问题的联合通知》，要求根据需要和可能，积极发展托儿所和幼儿园，并对经费来源和保教人员培训等工作作了具体规定。1951年的《中华人民共和国劳动保险条例》规定，企业有4周岁以下的儿童20人以上，企业应该单独或者与其他企业联合设立托儿所，所涉及费用由单位解决，如房屋费、设备费、工作人员的工资等。同时，民政部门承担了特殊儿童——孤儿、弃婴和伤残儿童的照顾工作。到 20 世纪 60 年代，我国基本上建立了儿童福利制度。

但是，"文革"期间，儿童福利制度与其他制度一样遭到了破坏，儿童福利状况严重下降。改革开放之后，儿童福利又重新恢复。1979 年中共中央、国务院转发《全国托幼工作会议纪要》，要求切实解决好儿童入托难的问题。1979 年，开始发放独生子女津贴。1986 年实施的《中华人民共和国义务教育法》规定，凡年满 6 周岁的儿童，不分性别、民族、种族，应当入学接受规定年限的义务教育。1992 年，我国参照世界儿童问题首脑会议提出的全球目标和《儿童权利公约》，从国情出发，发布了《九十年代中国儿童发展规划纲要》。这是我国第一部以儿童为主体、促进儿童发展的国家行动计划，强调"儿童优先"的原则。1994 年劳动部发布的《未成年工特殊保护规定》和 2002 年国务院发布的《禁止使用童工的规定》，明确提出禁止使用未满 16 周岁的未成年工，禁止不满 16 周岁的未成年人个体开业。1997 年民政部与国家计委、财政部、国家教委、卫生部和交通部共同下发了《关于进一步发展孤残儿童福利事业的通知》，指导维护孤残儿童的生活、教育和医疗等权益。为了保障未成年人身心健康，培养未成年人良好品行，有效地预防未成年人犯罪，我国于 1999 年颁布了《中华人民共和国预防未成年人犯罪法》。2001 年国务院发布了《中国儿童发展纲要（2001—2010 年)》，以促进儿童发展为主题，以提高儿童身心素质为重点，以培养和造就 21 世纪社会主义现代化建设人才为目标，从儿童与健康、儿童与教育、儿童与法律保护、儿童与环境四个领域，提出了2001—2010 年的总目标：坚持"儿童优先"原则，保障儿童生存、发展、受保护和参与的权利，提高儿童整体素质，促进儿童身心健康发展。儿童健康的主要指标达到发展中国家的先进水平；儿童教育在基本普及九年义务教育的基础上，大中城市和经济发达地区有步骤地普及高中阶段教育；逐步完善保护儿童的法律法规体系，依法保障儿童权益；优化儿童成长环境，使困境儿童受到特殊保护。

三、我国儿童福利的内容

（一）儿童教育福利

儿童教育福利的核心是保障儿童受教育的权利，最起码接受义务教育，使学生全面发展。《中华人民共和国义务教育法》、《中华人民共和国未成年人保护法》、《关于幼儿教育改革与发展的指导意见》、《中共中央、国务院关于深化教育改革，全面实施素质教育的决定》和《国务院关于基础教育改革与发展的决定》等法律规章都对儿童教育有明确的规定。如《中华人民共和国义务教育法》规定，凡年满 6 周岁的儿童，不分性别、民族、种族，应当入学接受规定年限的义务教育；义务教育实行免学杂费，对经济困难的学生还免教材费和对寄宿费进行补助。《中华人民共和国未成年人保护法》规定父母或者其他监护人应当尊重未成年人受教育的权利，必须使适龄未成年人依法入学接受并完成义务教育，不得使接受义务教育的未成年人辍学；学校应当尊重未成年学生受教育的权利，关心、爱护学生，对品行有缺点、学习有困难的学生，应当耐心教育、帮助，不得歧视，不得违反法律和国家规定开除未成年学生。

针对学前班儿童入园难的问题，政府又加大对学前教育的扶持力度。幼儿教育无论是对儿童成长还是对国家发展都具有非常重要的意义，发展幼儿教育有利于促进儿童身心全面健康发展、有利于普及义务教育和有利于提高国民整体素质。《关于幼儿教育改革与发展的指导意见》指出，2003—2007 年全国幼儿教育事业发展的总目标是：学前三年儿童受教育率达到 55%，学前一年儿童受教育率达到 80%；大中城市普及学前三年教育；全面提高 0—6 岁儿童家长及看护人员的科学育儿能力，为 0—6 岁儿童和家长提供早期保育和教育服务。2010 年发布的《国务院关于当前发展学前教育的若干意见》指出，发展学前教育，必须坚持公益性和普惠性，努力构建覆盖城乡、布局合理的学前教育公共服务体系，保障适龄儿童接受基本的、有质量的学前教育；必须坚持因地制宜，从实际出发，为幼儿和家长提供方便就近、灵活多样、多种层次的学前教育服务；必须坚持科学育儿，遵循幼儿身心发展规律，促进幼儿健康快乐成长。国家加大对学前教育的经费投入，家庭合理分担学前教育成本，建立学前教育资助制度，资助家庭经济困难儿童、孤儿和残疾儿童接受普惠性学前教育，发展残疾儿童学前康复教育，中央财政设立专项经费，支持中西部农村地区、少数民族地区和边疆地区发展学前教育和学前双语教育。

（二）儿童保健福利

儿童保健福利主要包括两个方面：一是计划免疫，二是常规疾病的检查和保健。国家不断加大对计划免疫的建设力度，2007年卫生部下发了《扩大国家免疫规划实施方案》，提出扩大国家免疫规划范围，将甲肝、流脑等15种可以通过接种疫苗有效预防的传染病纳入国家免疫规划。其中，涉及儿童的免疫项目是：在现行全国范围内使用的乙肝疫苗、卡介苗、脊灰疫苗、百白破疫苗、麻疹疫苗、白破疫苗6种国家免疫规划疫苗基础上，以无细胞百白破疫苗替代百白破疫苗，将甲肝疫苗、流脑疫苗、乙脑疫苗、麻腮风疫苗纳入国家免疫规划，对适龄儿童进行常规接种。儿童身体发育阶段性明显，因此要加强各个阶段的检查和保健。凡7岁以下的儿童，城市的由居住社区指定保健所或综合医院负责，农村由当地乡村医生和上级保健所巡回医生共同负责。按孕产期保健、新生儿保健、婴幼儿保健、学龄期儿童保健几个阶段，分别进行儿童健康保健。健康保健一般包括：健康观察、定期检查、新生儿专案管理、儿童保健指导、儿童传染病管理、佝偻病、营养不良等儿童常见病门诊等。儿童在学校的时间比较长，学校应当对未成年人进行卫生保健和营养指导，提供必要的卫生保健条件，做好疾病预防工作。卫生部门应当做好对儿童的预防接种工作，国家免疫规划项目的预防接种实行免费；积极防治儿童常见病、多发病，加强对传染病防治工作的监督管理，加强对幼儿园、托儿所卫生保健的业务指导和监督检查。

（三）儿童文化娱乐福利

儿童的心理发育特点决定了文化娱乐是其生活中必不可少的一部分，同时文化娱乐活动有利于儿童身心健康发展，如可以培养良好的生活习惯、丰富的想象力和创造力，因此要提供各种各样的文化娱乐设施和服务。可以通过如下途径提高儿童的文化娱乐福利：第一，学校课程设置要科学，除了各种必修的课程以外可以结合儿童心理特点开设选修课，同时加大对文化娱乐设施的投入建设，开展丰富多彩的课外娱乐活动，寓教于乐之中，让儿童全面发展。第二，社会上的爱国主义教育基地、图书馆、青少年宫、儿童活动中心应当对未成年人免费开放；博物馆、纪念馆、科技馆、展览馆、美术馆、文化馆以及影剧院、体育场馆、动物园、公园等场所，应当按照有关规定对未成年人免费或者优惠开放。第三，国家鼓励新闻、出版、信息产业、广播、电影、电视、文艺等单位和作家、艺术家、科学家以及其他公民，创作或者提供有利于未成年人健康成长的作品。国家扶持出版、制作和传播专门以未成年人为对象的内容健康的图书、报刊、音像制品、电子出版物以及网络信息等。

（四）社会保护福利

由于儿童的生理和心理发育还不成熟，对事物的判断能力差，对环境的承受能力有限，因此为了儿童的健康成长，需要家庭、国家和社会予以有效保护。为了保护未成年人的身心健康，保障未成年人的合法权益，促进未成年人在品德、智力、体质等方面全面发展，我国于1991年制定了《中华人民共和国未成年人保护法》，指出未成年人应该得到家庭保护、学校保护、社会保护和司法保护，保护未成年人，是国家机关、武装力量、政党、社会团体、企业事业组织、城乡基层群众性自治组织、未成年人的监护人和其他成年公民的共同责任。家庭保护要求父母或者其他监护人应当创造良好、和睦的家庭环境，依法履行对未成年人的监护职责和抚养义务。禁止对未成年人实施家庭暴力，禁止虐待、遗弃未成年人，禁止溺婴和其他残害婴儿的行为，不得歧视女性未成年人或者有残疾的未成年人。学校保护要求学校应当全面贯彻国家的教育方针，实施素质教育，提高教育质量，注重培养未成年学生独立思考能力、创新能力和实践能力，促进未成年学生全面发展。社会保护要求全社会应当树立尊重、保护、教育未成年人的良好风尚，关心、爱护未成年人。国家鼓励社会团体、企业事业组织以及其他组织和个人，开展多种形式的有利于未成年人健康成长的社会活动。司法保护要求公安机关、人民检察院、人民法院以及司法行政部门，应当依法履行职责，严厉打击拐卖儿童行为，在司法活动中保护未成年人的合法权益。

为了保障未成年人身心健康，培养未成年人良好品行，有效地预防未成年人犯罪，我国于1999年制定并实施了《中华人民共和国预防未成年人犯罪法》。预防未成年人犯罪，立足于教育和保护，从小抓起，对未成年人的不良行为及时进行预防和矫治。预防未成年人犯罪，在各级人民政府组织领导下，实行综合治理。政府有关部门、司法机关、人民团体、有关社会团体、学校、家庭、城市居民委员会、农村村民委员会等各方面共同参与，各负其责，做好预防未成年人犯罪工作，为未成年人身心健康发展创造良好的社会环境。预防未成年人犯罪，应当结合未成年人不同年龄的生理、心理特点，加强青春期教育、心理矫治和预防犯罪对策的研究。

学校应当结合实际举办以预防未成年人犯罪的教育为主要内容的活动，如举办各种形式的讲座、座谈、培训等活动，针对未成年人不同时期的生理、心理特点，介绍良好有效的教育方法，指导教师、未成年人的父母和其他监护人有效地防止、矫治未成年人的不良行为。教育行政部门应当将预防未成年人犯罪教育的工作效果作为考核学校工作的一项重要内容。城市居民委员会、农村村民委员会应当积极开展有针对性的预防未成年人犯罪的法制宣传活动。未成年人的父母或者其他监护人对未成年人不得放任不管，不得迫使其离家出走，放弃监护职责。

除了要保障儿童养成良好的思想品德、不做违法乱纪的事情之外，国家在未成年人从事工作方面也有相应的保护政策。1991 年国务院颁布了《禁止使用童工规定》，规定童工是指未满 16 周岁，与单位或者个人发生劳动关系，从事有经济收入的劳动或者从事个体劳动的少年、儿童。为保护少年、儿童的身心健康，促进义务教育，禁止国家机关、社会团体、企业事业单位和个体工商户、农户、城镇居民使用童工。劳动部 1994 年颁发、1995 年起施行的《未成年工特殊保护规定》指出，未成年工是指年满 16 周岁，未满 18 周岁的劳动者。由于未成年工处于生长发育期的特点，以及接受义务教育的需要，为维护未成年工的合法权益，保护其在生产劳动中的健康，用人单位必须采取特殊劳动保护措施，并明确了禁止未成年工从事的具体工作。

（五）特殊儿童福利

"特殊儿童"是相对于"正常儿童"而言的，指残疾儿童、孤儿、弃婴弃儿和流浪未成年人。根据民政部 2001 年颁布的《儿童社会福利机构基本规范》，孤儿指丧失父母的儿童；弃婴指查找不到生父母的 1 周岁以内的儿童；弃儿指查找不到父母的 1 周岁以上的儿童；残疾儿童指 14 周岁以下符合国家规定的残疾标准的儿童。特殊儿童福利指特殊儿童除了享有与正常儿童同等的福利待遇以外，国家和社会还专门为他们提供的各种福利。

1. 儿童福利院服务

儿童福利院是指国家、集体举办的，为孤儿、残疾儿童和弃婴弃儿提供养护、康复、托管等服务的一种社会福利机构，是福利性的事业单位。儿童福利院的运行经费主要是以中央政府和地方政府的财政拨款为主，集体集资、发行福利彩票和社会捐助为辅，其中财政拨款列入当年财政预算。儿童福利院是集中养育孤儿、弃婴的场所，是保障孤儿、弃婴生存权益的最后一道"安全网"。

儿童福利院实行养、治、教并举的工作方针，也就是说特殊儿童在儿童福利院里能够享受到生活保障、教育、医疗保健等方面的福利。儿童福利院首先要解决儿童的物质生活问题，这是保障儿童权益的基础和前提。结合儿童的实际情况，给儿童提供基本的生活保障，包括吃、穿、住、行等，具体标准和执行规范在《儿童社会福利机构基本规范》中都有明确规定。针对儿童福利院中儿童残疾比例高、残疾种类多、营养康复和医疗需求大的特点，为保障在院儿童身心全面发展需要，避免出现养育标准过低、康复条件较差、各地养育标准差距较大的问题，民政部经测算论证，提出了儿童福利院儿童最低养育标准为每人每月1000元。这一标准包含伙食费、服装被褥费、日常用品费、教育费、医疗费和康复费，但不包含儿童大病医疗救助费、寄养家庭劳务费等。当然，在所有的费用中伙食费是主要部分。根据不同的年龄段这些费用项目的具体数量是不同的，以伙食费为例：0—1岁儿童每月伙食费是511元，1—3岁是386元，3—6岁是417元，6—14岁是505元，14岁以上是631元[①]。

儿童入住儿童福利院要经过2—3个月的观察期，并做体检，确保不带传染病入院。国家规定福利院必须配备一定数量的专业技术人员，其中国家一级福利院专业技术人员要占职工总数的70%以上，国家二级福利院要占65%以上。在这些专业技术人员中包括医生、康复师等。同时，儿童福利院还要配备医务室、康复室、抢救室等设施，以便保障入住儿童的疾病医疗、康复需求。从1995年开始，民政部和卫生部联合在全国实施残疾孤儿康复工程，对医疗费用实行减免政策，残疾儿童可以参加各种形式的康复训练。另外，儿童福利院还配备有专业的教育人员对儿童进行各种形式的教育活动，对残疾儿童开设特殊教育或者送到特教学校就读。国家还专门开办孤儿学校，针对孤儿身心特点进行教育。

---

① 民政部：《民政部关于制定福利机构儿童最低养育标准的指导意见》，http://fss.mca.gov.cn/accessory/20097995551.doc。

2. 收养和家庭寄养

收养是指我国或者外国公民依法领养他人子女，并确立父母子女关系的民事法律行为。收养是特殊儿童福利的一种形式。国家鼓励依法收养孤儿。收养孤儿按照《中华人民共和国收养法》的规定办理。该法规定：收养应当有利于被收养的未成年人的抚养、成长，遵循平等自愿的原则，并不得违背社会公德。同时，对收养的各种条件作了规定，如对被收养人的规定是，下列不满 14 周岁的未成年人可以被收养：丧失父母的孤儿、查找不到生父母的弃婴和儿童、生父母有特殊困难无力抚养的子女。

收养的形式分为国内公民收养和外国公民收养两类。对中国公民依法收养的孤儿，需要为其办理户口登记或者迁移手续的，户口登记机关应及时予以办理，并在登记与户主关系时注明子女关系。对寄养的孤儿，寄养家庭有收养意愿的，应优先为其办理收养手续。外国人在我国收养子女，应当提供收养人的年龄、婚姻、职业、财产、健康、有无受过刑事处罚等状况的证明材料，该证明材料须经其所在国公证机构或者公证人公证，并经我国驻该国使领馆认证。该收养人应当与送养人订立书面协议，亲自向民政部门登记，并到指定的公证处办理收养公证。

儿童家庭寄养是由孤儿父母生前所在单位或者孤儿住所地的村（居）民委员会或者民政部门担任监护人的，可由监护人对有抚养意愿和抚养能力的家庭进行评估，选择抚育条件较好的家庭开展委托监护或者家庭寄养，并给予养育费用补贴，当地政府可酌情给予劳务补贴。

3. SOS 儿童村

国际 SOS 儿童村组织是一个在世界上有广泛影响的国际性民间慈善组织。1949 年，奥地利著名医学博士、科学院名誉院士赫尔曼·格迈纳尔先生在奥地利的茵姆斯特建立了世界上第一所 SOS 儿童村。在赫尔曼·格迈纳尔先生真诚合作和热情帮助下，1984 年 11 月我国在天津、烟台建成了 2 所 SOS 儿童村，为发展我国 SOS 儿童村事业奠定了坚实基础。目前我国已在北京、天津、烟台、齐齐哈尔、南昌、开封、成都、莆田、乌鲁木齐、拉萨建立了 10 所 SOS 儿童村，此外还在烟台和齐齐哈尔建立了 2 所以赫尔曼·格迈纳尔名字命名的学校。

我国的 SOS 儿童村由国家民政部门主管，作为救助社会孤儿的社会福利事业单位，服务对象是健全孤儿，采取家庭式抚养。虽然孤儿没有了生身父母的关爱，但是在 SOS 儿童村里重新感受到家庭和母亲的温暖。在每个儿童村有 12—18 个家庭，每个家庭由 1 位"妈妈"和 7—8 名孤儿组成，他们成为了兄弟姐妹。

另外，每个儿童村都建有青年公寓，14 岁以上的男青年，集中生活在青年公寓中。有辅导老师辅导他们的学习，管理人员管理和照顾他们的生活。儿童村中还建有幼儿园，儿童村周围的孩子都可以入园，从而使儿童村的幼儿们从小就和社会上的儿童一起学习和生活，能够尽早了解和接触社会。他们可以像正常家庭的儿童一样，充分享受医疗保健、义务教育、职业培训、就业、人身安全等权利。一种平等、团结、友爱、互助的新型人际关系正在 SOS 儿童村形成，SOS 儿童村已成为各地精神文明建设的窗口、社会福利事业独特的慈善机构。

4. 流浪未成年人福利

流浪未成年人是社会的弱势群体。流浪对未成人的生存和身心发展都带来巨大负面影响，因此流浪未成年人工作是未成年人权益保护的重要组成部分，是预防未成年人违法犯罪的重要举措。我国制定了《城市生活无着的流浪乞讨人员救助管理办法》、《城市生活无着的流浪乞讨人员救助管理办法实施细则》、《关于加强流浪未成年人工作的意见》、《救助管理机构基本规范》和《流浪未成年人救助保护机构基本规范》等政策法规来指导和规范对流浪未成年人救助。我国规定，公安机关和其他有关行政机关的工作人员在执行公务时发现流浪的未成年人应当引导、护送到救助站，而不能拒绝救助。受助人员有权利享受饮食、住宿、医疗、通信、接送返乡等基本服务，以及根据受助人员需要和救助站内条件提供职业介绍、心理辅导、教育培训等特殊服务。例如，2003 年国务院颁布的《城市生活无着的流浪乞讨人员救助管理办法》第七条明确规定："救助站应当根据受助人员的需要提供下列救助：（一）提供符合食品卫生要求的食物；（二）提供符合基本条件的住处；（三）对在站内突发急病的，及时送医院救治；（四）帮助与其亲属或者所在单位联系；（五）对没有交通费返回其住所地或者所在单位的，提供乘车凭证。"

实际上，流浪未成年人的福利需求不仅仅是满足生存，同样有着发展性的需求，参与社会的需求，因此流浪未成年人救助工作是一项兼具救助性、福利性和管理性的工作。在流浪未成年人工作中，预防是前提，救助是基础，管理是手段，教育是重点，保护是根本。首先，要注重流浪未成年人的预防工作，多部门通力合作，减少未成年人流浪的发生。其次，要保证流浪未成年人基本生活需要。再次，要强化对流浪未成年人的管理。往往流浪未成年人具有不良的生活习惯甚至轻微的违法行为，对他们进行必要的行为约束和矫治，预防进一步向犯罪发展。最后，注重流浪未成年人教育，最终促使流浪未成年人回归社会。流浪未成年人正处于身心发育成长时期，思想和行为上具有可塑性，要通过施行心理疏导和调适等干预措施，加强对他们的思想教育和正面引导，消除不良社会影响。对流浪未成年人提供的救助保护只是临时性措施，最终是要其成为自食其力的劳动者。

除此以外，我国为了改善儿童福利，还实行了一些专项福利项目，如2004 年民政部启动了"残疾孤儿手术康复明天计划"（"明天计划"）、2006 年的"儿童福利机构建设蓝天计划"（"蓝天计划"）、民政部与李嘉诚基金会在全国范围内合作实施的大型公益项目"重生行动——全国贫困家庭唇腭裂儿童手术康复计划"（"重生行动"）等。

四、我国儿童福利的改革①

（一）取得的成就

新中国成立以来，尤其是改革开放以来，我国儿童福利事业各方面都取得了巨大成就。

1. 法律制度不断完善

我国各项儿童福利法律制度不断完善，取得了重要进步。我国签署了联合国《儿童权利公约》，颁布施行了《未成年人保护法》、《义务教育法》、《母婴保健法》、《预防未成年人犯罪法》、《禁止使用童工规定》等法律法规，为依法开展儿童福利事业奠定了法律基础。国家还对儿童福利事业的发展作出了阶段性的规划，如先后出台了《九十年代中国儿童发展规划纲要》和《中国儿童发展纲要（2001—2010 年）》两部纲领性文件，涵盖了儿童的生存权、发展权、受保护权和参与权四大权利。这些法律制

---

① 北京师范大学社会发展与公共政策学院中国社会政策研究所主笔：《中国儿童福利政策报告》，http://www.bnucisp.org/uploads/soft/1_100725110540.rar。

度共同构成了我国儿童福利的基本框架，同时为儿童福利事业健康发展提供了良好的法律保障和制度保障。

2. 儿童福利的具体内容不断丰富，并取得良好成效

儿童福利的具体内容不断丰富，主要体现在儿童福利服务正经历着从一般的照料、养育到全面系统的照料、养育的重大转型，养、育、教、康统筹兼顾，全面发展，照顾的质量也不断提高。

在儿童医疗保健福利方面，儿童的身体健康状况有所改善。根据 2002 年中国居民营养调查结果，中国 5 岁以下儿童生长迟缓率为 14.3%，比 1992 年下降 55%，城市下降 75%，农村下降 51%；儿童低体重率为 7.8%，比 1992 年下降 57%。政府通过多种方式对患病儿童进行救助，尤其是对残疾儿童、受艾滋病影响的儿童和患重大疾病儿童的救助。如民政部推动实施的"明天计划"、"重生行动"、"蓝天计划"和"红丝带爱心岛"等。

在儿童生活保障方面，国家加大对贫困儿童的生活救助。在农村有 11.6 万名孤儿被定为农村特困户救助对象，占农村孤儿总数的 23.41%。在城市，城市散居的孤儿、贫困儿童大多数也被安排在《城市居民最低生活保障条例》保障的范围内。同时，制定了孤儿养育最低标准。2009 年 2 月和 6 月，民政部先后下发了《关于制定社会散居孤儿最低养育标准的通知》和《关于制定福利机构儿童最低养育标准的指导意见》两个重要文件，确定全国统一的社会散居孤儿最低养育标准为每人每月 600 元；针对福利机构儿童残疾比例高、残疾种类多、营养康复和医疗需求大的特点，建议福利机构儿童最低养育标准为每人每月 1000 元。

在儿童教育福利方面，义务教育实行"两免一补"政策，义务教育入学率持续上升。2005 年，我国小学五年巩固率从 1995 年的 82.8% 提高到 2003 年的 98.8%，初中入学率从 1995 年的 78.4% 提高到 2005 年的 95%，初中毕业生升学率从 1995 年的 51.8% 提高到 2005 年的 67.7%。同时，也加大对贫困儿童、留守儿童和残疾儿童教育的扶持力度。

在儿童保护方面，公安部门开展打击拐卖妇女儿童专项行动。同时，加大对弃婴的救助力度。2005 年民政部普查数据显示，中国近 200 个专门儿童福利机构和近 600 个综合福利机构中的儿童部共收养孤残儿童 6.6 万名，其中绝大部分是弃婴。另外，加强对流浪儿童保护。据 2007 年、2008 年民政事业发展统计报告显示，我国民政部门全年救助的城市流浪未成年

人达 15 万余人次。

（二）存在的问题

总体而言，我国当前的社会福利制度仍然是补缺型的，儿童福利制度也是补缺型的。体现在相关部门儿童福利政策的目标和福利服务具体对象主要集中于孤残儿童和部分困境儿童，绝大多数儿童暂未享受到全面完善的扩展性福利服务，儿童福利服务的选择性特征明显，普惠型、制度型的儿童福利服务尚未形成。

1. 立法不完善

虽然我国关于儿童福利方面的法律和规章已经有很多，但是还缺乏一部统一的《儿童福利法》。根据西方的成功经验，许多西方国家在早期就已建立了针对儿童福利的立法，并在严格依法提供儿童福利。

2. 管理机构不适应形势发展

我国儿童福利管理分散于民政部、教育部、妇联以及司法等众多部门，目前尚未成立专门的全国统管儿童福利的机构，导致管理成本大、效率低下，甚至会出现管理上的"真空"地带，客观上使儿童福利行政管理处于"虚化"状态，政策难以落实。

3. 财政支持力度不足

财政支持方面，我国政府系统内对弱势儿童群体提供福利服务的资金渠道尚不畅通，没有中央财政的专项资金，财政总量缺口大，儿童福利供给不足，没有全面覆盖，儿童福利服务具有选择性特征。

4. 儿童福利服务的专业化和职业化程度低

不仅缺乏专业人员，而且职业体系建设滞后，儿童福利还停留在一般行政意义的、大众化的生活救助层面。

5. 对儿童大病和残疾儿童康复手术救助力度有限

据民政部门估算，全国 0—14 岁儿童恶性肿瘤患者约 22 万人，全国 0—14 岁白血病患病儿童约 6 万人。据卫生部相关统计，我国新生儿先天性心脏病的发病率约为 7‰，是新生儿疾病中发病率最高的一种。但高昂的医疗费用使得许多贫困家庭往往只能选择放弃治疗，即使是中高收入家庭也常常因病致贫，难以给患儿提供持续治疗。例如，河北省红十字会专门筹集了 2000 万元为农村大病患儿提供救助，但是仅够救助 50 名患儿。全国 15 万先天性心脏病患儿中只有不到 5 万人能够得到治疗。

（三）改革措施

第一，我国可以借鉴发达国家和地区的先进经验，大力推动《儿童福利法》的出台，以便更好地统领、规范我国儿童福利事业的健康发展。

第二，设立专门的国家儿童福利局，对全国儿童福利事业进行统一管理。这样，既可避免多头管理实际上无人管理的弊端，又能够真正为儿童群体的福利进行具体规划、管理，落实各项具体政策；既能降低管理成本，又能提高管理效率，提高政策的实效性。

第三，加大国家财政对儿童福利的支持力度。我国是人口大国，也是儿童大国，儿童福利需求相当大，只有国家财政的大力扶持才能进一步扩大福利覆盖面，才能实行普惠型儿童福利，才能提高儿童福利水平。发达国家的儿童福利支出占 GDP 的比重都比较高，就是作为发展中国家的印度，2008 年人均 GDP 才突破 1000 美元，而儿童福利支出在总预算支出中的比例 2001—2002 年达到 2.11%，2006—2007 年达到 4.86%。2010 年我国成为世界上仅次于美国的第二大经济体，人均 GDP 向 4000 美元迈进，因此国家财政在儿童福利支出方面完全应该也有能力加以提升。

第四，建设专业化、职业化的儿童福利工作人员队伍。儿童身心正处发展阶段，可塑性强，容易受到各方面的影响。为了保障儿童身心健康，客观上要求有专业的儿童福利工作人员提供服务。尤其是那些残疾儿童、流浪儿童、弃婴弃儿和贫困儿童，由于他们身处特殊情况之中，往往心理都会受到影响，因此他们更需要专业的福利工作人员进行有效的开导与教育。要加强对儿童身心发育规律的研究，加强对儿童教育的研究，培养更多的专业人才，以便能够提高专业福利服务，更好的满足儿童的福利需求。同时，要借鉴国际经验，提高职业化水平。在乡村和城市社区设立专业化、职业化的儿童福利工作岗位，尤其应该大力培养儿童养护人员、儿童社会工作者和青少年社会工作者。

第五，多渠道筹资资金，采取多种方式对儿童重大疾病进行救助。首先，借助我国现行的医疗保障制度，把儿童纳入城镇居民医疗保险、新型农村合作医疗和城乡医疗救助的范围。其次，动员慈善力量，开展横向合作。如民政部等部门推动实施的"明天计划"、"重生行动"、"蓝天计划"等。最后，民政部和财政部等部门核算儿童大病医疗的具体开支，并从专项财政救助资金中列支，全面落实儿童大病救助工作。

本 章 小 结

　　妇女福利是指国家和社会向妇女提供的各种特殊的福利待遇和社会服务，具体包括妇女生育福利、妇女教育福利、妇女就业和劳动保护福利、妇女保健福利。我国妇女福利取得了一定的成就，但是还存在一些问题，如劳动就业中的性别歧视、生育保健福利待遇不公平、妇女受教育程度较低等。为了进一步改善我国妇女福利状况，必须对妇女福利制度进行改革，如：消除劳动就业中的性别歧视，落实劳动保护政策；依法维护妇女的合法权益；扩大政策覆盖面，消除待遇不公平现象；提高妇女受教育程度。

　　儿童是祖国的未来。儿童福利亦称为未成年人福利，是指国家和社会根据儿童的生理和心理发育的特殊情况，为了保护儿童身心健康，维护其合法权益，促进其健康成长而专门提供的各种福利的总称。为了保证儿童福利，我国制定了许多相关的法律和制度。儿童福利包括儿童教育福利、保健福利、文化娱乐福利、社会保护福利，对特殊儿童还有专门的福利，如收养、家庭寄养、儿童福利院供养、SOS儿童村供养、流浪未成年人福利等。我国儿童福利取得了很大的成就，但是还存在一些问题，因此要进行改革和完善。

重 点 名 词

妇女福利　儿童福利　SOS儿童村　社会保护　特殊儿童福利

复习思考题

1. 如何理解妇女福利的内涵？

2. 我国妇女福利的内容有哪些？

3. 我国妇女福利取得哪些成就？还存在哪些问题？应该如何改革？

4. 我国儿童福利的内容有哪些？

5. 我国特殊儿童福利的内容有哪些？

6. 我国儿童福利取得哪些成就？还存在哪些问题？应该如何改革？

第十六章 残疾人福利

【学习重点】

1. 发展残疾人福利的意义；
2. 我国残疾人福利的内容；
3. 外国残疾人福利的内容；
4. 我国残疾人福利的成就、问题与改革。

第一节 残疾人福利概述

一、残疾人福利的内涵

（一）残疾人

世界各国对残疾标准有不同界定，对残疾人概念的界定也不同。1982年联合国发布的《关于残疾人的世界行动纲领》认为，残疾是指由于缺陷而缺乏作为止常人以正常方式从事某种正常活动的能力。世界卫生组织把残疾分为三类：功能、形态残疾；丧失功能残疾和社会功能残疾。1975年联合国大会发布的《残疾人权利宣言》认为：残疾人是指任何由于先天性或非先天性的身心缺陷而不能保证自己可以取得正常的个人生活和社会生活上的一切或部分必需品的人。

《中国实用残疾人评定标准》对视力残疾、听力残疾、言语残疾、肢体残疾、智力残疾、精神残疾、多重残疾和其他残疾的评定标准作出了规定。我国 2008 年修订的《中华人民共和国残疾人保障法》认为："残疾人是指在心理、生理、人体结构上，某种组织、功能丧失或者不正常，全部或者部分丧失以正常方式从事某种活动能力的人。"并把残疾人划分为八大类：视力残疾、听力残疾、言语残疾、肢体残疾、智力残疾、精神残疾、多重残疾和其他残疾。本书的残疾人概念沿用《中华人民共和国残疾人保障法》中的界定。

（二）残疾人福利

残疾人福利指国家和社会专门为残疾人群体所提供的福利服务、各种补贴和福利设施的总称，旨在保障其正常生活并改善其生活质量。

二、发展残疾人福利的重要意义

发展残疾人福利对残疾人和国家发展都有着重要意义。对残疾人而言，残疾人福利能够保障其基本生活，并在一定程度上改善其生活质量。残疾人福利有利于维护残疾人合法权益，保证残疾人共享改革发展成果，从而能够促进社会公平正义。对国家而言，残疾人福利能够激发残疾人的积极性、主动性和创造性，发挥残疾人在促进改革发展稳定中的重要作用，实现经济社会又好又快发展。另外，残疾人福利体现国家对残疾人这个弱势群体的关怀，有利于促进我国人权事业全面发展，体现社会主义制度的优越性，树立我国良好的国际形象。

三、我国残疾人福利的发展历程

新中国成立后，各种残疾人组织相继成立。1953年中国盲人福利会成立；1955年中国聋人福利会（筹委会）加入世界聋人联合会，翌年中国聋人福利会成立；1960年中国盲人福利会和中国聋人福利会合并成为中国盲人聋哑人协会，任务是根据政府的方针政策，协助政府有关部门，安置盲人、聋人的就业，发展特殊教育，开展盲、聋的防治等工作。在此基础上，各种残疾人福利机构也陆续成立，如残疾人福利工厂、残疾人福利院、精神病院、聋哑学校等。"文革"期间，残疾人福利组织和机构受到严重破坏，甚至中国盲人聋哑人协会被戴上"推行修正主义"的帽子。残疾人福利状况很糟糕。

改革开放以后，残疾人福利重新恢复正常。首先是各种残疾人组织和机构相继恢复工作。1982年修订后的《中华人民共和国宪法》明确规定，

"国家和社会帮助安排盲、聋、哑和其他有残疾的公民的劳动、生活和教育。"1984 年中国残疾人福利基金会成立。1988 年在中国残疾人福利基金会和中国盲人聋哑人协会的基础上成立中国残疾人联合会。1990 年 12 月 28 日第七届全国人民代表大会常务委员会第十七次会议通过了《中华人民共和国残疾人保障法》，对残疾人康复、教育、劳动就业、文化生活、社会保障和无障碍环境等方面作出了规定，标志我国残疾人福利发展到一个新的阶段。进入 20 世纪 90 年代之后，结合国家发展规划制定了残疾人发展五年规划，对残疾人福利发展作出阶段性的规划，对残疾人康复、教育、就业、文化、社会保障等方面制定相应的配套政策，以便更好的推进残疾人福利事业发展。这些规划和政策包括《中国残疾人事业五年工作纲要》、《中国残疾人事业"八五"计划纲要（1991—1995）》、《中国残疾人事业"九五"计划纲要（1996—2000）》、《中国残疾人事业"十五"计划纲要（2001—2005）》、《中国残疾人事业"十一五"发展纲要（2006—2010）》和《中国残疾人事业"十一五"发展纲要配套实施方案》等。2008 年 4 月 24 日第十一届全国人民代表大会常务委员会第二次会议修订通过了《中华人民共和国残疾人保障法》。2008 年中共中央国务院发布了《关于促进残疾人事业发展的意见》。2009 年国务院办公厅转发了教育部等七部门联合制定的《关于进一步加快特殊教育事业发展意见的通知》，保障残疾人受教育的权利。

第二节　残疾人福利的内容

一、残疾人康复和残疾预防

康复是帮助残疾人恢复或补偿功能、提高生存质量、增强社会参与能力的重要途径。广义的残疾人康复包括医疗康复、心理康复、教育康复、职业康复、社会康复等，狭义的残疾人康复指医疗康复。本书的残疾人康复取狭义的残疾人康复之意，指医疗康复。《中华人民共和国残疾人保障法》第十五条规定："国家保障残疾人享有康复服务的权利。各级人民政府和有关部门应当采取措施，为残疾人康复创造条件，建立和完善残疾人康复服务体系，并分阶段实施重点康复项目，帮助残疾人恢复或者补偿功能，增强其参与社会生活的能力。"

康复是残疾人就学、就业、全面参与社会生活的前提，是残疾人的迫切需求。国家高度重视残疾人康复工作，2002 年国务院转发了卫生部等六部门联合制定的《关于进一步加强残疾人康复工作的意见》，对残疾人康复工作的总体目标予以明确：到 2005 年，在城市和中等以上发达地区的农村，有需求的残疾人 70% 得到康复服务，在经济欠发达地区的农村达到 50%；到 2010 年，在城市和中等以上发达地区的农村，有需求的残疾人普遍得到康复服务，欠发达地区的农村达到 70% 以上；到 2015 年，实现残疾人"人人享有康复服务"。在 2008 年《中共中央、国务院关于促进残疾人事业发展的意见》中提出，保障残疾人享有基本医疗卫生服务；将残疾人纳入城镇职工基本医疗保险、城镇居民基本医疗保险和新型农村合作医疗制度，落实和完善残疾人医疗保障有关政府补贴政策；逐步将符合规定的残疾人医疗康复项目纳入城镇职工基本医疗保险、城镇居民基本医疗保险和新型农村合作医疗范围，保障残疾人的医疗康复需求；城乡医疗救助制度要将贫困残疾人作为重点救助对象。

残疾人康复服务的内容包括视力残疾康复、听力残疾康复、言语残疾康复、肢体残疾康复、智力残疾康复、精神残疾康复。肢体残疾康复是对偏瘫病人开展以运动功能和日常生活活动为主的康复训练，指导训练器具的使用。对脑瘫病人开展"运动功能、姿势矫正、语言训练、日常活动"四个方面的康复训练。智力残疾康复是对智力残疾人士开展"运动、感知、认知、语言交往、生活自理和社会适应"六个方面的康复训练。听力语言残疾康复是指导听语障碍者或聋儿家长开展听力语言训练、耳聋预防、选配助听器转介服务等。视力残疾康复是指导视力残障者开展视功能训练和盲人定向行走训练，做好低视力配镜后随访工作及转介服务等。精神残疾康复是利用多种形式对精神病患者进行精神卫生知识宣传教育，督促指导药物治疗、用药安全监测，开展生活技能、社会适应等方面的康复服务。

残疾人康复是残疾人在专业人员的指导和有关工作人员、志愿工作者及亲属的帮助下，进行功能、自理能力和劳动技能的训练。残疾人康复工作坚持政府主导和社会参与相结合的社会化工作方式，即以政府为主导，有关部门各负其责，密切配合，齐抓共管；鼓励和引导社会力量广泛参与，共同推进残疾人康复工作。康复工作应当从实际出发，将现代康复技术与我国传统康复技术相结合；以社区康复为基础，康复机构为骨干，残疾人家庭为依托，以实用、易行、受益广的康复内容为重点，优先开展残疾儿童抢救性治疗和康复。组织和指导城乡社区服务组织、医疗预防保健机构、残疾人组织、残疾人家庭和其他社会力量，开展社区康复工作。同时，要采取多种形式对从事康复工作的人员进行技术培训，向残疾人、残疾人亲属、有关工作人员和志愿工作者普及康复知识，传授康复方法。

另外，要做好残疾预防工作。建立健全残疾预防体系，广泛开展以社区为基础、以一级预防为重点的三级预防工作。加强实施《母婴保健法》，提高出生人口素质；开展心理健康教育和保健，注重精神残疾预防；做好补碘、改水等工作；强化安全生产、劳动保护和交通安全等措施，有效控制残疾的发生和发展。

二、残疾人文化教育

接受教育是提高残疾人文化素质和参与社会能力的基础，也是促进残疾人发展的前提。《中华人民共和国残疾人保障法》规定："国家保障残疾人享有平等接受教育的权利。"要充分结合残疾人的身心特点和发展阶段，在进行思想教育、文化教育的同时，加强身心补偿和职业教育；采取普通教育方式和特殊教育方式相结合，建立适合各个年龄段的残疾人教育体系。《残疾人教育条例》、《中华人民共和国残疾人保障法》和2009年教育部等七部委联合发布的《关于进一步加快特殊教育事业发展的意见》，对残疾人教育体系有明确规定：第一，学前教育。要积极举办0—3岁残疾儿童早期干预、早期教育和康复。残疾幼儿教育机构、普通幼儿教育机构附设的残疾儿童班、特殊教育机构的学前班、残疾儿童福利机构、残疾儿童家庭，都对残疾儿童实施学前教育。第二，义务教育。继续提高残疾儿童少年义务教育普及水平和教育质量。义务教育阶段落实好"两免一补"政策，加大对家庭经济困难的残疾学生的救助，保障其完成义务教育。加大特殊教育师资的培养和培训力度，提供适合残疾人身心特征的教育，提高教育水平。第三，高中阶段教育。加快发展以职业教育为主的残疾人高中阶段教育，为残疾学生就业和继续深造创造条件。具备条件的要举办残疾人高中阶段教育，特殊教育学校要根据需要举办残疾人高中教育部（班）；残疾人中等职业学校要积极拓宽专业设置，扩大招生规模；普通高中要招收具有接受普通教育能力的残疾学生；中等职业学校要积极开展残疾人职业教育。第四，高等教育。加快推进残疾人高等教育发展，进一步完善国家招收残疾考生政策，普通高校应依据有关法律和政策招收符合录取标准的残疾考生，不得因其残疾而拒绝招收。第五，开展面向成年残疾人的职业教育培训。以就业为导向，开展多种形式的残疾人技能培训，提高残疾人的就业和创业能力。第六，采取多种措施，扫除残疾青壮年文盲，使残疾青壮年文盲率显著下降。

《关于进一步加快特殊教育事业发展的意见》强调，要丰富残疾人的文化体育生活，提高残疾人的生活质量。"组织残疾人开展形式多样、健康有益的群众性文化、艺术、娱乐活动，丰富残疾人精神文化生活，激发残疾人参与社会主义先进文化建设的热情和潜能。扶持残疾人文化艺术产品生产和盲人读物出版等公益性文化事业。发展残疾人特殊艺术，培养优秀特殊艺术人才。落实全民健身计划，开展残疾人群众性体育健身活动，增强体质、康复身心。开展残疾人体育科研和体育教育。实行公共文化、体育设施对残疾人优惠开放。"

三、残疾人劳动就业

残疾人同样是社会物质文明和精神文明的创造者。就业是残疾人改善生活状况、提高社会地位、参与社会生活的基础，是实现其人生价值的关键。残疾人就业也是使他们从单纯地依靠国家、社会和亲属救济、供养转变为自食其力的劳动者的必经途径。《中华人民共和国残疾人保障法》规定："国家保障残疾人劳动的权利。"因此，政府要采取有力措施，切实保障残疾人劳动就业权利的实现，禁止在就业中歧视残疾人。要健全、完善残疾人就业服务机构，为残疾人就业提供全面服务。各级残联所属残疾人就业服务机构，是为残疾人就业提供服务的专门机构，要提高服务能力，帮助解决残疾人劳动就业方面的困难。

为了促进残疾人就业，保障残疾人的劳动权利，2007年我国颁布了《残疾人就业条例》，对我国残疾人就业的方针、相关单位的责任、优惠政策等方面作出了明确规定。国家对残疾人就业实行集中就业与分散就业相结合的方针，采取优惠政策和扶持保护措施，通过多渠道、多层次、多种形式，使残疾人劳动就业逐步普及、稳定、合理。同时，还对用人单位在保障残疾人就业方面的责任具体化，分为分散使用和集中使用残疾人两种情况。分散使用残疾人的用人单位应当按照一定比例安排残疾人就业，并为其提供适当的工种、岗位，残疾人就业的比例不得低于本单位在职职工总数的1.5%。如果用人单位安排残疾人就业达不到其所在地省、自治区、直辖市人民政府规定比例的，则应当缴纳残疾人就业保障金。集中使用残疾人的用人单位，如政府和社会依法兴办的残疾人福利企业、盲人按摩机构和其他福利性单位，安排从事全日制工作的残疾人职工，应当占本单位在职职工总数的25%以上。无论是分散使用还是集中使用残疾人的用人单位都必须依法用工，依法保障残疾人的合法权益，并且不得在晋职、晋级、评定职称、报酬、社会保险、生活福利等方面歧视残疾人职工。国家对安排残疾人就业达到、超过规定比例或者集中安排残疾人就业的用人单位，依法给予税收优惠，并在生产、经营、技术、资金、物资、场地等方面给予扶持，或者在同等条件下优先购买它们的产品。

另外，国家鼓励和扶持残疾人自主择业、自主创业。《残疾人就业条例》规定：对残疾人从事个体经营的，应当依法给予税收优惠；有关部门应当在经营场地等方面给予照顾，并按照规定免收管理类、登记类和证照类的行政事业性收费；国家还会在生产服务、技术指导、农用物资供应、农副产品收购和信贷等方面给予帮助。

就业信息和就业技能直接决定着残疾人能否顺利就业，因此有关部门应当为残疾人提供各种就业服务，尤其要为就业困难的残疾人提供有针对性的就业援助服务。《残疾人就业条例》规定，残疾人就业服务机构应当免费为残疾人就业提供下列服务：发布残疾人就业信息；组织开展残疾人职业培训；为残疾人提供职业心理咨询、职业适应评估、职业康复训练、求职定向指导、职业介绍等服务；为残疾人自主择业提供必要的帮助；为用人单位安排残疾人就业提供必要的支持。

四、残疾人生活保障

由于残疾人在身心方面的缺陷，导致其总体上获取生活必需品的能力不足，往往容易导致生活困难。因此，国家要采取措施保障残疾人的生活。《中共中央、国务院关于促进残疾人事业发展的意见》中提出：首先，大力发展残疾人社会福利和慈善事业，完善残疾人社会福利政策，逐步扩大残疾人社会福利范围，适当提高残疾人社会福利水平。其次，做好残疾人生活救助工作。按照重点保障和特殊扶助的要求，研究制定针对残疾人特殊困难和需求的社会保障政策措施。进一步完善城乡居民最低生活保障、农村五保供养等生活救助政策，保证符合条件的贫困残疾人能够享受城乡居民最低生活保障和有关生活救助待遇。着力解决好重度残疾、一户多残、老残一体等特殊困难家庭的基本生活保障问题，做好低收入残疾人家庭生活救助。安置和照顾好伤残军人。加快实施农村贫困残疾人家庭危房改造项目，城市廉租住房政策和农村危房改造计划优先照顾贫困残疾人家庭。

五、残疾人环境

残疾人环境包括两个方面：一是软的人文环境，二是硬的无障碍设施。人文环境体现社会成员对残疾人的认同、接受、帮助等，需要全社会共同来营造，也需要经过长期的积淀才能形成，是一个国家文明发达程度的体现。首先，全社会要倡导"平等、参与、共享"的现代文明社会残疾人观，消除对残疾人的歧视和偏见，形成人人理解、尊重、关心、帮助残疾人的良好社会风尚。其次，要增强全社会扶残助残意识，提高全社会的扶残助残能力。从生理、心理缺陷来说，残疾人是不幸的，但是有全社会对他们的关心与帮助，他们也是幸运的。每个社会成员都应该有扶残助残的意识，通过各种不同的方式尽自己的能力为残疾人提供帮助。既要各级政府提供专项资金，又要大力培育各种民间组织和慈善组织，增强社会的扶残助残能力。最后，要培养残疾人自尊、自信、自强、自立的信念。通过宣传、文化、新闻、出版等部门和单位积极宣传残疾人自强模范，学校要对残疾人开展自尊、自信、自强、自立方面的教育，以便激励广大残疾人自尊、自信、自强、自立，尽可能成为自食其力的劳动者，融入社会，参与发展，共享发展成果。

无障碍设施不仅仅是给残疾人带来生活、工作上的便利，提高其生活质量，更重要的是体现了对残疾人的人文关怀。因此，国家要加大财政投入，加快无障碍设施的建设和改造。《中共中央、国务院关于促进残疾人事业发展的意见》中规定："制定、完善并严格执行有关无障碍建设的法律法规、设计规范和行业标准。新建改建城市道路、建筑物等必须建设规范的无障碍设施，已经建成的要加快无障碍改造。小城镇、农村地区逐步推行无障碍建设。加快推进与残疾人日常生活密切相关的住宅、社区、学校、福利机构、公共服务场所和设施的无障碍建设和改造，有条件的地方要对贫困残疾人家庭住宅无障碍改造提供资助。交通运输、铁路及城市公共交通要加大无障碍建设和改造力度。公共交通工具要配置无障碍设备，完善残疾人驾驶机动车的有关规定和管理办法，公共停车区要优先设置残疾人专用停车泊位。切实加强无障碍设施设备的管理和维护。积极推进信息和交流无障碍，公共机构要提供语音、文字提示、盲文、手语等无障碍服务，影视作品和节目要加配字幕，网络、电子信息和通信产品要方便残疾人使用。"

第三节　国外的残疾人福利

在国外，19 世纪以前并没有专门的残疾人福利政策。由于残疾人是贫民的主要群体，19 世纪以前外国残疾人福利主要是通过政府对贫民的救助实现的。直到 20 世纪，各国才开始制定和推行专门的残疾人福利政策，政策的来源是把 19 世纪以前对贫民救济政策中有关残疾人的条款进一步明确和具体化。由于残疾人福利与一个国家的文化、经济、宗教等因素有关，各个国家的残疾人福利不完全相同。这里主要介绍一些典型国家的做法。

一、日本的残疾人福利①

日本在社会福利方面有一个显著的特征，那就是社会福利方面的法律相当完备，保障社会福利依法实施。据不完全统计，与残疾人福利有关的法律就有如下数种：《身体残疾人员福利法》、《精神残疾人员福利法》、《残疾人福利协会法》、《残疾人基本政策法》、《残疾人福利法》、《残疾人

---

① 参见钟仁耀主编：《社会救助与社会福利》，上海财经大学出版社 2005 年版，第 315—317 页。

教育法》、《残疾人雇用促进法》、《残疾人职业训练法》、《特殊儿童抚养补贴法》、《伤残病者特别援助法》和《精神保健法》等。可见，日本在残疾人福利方面的法律不仅有宏观的、纲领性的法律，如《残疾人福利法》，而且还有齐全的专门法律，如教育、就业、精神保健等专门的法律，这在其他福利国家是少有的。

（一）残疾人医疗康复

在日本，残疾人福利由地方政府负责，通过残疾人福利办公室和残疾人康复咨询中心管理，由专业人员为辖区内残疾人提供咨询服务。当然，这些专业人员还可以得到被授权的志愿者和市、町、村政府任命的残疾人顾问的协助。残疾人可以享受如下福利服务：康复咨询与指导、特殊康复与理疗服务、残疾人辅助设备与器械的更换与维修等。对于重度残疾人还可以享受额外的福利服务，如购买澡盆、便壶、特别设计的床、文字处理机以及雇家政服务人员、请医生上门体检等。另外，为了保证残疾人能够有更多的机会参与社会活动，日本政府将"残疾人政府行政计划"与"七年正常化战略"合二为一。旨在通过增加福利家庭的数量、增加重度残疾人儿童去幼儿园的次数和增加精神残疾人员康复训练的设备的数量来扩大残疾人参与社会活动的基础，以实现残疾人更好地融入社会。

（二）残疾人就业

1960年制定生效、1976年修订的《残疾人雇用促进法》为保障残疾人的就业权利，规定了雇主在雇用残疾人方面的责任和义务，并对相关配套措施也作了规定。如残疾人职业介绍、成立残疾人雇用协会等。日本投入大量的专项经费发展残疾人福利事业，如1971年发放残疾人就业准备金，1972年筹建了残疾人福利中心和福利工厂等。政府对安排残疾人就业的企业会给予相应的照顾或者优惠政策，如企业为了改善残疾人工作条件而必须改造企业设备时，政府承担1/3的费用；从1988年开始，凡雇用残疾人的企业为了改善残疾人上下班的条件，购买、租用残疾人宿舍或者专门用于接送残疾人上下班的班车时，政府承担1/3的费用；如果企业连续3年雇用弱智残疾人，则从第4年开始每个残疾人每月可以获得15000日元的特别补助。另外，对于雇用残疾人的企业，政府在同等条件下优先购买其产品。

（三）残疾人教育

1947 年日本在《学校教育法》中将盲校、聋校及养护学校纳入义务教育范围，同时规定各县市有设置盲校、聋校及养护学校的义务。1973 年开始实施的《身心残疾人志愿全面就学制度》和 1979 年实施的《全国特殊儿童学员就学》规定，日本残疾人儿童无论其残疾类别和残疾程度都有权利接受 12 年义务教育。自学前教育开始，设置障碍儿童教育中心，并与养护学校的幼稚部实施残障儿童幼稚教育，同时为儿童家长提供教育培训。日本中央政府财政补助地方政府开办启智、启能、病弱等特殊学校、特殊班及职业学校。为了培养师资，在师范大学里普遍开设特殊教育课程，并与特殊教育综合研究所开设长期和短期研习班。1979 年起，开始实施教育巡回指导制度，指导和帮助多重残疾和重度残疾儿童在特殊学校、特殊班或者在家中接受教育，政府以定额经费补助。

（四）无障碍环境

日本为残疾人增设的无障碍设施比较普遍。国家制定的统一建设法规中包括残疾人、老年人无障碍设计。每一幢建筑物竣工时，有专门的部门验收其是否符合残疾人无障碍设计。在一些公共设施中，尤其是在商店，要按照商业建筑面积大小实现不同等级的无障碍设计，建筑面积大于 1500 平方米的大中型商业建筑要为残疾人提供专门的停车场、厕所、电梯等设施。此外，在机场、电力火车站、电力火车以及道路等地方和设备中，无障碍设施和服务也相当完善。

二、德国的残疾人福利[①]

（一）残疾军人福利

在德国，伤残军人福利与其他非军人的残疾人福利不同。德国政府规定，供养残疾军人的目的至少是在经济上补偿战争致残者、军人遗孀和遗孤。残疾军人可以领到养老金，而且养老金随着经济的发展而变化。残疾军人福利还包括政府提供的身体康复治疗、劳动就业方面的扶持等。

（二）残疾人生活保障

在德国，一般来说残疾人总会得到各种社会保险来承担生活费用。如

---

① 参见周弘主编：《国外社会福利制度》，中国社会出版社 2002 年版，第 158—159 页。

果是先天残疾的孩子，则可以从其父母的医疗保险中获得最基本的生活照顾；如果由于没有缴纳保险费或者缴费年限不够长，其保险待遇不足以支付致残后的各种花费时，往往需要求助于社会救济。残疾之后，各种保险提供费用是有先后顺序的。第一步由伤残保险金来提供；如果不够支付，则进入第二步，由医疗储蓄管理机构来继续支付；如果仍然不够支出，则进入第三步，就是残疾人申请社会救济金。

（三）残疾人就业

德国为了保障残疾人就业，对雇主提出了雇佣残疾人的最低比例，并规定如果没有达到这个最低比例则要缴纳一定的残疾人就业保障金。如《重度残疾人法》规定，雇用 16 名以上雇员的雇主必须按照 6% 的比例雇用重度残疾人①。如果没有达到 6% 的标准，则雇主每个月要为每个未提供给重度残疾人的就业岗位支付 200 马克。

（四）残疾人培训

联邦劳动局针对残疾人的实际情况，举办各种有针对性的就业培训，以提高残疾人的就业能力。第一，青年残疾人职业培训。主要是为那些需要接受医疗、心理和教育援助但又不能参加厂内培训的青年残疾人提供的训练。接受训练者大都为没有参加过工作的年轻人，通过这些最初的职业训练，可以帮助他们提高职业技能，增强心理素质，增加对自身的认同感和自信心，为步入社会奠定良好的基础。第二，继续培训。它是针对成年残疾人的培训。接受职业继续培训的残疾人大都是已经有过工作经历，但需要重新就业或需要提升自己劳动技能的残疾人。第三，职业技能训练。它与前面提到的残疾人培训和继续培训不同，残疾人职业技能训练是专门为有心理残疾的人士开办的综合性的特殊援助中心，目的在于帮助残疾人现实而客观地评估自身的工作能力、工作前景，以帮助他们决定是否再进入劳动力市场、参加职业培训、继续培训或回到原来的工作岗位上。

三、英国的残疾人福利

英国是最早开始工业革命的国家，是第一个福利国家，也是世界上最

---

① 在德国，重度残疾人是指残疾程度在 50 度以上，每 10 度为一个等级，最高等级是 100 度。

早实施残疾人福利政策的国家。

（一）残疾人教育

1893 年，英国颁布了第一部有关残疾人特殊教育的法律《初等教育法》，规定要向精神不正常的儿童提供教育。1918 年又颁布了《教育法》，明确规定地方教育部门要给所有残疾儿童提供特殊教育。要求教育部门调查各地区特殊教育的需求状况，同时指派教师到医院为学龄儿童开班教学，并对长期在家调养的残疾儿童进行上门服务。1944 年的《教育法》对特殊教育作出了新的规定，如地方教育委员会要为残疾儿童提供初等和中等教育，并把残疾儿童划分为 10 类，其中盲、聋等儿童在特教学校学习，残疾并不严重的儿童则可以在普通学校就读。1953 年颁布的《学校保健服务及身心残疾儿童规程》明确规定，特殊教育必须配备适当的设备、教材，并由专业教师采用适当的教法进行。1917 年英国把重度残疾儿童纳入教育范围。从儿童到青少年阶段的残疾儿童特殊教育都由政府教育单位负责。

（二）残疾人就业

1919 年英国政府为那些在战争中伤残的军人设立培训中心，帮助他们提高职业技能，同时出台优惠政策鼓励企业雇佣残疾军人。1934 年颁布的《失业法》以正常失业者为保障对象，而残疾人多属于无正常职业者，仍然由《济贫法》加以救助。1944 年颁布的《残疾人就业法》规定了残疾人登记、雇佣比例、工作保留以及庇护工厂等事项，还要求成立"全国残疾人就业顾问会议"及地方委员会，以协助解决有关残疾人就业问题。1958 年对该法进行了修订，增加了接受就业重建和职业训练的年龄限制等内容。

（三）残疾人医疗康复[①]

英国国民健康服务体系（NHS）提供残疾人康复服务，建立康复中心，并配备各种必需的康复器材和生活用品。康复师指导残疾人进行适应日常生活等项目的康复训练。对行动不便的残疾人，康复中心还有专车接送。康复中心除了提供康复服务以外，还可以供残疾人聚会，开展舞蹈和比赛等集体活动。轮椅等辅助器材也由 NHS 提供。地方政府要确切了解残

---

① 参见陈银娥主编：《社会福利》，中国人民大学出版社 2009 年版，第 190—191 页。

疾人的具体需求情况，并告知残疾人及其家属政府能够提供康复服务。可以利用政府经营的设施、委托民间经营的设施和在地方政府登记的民间设施来给予残疾人保护，并尽量在社区里为残疾人提供康复服务，以方便残疾人生活。为了方便残疾人享用康复服务，福利机构还可以给残疾人提供社会工作者、保健人员、家庭护士和家庭助手等服务。

第四节　我国残疾人社会福利事业的改革

一、取得的成就与存在的问题

（一）成就

新中国成立以来，我国对残疾人福利事业予以高度重视。随着我国国民经济的快速发展，各级政府的财政投入不断加大，培育的社会民间组织越来越多，国内外慈善组织和个人的慈善捐款不断增多，有关残疾人福利的相关法律法规不断完善，残疾人生存的环境不断改善，我国残疾人福利事业取得了长足的发展。改革开放后，残疾人福利的覆盖范围不断扩大、内容更加全面、福利服务水平和专业化程度不断提高。尤其是进入 21 世纪以后，我国残疾人福利事业发展较快，在"量"和"质"上都有很大突破。残疾人福利事业开始由救济型向福利型转变，由封闭型向开放型转变，由官办逐渐向社会化转变，由补缺型逐渐向普惠型转变，社会福利的性质逐步强化。2010 年我国残疾人福利事业的发展状况①可以说明我国残疾人福利事业取得的巨大成就。

1. 残疾人康复

通过实施一批重点康复工程，使 604.7 万残疾人得到不同程度的康复；顺利完成中国残联专项彩票公益金残疾人康复项目任务，18.6 万贫困残疾人受益；开展全国残疾人社区康复示范区、县培育活动，积极推进残疾人社区康复工作，在 831 个市辖区和 1676 个县（市）开展了社区康复工作，

---

① 中国残疾人联合会：《2010 年中国残疾人事业发展统计公报》，http://www.cdpf.org.cn/sytj/content/2011－03/24/content_30312837.htm。

累计建立社区康复站 14.5 万个，配备 32.9 万名社区康复协调员，累计 1268.3 万残疾人得到康复服务。具体来说，第一，视力残疾康复。完成白内障复明手术 79.9 万例，为 27.3 万名贫困白内障患者免费施行复明手术；全年为 3.3 万名低视力患者配用助视器，培训低视力儿童家长 1.2 万名，有效开展家庭康复训练；对 1.6 万名盲人进行定向行走训练。第二，听力语言残疾康复。全国共对 18809 名聋儿进行了听力语言康复训练；规范聋儿家长学校，开展家庭训练，共培训聋儿家长 22924 名；培养各类专业人员 6203 人；实施贫困聋儿人工耳蜗、助听器抢救性康复项目，人工耳蜗项目资助贫困聋儿 730 名，助听器项目资助贫困聋儿 3000 名。第三，精神残疾康复。在 1818 个市县开展精神病防治康复工作，对 495.2 万重性精神病患者进行综合防治康复，监护率达到 84.0%，显好率达到 68.4%，社会参与率达到 54.5%，肇事率 0.3%；解除关锁 5477 人；对 36.6 万贫困精神病患者进行医疗救助；建立了 34 个省级孤独症儿童康复训练机构，对 5620 名孤独症儿童进行了康复训练。第四，肢体残疾康复。开展肢体残疾康复训练服务的机构达到 4915 个；对 2050 名贫困肢体残疾儿童实施矫治手术，装配了矫形器等辅助器具，进行了术后康复训练；对 2.1 万名肢体残疾儿童进行了机构康复训练；对 11.5 万名肢体残疾人进行了社区康复训练；全年为麻风畸残者实施矫治手术 668 例。第五，智力残疾康复。开展智力残疾康复训练服务的机构达到 1870 个；对 2.7 万名 0—14 岁的智力残疾儿童进行了康复训练；对 2.1 万名智力残疾儿童家长进行了康复知识培训；培育了 10 个智力残疾儿童康复养护试点机构，不同程度地开展了智力残疾儿童早期康复训练与服务。

2. 残疾人教育

残疾人受教育权利得到了更好保障，进一步提高了残疾人素质和平等参与社会的能力。全国为盲、聋、智残少年儿童兴办的特殊教育学校发展到 1705 所，义务教育普通学校附设特教班有 2775 个，在校的盲、聋、智残学生 51.9 万人。已开办特殊教育普通高中 99 所，在校生 6067 人。其中，聋高中 84 所，在校生 5284 人；盲高中 15 所，在校生 783 人。残疾人中等职业教育机构有 147 个，在校生 11506 人，毕业生 6148 人，其中获得职业资格证书 4685 人。全国有 7674 名残疾人被普通高等院校录取，1057 名残疾人进入特殊教育学院学习。截至 2010 年底，全国未入学适龄残疾儿童少年总数 14.5 万人。其中，视力残疾 1.7 万人，听力残疾 1.5 万人，言语残疾 1.1 万人，智力残疾 3.7 万人，肢体残疾 3.7 万人，精神残疾 0.8 万人，多重残疾 2.0 万人。

3. 残疾人就业

城镇新安排 32.4 万残疾人就业。其中，集中就业残疾人 10.2 万，按比例安排残疾人就业 8.6 万，个体就业和多种形式灵活就业 13.7 万，全国城镇实际在业人数 441.2 万；1749.7 万农村残疾人稳定实现就业，其中从事农业生产劳动 1347.3 万人。全国省（自治区、直辖市）、市（地、州）、县（区、市）三级残联举办残疾人职业教育培训机构达 2504 个，接受残疾人职业培训的普通机构有 2200 个，83.3 万人次残疾人接受了职业教育与培训，并有 11.6 万人次获得了职业资格证书。盲人按摩事业稳定发展，按摩机构迅速增长。2010 年度培训盲人医疗按摩人员 5271 名；保健按摩机构达到 1152 个，医疗按摩机构达到 11616 个；在专业技术职务资格评审中，分别有 421 人和 1680 人通过医疗按摩人员中级和初级职称评审。

4. 残疾人文化体育

截至 2010 年底，全国共开辟残疾人省级报刊专栏 45 个、报刊专版 119 个，残疾人专题广播节目 48 个，电视手语新闻栏目 29 个，其他残疾人电视专题栏目 19 个，建立省级残疾人事业新闻宣传促进会 29 个；共开辟地市级报刊专栏 373 个、报刊专版 733 个，残疾人专题广播节目 352 个，电视手语新闻栏目 161 个，其他电视残疾人专题栏目 314 个，建立地市级新促会 184 个。中国残联在全国 600 个城市社区开展了"文化进社区"项目，75 个社区开展了"格兰仕爱心助残书柜"项目，与教育部共同命名了全国 200 所特殊教育学校为"特殊艺术人才培养基地"。全国省级和地市级公共图书馆设立盲文及盲人有声读物阅览室已达到 47 个和 394 个，举办残疾人事业展览分别是 86 个和 541 个，举办残疾人文化艺术类比赛及展览分别是 87 个和 631 个，已成立残疾人艺术团队 19 个和 175 个。

2010 年，成功举办广州亚残运会、第五届全国特奥运动会，加大为广大残疾人提供体育服务力度，为残疾人事业"两个体系①"建设营造良好

---

① "两个体系"是指国家在 2008 年提出的推进建设残疾人社会保障体系和服务体系，简称为"两个体系"。

氛围，积极推动残疾人事业发展。各地踊跃开展残疾人群众体育活动，已开辟或设立的省级残疾人体育活动场所 174 处，地市级体育活动场所 1735 处；已挂牌的省级残疾人体育训练基地达到 221 个；省级相对稳定教练员 785 人，地市级相对稳定教练员 2331 人；各省举办省级残疾人体育比赛 109 次，参与的残疾人运动员达 2.0 万人次。举办地市级残疾人体育活动 3370 次，参与的残疾人人数达 24.3 万人次。

（二）主要问题

1. 残疾人福利尚未走上法制化道路

我国把残疾人福利摆在突出的位置，并制定了许多相关的法律法规，如《中华人民共和国宪法》、《中华人民共和国残疾人保障法》、《中华人民共和国劳动保险条例》、《救济失业工人暂行办法》、《国务院关于安置老弱病残干部的暂行办法》、《军人抚恤优待条例》等。地方政府又根据地方实际情况出台了一些法规。据不完全统计，涉及残疾人权益保障的法律、法规达 50 多种。[①] 虽然《中华人民共和国残疾人保障法》对残疾人福利的各个方面都作了法律规定，如残疾人的认定，残疾人的地位、义务、权利和保障，残疾人的康复、教育、劳动就业、文化生活、法律责任及组织机构等，但是在具体实践过程中，由于相关规定过于原则笼统，不便操作。而且，没有专项的配套法律，如《残疾人福利法》、《残疾人教育法》等来保障《残疾人保障法》的具体实施。《残疾人保障法》所规定的一些基本权利得不到真正的保障，产生了基本权利虚置的问题。当前我国残疾人福利事业的发展主要还是靠行政手段和道德力量来推动，《残疾人保障法》的权威性和有效性尚未充分显现出来，残疾人福利工作带有一定的随机性。

2. 筹资渠道单一，残疾人福利供需矛盾突出

我国残疾人群体庞大，据 2006 年组织实施的第二次全国残疾人抽样调查资料，全国各类残疾人的总数为 8296 万人，占总人口的比重为 6.34%，涉及家庭人口数达 2.6 亿人。[②] 过去我国残疾人的救助都是由政府来承担

---

① 郑功成：《中国社会保障 30 年》，人民出版社 2008 年版，第 194 页。

② 第二次全国残疾人抽样调查办公室：《第二次全国残疾人抽样调查主要数据资料》，华夏出版社 2007 年版，第 2 页。

的，资金也是主要来自政府的财政拨款，基本上是政府包揽，几乎没有民间资金参与。残疾人福利供给不足体现在各项具体的福利服务上，以残疾人康复为例，2007 年度全国残疾人状况监测主要数据显示，仅有 19.0% 的残疾人 1 年内接受过康复服务；城市接受康复服务的残疾人比例为 29.5%，农村为 15.7%。残疾人康复需求不能得到满足。全国 8296 万残疾人中，曾接受过医疗服务与医疗救助、贫困救助与扶持、康复训练与服务、辅助器具配备服务的比例分别占残疾总人口的 35.61%、12.53%、8.45% 和 7.31%，而对以上四项服务有需求的比例分别达到残疾总人口的 72.78%、67.78%、27.69% 和 38.56%。这与 2002 年卫生部等六部门在《关于进一步加强残疾人康复工作的意见》中提出残疾人康复工作的总体目标相差甚远。在残疾人教育方面，根据第二次全国残疾人抽样调查的资料，全国 1246 个人口超过 30 万的县（市、旗）还有 493 个没有特教学校，特别是中西部地区和少数东部地区特教学校数量严重不足，导致大量的适龄儿童无法上学。高中和高等特教资源分布不均衡，全国 282 个地级市中，有 181 个尚未建立高中特教学校，导致部分学生不能继续上学，或者只能跨地区去上学，加大了残疾人家庭的经济负担。甚至，少数普通高校拒绝招收残疾学生的现象时有发生。①

3. 残疾人福利事业发展不均衡

由于我国城乡分割的二元社会格局，城乡之间的经济社会发展水平有很大差距，导致城乡残疾人福利水平也存在着差距。总体而言，城镇经济社会发展要好于农村地区，因此农村残疾人生活水平严重落后于城市。据 2006 年第二次全国残疾人抽样调查，12.95% 的农村残疾人家庭户年人均全部收入低于 683 元，7.96% 的农村残疾人家庭户年人均全部收入在 684—944 元之间。② 由于农村经济社会发展滞后，地方财政紧张，以及人们对残疾人不够重视和残疾人本身的落后观念，导致残疾人福利在很多方面根本得不到保障。农村地区没有特教学校或者特教班，残疾儿童只能与正常儿童一起上学或者干脆辍学，义务教育阶段都很难完成，更不用说非

① 周庆行、张新瑾：《论我国残疾人社会福利存在的问题及其发展的路径选择》，《重庆工商大学学报（社会科学版）》2008 年第 10 期，第 68—69 页。

② 第二次全国残疾人抽样调查领导小组、中华人民共和国国家统计局：《第二次全国残疾人抽样调查主要数据公报（第二号）》，http://www.cdp.forg.cn/mrxx/2007/05/28。

义务教育了。农村地区的残疾人在本地也没有接受职业教育和培训的机会，当地很少有企业，所以很少有正式的工作，基本上都是在家庭中做一些力所能及的事情。农村地区更谈不上给残疾人提供康复服务和无障碍环境，甚至连残疾人最基本的社会保障都无法落实。总之，农村地区的残疾人福利除了少数像贫困救助、医疗救助等由国家提供以外，其他各方面都由家庭提供。相比之下，城市的残疾人福利虽然水平不是很高，但多多少少实现了广覆盖。

二、改革措施

（一）完善立法，加强司法

要建立完善的残疾人福利法律体系来保障残疾人福利得到真正的实现。可以学习日本的经验，在继续完善《残疾人保障法》的同时，加快制定相关领域的专门法律，包括《残疾人福利法》、《残疾人教育法》、《残疾人就业法》、《残疾人救助法》等。在完善立法的同时，还要加强司法，否则再好的法律也得不到真正的实施，发挥不了法律保障作用。残疾人作为社会弱势群体，法律应该保障他们的各项合法权益。要完善残疾人的权利救济机制，当残疾人的合法权益和福利受到不法侵害时，残疾人应该拿起法律武器维护自身利益。如果残疾人没有运用法律武器维权的能力，残联等部门应该及时提供法律援助。总之，要使我国残疾人福利事业依法实施，走上法制化道路。

（二）建立多元化的筹资机制，增强福利供给能力

资金是发展残疾人福利事业的物质基础，没有足够的资金，再好的政策也无法实施。首先，国家应该设立残疾人专项福利基金，而且保证专项资金要随着国民经济发展而不断提高。提高残疾人福利水平，以保证残疾人共享国家和社会的发展成果。其次，动员、利用民间资源。事实证明，重视民间资源的开发有利于提高残疾人的福利水平。国家和社会提供残疾人福利可以通过发展残疾人慈善事业和组建非政府组织来实现。充分发挥非营利组织在残疾人社会福利中的促进作用，引导非营利组织积极开展残疾人社会福利服务。在全社会倡导"扶残助残"的观念，营造良好的"扶残助残"氛围，让每一位社会成员都成为"扶残助残"的先锋。总之，既要加大政府专项财政资金的支持力度，也要充分挖掘民间资金，形成国

家、集体、民间组织和个人投资的多元筹资机制，增强残疾人福利供给能力，更大程度地满足残疾人的福利需求。

（三）加强农村残疾人福利事业建设，均衡发展残疾人福利事业

我国 8296 万残疾人中有 6225 万人生活在农村，占残疾人总数的 75.04%。① 不仅农村残疾人占绝对多数，而且农村残疾人的福利需求比城市更加迫切，因为一直以来很少得到过满足，各种需求集聚在一起。因此，农村残疾人福利事业是国家应该重点建设和扶持的领域，在资金和政策方面都要有所倾斜和照顾。首先，农村残疾人福利事业建设要分步骤，分轻重缓急，循序渐进。最迫切需要解决的是农村残疾人的基本生活保障问题。由于农村的主要产业是农业，对劳动者体力要求比较高，而残疾人恰恰在身体方面存在缺陷，无法进行农业劳动或者即使能够劳动也是低效率的，导致其收入低下，生活一直处于贫困状态，尤其是老年残疾人的情况更为严重。因此，政府要加大对农村残疾人的生活救助力度。其次，要根据农村地区特点开展有针对性的职业培训和指导。由于农村残疾人居住分散，无法进行集中培训，只能以自然村为单位或者直接上门指导。要使残疾人掌握一门技术，在当地劳动能够得到一定的经济收入，解决生活问题。再次，要创造条件让残疾人接受教育。农村整体观念都比较传统、保守、落后，残疾人自卑感很严重，缺乏自尊、自信、自强和自立的理念，因此要通过教育来改变残疾人的观念，帮助他们树立起自尊、自信、自强和自立的理念。最后，创造条件提供康复服务。可以结合国家推行康复服务进社区的政策，对乡村医生和残疾人及其家庭成员进行康复技术培训。从一定意义上来说，农村残疾人福利事业建设状况决定着我国残疾人福利事业的状况。只有把农村残疾人福利事业建设好，才能使我国残疾人事业均衡发展。

---

① 第二次全国残疾人抽样调查领导小组、中华人民共和国国家统计局：《2006 年第二次全国残疾人抽样调查主要数据公报》，http://www.cdp.forg.cn/mrxx/2006/12/01。

本 章 小 结

　　残疾人是最需要关怀的弱势群体。残疾人福利反映一国社会福利的状况。残疾人概念多种多样，2008 年修订的《中华人民共和国残疾人保障法》对残疾人的界定是，"残疾人是指在心理、生理、人体结构上，某种组织、功能丧失或者不正常，全部或者部分丧失以正常方式从事某种活动能力的人。"残疾人福利是指国家和社会专门为残疾人群体所提供的福利服务、各种补贴和福利设施的总称，旨在保障其正常生活并改善其生活质量。我国残疾人福利包括残疾人康复和残疾预防、残疾人文化教育福利、残疾人劳动就业福利、残疾人生活保障和无障碍环境。外国残疾人福利起步较早，很多做法比较成熟，取得了良好效果，例如日本的无障碍环境、德国的残疾人培训。

　　我国残疾人福利取得了很大成就，但是也存在一些问题，如法制化程度低、福利供求矛盾突出、发展不均衡等等，因此要进行相应的改革，加快立法，提高残疾人福利供给能力，均衡发展残疾人福利事业。

重 点 名 词

残疾人　残疾人福利　残疾人康复　残疾人教育　残疾人就业

复习思考题

1. 我国残疾人福利包括哪些？
2. 外国残疾人福利有哪些？
3. 我国残疾人福利取得了哪些成就？
4. 我国残疾人福利存在哪些问题？应该如何改革？

第十七章 职业福利

【学习重点】

1. 职业福利的内涵；
2. 职业福利的作用与特征；
3. 我国职业福利的内容；
4. 外国职业福利的内容；
5. 我国职业福利存在的问题与改革。

第一节 职业福利概述

一、职业福利的内涵

职业福利又称员工福利、机构福利、单位福利、职工福利，是指以职工所在单位为福利责任主体，基于职工与单位之间的劳动合同关系，以单位的经济能力为物质基础，依据国家或者单位相关的法律规章，为了改善职工及其家庭生活质量，由单位专门向内部职工所提供的各种福利的总称。职业福利不等于职业薪酬，"它本质上属于职工激励机制范畴，是职工薪酬制度的重要补充。"① 职业福利既然是一种补充性的福利，是不以职工向单位提供工作时间和所做贡献的大小为提供依据的，既不同于工资也不同于奖金，是覆盖单位全体职工的一种普及性福利形式。职业福利的实

① 郑功成：《社会保障学——理念、制度、实践和思辨》，商务印书馆 2000 年版，第 24 页。

现形式多种多样，与单位的性质和特征有直接的联系，如现金、实物、带薪假期或者其他福利服务。总之，无论单位的所有制性质、规模和行业的状况，都会给职工提供一定的职业福利，职业福利已经成为一种制度化的事物。

二、职业福利的分类①

职业福利的内容和形式都与单位特点有关系，种类繁多，依据不同的标准可以做出不同的分类。下面从六个角度对职业福利进行划分。第一，依据国家是否立法强制实施，可以划分为法定福利和非法定福利。法定福利是国家强制建立的职业福利，如社会保险、各类法定休假和住房公积金；非法定福利是单位根据自身状况自主决定提供的职业福利，这种福利更加灵活和多样，如企业年金、健康福利、文化娱乐福利、继续教育、企业服务性福利等。第二，按照职业福利的价值或者目标，可以分为风险保障型福利和物质激励型福利。第三，按照职工享受福利的时间，可以分为即期性福利和延期性福利。第四，按照福利给付形式，可以分为现金福利和非现金福利。第五，根据福利实施的范围，可以分为全员性福利、特种福利和特困补助。第六，根据职工是否有选择权，可以分为固定福利和弹性福利。

三、职业福利的作用

（一）改善职工生活质量，吸引和留住人才

职业福利是职工报酬的一种重要补充形式，它能够弥补工资薪酬的不足。无论是现金、实物等福利还是精神方面的福利，都能够在一定程度上改善职工及其家庭的生活质量。在激烈的人才竞争环境下，职业福利也成为用人单位吸引和留住人才的重要砝码。职工不仅关注薪酬的多少，也在意职业福利状况。尤其在薪酬达到一定程度，基本生存问题解决之后，职工更高层次的福利需求就随之产生，如发展性福利需求。职工会更加注重自身的发展以及个人理想的实现，以及家庭的幸福状况。满足职工这些更

---

① 参见孙光德、董克用主编：《社会保障概论》，中国人民大学出版社 2008 年版，第 313—314 页。但该书中使用的是"员工福利"这个概念。

高层次的福利需求，除了薪酬以外主要靠职业福利，如在职培训、住房援助计划和家庭援助计划等。优越的职业福利能够让职工从物质到精神都得到很好的满足，增强其安全感和忠诚感，能够吸引更多优秀人才，降低职工流动率。

（二）提高职工的劳动积极性，增强职工归属感

职业福利具有激励功能。通过给职工提供各种形式的职业福利，职工不仅在基本生存的物质层次需求得到满足，而且在情感层面的需求也得到满足，劳动积极性自然就会提高。享受到职业福利，其实就是单位对职工尊重的体现，把职工当成单位的主人，共同分享单位的发展成果。这样，就会增强其对单位的归属感，有一种成就感和公平感。职业福利还体现单位对职工的关怀，让职工感觉到单位的温暖，自然就会把单位当成自己的"家"。因此，职工就会以主人翁的态度去投入工作，关心单位的发展，最大程度地为单位发展奉献自己的精力。

（三）树立单位的良好形象，提高企业的竞争力

职业福利是一种单位福利，是一个单位文化和价值观的外化。实施职业福利一定程度上能够使职工受到单位文化的熏陶，并对单位文化和价值观产生认同，增强职工的凝聚力和向心力，单位人际关系和谐，生产生活井然有序。职业福利能够激发职工的劳动积极性，能够调整身心以最佳的状态投入工作，提高劳动生产率。另外，职业福利能够增强归属感和忠诚感，减少职工流失，降低单位在招聘、培养职工方面的成本。职业福利是单位人际关系尤其是劳资关系的润滑剂，能够减少因单位职工关系紧张而产生的内耗成本。而且，职业福利在相当比率内都是免税的[①]，减少单位的成本。因此，职业福利是单位树立良好形象和提高竞争力的有效途径。

四、职业福利的特征

（一）特定性与差异性

从职业福利的概念可知，职业福利是由单位专门给自己的职工提供的各种福利。因此，职业福利的特定性就是指对象的特定性，即只能是单位

---

① 转引自陈良瑾主编：《社会救助和社会福利》，中国劳动社会保障出版社 2009 年版，第291 页。

内部的职工才有资格享受相应的职业福利。单位是基于业缘关系或者劳动关系提供福利的，从这个意义上来说，职业福利具有封闭性特点。正是由于特定性或者封闭性的存在，就必然存在差异性。差异性是指不同单位的职业福利的内容和供给形式不相同。职业福利具有很强的个性特征，即职业福利与单位的规模、行业、所有制、经济效益、所处区域等方面因素有关系。最常见的现象就是垄断行业的职业福利比非垄断行业的要好许多，公务员系统的职业福利要比非公务员系统的好。即使是同一个行业的单位，职业福利也不完全相同。

（二）补充性

职业福利不等同职工的薪酬，而是正常薪酬的补充。薪酬与职工的工龄、职称、职务、贡献等因素有关系，是以完成相关工作任务为前提的。而职业福利与这些因素没有关系，只要是单位的职工就有资格享受。但是，职业福利具有单位内部再分配的功能，能够一定程度上缩小单位内部职工的收入差距。同时，职业福利以多种形式出现，如现金，实物、服务等等，能够更好满足职工及其家庭生活的需求，更加有利于改善其生活质量。尤其是对收入低下的职工而言，职业福利的补充功能更为明显。

（三）持续性

无论是国家法定的还是单位自主提供的职业福利，都具有持续性特征。也就是说，职业福利一旦确立下来，就会持续的发展下去。虽然职业福利的内容、水平和形式会随着经济社会的发展、单位状况的变化而变化，但是职业福利不会被取消。职业福利无论对职工个人还是对单位、国家都是有着积极作用的，只要存在单位这种组织，就必然会存在职业福利。

（四）普遍性为主，特殊性为辅

绝大部分职业福利具有平等性和普遍性，即单位内所有的职工都能够享受，与职工在单位的工作时间、性别、年龄、职称、职务、贡献等因素都无关。但是，有少数职业福利是面向特殊职工的，与上述因素有关。例如，有的单位提供妇女医疗保健服务、老年人福利服务等。总之，职业福利作为一种集体性福利，必然是要以普遍性为主，在此基础上再根据有特殊需求的职工提供少数特殊的福利，而不能相反。

五、我国职业福利的形成与发展①

我国职业福利自 20 世纪 50 年代开始建立以来，经历了 60 多年的发展，整个发展过程可以划分为两大阶段：第一个阶段是从 20 世纪 50 年代初期到 80 年代中期，主要是计划经济条件下的职工福利时期。第二个阶段是从 20 世纪 80 年代中期至今，即向市场经济转型过程中的职业福利改革与创新时期。第二阶段又可以分成两个小阶段：1986—1997 年的改革调整阶段和 1998 年以后的发展创新阶段。②

（一）从 20 世纪 50 年代初期到 80 年代中期，计划经济条件下的职工福利

1. 建立社会保险制度

社会保险是我国职业福利中的一种法定福利，也是最为稳定的一种职业福利。我国 1951 年制定实施、1953 年修订的《中华人民共和国劳动保险条例》规定企业职工享有生育保险、养老保险、疾病保险、伤残保险、死亡和遗嘱保险等福利项目，而且保险费用全部由单位负责，职工本人不用承担缴费义务。费用来源和标准是，企业每个月按照企业职工工资总额的 3% 提取社会保险费，其中 30% 上缴中国总工会，作为社会保险基金；余下的 70% 存于企业工会，用来支付因工伤残的抚恤费、生活救济费、疾病和非因工伤残救济费、退休费、退休生活费和丧葬补助等福利待遇。而国家机关事业单位职工的社会保险制度从 1950—1955 年是以颁布单项法规建立起来的，具体项目与企业职工社会保险一样，但是其费用来源不同。国家机关事业单位职工的社会保险费和公费医疗费都源于国家财政拨款，其他保险费用由单位负责。"文革"期间社会保险制度遭到破坏，社会保险统筹调剂功能丧失，导致社会保险倒退为"企业保险"。

2. 兴建集体福利设施

1950 年 6 月《中华人民共和国工会法》颁布实施。《工会法》规定工会有改善工人、职员物质生活和精神生活、兴建各种设施的责任。1953 年

---

① 仇雨临主编：《员工福利概论》，中国人民大学出版社 2007 年版，第 69—76 页。
② 杨艳东：《60 年来我国职业福利的回顾与反思》，《理论探索》2009 年第 5 期，第 89—90 页。

《劳动保险条例修正草案》中规定，实行劳动保险的企业应该根据工人、职员的需要及其企业的经济状况，单独或者联合其他企业设立营养食堂、托儿所、哺乳室等。1957 年国务院发出关于职工生活方面若干问题的指示，对职工住宅、上下班交通、职工生活必需品供应等方面做出了明确规定。职工集体福利设施分为生活服务设施和文化娱乐设施两类，前者主要包括职工食堂、职工住宅、托儿所和哺乳室、浴室、理发室和休息室等，后者主要包括俱乐部、图书馆、电影院和体育场等。职工可以免费或者减费使用福利设施。

3. 建立职工福利补贴制度

国家法定的职工福利补贴主要包括职工生活困难补助、探亲假补贴、上下班交通费补贴和冬季宿舍取暖补贴等。具体补贴标准和实施范围随着情况的变化会有所调整。第一，职工生活困难补助制度。1962 年劳动部等联合发布了《关于做好当前职工生活困难补助工作的通知》，对补助标准和经费来源做出了明确规定。职工生活补助资金来源由四个方面构成：工会会费、企业劳动保险基金、企业奖励基金和企业的福利基金以及机关事业单位的福利费。第二，探亲假补贴制度。1958 年国务院颁布了《关于工人、职员回家探亲的假期和工资待遇的暂行规定》，规定城镇正式职工连续工龄满一年，与父、母、配偶不在一地居住，可以享受 2 至 3 周带薪探亲假。第三，上下班交通费补贴制度。20 世纪 50 年代各个城市实行上下班交通费补贴的标准和范围不尽相同，1978 年统一了这项制度，规定在人口 50 万以上的城市和主要工矿区实施。第四，冬季宿舍取暖补贴制度。1955 年 7 月国务院颁布了《中央国家机关工作人员宿舍取暖补贴办法》，规定每人每月按照工资的 6% 补贴烤火费。1955 年 10 月又发出通知允许各地事业企业单位参照执行。1956 年国务院为了控制这项补助发放扩大化问题，出台了《国家机关和事业单位、企业单位一九五六年职工冬季宿舍取暖补贴问题的通知》，规定了实施的范围，以淮河、秦岭为界，以北地区分甲、乙两类不同标准发放取暖补助。

（二）从 20 世纪 80 年代中期至今，向市场经济转型过程中的职业福利

1. 1986—1997 年的改革调整阶段

（1）社会保险制度改革

1986 年 4 月，我国在"七五"计划中明确提出要建立与新形势相适应的社会保障制度。紧接着启动的国有企业劳动人事制度改革以及非公企业劳动用工政策，真正拉开了职业福利改革的大幕。1986 年 7 月 12 日，国务院发布《国营企业实行劳动合同制暂行规定》和《国营企业职工待业保险暂行规定》；1986 年 11 月 10 日劳动人事部颁发《关于外商投资企业用人自主权和职工工资、保险福利费用的规定》，对社会保险制度进行了改革。例如，合同制工人的退休养老实行社会统筹并由企业和个人分担缴纳保险费的义务；传统的寄托在单位身上的福利制度不再是终身不变的，劳动合同的终止或者企业的破产都可能使原有的福利待遇无以为继。至此，传统的单位"统包"的职工福利制度开始转向企业与个人责任分摊式的职业福利制度。①

（2）建立补充保险制度

补充保险制度主要指企业补充养老保险（企业年金）和企业补充医疗保险制度。由于我国社会保险制度设计的原则是"广覆盖、低水平"，因此保险待遇低。为了提高职工的保险待遇，国家出台相关政策鼓励企业建立补充保险制度。我国《劳动法》第 75 条规定"国家鼓励用人单位根据本单位实际情况为劳动者建立补充保险"。1991 年国务院颁布了《关于企业职工养老保险制度改革的决定》，首次提出了建立企业补充养老保险的问题，并规定国家提倡、鼓励企业实行补充养老保险；企业根据经济能力为职工提供此项福利。1995 年劳动部颁布了《关于建立企业补充养老保险的意见》，对实施条件、决策程序、资金来源、计发办法和经办机构等方面提出了指导意见，明确提出了企业补充养老保险采用"个人账户"方式管理，并定位为"缴费确定"模式，从而为建立企业补充养老保险制度奠定了基本框架。

《国务院关于建立城镇职工基本医疗保险制度的决定》提出"超过（基本医疗保险）最高支付限额的医疗费用，可以通过商业医疗保险等途径解决"。我国有多种形式的企业补充医疗保险模式，按照经营方式分类可以分为三大类：社会保险模式、社会保险与商业保险合作模式、互助保险模式。除此以外，还有企业自主举办的补充医疗保险。政府对这项福利制度是大力支持的，如规定"企业补充医疗保险费的提取在本企业上一年

---

① 杨艳东：《60 年来我国职业福利的回顾与反思》，《理论探索》2009 年第 5 期，第 90 页。

职工工资总额的 4% 以内的部分从成本中列支"。国内不少企业补充医疗保险都选择商业团体健康保险的方式。目前，国内保险公司开办的健康保险种类有疾病型或定额给付型保险、费用型保险或报销型保险、补贴型保险三种。[①]

（3）建立住房公积金制度

20 世纪 90 年代初，我国一些地区开始试点提高房租和住房公积金的试点工作。1994 年国务院颁布《关于深化城镇住房制度改革的决定》，1995 年又颁布了《国家安居工程实施方案》，从此拉开我国住房改革的大幕。1999 年国务院颁布了《住房公积金管理条例》，对公积金的管理机构和职责、提取使用的条件、监督、单位的职责等方面做出了明确规定。

2. 1998 年至今的发展创新阶段

随着 20 世纪 90 年代中期国有企业改革的深化和经济结构调整的推进，1998 年中央提出的"两个确保"方针和"三条保障线"制度，进一步深化了社会保障体系建设。进入 21 世纪之后，职业福利进入到相对稳定和全面推进发展的阶段。2000 年国务院《关于完善城镇社会保障体系试点方案》中将企业补充养老保险更名为企业年金；2004 年 5 月我国开始实施《企业年金试行管理办法》、《企业年金基金管理试行办法》，并下发了具体落实"两个办法"的文件；2004 年 11 月又发布了《关于企业年金基金证券投资有关问题的通知》，全面推进企业年金的实施。2002 年对《住房公积金管理条例》进行了修订，2008 年开始实施《劳动合同法》，使职业福利有了法律保障。

第二节　职业福利的内容

一、我国职业福利的内容

职业福利可以分为国家法定的职业福利和非法定的职业福利。由于国家法定的职业福利主要是社会保险，这部分内容在本书前面章节中已经论

---

① 仇雨临主编：《员工福利概论》，中国人民大学出版社 2007 年版，第 287—289 页。

及，此处不再赘述。本节着重介绍非法定的职业福利，即单位根据自身状况自主决定提供的职业福利。单位自主提供的职业福利种类繁多，限于篇幅只介绍有代表性和普遍性的两种：补充养老保险或职业年金和补充医疗保险。补充养老保险和补充医疗保险充分体现了职业特色和单位的责任角色，是最能体现职业福利性质的两种福利形式，也是当前世界上最为典型和通行的职业福利项目，是职业福利最重要的组成部分。

（一）补充养老保险

补充养老保险也叫职业年金，指单位依照国家有关法规，根据自身情况而建立的旨在使职工在退休之后的一定时期内能够按照年度获得（通常按月发放）一定数量养老金的退休收入保障制度。它是单位及其职工在依法参加国家基本养老保险的基础上，自愿建立的补充性养老金制度。根据其他国家的经验，一般是先建立起企业年金，然后再参照建立其他行业的职业年金。企业年金是世界上发展最为成熟、最具有代表性的职业年金形式。下面以企业年金为例介绍我国职业年金的发展情况。

《企业年金试行管理办法》对企业年金的界定是，企业年金"是指企业及其职工在依法参加基本养老保险的基础上，自愿建立的补充养老保险制度"。该文件还对建立企业年金的条件、年金基金构成、缴费标准和待遇发放等方面作了明确规定。只有具备如下三个条件才能建立企业年金：依法参加基本养老保险并履行缴费义务；具有相应的经济负担能力；已建立集体协商机制。我国企业年金的缴费方式和标准是：企业年金所需费用由企业和职工个人共同缴纳，企业缴费的列支渠道按国家有关规定执行；职工个人缴费可以由企业从职工个人工资中代扣；企业缴费每年不超过本企业上年度职工工资总额的1/12；企业和职工个人缴费合计一般不超过本企业上年度职工工资总额的1/6。企业年金基金实行完全积累，采用个人账户方式进行管理。企业缴费应当按照企业年金方案规定的比例所计算的数额计入职工企业年金个人账户；职工个人缴费额计入本人企业年金个人账户。企业年金基金投资运营所得收益，按净收益率计入企业年金个人账户。企业年金基金由三个部分组成：企业缴费、职工个人缴费、企业年金基金投资运营收益。企业年金发放方式分如下几种情况：第一，职工在达到国家规定的退休年龄时，可以从本人企业年金个人账户中一次或定期领取企业年金；职工未达到国家规定的退休年龄的，不得从个人账户中提前提取资金。第二，出境定居人员的企业年金个人账户资金，可根据本人要求一次性支付给本人。第三，职工变动工作单位时，企业年金个人账户资金可以随同转移。职工升学、参军、失业期间或新就业单位没有实行企业年金制度的，其企业年金个人账户可由原管理机构继续管理。第四，职工或退休人员死亡后，其企业年金个人账户余额由其指定的受益人或法定继承人一次性领取。

根据缴费和受益的关系来分类，企业年金可以分类待遇确定型（Defined Benefit，DB）和缴费确定型（Defined Contribution，DC）两种。待遇确定型企业年金又称养老金收益确定型企业年金，是指缴费比例并不确定，但职工退休时的养老金待遇是确定的，一般根据设定的公式计发补充养老金。在待遇确定型企业年金中，不实行个人账户制度，因为一般情况下职工不承担缴费义务，费用全部由企业负担。待遇确定型企业年金的待遇一般取决于职工在职期间的收入水平和就业年限两个基本因素。待遇确定型企业年金有如下特征：第一，可转移性差，在职工退休前不能支取，流动后要转移至新单位往往有很多限制。第二，保险金积累规模和水平随着工资增长幅度进行调整，并通过确定一定的收入替代比例，以保障职工获得补充性退休收入。第三，通常与社会保险计划的给付结构具有非常密切的联系，并根据社会保险金的给付水平确定补充保险金的给付水平。第四，企业承担投资风险，雇员则承担企业倒闭和工作调动的风险以及退休前工资不再增加的风险。第五，由于企业年金很少与物价指数挂钩，待遇确定型年金又无投资收益作补偿，通货膨胀很容易降低退休津贴的实际价值。[1] 缴费确定型企业年金称为"个人账户型"企业年金，指缴费比率是预先确定的，由企业与职工按照既定的缴费比率缴纳费用，进入职工个人的年金账户，职工退休后根据个人账户上历年的缴费及资金的积累情况领取养老金。这种模式是完全积累型的，其年金给付水平受制于积累基金的规模和投资收益，职工要承担基金的投资风险。缴费确定型企业年金有如下特点：第一，简便灵活，有较高透明度，企业不承担将来提供确定数额养老金的义务，只须按预先测算的养老数额规定一定的缴费率并缴纳，企业也不承担精算的责任，这项工作可以由人寿保险公司承担。第二，缴费

---

① 参见乐章、陈璇：《福利管理》，海天出版社2003年版，第134—135页。

水平一般规定为企业职工收入的一定比例，并根据企业经营与收入状况做适时调整。第三，养老金计入个人账户对职工有很强吸引力。如职工在退休前终止养老金计划（如转换工作）时，对其账户积累额的处置具有广泛的选择权，或者把资金转移到人寿保险公司，或者转移至新单位的企业年金中，或者继续保留在原企业年金中，到退休时一次性支取。如果职工在退休前死亡，企业年金一般会把全部账户余额作为抚恤金支付给职工的家属。第四，由职工承担有关投资风险，企业在原则上不负担超过额度缴费以外的保险金给付义务。①《企业年金试行管理办法》规定："我国企业年金基金实行完全积累，采用个人账户方式进行管理。"也就是说，我国企业年金是缴费确定型。

（二）补充医疗保险

补充医疗保险是单位为了减轻职工医疗的经济负担和提高职工医疗保障待遇，在参加国家基本医疗保险的基础上根据单位的情况而给职工提供的额外医疗福利，包括提供医疗服务和医疗补偿费用。补充医疗保险是国家基本医疗保险的重要补充形式，也是我国建立多层次医疗保障体系的重要组成部分。我国补充医疗保险处于刚刚起步阶段，各地根据地方情况进行探索，还没有形成一致的认识和成熟的模式。从我国当前的实践情况看，补充医疗保险主要有如下类型：

1. 政府经办的公务员补充医疗保险

公务员补充医疗保险是由政府经办的非营利性的单位福利。1998年《国务院关于建立城镇职工基本医疗保险制度的决定》中明确提出国家公务员在参加基本医疗保险的基础上，享受医疗补助政策。2000年原劳动和社会保障部联合财政部出台了《国家公务员医疗补助的意见》，对医疗补助的原则、范围、经费来源、经费使用等方面做出了明确规定。国家公务员医疗补助的经费来源是按现行财政管理体制，由同级财政列入当年财政预算。国家公务员医疗补助主要对基本医疗保险中自付超过一定额度的医疗费用给予补助。

2. 保险机构经办的补充医疗保险

以北京市为典型，2001年颁布、2005年第二次修订的《北京市基本

① 参见乐章、陈璇：《福利管理》，海天出版社2003年版，第133—134页。

医疗保险规定》在"补充医疗保险"中提出，建立大额医疗费用互助制度。大额医疗费用互助资金按比例支付职工和退休人员在一个年度内累计超过一定数额的门诊、急诊医疗费用和超过基本医疗保险统筹基金最高支付限额（不含起付标准以下以及个人负担部分）的医疗费用。大额医疗费用互助资金由用人单位和个人共同缴纳。用人单位按全部职工缴费工资基数之和的1%缴纳，职工和退休人员个人按每月3元缴纳。根据大额医疗费用互助资金的实际情况和患者医疗费的额度，分不同的档次给予职工和退休人员支付医疗费用，但是在一个年度内累计支付最高数额为10万元。大额医疗费用互助资金由社会保险经办机构负责统一筹集、管理和使用。

3. 商业保险公司经办的补充医疗保险

厦门市最早推行商业保险公司经办的补充医疗保险。1997年10月13日厦门市人民政府颁布了《厦门市职工补充医疗保险暂行办法》，建立厦门市职工补充医疗保险制度。《厦门市职工补充医疗保险暂行办法》规定，补充医疗保险是指厦门市职工医疗保险管理中心作为投保人，为参加厦门市职工医疗保险的职工集体向商业保险公司投保，参保职工作为被保险人，其发生的超社会统筹医疗基金支付最高限额以上的医疗费用由商业保险公司负责赔付的医疗保险。补充医疗保险的保险费每人每年24元，由市职工医疗保险管理中心于每年7月1日一次性从参保职工个人医疗账户中提取18元，从社会统筹医疗基金中提取6元。市职工医疗保险管理中心根据当月参保职工人数，按每人每月2元的标准向商业保险公司缴交本月补充医疗保险费。参保职工发生超社会统筹医疗基金支付最高限额40000元以上的医疗费用，由商业保险公司赔付90%，个人自付10%。每人每年度由商业保险公司赔付的补充医疗保险医疗费用最高限额为15万元。商业保险公司以营利为目的，按照市场机制开展经营活动，有利于提高补充医疗保险资金的运作效率。另外，商业保险公司之间公平竞争，投保人可以选择价格最低、服务质量最高的保险公司进行投保，以维护被保险人的利益。

4. 工会经营的职工医疗互助补充保险

由中华总工会主办的"中国职工保险互助会"是经国家劳动部同意，国家民政注册的具有法人资格的全国性社团互助合作制保险组织。它与其他商业保险公司不同，它不是一个金融机构，不以营利为目的，而是职工自愿参加，自筹资金为主，单位资助为辅，职工内部互助互济性的保险组织。其主要任务是在国家法定社会保险基础之上，开展与职工生、老、病、伤、残或意外灾害、伤害等有关的互助保险业务。所有企事业、机关单位的工会会员均可加入保险互助会，参加保险互助计划。

二、国外职业福利的内容

(一) 企业年金：以美国 401（K）计划为例

美国现行的退休制度开始于 1935 年，由雇主、雇员、政府三者相互协调、共同支持，形成了雇员个人储蓄、雇主出资设立退休金计划以及联邦政府负责管理社会保障基金的格局，构建了一个雇员、雇主和政府三足鼎立、保障程度较高的退休收入来源体系。美国 401（K）计划是美国退休制度中的一种，是一种缴费确定型（DC）企业年金计划，在世界上的影响与日俱增。

401（K）计划源自 1978 年美国《国内税收条令》（Internal Revenue Code，IRC）第 401 条第 K 款的序号。美国税法在 401（K）条款中，给予了"现金或延迟安排（Cash or Deferred Arrangements，CODA）"特别的税收待遇，即授权企业可以采用缴费确定型企业年金计划向雇员提供退休福利，允许雇员将一部分税前工资存入一个储蓄计划（个人账户），积累直到退休后使用，并给予一定的税收优惠。

美国政府为了确保政府税收收入不流失，同时又能够激励雇主和雇员共同为雇员退休后积累起必要的退休金，美国税法 401（a）对 401（K）计划的参与者享受税惠条件和其他事项作出了明确规定：（1）适格员工。参加计划的员工年龄不得低于 21 岁，同时服务年限满 1 年才可以成为合格的参加计划的员工。如果计划规定年资满 2 年，给予完全的赋益权（Full Vested），则最低年资可以规定为 2 年。（2）赋益权。员工参加计划服务满一定时间（5 年或 7 年），即可以取得赋益权，最长时间是 7 年，从 2002 年开始调整为 6 年；悬崖式赋益（Cliff Vested）的雇主匹配缴费，过去规定的时间为 5 年，从 2002 年开始调整为 3 年；同时，规定自己承担的部分获得立即赋益权。（3）非歧视原则。不得优惠高薪职员，以实现员工普惠制。（4）不得提前取款。只有符合以下条件才能从个人账户中领取养老金：年龄≥59.5 岁；死亡或永久丧失工作能力；发生大于年收入 7.5% 的医疗费用；55 岁以后离职、下岗、被解雇或提前退休。一旦提前取款，将被征收以下税款：20% 应付款、从全部款项中征收所得税、征收 10% 的惩罚性罚款。（5）允许借款。同雇主匹配缴费和税后缴费一样，401（K）计划允许借款，而后偿还本金和利息，其优点是利息支付到自己的账户中而不是银行或其他商业贷款人。401（K）计划对借款有数量限制，借款行为会影响账户资金的增值能力，要接受双重纳税，因为 401（K）计划的缴费是税前款，而支付贷款利息是税后款。（6）困难取款。困难取款不需要偿还，但是一年内不能向计划中缴费，而且要承担困难取款的代价——所得税和 10% 的罚金。困难取款只限于四种用途：支付自己、配偶或需要抚赡养人的医疗费用；自己、配偶或未成年子女中级以上教育的下一年的学费；购买主要住房；避免失去主要住房的居住权。（7）参加 401（K）计划的雇员在年龄 ≥70.5 岁时，必须开始从个人账户中取款，否则政府将对应取款额征税 50%。[①]

（二）雇主健康保险

发达国家尤其是福利国家主张国家承担为国民提供福利的主要责任，一般都有比较成熟的福利制度，福利水平也很高。国民能够享受到免费或者基本免费的医疗服务，因此企业为职工专门提供医疗保险的需求比较小。但美国是一个例外。它以商业保险为主体，大部分美国人都要靠商业健康保险为自己和家庭提供医疗保障。80% 以上的国家公务员和 74% 的私营企业雇员参加了商业保险，其中大部分雇员都享有雇主提供的健康保险。2004 年占美国人口 60.3% 的人享有雇主提供的健康保险。[②]

雇主健康保险是美国最重要的职业福利之一。美国有很多种健康保险计划供企业选择，如商业团体健康保险、自我保险等。这里只介绍在美国影响最大、最普遍使用的商业团体健康保险。

所谓团体健康保险，就是单位统一为雇员以集体方式投保商业健康保险，使用一份保险合同向一个单位的雇员提供保险，每个雇员有一张保险证。团体保险既降低了营销成本，也降低了费率，对保险公司、单位和雇

---

① 李琼、翟大伟：《美国 401（K）计划及其对中国企业年金制度的启示》，《理论月刊》2006 年第 10 期，第 136—137 页。

② 仇雨临主编：《员工福利概论》，中国人民大学出版社 2007 年版，第 290 页。

员都有好处。团体健康保险参加者必须满足如下条件：第一，雇员只能拥有一份保险计划。第二，试用期已满且是全职工作的职工。第三，雇员有配偶和未婚的年龄在 19 岁以下的子女。如果子女是全职学生，年龄可以放宽到 23 岁；如果子女残疾导致经济困难，超过这个年龄段还能够享受相关待遇。团体健康保险的待遇形式有两种：一种是提供医疗服务，如健康维持组织（Health Maintenance Organization，HMO）、"双蓝"组织，以提供医疗服务为保险支付方式；另一种是提供现金赔付，如一般的商业保险公司。团体健康保险组织主要有蓝十字（Blue Cross）组织、蓝盾（Blue Shield）组织和健康维持组织。

蓝盾（Blue Shield）组织于 20 世纪 30 年代由美国医生组织——美国医学会发起成立。承保范围主要是为医生出诊费用保险和手术费用保险。蓝十字组织与蓝盾组织产生于同时代，由医院组织——全美医院协会发起成立。其承保的主要范围是住院服务。1982 年蓝盾计划协会和蓝十字协会进行了整合，合并为"蓝色组织"。蓝色组织是非营利性商业健康保险公司，能够享受到税收优惠。单位的团体健康保险往往都与其签订合同。医疗保险基金主要来源于参保者缴纳的保险费，一般是由雇主和雇员共同分担，也有部分企业雇主单独承担费用，但保险基金可以免缴 2% 的保险税。蓝色组织的赔付方式一直都是提供医疗服务，即参保者得到参与保险计划的医院和医生所提供的医疗服务，而不是保险公司提供的现金赔付。例如，蓝十字计划向参保人每年提供最多 90 天的双人病房住院治疗服务，而保险公司在参保人符合保险条件的情况下予以报销住院费用。如果报销公司与医疗服务商之间没有合同关系，保险公司只在保险合同规定的限额内报销参保人的医疗费用。因此，参保人必须递交相关的票据，保险公司将报销费用直接赔付给参保人，而不向医疗服务者付费。

健康维持组织[①]是 20 世纪 70 年代出现的美国管理式医疗（Managed Care）的主要模式之一，是美国最主要的、最成功的一种统筹医疗组织。由于强调对于费用、医疗服务的使用及医疗服务者的使用的控制，HMO 是最复杂的一种管理式医疗安排。总的来说，HMO 有以下几个特征：第一，

---

① 本部分有关"健康维护组织"的内容参见《HMO 简介》，《中国保险报》2001 年 4 月 5 日，第 3 版。

它们在收取固定保费的基础上，向自愿加入其系统的成员提供综合的一系列医疗福利；第二，可供选择的医疗服务提供者通常仅限于 HMO 系统内的医生和医院；第三，只要加入者是从 HMO 指定的医疗服务提供者处接受医疗服务，他们不必支付或只支付有限的需现付的费用；第四，使用门诊主治医生来审查、决定并管理有关需要接受专门治疗或住院治疗的建议。

有一些 HMO 是由保险公司来经营的，其他的则为不属于保险公司而独立经营的。与传统的医疗保险安排不同，HMO 通过雇佣医生和经营医院或者与医生和医院订立医疗服务合同来直接向加入其管理式医疗的加入者提供医疗服务。在 HMO 的安排下，管理式医疗的加入者或其雇主每月或每年缴纳固定的保费，由此可以获得综合的一系列医疗服务，而不是像在传统的医疗保险模式下，由医疗服务提供者按照实际所提供的服务收取费用。HMO 自己承担实际发生的医疗费用超过所收保费的财政风险。这种做法的目的是，鼓励提高医疗服务的效率，并鼓励提供使加入者保持健康的一些医疗服务。

HMO 有四种模式，即全职雇员模式、团体模式、个人医疗从业者协会模式与混合模式，它们雇用及偿付医疗服务提供者的方式各不相同。

第一，全职雇员模式。这一类 HMO 通常拥有自己的门诊供其医疗计划参加者使用。提供医疗服务的医生由 HMO 直接雇用，他们只为加入 HMO 医疗计划的病人服务。在四种模式的 HMO 中，全职雇员模式对医生医疗行为的控制最为严格，从而也使该模式能够对医药服务的使用加以更多的控制。HMO 向医生发放薪金，并根据他们的表现来发放奖金。HMO 自己对医疗费用的风险负责。

第二，团体模式。与全职雇员模式不同，团体模式的 HMO 是同拥有多种专业医生的医生团体订立服务合同来向管理式医疗计划的成员提供医疗服务。医生是由医生团体雇用的，而不是 HMO 的雇员。医生使用团体或 HMO 的医疗设施行医。HMO 将固定的保费支付给医生团体，所有门诊专门治疗、住院治疗的费用都从保费中支付。

第三，个人医疗从业者协会模式。在这种模式下，HMO 通过个人医疗从业者协会，同从事个人执业的医生订立服务合同。大多数 HMO 都属于这种模式。个人医疗从业者协会是一个独立的法人组织，名义上由它与

HMO 订立服务合同。作为它的成员的医生仍保持自己的诊所与办公室，并且独立行医。他们仍然是个人执业医生，但他们把为 HMO 成员提供服务作为其日常行医工作的一部分。HMO 将把固定的保费付给个人医疗从业者协会，门诊费用从保费中支付。在某些计划安排下，个人医疗从业者协会直接把保费转付给医生；而在其他的计划下，则由个人医疗从业者协会支付医生的实际服务费，或采取转付保费和支付实际服务费相结合的方式。

第四，混合模式。混合模式的 HMO 与多个医生团体或个人医疗从业者协会订立服务合同。这种模式安排下的医疗服务提供者可能既包括全职雇员，也包括属于医生团体的医生或个人医疗从业者协会属下的个人执业医生。

第三节　我国职业福利的改革——
以企业年金为例

我国的职业福利处于起步阶段，无论是职业福利政策、内容还是理论都不够成熟与完善。近年来，我国职业福利建设的重点是推进企业年金建设，在国内已经形成一定的规模和影响。因此，本节以企业年金为例，分析我国职业福利改革的进展情况。

一、成就与问题

（一）主要成就

1. 覆盖范围和发展规模迅速扩大

从 1991 年国务院提出鼓励企业为职工建立补充性养老保险到 2000 年把企业补充养老保险改名为"企业年金"，从 2004 年国家相关部门颁布企业年金的"两个办法"到 2006 年实行企业年金市场化管理运营，短短 20 年左右的时间，企业年金从无到有，覆盖范围和发展规模迅速扩大。

从发展规模看，2000 年中国企业年金为 191 亿元，到 2005 年底达到 680 亿元，增长了 256%；2006 年底企业年金基金积累达 910 亿元。从覆盖范围看，2000 年我国建立企业年金的企业数约为 1.6 万个，参加职工数为 560 万人。到 2005 年底，企业数约为 2.4 万个，覆盖职工约 924 万人；

2006 年底，覆盖职工约为 964 万人。① 根据人力资源和社会保障部公布的数据，截至 2009 年第二季度末，建立企业年金的企业约为 3 万多个，覆盖 1300 万职工，积累基金超过 2000 亿元。从 2006 年到 2009 年，参加企业由 2 万多家增加到 3 万多家，受益职工由 900 万人增加到 1300 万人，积累基金由 600 多亿元增加到 2000 多亿元，平均每年增加 400 多亿元。②

2. 企业年金制度已经构建成型

1991 年国务院发布的《关于企业职工养老保险制度改革的决定》第一次提出建立企业补充养老保险的问题；1995 年《国务院关于深化企业职工养老保险制度改革的通知》鼓励建立企业补充养老保险；同年劳动部发布的《关于建立企业补充养老保险制度的意见》提出了建立规范的企业补充养老保险的若干政策意见，包括实施条件、决策程序、资金来源、计发办法和经办机构等，并明确提出我国企业补充养老保险定位为缴费确定型模式；2000 年国务院发布的《关于完善城镇社会保障体系的试点方案》把企业补充养老保险改名为"企业年金"，规定企业年金实行完全积累，采用个人账户方式管理，并明确了费用由企业和职工共同承担，企业缴费在工资总额 4% 以内的部分可以从成本列支；2004 年颁布的《企业年金试行办法》和《企业年金基金管理试行办法》对受托人、账户管理人、投资管理人和托管人的职责以及基金投资管理应该遵循的原则等方面做出了明确规定，同时还对企业年金财产投资范围、收益分配、信息披露和监督检查等方面也做出了相应的规定；2004 年，还制定了一系列配套政策，如《关于企业年金基金证券投资有关问题的通知》、《企业年金基金投资管理运作流程》和《企业年金基金管理机构资格认定专家评审规则》等；2011 年，新修订的《企业年金基金管理办法》经人力资源和社会保障部、中国银行业监督管理委员会、中国证券监督管理委员会、中国保险监督管理委员会等部门审议通过，自 2011 年 5 月 1 日起施行，同时废止 2004 年颁布的《企业年金基金管理试行办法》，标志着我国企业年金发展逐步进入规范化和制度化的轨道。

---

① 杨帆、郑秉文、杨老金：《中国企业年金发展报告》，中国劳动社会保障出版社 2008 年版，第 84—85 页。

② 徐博：《企业年金逾 2000 亿元年收益率 10.5%》，http://news.xinhuanet.com/fortune/2009 -09/18/content_12075687.htm。

（二）存在的主要问题

1. 企业年金发展水平过低

我国企业年金尚处起步阶段，虽然发展迅速，但发展水平太低，与发达国家相比还存在相当大的差距。我们可以从发展规模、覆盖范围和替代率三个方面来比较。

从发展规模看，截至 2006 年底，企业年金基金积累 910 亿元，占 GDP 的比重仅为 4.3%，远远低于发达国家企业年金相对于 GDP 的比重。同样是自愿性企业年金，美国 2005 年就达到 98.9%，英国为 66.2%。在实行准强制性企业年金的国家，企业年金资产远远超过 GDP，如瑞士企业年金资产为 GDP 的 117.4%，冰岛为 123.2%，荷兰为 124.9%。①

从覆盖范围看，到 2006 年底，企业年金覆盖职工达 964 万人，占基本养老保险参保人数的 7.66%。相对于 9 亿多劳动人口、7.6 亿从业人员、仅 4 亿城镇非农从业者来说，参与企业年金的劳动者比重过低。世界上 167 个实行养老保险制度的国家中，有 1/3 以上国家的企业年金制度覆盖约 1/3 的劳动人口，瑞典、荷兰的覆盖率几乎为 100%，冰岛已经达到 100%，英国、美国、爱尔兰等国的覆盖率也在 50% 左右。②

从替代率看，我国企业年金替代率约为 5%，而经济合作与发展组织（OECD）国家的替代率一般为 20%—30%，有些国家还要高于这个比率，如美国和英国都达到了 50%，澳大利亚为 40%，荷兰为 37%，爱尔兰为 35%。③

2. 税惠政策不完善和不统一

根据国际经验，税惠是企业年金发展的引擎，税惠政策的完善程度直接决定着企业年金的发展状况。我国目前尚没有出台专门针对企业年金的规定，涉及对企业年金的税收规定只是在 2000 年国务院颁布的《关于完善城镇社会保障体系的试点方案》中提到，"企业缴费在工资总额的 4% 以

---

① 杨帆、郑秉文、杨老金：《中国企业年金发展报告》，中国劳动社会保障出版社 2008 年版，第 84 页。

② 杨帆、郑秉文、杨老金：《中国企业年金发展报告》，中国劳动社会保障出版社 2008 年版，第 85 页。

③ 杨帆、郑秉文、杨老金：《中国企业年金发展报告》，中国劳动社会保障出版社 2008 年版，第 85—86 页。

内部分可以从成本中列支"。实际上，这项税惠政策当时只是在试点地区实行的，但是却成了我国地方制定企业年金税惠政策所沿用的标准。例如，辽宁、吉林、黑龙江、河北、山东、湖南、广东、四川、青海、陕西、新疆、北京、甘肃和宁夏等的地方税惠标准是4%。由于国家没有明确的统一规定，地方制定的税惠政策差别很大。除了上述省份的地方税惠标准是4%以外，湖北和江苏是12.5%，山西是8.3%，天津是8%，重庆是6%，上海、云南、福建和贵州是5%。可见，我国企业年金税惠政策存在碎片化和地区分割的现象，不利于企业年金的健康有序发展。

3. 企业年金水平不均衡和不公平

企业年金是根据企业自身经济支付能力建设的。不同地区、不同行业、同一地区同一行业内的不同企业的经济状况是不相同的，因此它们的企业年金水平差距非常大，发展不均衡格局突出。往往是发达地区的企业和垄断行业的企业年金水平高，而欠发达地区的和弱势行业的企业年金水平就低。另外，在同一个企业内年金设计方案也存在不公平现象。如有些年金不是面向全体职工的，只是针对其中某些群体，如管理层或者技术人员；甚至有的单位年金水平差距非常大，如普通职工和高层管理人员之间差十多倍。

4. 企业年金监管机构不健全，协管框架不完善

我国企业年金行政主管部门没有实体化，监管机构没有独立出来，监管力量非常薄弱，完全不能满足企业年金健康发展的需求。例如，养老金管理公司的审批主体问题没有得到解决，市场监管需求没有得到满足。企业年金由人力资源和社会保障部基金监督司监管，其中负责监管企业年金的只有2人，相对于美国劳工部下属的"雇员福利保障局"中专门负责企业年金监管的人员超过800人而言，的确是太少了。[①] 另外，我国企业年金刚刚起步，许多政策法规需要制定和完善，很多部门需要协调与沟通，金融机构资格审查等等，管理处于超负荷状态。由于企业年金监管组织不够健全，导致我国企业年金监管和机构审批的关系没有理顺。

企业年金管理涉及多个部门，如《企业年金基金管理办法》是由人力

---

① 杨帆、郑秉文、杨老金：《中国企业年金发展报告》，中国劳动社会保障出版社2008年版，第149页。

资源和社会保障部、中国银行业监督管理委员会、中国证券监督管理委员会、中国保险监督管理委员会共同发起和修订的，理应由它们共同协调监管。我国金融业尚处于分业经营、分业监管的阶段，而企业年金监管与金融业的分业监管不同，需要多个部门协调监管。目前，这几个部委之间的协调监管还不到位，监管机构之间的信息交流还不够畅通，多头管理下的监管缺少还存在着，监管效率不高，监管力度不够，尚未形成监管的协调效应。

二、改革措施

（一）提高对建立企业年金必要性的认识

首先，政府要正确、充分认识建立企业年金的必要性和紧迫性。从宏观经济发展层面来说，发展企业年金有利于促进劳动力市场流动、推动金融深化改革和社会长期投资效应，有利于国民经济的发展。从微观层面看，在我国目前基本养老保险水平还比较低的情况下，建立企业年金是改善职工退休生活的有效手段，也是维护职工权益的有效途径。况且，我国企业年金实行的是缴费确定型，不同于待遇确定型有固定的承诺待遇，国家不需要对职工的年金待遇负财政兜底责任，因此不会加重国家的财政负担。国家需要做的是加快制定和完善相关的政策法规，为企业年金发展提供更好的服务和外部环境。

其次，企业要认识到建立企业年金的好处。部分企业，尤其是中小企业认为企业年金是一种奢侈品，只有大型企业才能够做到，甚至只关注企业年金的"成本"，而对企业年金对企业带来的"利润"却视而不见，建立企业年金的动力不足，积极性不高。实际上，正如郑秉文所言：我国的DC 型企业年金有利于企业控制福利支出，减轻企业的财务负担，有利于提高企业竞争力。DB 型企业年金具有福利刚性和激励职工提前退休的效应，随着人口预期寿命的延长，这种年金支出负担不断增加，因此需要提高缴费比率。但是，DC 型企业年金不受人口老龄化的影响，缴费是确定的，待遇取决于缴费水平和年限，因此能够激励职工多工作多缴费。另外，企业要认识到建立企业年金是企业的一种社会责任。

最后，对职工而言，需要把眼光放长远一些，不能够仅仅计较当前可支付货币的减少。企业年金实质就是工资的延期支付，况且在自己缴费的同时单位也承担相应的缴费责任。要认识到企业年金是为了更好的保障和改善自己的退休生活质量。当然，有一个现实情况不容忽视，那就是企业还缺乏真正的集体协商机制，职工在与雇主协商年金待遇时处于弱势，难以真正做到平等协商。只有政府、企业和职工都充分认识到建立企业年金的必要性，才有可能加快企业年金的发展，扩大其覆盖面，提高待遇水平。

（二）完善税惠政策，大力推动企业年金发展

在提高对建立企业年金必要性的主观认识的同时，还要实施配套的激励措施，其中税惠政策是最主要的。税惠政策是企业年金发展的有效诱导和牵引机制，是制约和影响企业年金发展的关键因素。国家应该尽快制定全国统一的税惠政策，并适度提高税惠比率。目前，地方税惠政策所参照的4%的比率显然太低，对企业的激励作用还很有限。另外，除了明确企业在缴费环节的税惠以外，还要明确企业年金基金投资收益方面的税惠，以及个人缴费方面的税惠。现行的税惠政策都只是针对企业缴费而言的，而对个人缴费并没有规定，导致个人缴费的积极性受到影响。税惠政策要做到去碎片化和去地方分割化，有效落实税惠政策，形成一种企业年金参与方都能受惠的格局。只有税惠政策给足推动力，企业年金才能有足够的发展动力。

（三）建立企业年金监管协调机制

首先，要健全监管组织机构，增加监管工作人员，使监管工作在合理适度的负荷下运转。其次，要建立起企业年金基金监管协调框架。具体包括以下几个方面：[①]

1. 内部控制与外部监管的协调

由于企业年金运作涉及多个主体，建立这种内部控制与外部监管的协调机制有助于从不同角度对参与者实行全面的监督，从而降低风险发生的可能性。从监管内容是否直接关系到自身利益的角度来分析，可以将政府机构监管以及社会中介监管划分为外部性监管，而将委托人（或受益人）对理事会的监管、管理运营机构本身以及相互之间的监管划分为内部监

---

① 国务院发展研究中心金融研究所课题组、银华基金管理有限公司课题组：《企业年金监管协调机制的建立》，《经济理论与经济管理》2004年第7期，第31—35页。

管，或者说是内部控制。目前，参与外部性监管的机构，主要凭借国务院赋予其的监管职能对企业年金运行中的各个环节进行审批与检查。内部监管的实施者包括真正参与到企业年金市场中的市场主体，具体有企业年金的委托人（或受益人）、受托人、托管人、账户管理人以及投资管理人等。

2. 机构性监管与功能性监管的协调

目前，企业年金理事会、投资管理人以及托管人分别由人力资源和社会保障部、证监会以及银监会、保监会等进行监管，这种监管安排属于机构性监管，即按照金融机构的类别设计监管机构，不同监管机构分别管理各自的金融机构。所谓功能性监管是指依据金融体系基本功能而设计的监管。由于企业年金具有多样的产品特性，在按照功能分配监管职能的过程中可以更大程度地避免出现监管的真空或者重复监管。具体来说，企业年金在运行中主要涉及银行业务、证券业务、保险信托业务三大类，按照功能监管的原则，应当在人力资源和社会保障部的主导下进行，人力资源和社会保障部则需要加强与相关监管部门的协调。

3. 全程性监管与阶段性监管的协调

企业年金的实施是一个长期持久的过程，一方面，从企业年金的收缴到运作一直到受益人退休领取养老金，其跨度相当长，是一个长期运作和长期监管的过程；另一方面，从理论上讲，假设在合理的退出机制下，只要举办年金的企业不破产和企业年金的受托人不破产，则企业年金就不会破产，其运作将是一个永续过程。因此，考察在这个长期循环过程中各个主体参与监管的时期长短和协调创新就显得很有必要。在这个过程中，将企业年金的运作大致划分为年金设立、年金运作和年金退出三个过程。

4. 整体性监管与层次性监管的协调

参与企业年金监管的主体众多，较为直接和密切的就包括人力资源和社会保障部、财政部、税务总局、银监会、证监会、保监会等。这些监管机构存在一定的层次，应相互协调和配合而形成以人力资源和社会保障部为核心的监管体系。

本 章 小 结

职业福利又称员工福利、机构福利、单位福利、职工福利，是为改善职工及其家庭生活质量，由单位专门向内部职工所提供的各种福利的总称。职业福利本质上属于职工激励机制范畴，是职工薪酬制度的重要补充，对企业、员工和国家都有着重要意义。

我国职业福利主要包括职业年金和补充医疗保险。外国职业福利起步较早，制度较为成熟，职业福利种类齐全，具有代表性的有美国的401（K）计划和雇主健康保险。我国职业福利的发展取得了一定成就，如企业年金发展速度较快，规模不断扩大，基本制度框架已经建立起来。但是，与发达国家相比差距还非常大，目前的发展水平还不能适应国内经济社会发展的需要，而且还存在一些问题。为了进一步促进我国职业福利的发展，要对它进行改革，如提高认识、完善政策、加强监督管理等。

重 点 名 词

职业福利　企业年金　401（K）计划

复习思考题

1. 职业福利的作用有哪些？
2. 职业福利具有哪些特点？
3. 我国职业福利包括哪些内容？
4. 外国的职业福利包括哪些内容？
5. 我国职业福利存在哪些问题？你认为应该如何改革？

参 考 文 献

一、专著类

1. 邓大松：《社会保险比较论》，中国金融出版社 1992 年版。

2. 邓大松：《美国社会保障制度研究》，武汉大学出版社 1999 年版。

3. 郑功成、张奇林、许飞琼：《中华慈善事业》，广东经济出版社 1999 年版。

4. 郑功成：《社会保障学：理念、制度、实践与思辩》，商务印书馆 2000 年版。

5. 郑功成主笔：《中国社会保障改革和发展战略——理念、战略、目标和方案》，人民出版社 2008 年版。

6. 郑功成：《中国社会保障 30 年》，人民出版社 2008 年版。

7. 郑功成：《社会保障学》，中国劳动社会保障出版社，2005 年版。

8. 陈良瑾：《社会救助与社会福利》，中国劳动社会保障出版社 2009 年版。

9. 郭士征主编：《社会保障学》，上海财经大学出版社 2009 年版。

10. 孙光德、董克用主编：《社会保障概论》，中国人民大学出版社 2008 年版。

11. 黄晨熹：《社会福利》，上海人民出版社 2009 年版。

12. 景天魁等著：《福利社会学》，北京师范大学出版社 2010 年版。

13. 周良才主编：《中国社会福利》，北京大学出版社 2008 年版。

14. 钟仁耀：《社会救助与社会福利》，上海财经大学出版社 2005 年版。

15. 陈银娥主编：《社会福利》，中国人民大学出版社 2009 年版。

16. 时正新：《中国社会救助体系研究》，中国社会科学出版社 2002 年版。

17. 王思斌主编：《社会工作导论》，北京大学出版社 1998 年版。

18. 多吉才让：《中国最低生活保障制度研究与实践》，人民出版社 2001 年版。

19. 史探径：《社会保障法研究》，法律出版社 2000 年版。

20. 王生铁：《中国政府消除贫困行动》，湖北科学技术出版社 1996 年版。

21. 关信平：《中国城市贫困问题研究》，湖南人民出版社 1999 年版。

22. 周彬彬：《向贫困挑战：国外缓解贫困的理论与实践》，人民出版社 1991 年版。

23. 孟庆跃、姚岚：《中国城市医疗救助理论和实践（第一版）》，中国劳动社会保障出版社 2007 年版。

24. 廖益光：《社会救助概论》，北京大学出版社 2009 年版。

25. 胡务：《社会救助概论》，北京大学出版社 2010 年版。

26. 姚建平：《中美社会救助制度比较》，中国社会出版社 2007 年版。

27. 周弘：《国外社会福利制度》，中国社会出版社 2002 年版。

28. 金双秋主编：《中国民政史（上）》，湖南大学出版社 1989 年版。

29. 王子今等著：《中国社会福利史》，中国社会出版社 2002 年版。

30. 于佑虞：《中国仓储制度考》，正中书局 1948 年版。

31. 张弓：《唐代仓廪制度初探》，中华书局 1986 年版。

32. 王先谦：《后汉书解集》，中华书局 2006 年版。

33. 许慎：《说文解字》，上海古籍出版社 2007 年版。

34. 金双秋主编：《中国民政史（下）》，湖南大学出版社 1989 年版。

35. 顾长声：《传教士与近代中国》，上海人民出版社 1991 年版。

36. 多吉才让：《新时期社会保障体制改革的理论与实践》，中共中央党校出版社 1995 年版。

37. 中国社会科学院：《中国城市年鉴 2007》，中国城市年鉴社 2007 年版。

38. 国家统计局农村社会经济调查司编：《中国农村贫困检测报告——2007》，中国统计出版社 2008 年版。

39. 国家统计局编：《中国发展报告 2007》，中国统计出版社 2007 年。

40. 国家统计局编：《中国统计年鉴 2007》，中国统计出版社 2007 年。

41. 王锦瑭等著：《美国现代大企业与美国社会》，武汉大学出版社 1995 年版。

42. 时政新、朱勇主编：《中国社会福利与社会进步报告（1998）》，社会科学文献出版社 1998 年版。

43. 杨团主编：《中国慈善发展报告（2011）》，社会科学文献出版社 2011 年版。

44. 冯英等：《外国的慈善组织》，中国社会出版社 2007 年版。

45. 江立华等：《中国城市社区福利》，社会科学文献出版社 2008 年版。

46. 田凯：《非协调约束与组织运作——中国慈善组织与政府关系的个案研究》，商务印书馆 2004 年版。

47. 侯钧生、陈钟林编著：《发到国家与地区社区发展经验》，机械工业出版社 2004 年版。

48. 徐琦：《美国社区学院研究》，中国社会出版社 2008 年版。

49. 夏学銮：《社区照顾的理论、政策与实践》，北京大学出版社 1996 年版。

50. 第二次全国残疾人抽样调查办公室：《第二次全国残疾人抽样调查主要数据资料》，华夏出版社 2007 年版。

51. 仇雨临主编：《员工福利概论》，中国人民大学出版社 2007 年版。

52. 乐章、陈璇：《福利管理》，海天出版社 2003 年版。

53. 杨帆、郑秉文、杨老金：《中国企业年金发展报告》，中国劳动社会保障出版社 2008 年版。

54. 中国发展研究基金会：《中国发展报告 2008/09：构建全民共享的发展型社会福利体系》，中国发展出版社 2009 年版。

55. 林万亿：《福利国家：历史比较的分析》，台湾巨流图书公司 1994 年版。

56. 江亮演：《社会救助的理论与实务》，台湾桂冠图书股份有限公司 1990 年版。

57. 江亮演：《社会安全制度》，台湾五南图书出版公司 1986 年版。

58. 徐震、林成亿：《当代社会工作》，台湾五南图书出版公司 1986 年版。

59. 世界银行：《中国：推动公平的经济增长》，清华大学出版社 2004 年版。

60. 世界银行：《1990 年世界发展报告》，中国财政金融出版社 1990 年版。

61. ［德］马克思，恩格斯：《马克思恩格斯选集》，人民出版社 1972 年版。

62. ［德］马克思，恩格斯：《马克思恩格斯全集》，第 20 卷，人民出版社 1971 年版。

63. ［德］哈贝马斯：《公共领域的结构转型》，学林出版社 1999 年版。

64. ［奥］哈耶克：《通往奴役之路》，芝加哥大学出版社 1966 年版。

65. ［美］威廉姆·H. 怀特科、罗纳德·C. 费德里科著：《当今世界的社会福利》，解俊杰译，法律出版社 2003 年版。

66. ［日］康子著：《社会福利基础理论》，沈洁、赵军译，华中师范大学出版社 1998 年版。

67. ［美］Neil Gilbert, Paul Terrell 著：《社会福利政策导论》，黄晨熹等译，华东理工大学出版社 2003 年版。

68. ［美］B. 盖伊·彼得斯、弗兰斯·K. M. 冯尼斯潘编，顾建光译：《公共政策工具：对公共管理工具的评价》，中国人民大学出版社 2007 年版。

69. ［美］迈克尔·豪利特、M. 拉米什著：《公共政策研究：政策循环与政策子系统》，庞诗等译，三联书店 2006 年版。

70. ［美］莱斯特·M. 萨拉蒙著，《公共服务中的伙伴：现代福利国家中政府与非营利组织的关系》，田凯译，商务印书馆 2008 年版。

71. ［美］哈维·S. 罗森著：《财政学（第六版）》，赵志耘译，中国人民大学出版社 2003 年版。

72. Betsy Buchalter Adler 著：《美国慈善法指南》，NPO 信息咨询中心译，中国社会科学出版社 2002 年。

73. ［美］贝弗里奇著：《贝弗里奇报告：社会保险和相关服务》，华迎放等译，中国劳动社会保障出版社 2004 年版。

74. Oscar Lewis, 1959, *Five Families*: *Mexican Case Studies in the Culture of Poverty*, Basic Books.

75. David Drakakis-Smith, *The Third World Cities*, Methuen & Co., 1987。

76. Barber, Robber L. ed., The Social Work Dictionary, 4th Edition, Washington D. C., NASW Press, 1999.

77. Dixon, John E., *Social Security in Global Perspective*, Westport, Connecticut: Praeger Publishers, 1999.

78. Sullivan M., *The Development of the British Welfare State*, London, Prentice Hall, 1996.

79. Rutherford H. Platt, *Disasters and Democracy*: *The Polities of Extreme Natural Events*, First Published by Island Press, 1999.

80. Gabriel Rudney, "The Scope and Dimensions of Nonprofit Activity", in Walter W. Powell ed., *The Nonprofit Sector*, Yale University Press, 1987.

81. （汉）班固：《汉书》，中华书局 1962 年版。

82. （宋）范晔：《后汉书》，中华书局 1965 年版。

83. （唐）房玄龄等：《晋书》，中华书局 1974 年版。

84. （南朝）沈约：《宋书》，中华书局 1974 年版。

85. （北齐）魏收：《魏书》，中华书局 1974 年版。

86. （汉）郑玄注，（唐）贾公彦疏：《周礼注疏》，《十三经注疏》，中华书局 2009 年版。

87. （汉）赵岐注，（宋）孙奭疏：《孟子注疏》，《十三经注疏》，中华书局 2009 年版。

88. （元）脱脱等撰：《宋史》，北京图书馆出版社 2005 年版。

89. 杨伯峻译注：《论语译注》，中华书局 2009 年版。

90. （晋）杜预注，（唐）孔颖达等正义：《春秋左氏传正义》，《十三经注疏》，中华书局 2009 年版。

91. （清）孙诒让撰，孙启治点校：《墨子闲诂》，中华书局 2001 年版。

92. 国学整理社原辑：《管子》，《诸子集成》，中华书局 1954 年版。

93. （宋）欧阳修，宋祁撰：《新唐书》，中华书局 2000 年版。

二、论文类

1. 张奇林：《美国的医疗援助制度及其启示》，《经济评论》2002 年第 2 期。

2. 张奇林：《美国的慈善立法及其启示》，《法学评论》2007 年第 4 期。

3. 张奇林：《论影响慈善事业发展的四大因素》，《经济评论》1997 年第 6 期。

4. 刘晓梅、张智宇：《日本更生保护制度及其对中国的启示》，《社会工作》2010 年第 7 期。

5. 孙守纪、齐传钧：《美国补充收入保障计划及其启示》，《美国研究》2010 年第 4 期。

6. 刘喜堂：《建国 60 年来我国社会救助发展历程与制度变迁》，《华中师范大学学报（人文社会科学版)》2010 年第 4 期。

7. 关信平等：《社会救助筹资及经费管理模式的国际比较》，《社会保障研究》2009 年第 1 期。

8. 刘桂奇：《民国时期广州社会的医疗救济》，《中山大学学报（社会科学版)》2009 年第 4 期。

9. 蔡勤禹：《民国社会救济行政体制的演变》，《青岛大学师范学院学报》2002 年第 3 期。

10. 汪中芳：《美国社会救助体系建设及其启示》，《中国民政》2009 年第 5 期。

11. 江树革、（瑞典）比约恩·古斯塔夫森：《国外社会救助的经验和中国社会救助的未来发展》，《经济社会体制比较》2007 年第 4 期。

12. 江泽民：《全党全社会进一步动员起来，夺取八七扶贫攻坚决战阶段的胜利——在中央扶贫开发工作会议上的讲话》，《光明日报》1999 年 7 月 21 日。

13. 唐钧：《最后的安全网——中国城市居民最低生活保障制度的框架》，《中国社会科学》1998 年第 1 期。

14. 樊平：《中国城镇的低收入群体——对城镇在业贫困者的社会学思考》，《中国社会科学》1996 年第 4 期。

15. 方志勇:《中国城镇社会救济现状及改革思路》,《社会工作研究》1995 年第 6 期。

16. 张秀兰、徐月宾、王韦华:《中国农村贫困状况与最低生活保障制度的建立》,《上海行政学院学报》2007 年第 3 期。

17. 唐钧:《城乡低保制度:历史、现状与前瞻》,《红旗文稿》2005 年第 18 期。

18. 曹艳春:《我国城市居民最低生活保障标准动态变迁实证研究》,《当代财经》2007 年第 4 期。

19. 张时飞、唐钧:《城乡最低生活保障制度建设的最新进展》,《红旗文稿》2008 年第 3 期。

20. 龚维斌:《突破五保供养困境的新探索——广西五保村建设及其对政府管理的启示》,《国家行政学院学报》2005 年第 5 期。

21. 熊贵彬:《美国灾害救助体制》,《湖北社会科学》2010 年第 1 期。

22. 吴妮:《日本减灾防灾措施扫描:专立基本法抗灾》,《新京报》2008 年 6 月 8 日。

22. 杨东:《论灾害对策立法——以日本经验为鉴》,《法制适用》2008 年第 12 期。

23. 代志鹏:《浅析日本中小学防灾教育》,《外国中小学教育》2009 年第 2 期。

24. 〔印尼〕宾唐·萨斯曼特:《印尼的灾害预防和管理机制》,《行政管理改革》2010 年第 8 期。

25. 王亚利:《魏晋南北朝时期的灾害思想初探》,《四川大学学报(哲学社会科学版)》2003 年第 1 期。

26. 王保真、李琦:《医疗救助在医疗保障体系中的地位和作用》,《中国卫生经济》2006 年第 1 期。

27. 石祥等:《国外弱势群体医疗救助制度对我国的启示》,《中国卫生经济》2007 年第 11 期。

28. 赵斌:《发达国家医疗救助制度模式及理论述评》,《国外社会科学》2010 年第 6 期。

29. 张乐:《印度社会保障体系概述》,《南亚研究季刊》2006 年第 2 期。

30. 傅小强：《印度：贫富各有所依》，《世界知识》2005 年第 17 期。

31. 郭涛：《论美国大学教育救助制度与镜鉴》，《郑州大学学报（哲学社会科学版）》2010 年第 7 期。

32. 郭玉辉：《美国辍学青年教育救助项目及启示》，《中国成人教育》2010 年第 5 期。

33. 张小芳：《教育救助问题探究——基于对教育困境者的救助现状分析》，《现代教育论丛》2008 年第 11 期。

34. 袁志红、黄大勇：《英国小学教育的经历与启示》，《外国中小学教育》2010 年 11 期。

35. 黄志成：《全纳教育：国际教育新思潮》，《中国民族教育》2004 年第 3 期。

36. 李素菊：《英国的中学教育》，《思想政治课教学》2004 年第 11 期。

37. 冯涛、吴玥：《英国大学生资助政策及启示》，《教育评论》2009 年第 4 期。

38. 丁伟：《教育部副部长张保庆解读国家助学贷款新规定新在哪》，《人民日报》2004 年 9 月 1 日。

39. 邓世缘等：《廉租房社会保障功能的实证研究》，《社会科学家》2010 年第 10 期。

40. 徐飞、张然：《香港公屋制度对国内廉租住房建设的启示》，《当代经理人》2006 年第 5 期。

41. 易忠：《浅议我国城市廉租房建设存在的问题及对策》，《经济问题探索》2007 年第 6 期。

42. 彭开丽、李洪波：《和谐社会视角下的房地产调控政策解析》，《商业时代》2006 年第 21 期。

43. 林卡、高红：《中国经济适用房制度发展动力和制度背景分析》，《中国软科学》2007 年第 1 期。

44. 《论慈善事业中外之不同》，《东方杂志》1904 年第 11 期。

45. 柳治徵：《中国文化西被之商榷》，《新华文摘》1996 年第 12 期。

46. 张桁：《公司慈善事业——美国大公司的竞争新术》，《外国经济与管理》1994 年第 10 期。

47. 周秋光、曾桂林：《慈善事业与近代中国的民族精神》，《湖南师范大学学报》2009 年第 3 期。

48. 韩克庆：《市民社会与中国慈善组织的发育》，《学海》2007 年第 3 期。

49. 梅小京等：《慈善事业在中国——访中华慈善总会会长崔乃夫》，《中国青年报》1995 年 10 月 19 日。

50. 王卫平：《明清时期江南地区的民间慈善事业》，《社会学研究》1998 年第 1 期。

51. 罗雪挥：《中国慈善：漫长民间路》，《中国新闻周刊》2007 年第 30 期。

52. 周秋光：《民国时期社会慈善事业研究刍议》，《湖南师范大学学报》1994 年第 3 期。

53. 朱林根：《二十六年前的捐款》，《新民晚报》1997 年 2 月 15 日。

54. 田凯：《非协调约束与组织运作——一个研究中国慈善组织与政府关系的理论框架》，《中国行政管理》2004 年第 5 期。

55. 杨宜音：《社区公共参与：是否参与，谁来参与，如何参与》，收录于北京师范大学、北京市社会科学界联合会主编：《和谐社会：公共性与公共管理》，北京师范大学出版社 2005 年版。

56. 多吉才让：《〈中国社会福利丛书〉总序》，载于孙炳耀、常宗虎：《中国社会福利概论》，中国社会出版社 2002 年版。

57. 尚晓援：《"社会福利"与"社会保障"再认识》，《中国社会科学》2001 年第 3 期。

58. 潘胜文、杨丽艳：《西方社会福利制度的改革及启示》，《武汉大学学报（哲学社会科学版）》2005 第 6 期。

59. 刘浩远：《日本"保高放低"，保障居者有其屋》，《经济参考报》2007 年 5 月 29 日。

60. 汪时东、叶宜德：《农村合作医疗制度的回顾与发展研究》，《中国初级卫生保健》2004 年第 4 期。

61. 田凯：《关于社会福利的定义及其与社会保障关系的再探讨》，《上海社会科学院学术季刊》2001 年第 1 期。

62. 田北海：《社会福利概念辨析——兼论社会福利与社会保障的关

系》,《学术界》2008 年第 2 期。

63. 何文炯、杨一心:《"十二五"医疗保障:更加公平更为有效》,《中国医疗保险》2011 年第 1 期。

64. 郑功成:《中国医疗保障改革与发展战略——病有所医及其发展路径》,《东岳论坛》2010 年第 10 期

65. 陈继辉:《印度中小学每年只收 30 元》,《环球时报》2006 年 1 月 2 日。

66. 李建忠:《印度:福利制度下的低收费政策》,《中国教育报》2006 年 9 月 22 日。

67. 姜峰:《加拿大社会福利制度对教育的保障作用》,《外国中小学教育》2007 年第 12 期。

68. 朱立华:《美国的助学贷款制度及其启示》,《商场现代化》2007 年第 1 期。

69. 江立华:《论我国城市社区福利的建设及运作机制》,《江汉论坛》2003 年第 10 期。

70. 张大维《加拿大社区服务机构的管理与运作》,《社区》2010 年第 6 期。

71. 张大维:《加拿大的社区养老服务和智障服务》,《社区》2010 年第 7 期。

72. 李志建:《美国老年人"社区照顾"调研简报》,《中国物业管理》2010 年第 9 期。

73. 仝利民:《日本社区老年服务》,《中国人口报》2007 年 11 月 7 日。

74. 沈洁:《从国际经验透视中国社区福利发展的课题》,《社会保障研究》2007 年第 1 期。

75. 徐永祥:《论社区服务的本质属性与运行机制》,《华东理工大学学报(社科版)》2002 年第 4 期。

76. 王国枫:《我国社区服务体系建设中存在的问题及解决对策》,《学术交流》2005 年第 3 期。

77. 徐瑞哲:《全国将有 58 所高校加快社会工作专业硕士生培养》,《解放日报》2010 年 12 月 17 日。

78. 暨南大学社区服务研究课题组:《按中央"十二五"规划建议构

建社区服务多元化供给模式》，《特区经济》2011 年第 1 期。

79. 文军：《社会工作人才队伍专业化与职业化建设》，《新资本》2007 年第 1 期。

80. 王金营、梁俊香：《未来人口发展失衡引发社会保障制度的战略思考》，《河北大学学报（哲学社会科学版）》2008 年第 6 期。

81. 王秀强：《建没有围墙的养老院》，《21 世纪经济报道》2011 年 3 月 8 日。

82. 肖来付：《经济与社会转轨过程中的俄罗斯老年人福利政策》，《社会福利》2007 年第 9 期。

83. 贾晓九：《日本的老年人社会福利事业》，《社会福利》2002 年第 6 期。

84. 周庆行、张新瑾：《论我国残疾人社会福利存在的问题及其发展的路径选择》，《重庆工商大学学报（社会科学版）》2008 年第 10 期。

85. 杨艳东：《60 年来我国职业福利的回顾与反思》，《理论探索》2009 年第 5 期。

86. 李琼、翟大伟：《美国 401（K）计划及其对中国企业年金制度的启示》，《理论月刊》2006 年第 10 期。

87. 《HMO 简介》，《中国保险报》2001 年 4 月 5 日。

88. 国务院发展研究中心金融研究所课题组、银华基金管理有限公司课题组：《企业年金监管协调机制的建立》，《经济理论与经济管理》2004 年第 7 期。

89. 成都市妇联课题组：《城乡妇女教育比较分析——成都市城乡妇女教育与就业情况调查之一》，《中共四川省委党校学报》2003 年第 9 期。

90. 王德毅：《宋代的养老与慈幼》，《宋史研究集》第六辑，1986 年。

91. 梁其姿：《明末清初民间慈善活动的兴起》，台北《食货》1986 年第 7、8 期。

92. 张涛等：《中国传统救灾思想的发展和特点》，《文史知识》2010 年第 12 期。

93. 杨琳：《透视救灾体制的六大变化》，《瞭望》2004 年第 47 期。

94. Herbert J. Gans, 1979, "Positive Function of Poverty", *American Journal of Sociology*, 78.

95. Nancy S. Chisholm. 1983，"A Future For Public Housing"，*AREUEA Journal*，Vol. 11. No. 2.

96. Douglas S. Massey，Shawn M. Kanaiaupuni. 1993，"Public Housing and the Concentration of Poverty"，*Social Science Quarterly*，Volume 74. Number 1.

三、网络资料类

1. 司法部：《美国法律援助制度专题研究》，http://www. moj. gov. cn/yjs/content/2010 – 08/18/content_2247296. htm。

2. 《中华人民共和国宪法》，http://www. gov. cn/gongbao/content/2004/content_62714. htm。

3. 中华人民共和国民政部网站，http://www. mca. gov. cn/article/zwgk/jggl/。

4. 钱铮：《综述：日本多项措施助残疾人自立》，http://news. qq. com/a/20080903/002501. htm。

5. 陶杰：《各国推广廉租房公租房面面观》，http://news. xinmin. cn/rollnews/2011/01/31/9163981. html。

6. 民政部：《2007 年民政事业发展统计报告》，http://www. mca. gov. cn/。

7. 民政部：《16 省全面建立城乡居民临时救助制度》，http://politics. people. com. cn/GB/13589361. html。

8. 英国全民福利网，http://www. direct. gov. uk/en/index. htm。

9. 《人大常委说实话：全民低保都做得到》，http://data. money. hexun. com/1938_1801853A. shtml。

10. 民政部：《全国农村五保供养对象总人数达到 554 万人》，http://www. china. com. cn/renkou/2010 – 07/22/content_20549537. htm。

11. 民政部：《民政部决定在全国开展农村五保供养表彰工作》，http://www. mca. gov. cn/article/zwgk/mzyw/201007/20100700092417. shtml。

12. 民政部：《2009 年民政事业发展统计报告》，http://www. mca. gov. cn/article/zwgk/mzyw/201006/20100600080798. shtml。

13. 民政部：《民政部解读汶川大地震四川三孤人员救助安置意见》，http://news. hexun. com/2008 – 06 – 06/106527903. html。

14. 《日本的地震灾后重建经验》，http：//tour. jschina. com. cn/node4041/2008/node7201/node7214/userobject1ai1896794. shtml。

15. Christine Scott. Federal Medical Assistance Percentage（FMAP）for Medicaid. http：//www. law. umaryland. edu/marshall/crsreports/crsdocuments/RS2126203012005. pdf,2005,pp1。

16. 美国联邦应急管理署官方网站，http：//www. fema. gov。

17. 《日本开展应急管理工作的做法与启示》，http：//www. gdemo. gov. cn/yjyj/tszs/201102/t20110206_137502_1. html。

18. 国家减灾委：《2011 年上半年我国 449 人因自然灾害死亡》，http：//politics. people. com. cn/GB/1027/15124922. html. 2011 – 07 – 10。

19. 《实行全民低保是时候了?》，http：//club. news. sohu. com/r-fazhi-66362 – 0 – 0 – 10. html。

20. Department of health UK,Basics About Help with NHS Charges,http：//www. dh. gov. uk/ en/ Healthcare/Medicines pharmacy and industry/Prescriptions/ NHS costs/DH_4049391。

21. 李立国：《医疗救助已形成较完整制度体系》，http：//finance. sina. com. cn/roll/20110309/00059494274. shtml。

22. 海口市民政局官方网站，http：//www. haikou. gov. cn/hkmzj/gzdt/ShowArticle. asp? ArticleID = 467。

23. 上海青浦，http：//www. shqp. gov. cn/test/gb/special/node_9384. htm。

24. 《南昌医疗救助出新规住院医疗救助额最高不超过 8 万元》，http：//jiangxi. jxnews. com. cn/system/2011/05/24/011670492_01. shtml。

25. 《北京市城市特困人员医疗救助暂行办法》http：//www. bjchy. gov. cn/workItemQTManage. do? action = basisQueryOne&wiiwb _ id = 8a24f09a294a323b012afb1225512934。

26. 民政部最低生活保障司：《城市医疗救助试点工作评价研究》，http：//dbs. mca. gov. cn/article/csyljz/llyj/200712/20071200005888. shtml? 1/2。

27. 杨晨光：《财政部教育部有关负责人解读生源地助学贷款》，http：//www. ce. cn/xwzx/gnsz/gdxw/200709/05/t20070905_12799179. shtml。

28. 北京社会保障网，http：//shbz. beijing. cn/shjz/zfjz/n214032486. sht-

ml,2007 – 07 – 04。

29. 美国住房与城市发展部，http://portal. hud. gov/portal/page/portal/HUD。

30. 胡芳：《综述：美国租金补贴计划为低收入者解决住房问题》，http://news. qq. com/a/20080509/003181. htm。

31. 邓海建：《骗取廉租房专款"补建"两字岂能担当》，http://news. ifeng. com/opinion/gundong/detail_2011_05/31/6729549_0. shtml。

32. 庞建新：《经济适用房的逻辑错误》，http://finance. sina. com. cn/review/20051013/09452030136. shtml。

33. 司法部：《美国法律援助制度专题研究》，http://www. moj. gov. cn/yjs/content/2010 – 08/18/content_2247296. htm。

34. 司法部：《2009 年上半年全国法律援助工作统计分析》，http://www. legalinfo. gov. cn/moj/flyzs/2009 – 08/27/content_1144496. htm。

35. 民政部：《2009 年民政事业发展统计报告》，http://cws. mca. gov. cn/article/tjbg/201006/20100600081422. shtml。

36. 周兆军：《最近二十年中国残疾人数量减少一千五百万》，http://news. 163. com/07/1201/23/3ULQP9FJ000120GU. html。

37. 肖明：《按 1500 元的贫困标准统计，农村贫困人口近 1 亿》，http://news. 163. com/10/1224/04/6OL2ERJQ0001124J. html。

38. 米艾尼、颜葵：《中国城市贫困人口达 5000 万，未纳入扶贫救助范围》，http://business. sohu. com/20110823/n317149468. shtml。

39. 夏业良：《中国的财富集中度超过美国》，http://news. ifeng. com/mainland/special/shourufenpeigaige/content – 2/detail_2010_06/08/1598280_0. shtml。

40. 民政部：《社会养老服务体系建设"十二五"规划》（征求意见稿），http://www. mca. gov. cn/article/zwgk/mzyw/201102/20110200133797. shtml。

41. 中华人民共和国国务院新闻办公室：《中国性别平等与妇女发展状况》，http://news. xinhuanet. com/newscenter/2005 – 08/24/content_3395409_4. htm。

42. 民政部：《民政部关于制定福利机构儿童最低养育标准的指导意

见》，http://fss. mca. gov. cn/accessory/20097995551. doc。

43. 北京师范大学社会发展与公共政策学院中国社会政策研究所：《中国儿童福利政策报告》，http://www. bnucisp. org/uploads/soft/1_100725110540. rar。

44. 中国残疾人联合会：《2010 年中国残疾人事业发展统计公报》，http://www. cdpf. org. cn/sytj/content/2011 – 03/24/content_30312837. htm。

45. 第二次全国残疾人抽样调查领导小组、中华人民共和国国家统计局：《第二次全国残疾人抽样调查主要数据公报（第二号）》，http://www. cdp. forg. cn/mrxx/2007/05/28。

46. 第二次全国残疾人抽样调查领导小组、中华人民共和国国家统计局：《2006 年第二次全国残疾人抽样调查主要数据公报》，http://www. cdp. forg. cn/mrxx/2006/12/01。

47. 徐博：《企业年金逾 2000 亿元年收益率 10. 5%》，http://news. xinhuanet. com/fortune/2009 – 09/18/content_12075687. htm。

48. 民政部慈善事业协调办公室、中民慈善捐助信息中心：《2007 年度中国慈善捐赠情况分析报告》，http://www. ghstf. org/jigoudongtai/292 – 2007. html。

49. 民政部社会福利和慈善事业促进司、中民慈善捐助信息中心：2008 年度中国慈善捐助报告，http://www. mca. gov. cn/accessory/2009310160957. doc。

50. 民政部社会福利和慈善事业促进司、中民慈善捐助信息中心：2009 年度中国慈善捐助报告，http://www. donation. gov. cn/fsm/html/files/2011 – 05/04/20110504094848078326212。

51. 国务院：《关于建立健全普通本科高校、高等职业学校和中等职业学校家庭经济困难学生资助政策体系的意见》，http://www. gov. cn/zwgk/2007 – 05/23/content_623615. htm。

52. 财政部、教育部：《普通本科高校、高等职业学校国家奖学金管理暂行办法》，http://www. gov. cn/zwgk/2007 – 07/03/content_670735. htm。

后　记

　　本书由我和我的两个博士生吴显华（广西工学院教师）和黄晓瑞共同编写完成。具体分工如下：张奇林：第一章、第二章、第三章第六节、第五章第一节和第八章；黄晓瑞：第三章第一节至第五节、第四章、第五章第二节、第六章和第七章；吴显华：第九、十、十一、十二、十三、十四、十五、十六、十七章。由我审定全书的写作提纲，并负责最后的统稿工作。

　　本书在编写过程中，参考、借鉴和引用了许多国内外专家学者的研究成果，虽已尽力标注，但仍恐有遗漏之处，在此一并表示衷心感谢。另外，还要特别感谢人民出版社经济编辑室的陈登编辑为本书付出的辛勤劳动。

　　由于社会救助和社会福利涉及的领域非常广，而且相关政策、理论和实践都不断地发展变化，以及编写者的水平和掌握的资料有限，本书难免存在不当之处，恳请专家和读者批评指正。

张奇林

于珞涵新邨寓所